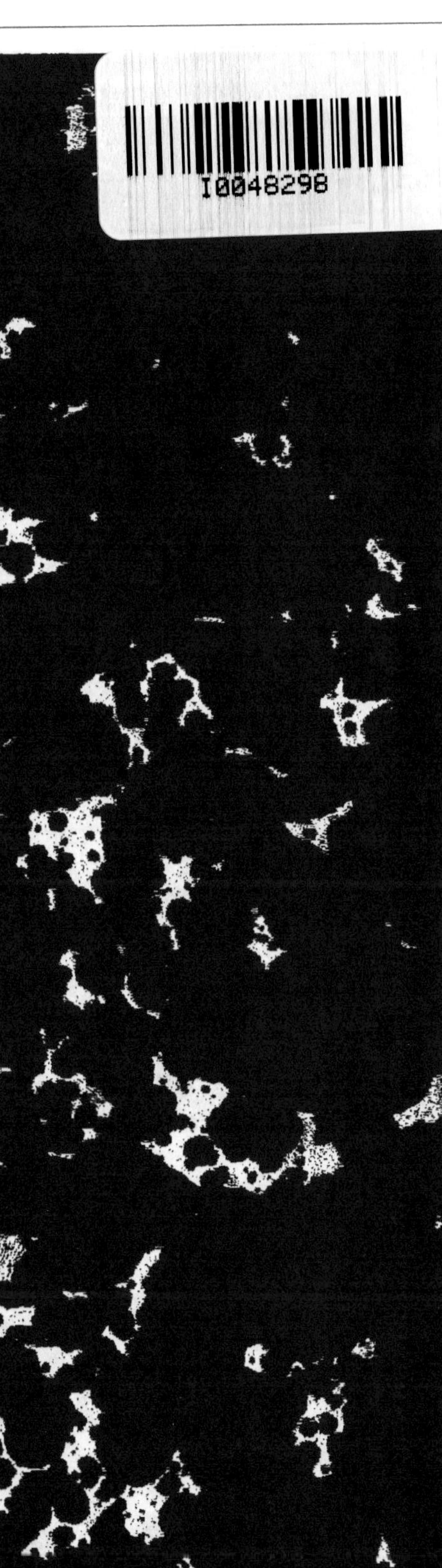

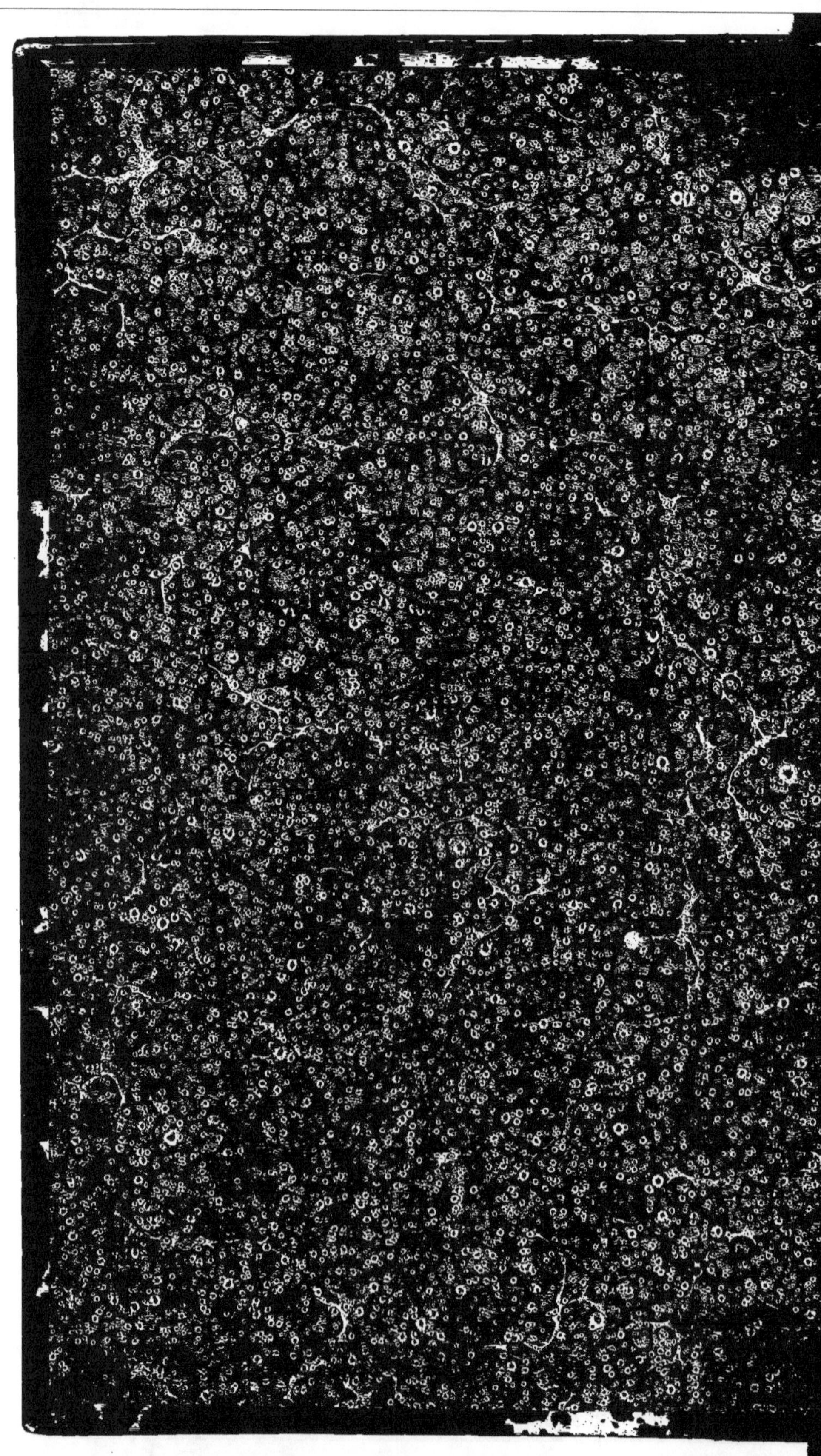

RÉPERTOIRE COMPLET

DES

LOIS DU VOISINAGE.

A la même Librairie :

Grand et bel Assortiment de Livres grecs, latins, français et étrangers, anciens et modernes.

ACHAT DE BIBLIOTHÈQUES.

COMMISSIONS ET EXPÉDITIONS.

Livres de fond :

Manuel complet des Maires, de leurs Adjoints, des Conseils municipaux et des Commissaires de police, etc.; par **Dumont** de Sainte-Croix, ancien chef de division au ministère de la justice. Neuvième édition, revue, corrigée et considérablement augmentée par **A. Z. Massé**, ancien professeur de législation, notaire honoraire à Paris, ancien maire et membre du conseil d'arrondissement. — 2 Forts volumes in-8° : 6 fr.

Histoire du Droit municipal en France; par **Raynouard**. — 2 Volumes in-8° : 6 fr.

RÉPERTOIRE COMPLET

DES

LOIS DU VOISINAGE

DANS LES VILLES ET LES CAMPAGNES,

OUVRAGE ESSENTIELLEMENT UTILE A MM. LES MAIRES, PROPRIÉTAIRES, CULTIVATEURS, USINIERS, ARCHITECTES, ENTREPRENEURS, GÉOMÈTRES, INSTITUTEURS, ETC.;

CONTENANT PAR ORDRE ALPHABÉTIQUE,

Des notions assez claires et assez étendues sur les servitudes pour qu'il soit facile, même à ceux qui n'ont fait aucune étude des lois, d'étudier et résoudre ces mille questions qui se soulèvent chaque jour en matière de mitoyenneté, plantations d'arbres et de haies, fossé, passage, cours d'eau, bornage, irrigations, parcours, vaine pâture, constructions, vues, égoûts, etc., etc.;

Augmenté des nouvelles lois longuement commentées sur les juges-de-paix, sur l'expropriation pour cause d'utilité publique, sur les patentes, sur les vices rédhibitoires, sur les chemins vicinaux, sur les poids et mesures, etc.;

Suivi d'un Formulaire contenant les modèles de tous les actes qui peuvent être faits sous seings-privés, avec le tarif des droits d'enregistrement pour chacun d'eux;

Rédigé

D'après l'opinion de MM. Duranton, Benoit-Ratier, Destrem, Daviel, Lepage, Troplong, Desgodets, Goupy, Pardessus, Toullier, Merlin, Delvincourt, etc.

Par Jules Frerot,

JURISCONSULTE.

PARIS,

F. CAHU, Libraire, Place Sorbonne, 3,

ci-devant rue Neuve-Richelieu.

1848.

TYP. LELAURIN-MARTINET, A MÉZIÈRES.

RÉPERTOIRE COMPLET

DES

LOIS DU VOISINAGE.

A.

ABEILLES. — Mouches qui produisent la cire et le miel.

Les abeilles sont au nombre des choses qui n'appartiennent à personne, et qui deviennent la propriété du premier occupant. Peu importe qu'elles se soient fixées dans notre champ ; par exemple qu'elles s'y trouvent dans un arbre, un buisson ou sur le sol.

Mais ce qui vient d'être dit cesse d'être applicable lorsqu'elles ont été recueillies, et qu'elles ont été placées dans des ruches, ou toute autre espèce de récipient ; alors elles sont la propriété de celui qui les a légitimement en son pouvoir.

Tellement que le propriétaire d'un essaim a le droit de le réclamer et de s'en ressaisir, tant qu'il n'a pas cessé de le suivre ; autrement l'essaim appartient au propriétaire du terrain sur lequel il est fixé. (L. 6 oct. 1791.)

Il faut donc que le propriétaire *n'ait pas cessé de suivre son essaim.* Il est toujours à lui tant qu'il est sous ses yeux, et qu'il n'est pas difficile de le poursuivre. Néanmoins s'il l'avait perdu de vue depuis son départ, ou s'il avait cessé de le voir, il n'aurait pas moins le droit de le réclamer, pourvu que les circonstances en établissent l'identité.

Il est permis d'avoir des abeilles en aussi grande quantité que cela plaît. On est le maître d'aller les cantonner sur tels ou tels héritages; de les transporter d'un département dans un autre. Il n'existe pas de lois ni règlements contraires. (Vaudoré.)

En vain un particulier se plaindrait de ce qu'un autre réunissant beaucoup d'abeilles dans une contrée où il y a peu de terre, empêcherait les siennes de butiner les fleurs; il est en effet reconnu qu'il se perd beaucoup plus de sucs qu'il n'en faut aux abeilles de chaque pays; on sait aussi que les abeilles ne nuisent point, en picorant, à la fécondité des arbres et des grains. (Ibid.)

L'autorité administrative peut empêcher d'établir des ruches près d'un chemin ou d'une place publique, où elles pourraient aller piquer les personnes. Il en serait de même si un individu voulait en élever près d'un pressoir, ou d'un lieu où on prépare le miel et la cire; car elles incommoderaient les personnes employées dans ces établissements. (Ibid.) Voyez *établissements dangereux*.

ABORNEMENT. — Expression qui a le même sens que *bornage*. Voyez ce mot.

ABREUVOIR. — Réservoir d'eaux, soit pluviales, soit de source, dont on se sert pour abreuver les bestiaux.

Les abreuvoirs, soit qu'ils existent naturellement sur le bord d'une rivière, d'un ruisseau, etc., ou qu'ils soient construits de main d'homme, peuvent être l'objet d'une propriété.

Nul doute que le propriétaire d'un abreuvoir ne puisse à son gré le céder, y consentir des droits, ou bien en interdire l'entrée, même le combler. (Houard.)

Toutefois si l'usage de l'abreuvoir est nécessaire aux habitants d'une commune ou d'un hameau, ceux-ci pourraient l'obtenir en payant au propriétaire une indemnité réglée par des experts. (C. Civ. 643.)

Ici, l'utilité publique fait fléchir l'intérêt privé.

Si l'abreuvoir était grevé de servitudes, le propriétaire ne pourrait non plus le faire combler. (Voyez *servitudes.*)

Remarquez que le droit d'abreuvoir ne résulte jamais du droit de puisage ou de lavage.

La servitude d'abreuvage ne peut exister qu'au profit de celui qui est propriétaire d'un terrain voisin, à moins cependant que l'abreuvoir n'ait une entrée sur la voie publique. Cette adhérence à un fonds voisin, dit Fournel, est tellement de l'essence de ce droit, qu'il serait sans effet à défaut de cette condition.

Néanmoins il pourrait arriver que le droit d'abreuvage ait été accordé à une personne non propriétaire d'un fonds voisin de l'abreuvoir. En ce cas il n'y a plus de servitude, mais un simple droit personnel, accordé à tel individu, et qui ne passerait pas à ses héritiers ou ayant-cause. (Voyez *servitudes.*)

La servitude d'abreuvoir emporte le passage nécessaire pour l'exercer. (C. Civ. 696.)

Cette servitude s'éteint, comme toutes les autres servitudes, par le non usage pendant 30 ans. (C. Civ. 706.)

Les abreuvoirs publics, comme tous les réservoirs et puits publics, sont sous la surveillance de l'autorité municipale. Elle doit ordonner les constructions nécessaires tels que barrages, afin de prévenir les accidents, et veiller à ce qu'ils soient toujours propres, pour empêcher la corruption des eaux.

Une ordonnance de police de Paris du 21 sept. 1747, défend de laver les linges aux abreuvoirs, d'y puiser de l'eau et d'y jeter des ordures.

On ne peut conduire aux abreuvoirs communs, des bestiaux atteints d'une maladie contagieuse. (Arrêté du gouvernement du 3 mess. an 7.)

ACCESSION. — Manière d'acquérir la propriété de certaines choses qui s'unissent ou s'incorporent à celles dont on était déjà propriétaire.

Les fruits naturels ou industriels de la terre ; — les fruits civils ; — le croît des animaux, appartiennent au propriétaire par droit d'accession. (C. Civ. 547.)

Les fruits naturels sont ceux qui sont le produit spontané de la terre, tels que les bois, les foins, etc. — Le produit et le croît des animaux sont aussi des fruits naturels.

Les fruits industriels de la terre sont ceux qu'on obtient par la culture, tels que les moissons, les raisins, etc.

Enfin les fruits civils sont les loyers des maisons, les intérêts des sommes exigibles, les arrérages des ventes, etc...

Les fruits produits par la chose n'appartiennent au propriétaire qu'à la charge de rembourser les frais des labours, travaux et semences, faits par des tiers.

La loi a distingué deux sortes de droit d'accession : le droit d'accession *sur ce qui est produit par la chose;* et le droit d'accession *sur ce qui s'unit et s'incorpore à la chose.*

Ce que nous venons de dire précédemment étant relatif au premier cas, il ne nous reste plus qu'à parler du droit d'accession sur ce qui s'unit et s'incorpore à la chose.

SECTION 1re. — *Des îles qui se forment dans les rivières.*

Les îles, îlots, attérissements qui se forment dans le lit des fleuves et des rivières, navigables ou flottables, appartiennent à l'État, s'il n'y a titre ou prescription contraire. (C. Civ. 560.)

Les îles et attérissements qui se forment dans les rivières non navigables et non flottables, appartiennent aux propriétaires riverains du côté où l'île s'est formée. Si l'île n'est pas formée d'un seul côté, elle appartient aux propriétaires riverains des deux côtés, à partir de la ligne qu'on suppose tracée au milieu de la rivière. (C. Civ. 561.)

Toutefois si une rivière ou un fleuve, en se formant un bras nouveau, coupe et embrasse le champ d'un propriétaire riverain, et en fait une île, ce propriétaire conserve la propriété de son champ, encore que l'île se soit formée dans un fleuve ou dans une rivière *navigable* ou *flottable*.

Si un fleuve ou une rivière navigable, flottable ou non se forme un nouveau cours en abandonnant son ancien lit, les propriétaires des fonds nouvellement occupés prennent, à titre d'indemnité, l'ancien lit abandonné, chacun dans la proportion du terrain qui lui a été enlevé.

Section 2e. — *Des constructions et plantations.*

La propriété du sol emporte la propriété du dessus et du dessous. Le propriétaire peut faire au-dessus toutes les plantations et constructions qu'il juge à propos, sauf les exceptions établies au titre des servitudes. (C. Civ. 552.)

Nous parlerons de ces exceptions sous les différents mots auxquels elles sont relatives. Ainsi, par exemple, nous verrons au mot *vue* qu'un propriétaire ne peut ouvrir des fenêtres d'aspect, qu'en laissant une distance de 19 décimètres entre le mur où il les pratique et l'héritage voisin.

Le propriétaire peut faire au-dessous toutes les constructions et fouilles qu'il jugera à propos, et tirer de ces fouilles tous les produits qu'elles peuvent fournir, sauf les modifications résultant des lois et règlements relatifs aux mines, et des lois et règlements de police. (Voyez *mines*.)

Toutes constructions, plantations et ouvrages sur un terrain ou dans l'intérieur, sont présumés faits par le propriétaire, à ses frais, et lui appartenir, si le contraire n'est prouvé. (C. Civ. 553.)

Cette preuve sera faite par les tiers, suivant les circonstances, soit en présentant les mémoires des ouvriers, soit en invoquant leur témoignage, même lorsqu'il s'agirait d'une valeur de plus de 150 francs. (Arg. de l'art. 1348, C. Civ.)

Le propriétaire du sol qui a fait des constructions, plantations et ouvrages avec des matériaux qui ne lui appartenaient pas, doit en payer la valeur ; il peut aussi être condamné à des dommages et intérêts, s'il y a lieu ; mais le propriétaire des matériaux n'a pas le droit de les enlever. (C. Civ. 554.)

Toutefois le propriétaire d'une statue aurait le droit de la réclamer, quoique placée par un tiers dans une niche pratiquée pour la recevoir : l'article du code civil précité ne parle que des matériaux.

A l'égard des plantations, il faut distinguer si les arbres ont ou non poussé des racines. S'ils ont poussé des racines, les dispositions dudit article deviennent applicables ; on ne pourra plus les réclamer, mais on aura l'action en indemnité. Mais s'ils n'ont pas poussé de racines, on pourra alors les réclamer, car il n'y aura pas encore incorporation, et la réclamation ne pourra nuire ni au sol ni à la plante.

L'édifice une fois détruit, le propriétaire des matériaux pourra les réclamer, s'il n'a pas obtenu l'indemnité dont nous avons parlé.

Remarquez que lorsque les plantations, constructions et ouvrages ont été faits par un tiers et avec ses matériaux, sur le fonds d'autrui, le propriétaire de ce fonds a le droit ou de les retenir, ou d'obliger ce tiers à les enlever. (C. Civ. 555.) Dans ce cas la loi impose l'obligation d'enlever les matériaux, parce que le propriétaire du fonds ne trouverait dans aucune indemnité la compensation du tort qu'il éprouverait, car il pouvait vouloir un jardin là où un tiers a construit une maison, et une maison là où le tiers a fait une plantation.

Toutefois il faut examiner si les travaux ont été faits de bonne foi par le possesseur; par exemple s'ils ont été faits par un tiers évincé. Dans ce cas le propriétaire ne pourra exiger l'enlèvement des constructions ou plantations, mais il aura le choix ou de rembourser la valeur des matériaux et du prix de la main-d'œuvre, ou de rembourser une somme égale à celle dont le fonds aura augmenté de valeur.

Si au contraire celui qui a fait faire les plantations ou constructions n'était pas possesseur du fonds, ou le possédait de mauvaise foi, le véritable propriétaire pourra à son choix, ou demander la suppression des ouvrages, et, s'il y a lieu, des dommages et intérêts, ou retenir les ouvrages faits, en remboursant au possesseur la valeur des matériaux employés et le prix de la main-d'œuvre, sans égard à la plus ou moins grande augmentation de valeur que le fonds a pu recevoir.

Les pigeons, lapins, poissons, qui passent dans un autre colombier, garenne ou étang, appartiennent aux propriétaires de ces objets, pourvu qu'ils n'y aient point été attirés par fraude et artifice. (C. Civ. 564.)

SECTION 3e. — *Du droit d'accession relativement aux choses mobilières.*

Le droit d'accession, quand il a pour objet deux

choses mobilières appartenant à deux maîtres différents, est entièrement subordonné aux principes de l'équité naturelle.

Les règles suivantes servent d'exemple au juge pour se déterminer, dans les cas non prévus, suivant les circonstances particulières.

Lorque deux choses appartenant à différents maîtres, qui ont été unies de manière à former un tout, sont néanmoins séparables, en sorte que l'une puisse subsister sans l'autre, le tout appartient au maître de la chose qui forme la partie principale, à la charge de payer à l'autre la valeur de la chose qui a été unie.

Est réputée partie principale celle à laquelle l'autre n'a été unie que pour l'usage, l'ornement ou le complément de la première. Comme par exemple, une guirlande ajoutée à un vase; une doublure mise à un habit.

Néanmoins, quand la chose unie est beaucoup plus précieuse que la chose principale (par exemple un manche en or mis à un couteau ordinaire), et quand elle a été employée à l'insu du propriétaire, celui-ci peut demander que la chose unie soit séparée pour lui être rendue, même quand il pourrait en résulter quelque dégradation de la chose à laquelle elle a été jointe.

Si de deux choses unies pour former un seul tout, l'une ne peut point être regardée comme l'accessoire de l'autre, celle-là est réputée principale qui est la plus considérable en valeur, ou en volume, si les valeurs sont à peu près égales.

Si un artisan ou une personne quelconque a employé une matière qui ne lui appartenait pas, à former une chose d'une nouvelle espèce, soit que la matière puisse ou non reprendre sa première forme, celui qui en était le propriétaire a le droit de réclamer la chose qui en a été formée, en remboursant le prix de la main-d'œuvre.

Si cependant la main-d'œuvre était tellement importante qu'elle surpassât de beaucoup la matière employée, l'industrie serait alors réputée la partie principale, et l'ouvrier aurait le droit de retenir la chose qui en a été formée, en remboursant le prix de la matière au propriétaire.

Ainsi par exemple, le statuaire restera maître de la statue, en remboursant le prix du marbre au propriétaire; et le peintre, maître du tableau, en remboursant le prix des couleurs ou de la toile.

Lorsqu'une personne a employé en partie la matière qui lui appartenait, et en partie celle qui ne lui appartenait pas, à former une chose d'une espèce nouvelle, sans que ni l'une ni l'autre des deux matières soit entièrement détruite, mais de manière qu'elles ne puissent pas se séparer sans inconvénients, la chose est commune aux deux propriétaires, en raison, quant à l'un de la matière qui lui appartenait; quant à l'autre en raison à la fois et de la matière qui lui appartenait, et du prix de sa main-d'œuvre.

Lorsqu'une chose a été formée par le mélange de plusieurs matières appartenant à différents propriétaires, mais dont aucune ne peut être regardée comme la matière principale, si les matières peuvent être séparées, celui à l'insu duquel les matières ont été mélangées peut en demander la division. — Si les matières ne peuvent plus être séparées sans inconvénient, ils en acquièrent en commun la propriété, dans la proportion de la quantité, de la qualité et de la valeur des matières appartenant à chacun d'eux.

Si la matière appartenant à l'un des propriétaires était beaucoup supérieure à l'autre par la quantité et le prix, en ce cas le propriétaire de la matière supérieure en valeur pourrait réclamer la chose provenant du mélange, en remboursant à l'autre la valeur de sa matière.

Lorsque la chose reste en commun entre les propriétaires des matières dont elle a été formée, elle doit être licitée au profit commun.

Dans tous les cas où le propriétaire dont la matière a été employée, à son insu, à former une chose d'une autre espèce, peut réclamer la propriété de cette chose, il a le choix de demander la restitution de sa matière en mêmes nature, quantité, poids, mesure et bonté, ou sa valeur.

Ceux qui auront employé des matières appartenant à d'autres, et à leur insu, pourront aussi être condamnés à des dommages et intérêts, s'il y a lieu, sans préjudice des poursuites par voie extraordinaire, si le cas y échet.

C'est-à-dire que s'il y a eu vol des matières employées, le voleur sera poursuivi par la voie criminelle. (C. Civ. 565 à 577.)

ACCOTEMENTS. — Parties de terrains qui se trouvent de chaque côté d'une chaussée, d'un chemin public, d'une route départementale ou royale. (Voyez *chemin.*)

ACCRUE. — C'est en général l'augmentation d'une chose par la jonction, l'incorporation d'une autre chose.

C'est le synonyme d'*accession*. (Voir *accession* et *atterrissements*.)

ACCRUE de bois. — On entend par accrue de bois les augmentations que reçoit un bois lorsque les racines et les rejetons des arbres gagnent et s'étendent sur les terres voisines.

Bien qu'il soit prouvé que l'accrue soit produite par le bois voisin, elle n'appartient pas au propriétaire du bois. Elle est au contraire la propriété de celui qui possède le terrain sur lequel elle pousse.

Cependant si le propriétaire du terrain sur lequel se forment les accrues, restait dans l'inaction pendant trente ans, il faudrait voir là un abandon de son droit, une reconnaissance de la propriété d'autrui ; et l'accrue, avec le terrain, appartiendraient au propriétaire du bois. (Fournel. — *Lois rurales*.)

Mais cette prescription trentenaire de l'accrue ne doit être admise qu'autant qu'il n'y a pas de marque séparative entre le bois et les terres voisines, comme des fossés, bornes, etc. (Ibid.)

ACTION. — Droit de poursuivre en justice ce qui nous est dû ou ce qui nous appartient.

Nous ne parlerons sous ce titre que des actions *pétitoires* et *possessoires*.

Par l'action *pétitoire*, le propriétaire d'un fonds, ou celui qui a un droit réel sur ce fonds (*jus ad rem*), agit contre la personne qui le possède, afin de recouvrer sa propriété, ou la jouissance des droits dont l'héritage est chargé envers lui.

Tandis que par l'action *possessoire*, on agit pour être

maintenu dans la possession soit d'un fonds, soit d'un droit réel, ou pour la recouvrer.

Dans le premier cas elle s'appelle *complainte;* dans le deuxième *réintégrande.*

L'action possessoire est accordée par l'art. 23 du code de procédure à quiconque, ayant eu, pendant plus d'un an, à titre non précaire, la possession paisible d'un droit immobilier susceptible d'être acquis par prescription, veut s'y faire maintenir lorsqu'il est troublé. Par sa nature elle offre une valeur indéterminée, et par conséquent elle ne peut jamais être jugée en dernier ressort par le juge-de-paix à qui la connaissance en est attribuée, et cela quand même on n'aurait conclu qu'à des dommages-intérêts, dont la quotité n'excèderait pas la compétence de ce juge. (Cass. 25 mai 1822.)

Les servitudes ne donnent pas indistinctement lieu à l'action possessoire. Il n'y a que les servitudes *naturelles* et les servitudes *apparentes* et *continues.*

Le droit de les exercer, dit M. Pardessus, résulte de la disposition naturelle des lieux, qui astreint à des obligations déterminées par la loi; ou d'une succession d'actes de jouissance prolongés pendant le temps requis. Il est juste, en ce cas, que le possessoire soit accordé à celui qui a le fait en sa faveur. C'est un acheminement naturel à la justification de ses droits au *pétitoire,* parce que le fait de sa possession déclarée par le juge-de-paix, deviendra une présomption qui le dispensera de preuve, conformément à l'art. 1352 du code civil.

Mais il ne saurait en être de même des servitudes discontinues et de celles qui, bien que continues, ne sont pas apparentes, puisqu'elles ne peuvent s'acquérir que par des titres. La possession ne doit être une présomption de propriété qu'à l'égard des droits qu'elle peut faire acquérir ; quant aux autres, qu'elle ne peut, d'après l'art. 691, conférer, quelque laps de temps qu'elle ait duré, elle est toujours censée précaire. (Voyez *servitudes.*) La loi ne reconnaissant point de telles servitudes sans titres, en exige nécessairement de celui qui le prétend.

Il est souvent difficile d'établir une juste distinction entre le *pétitoire* et le *possessoire*, et de ne pas cumuler l'un et l'autre.

Cependant il nous semble, dit encore M. Pardessus, que tout peut être réduit à une règle que les juges-de-paix doivent avoir sans cesse présente. Ils sont uniquement juges du fait de savoir si l'état des lieux ou des choses, que l'un veut établir et l'autre conserver, existe depuis un *an;* peu importe ce qui a été autrefois. Il faut bien préciser en outre quelle est la chose dans la possession de laquelle était le demandeur au moment où le trouble dont il se plaint a eu lieu, et si ce demandeur était ou non en possession. Il ne suffit pas, en effet, de dire et de prouver que *tel* a fait *tels* ou *tels* actes, *telles* ou *telles* entreprises ont eu lieu sur *tel* terrain. Il faut, pour être fondé à intenter la complainte, prouver avant tout qu'on était depuis au moins un an et jour, possesseur de l'objet. Nous allons en indiquer rapidement quelques exemples.

Si le propriétaire d'un fonds dans lequel naît une source vient à en détourner les eaux, celui qui la recevait peut, dans l'année, s'adresser au juge-de-paix, et demander que l'écoulement sur sa propriété soit rétabli, s'il prouve qu'avant le changement des lieux il la recevait ou pouvait la recevoir par des travaux extérieurs et apparents. (Voyez *cours d'eau.*)

En ce qui concerne le bornage, si l'objet de l'action est le rétablissement de bornes déplacées dans l'*année*, le juge-de-paix, sans autre vérification que celle de ce fait, en ordonne le rétablissement.

En ce qui concerne les clôtures, le juge-de-paix doit faire rétablir les haies ou les murs renversés, et les fossés comblés dans l'année, sans examiner si celui qui les a détruits avait de justes motifs de s'opposer à leur établissement. Mais, au contraire, si quelqu'un usait du droit de se clore, et qu'un autre formât une complainte contre lui pour faire détruire cette clôture, en prétendant qu'elle préjudicie aux droits qu'il croit avoir sur le terrain, le juge-de-paix n'en peut connaître qu'autant que ces droits seraient de nature à être réclamés par l'action possessoire, suivant les principes que nous avons donnés plus haut.

En ce qui concerne les mitoyennetés, quelques distinctions sont nécessaires. Celle des murs ne cède, comme nous le verrons au mot *mitoyenneté*, qu'à des signes déterminés, à des titres, ou à une possession trentenaire. Le juge-de-paix peut donc vérifier l'existence des signes, et maintenir celui qui les a en sa faveur, ou faire supprimer ceux qui auraient été indûment ajoutés dans l'*année*, ou les ouvrages qui auraient été appuyés avant que la mitoyenneté fût requise.

Mais si, à défaut de signes, un des voisins prétend avoir la propriété exclusive par titre ou possession trentenaire, le juge-de-paix ne peut en connaître, parce que la possession annale n'est pas mise au nombre des présomptions exclusives de la mitoyenneté ; il doit s'en tenir à la présomption légale de mitoyenneté, et maintenir ce droit, sauf à celui qui la conteste à se pourvoir au tribunal civil.

Au contraire, si l'un des voisins prétend avoir été troublé dans la possession exclusive d'un fossé ou d'une haie, le juge-de-paix peut maintenir celui qui a la possession annale. (Voyez *juge-de-paix.*)

En ce qui concerne les distances légales à observer pour la plantation des arbres ou pour certaines constructions, le juge-de-paix peut en connaître s'il n'y a pas plus d'un an que les choses sont faites, vérifier si les distances ont été ou non observées, et maintenir l'état des choses tel qu'il était avant le trouble.

Ce que nous venons de dire sur la nature des actions possessoires nous dispense de nous étendre sur les actions pétitoires ; les questions qui peuvent en naître étant toujours subordonnées à l'examen des titres respectifs des parties, on appliquerait sans aucune modification les principes généraux qui sont établis dans tout le cours de notre ouvrage sur les différents modes d'acquisition ou d'extinction des servitudes ; seulement nous devons faire observer que si de pareilles questions s'élevaient, ce serait au tribunal de l'arrondissement dans lequel est situé le fonds grevé à en connaître.

ALIGNEMENT. — C'est la déclaration de la limite légale entre la voie publique et les propriétés qui la bordent.

Il est de principe de droit public en France, qu'aucune construction joignant immédiatement la voie publique, ne peut être entreprise qu'après avoir demandé et obtenu à cet effet l'autorisation de l'autorité compétente. (Cass. 1er février 1833.)

Ainsi avant de construire soit un bâtiment, soit simplement un mur le long d'une voie publique, route royale ou départementale, chemin de halage, rue d'une ville, bourg ou village, et même chemin vicinal, il est indispensable de demander et d'obtenir un alignement.

Ces demandes doivent être faites au préfet pour les alignements de *grande voirie ;* c'est-à-dire les alignements qui indiquent la ligne qui sépare les propriétés des particuliers, des routes royales et départementales.

En matière de *petite voirie,* c'est au maire que doivent être adressées les demandes d'alignement.

On peut se pourvoir au Conseil d'État contre les arrêtés du préfet.

On peut recourir au préfet, et ensuite au ministre de l'intérieur, contre les arrêtés des maires, et se pourvoir au Conseil d'État contre les arrêtés approbatifs des préfets.

Pour les chemins vicinaux proprement dits, les maires donnent les alignements, sous la réserve de l'approbation du sous-préfet, qui vérifie si la largeur légale du chemin a été respectée. Mais pour les chemins vicinaux de grande communication, c'est le préfet qui donne l'alignement, sur la proposition du maire, le rapport de l'agent-voyer et l'avis du sous-préfet. (Circ. Minist.)

On peut, le long des routes, bâtir en arrière de l'alignement. Mais ceci ne s'applique pas aux constructions faites dans l'intérieur des villes.

Ceux qui bâtissent sans prendre d'alignement ou sans

se conformer à l'alignement à eux donné, sont passibles, en matière de *grande voirie*, d'une amende de 300 fr.; et en matière de *petite voirie*, des peines portées par l'art. 471 du code pénal.

Ils peuvent être en outre contraints à démolir les constructions si elles ne sont pas dans la direction de l'alignement.

Les mêmes peines sont applicables à ceux qui, en construisant sur l'alignement prescrit, ont excédé la hauteur déterminée pour les maisons par les règlements. (Cass. 2 et 8 août 1833.)

Toutes *réparations* et *travaux confortatifs* aux bâtiments sujets à reculement, exécutés sans autorisation, rendent le propriétaire passible des mêmes peines.

ALLUVION. — On appelle alluvion l'accroissement que reçoit un fonds par les terres nouvelles que les eaux qui le baignent y apportent successivement et imperçeptiblement.

C'est cet accroissement insensible qui distingue l'*alluvion* de l'*atterrissement*, dans lequel l'accroissement est subit. (Voir *atterrissement*.)

On donne aussi le nom d'*alluvion* à l'accroissement qui résulte des terres que les eaux, en se retirant, laissent à découvert.

L'alluvion profite au propriétaire riverain, soit qu'il s'agisse d'un fleuve ou d'une rivière navigable, flottable ou non, mais à la charge, dans le premier cas, c'est-à-dire s'il s'agit d'un fleuve ou d'une rivière navigable, de laisser le marche-pied ou chemin de halage. (C. Civ. 556.)

Il en est de même des relais que forme l'eau courante qui se retire insensiblement de l'une de ses rives en se portant sur l'autre ; le propriétaire de la rive découverte profite de l'alluvion, sans que le riverain du côté opposé y puisse venir réclamer le terrain qu'il a perdu. (C. Civ. 557.)

N'oubliez pas une chose essentielle : il faut que l'accroissement se soit formé imperceptiblement, sans quoi il y aurait atterrissement et non alluvion. Nous verrons au mot atterrissement que les droits des propriétaires riverains sont bien différents dans les deux cas.

L'alluvion formée le long des ruisseaux appartient-elle également aux propriétaires riverains ? M. Ph. Dupin est d'avis de l'affirmative. Les dispositions du code, sur le droit d'alluvion, dit-il, embrassent nécessairement les ruisseaux ; car il semble confondre la petite rivière et le ruisseau sous la dénomination générique de cours d'eau qui ne sont pas déclarés dépendances du domaine public, c'est-à-dire, qui ne sont pas des fleuves navigables ou flottables.

Mais il ne faut pas appliquer cette décision aux torrents, qui sont des cours d'eau non continus, qui ne coulent, par exemple, que pendant l'hiver, et qui ne se grossissent qu'après la fonte des neiges ou les grandes pluies. — De pareils cours d'eau ne diffèrent en rien des autres propriétés privées.

Jugé par la Cour de Paris qu'un banc de sable recouvert par les eaux de la rivière, pendant la plus grande partie de l'année, n'est point une alluvion véritable ; qu'il continue de faire partie de la rivière, et ne peut être réclamé par le propriétaire voisin.

Le droit d'alluvion n'a pas lieu à l'égard des *lais* et *relais* de la mer. (Voir ces deux mots.)

Il n'a pas lieu non plus à l'égard des lacs et étangs, dont le propriétaire conserve toujours le terrain que l'eau couvre quand elle est à la hauteur de la décharge de l'étang, encore que le volume de l'eau vienne à diminuer.

Réciproquement, le propriétaire de l'étang n'acquiert aucun droit sur les terres riveraines que son eau vient à couvrir dans les crues extraordinaires. (C. Civ. 558.)

Règle générale, les riverains ne peuvent prendre possession d'un terrain d'alluvion qu'après que l'administration a reconnu que la conservation de cette alluvion ne peut nuire à la navigation ; car l'administration doit faire disparaître tous les obstacles au libre cours d'eau.

ANTICIPATION. — Usurpation ou empiètement sur un terrain voisin.

Il arrive quelquefois qu'en labourant, en fauchant des grains ou des prés, les voisins anticipent alternativement l'un sur l'autre. C'est ce que l'on appelle des anticipations de sillons.

Ces anticipations ne peuvent servir de base à la prescription, par cela seul qu'elles sont peu considérables et presque insensibles.

Elles ne peuvent donner naissance à une action possessoire ; et celui sur le terrain duquel le voisin a anticipé, doit porter une demande en *réintégrande* devant le juge-de-paix, qui n'aura pas à examiner si le demandeur a une possession d'*an* et *jour*.

Il pourrait aussi procéder par la voie de l'action en

bornage. Mais il ne pourra, dans aucun cas, se faire justice lui-même; par exemple, en faisant repasser sa charrue pour reprendre ce qui lui appartient. (Voyez *bornage.*)

APPARENTES. — On appelle ainsi les servitudes qui ont des signes extérieurs de leur existence. (Voyez *servitudes.*)

ARBRE. — Plante boiseuse qui croît en grosseur et en hauteur plus que toutes les autres plantes, et qui pousse différentes branches.

DIVISION.

§ 1er. — *De la propriété des arbres.*
§ 2. — *De la distance à observer dans la plantation des arbres.*
§ 3. — *Ébranchement ou élagage des arbres.*

---

§ 1er. — *De la propriété des arbres.*

Les arbres, comme toutes les autres productions du sol, sont censés la propriété de celui sur le terrain duquel ils sont plantés.

Lorsque les arbres sont limitrophes, c'est-à-dire plantés sur la ligne de séparation de deux terrains, comment peut-on savoir, à défaut de titres, auquel des deux voisins ils doivent appartenir?

Voici, à cet égard, quelques règles qui pourront servir dans de pareilles circonstances.

Et d'abord l'arbre appartient ordinairement à celui sur le fonds duquel se trouve le principal tronc, sans égard aux racines qu'il pousserait sur l'héritage voisin.

Remarquez toutefois qu'il faudrait une différence sensible pour ne pas donner l'arbre par moitié aux deux voisins ; à moins que l'un d'eux n'ait toujours été en possession exclusive d'émonder l'arbre et d'en cueillir les fruits.

Les arbres qui se trouvent dans une haie mitoyenne, sont mitoyens comme la haie. (C. Civ. 673.)

Mais s'il s'agissait d'arbres qui auraient été plantés pour servir de bornes, et lors même qu'ils se trouveraient dans une haie mitoyenne, ils appartiendraient au voisin, qui serait en possession de les émonder et d'en cueillir les fruits.

Cette possession constante pendant trente ans lui en assurerait aussi la propriété, lors même qu'on prouverait par titre, que ces arbres ont été plantés à frais communs et pour servir de bornes.

Un seul propriétaire ne peut ni ébrancher les arbres communs, ni en cueillir les fruits sans le consentement de l'autre.

Chacun des copropriétaires a le droit d'exiger que ces arbres soient abattus. (C. Civ. 673.) Alors l'opération doit se faire à frais communs, et le bois que produisent les arbres est partagé entre les deux propriétaires. Cette décision est fondée sur ce que la jouissance d'une haie mitoyenne, bien loin de procurer de l'avantage, finirait par être nuisible à l'un ou à l'autre propriétaire, si chacun était obligé de souffrir des arbres à haute tige trop près de la partie la plus utile de son terrain.

Mais s'il s'agissait d'arbres plantés sur la ligne qui sépare deux héritages pour leur servir de bornes, et que cette plantation fût constatée par un procès-verbal de bornage ou par tout autre titre, l'un des voisins pourrait-il, en vertu de ce qui vient d'être dit, exiger que ces arbres, dont la jouissance lui est commune, fussent arrachés?

L'article 466 du code pénal garantit l'existence de ces sortes de bornes. Il classe au nombre des délits l'abattage qui en serait fait sans le consentement des propriétaires; et par conséquent ne permet pas de croire que la volonté d'un seul puisse décider qu'ils ne seront pas conservés. (PARDESSUS.) — Voir *bornage*.

Néanmoins un propriétaire n'est pas plus forcé à souffrir du voisinage des grands arbres quand ils servent de bornes, que quand ils se trouvent dans une haie mitoyenne. Or, nous pensons que l'un des propriétaires pourrait réclamer la suppression de ces arbres, en offrant de les remplacer par des bornes moins malfaisantes : en pierre par exemple.

Si ces arbres limitrophes venaient, par quelque cause que ce soit, à mourir, ou s'ils avaient été abattus, un seul des copropriétaires ne pourrait les faire remplacer sans le consentement de l'autre. (PARDESSUS.)

---

§ 2. — *De la distance à observer dans la plantation des arbres.*

Il n'est permis de planter des arbres de haute tige qu'à la distance prescrite par les règlements particuliers actuellement existants, ou par les usages constants et reconnus.

Le législateur a pensé, qu'en matière de plantation, l'uniformité s'éloignerait trop de la justice, qui est le but principal des lois ; et l'on conçoit, en effet, que si la différence des climats doit influer sur des règles à établir, c'est évidemment quand il s'agit de culture : telle règle pourrait convenir aux pays méridionaux, et pourrait être nuisible dans les départements du nord. C'est donc avec sagesse que le code civil maintient, à cet égard, les règlements et usages locaux, constants et reconnus.

Mais à défaut de règlements et usages, le code, dans son article 671, a fixé les distances à observer : les arbres à haute tige, dit-il, ne peuvent être plantés qu'à la distance de deux mètres de la ligne séparative des deux héritages. S'il s'agit d'autres arbres et haies vives, c'est-à-dire d'arbres à *basse tige*, il suffit que la distance soit d'un demi-mètre.

Mais comment calculer la distance légale, si les deux héritages voisins étaient séparés par un mur mitoyen, une haie mitoyenne, un fossé ou un canal mitoyen, etc ? Cette distance se calculerait du milieu du mur, de la haie, du fossé ou du canal, etc. (Duranton, Dalloz, etc.)

Remarquons que lorsqu'il s'agit de vérifier si un arbre qui a pris beaucoup d'accroissement est à la distance légale, on doit mesurer, à partir du milieu de l'arbre, jusqu'à la ligne séparative des deux héritages. Car la loi a ordonné d'observer cette distance lors de la plantation seulement; en conséquence, ils peuvent grossir sans qu'elle puisse le constituer en contravention.

Lorsque des arbres ont été placés au-delà des limites prescrites, le voisin peut exiger qu'ils soient arrachés. (C. Civ. 672.)

Il arrive quelquefois qu'on plante des arbres de haute tige dans une haie, il est évident qu'ils n'y peuvent pas rester, à moins que la haie ne soit à la distance fixée pour les grands arbres. Si donc cette haie n'est éloignée de l'héritage du voisin que de l'espace convenable pour les arbustes, le propriétaire de la haie peut être forcé d'en faire disparaître les arbres à haute tige.

S'il s'était écoulé trente ans depuis la plantation des arbres, le voisin ne pourrait plus les faire abattre.

Mais si ces arbres trentenaires venaient à périr ou à être abattus, serait-il permis de les remplacer par d'autres de même essence, en même nombre et dans le même lieu ?

Nous ne le pensons pas ; car l'existence des arbres pendant trente ans, constitue seulement une prescription qui donne au propriétaire le droit de les maintenir, et qui emporte l'action qu'avait le voisin de les faire supprimer, mais qui ne donne nullement le droit de les remplacer. (Duranton et Dalloz.)

---

§ 3. — *Ébranchement ou élagage des arbres.*

Bien que des arbres soient plantés à la distance prescrite, si leurs branches avancent sur l'héritage du voisin, celui-ci peut contraindre le propriétaire de ces arbres à en couper les branches. (C. Civ. 672.) Si ce sont les racines qui avancent sur l'héritage du voisin, celui-ci aura le droit de les y couper lui-même. (Ibid.)

Il aura ce droit pour les racines seulement, parce qu'elles lui causent un plus grand préjudice en allant puiser dans son propre fonds la nourriture de l'arbre ; et surtout parce que la manière de couper les racines est assez indifférente.

Mais, ainsi que nous venons de le voir, il n'en est pas de même pour les branches : il y a des époques fixes et un mode particulier pour faire l'ébranchage, sans nuire à la santé de l'arbre.

Celui sur l'héritage duquel les branches s'avancent, n'a donc qu'une action pour demander qu'elles soient coupées ; alors le voisin à qui elles appartiennent fait exécuter l'opération de la manière qui lui paraît la plus convenable.

Il est vrai que si, dans le délai qui lui est prescrit par le jugement, le propriétaire des arbres ou de la haie ne fait pas disparaître les branches qui nuisent au demandeur, le même jugement autorise celui-ci à les faire couper aux frais du défendeur. (LEPAGE. — *Lois des bâtiments.*)

Toutefois, observez que le bois qui provient de l'ébranchage, appartient au propriétaire des arbres, encore que, sur son refus d'élaguer, l'opération ait été faite par son voisin.

Le fermier ne peut demander en son nom l'ébranchement des arbres qui avancent sur la propriété qui lui est louée.

Le voisin qui n'a pas usé de son droit de faire couper les branches, n'est pas recevable à se plaindre du dommage que pourrait lui avoir causé l'ombre des arbres, puisqu'il a toujours la faculté de demander l'ébranchage, pourvu que ce soit dans la saison convenable.

Notez que le maître des arbres ne peut invoquer la prescription trentenaire pour conserver les branches qui avancent sur le fonds voisin.

Les fruits tombés des branches qui se prolongent sur l'héritage du voisin, appartiennent-ils à ce dernier?

En général, les fruits sont bien constamment la propriété du maître de l'arbre (C. Civ. 566); le voisin sur le terrain duquel s'étendent les branches n'a pas le droit d'en cueillir les fruits. Tout le monde est d'accord sur ce point.

Mais si le maître ne peut cueillir ses fruits sans aller dans la propriété du voisin, aura-t-il le droit de demander le passage nécessaire?

Les auteurs se sont partagés sur ce point : les uns refusent le passage et accordent au voisin les fruits qui sont tombés sur son terrain, comme indemnité du tort que les branches peuvent lui avoir causé; d'autres pensent que le propriétaire de l'arbre a le droit d'aller ramasser ses fruits promptement, dans les deux ou trois jours de leur chute : après ce temps, il serait censé les avoir abandonnés, et il ne pourrait les redemander si le propriétaire du fonds voisin s'en était emparé.

Les propriétaires riverains des bois et forêts ne peuvent contraindre les maîtres de ces bois et forêts à couper les branches qui avancent sur leur fonds, si les arbres de lisières auxquels appartiennent ces branches ont plus de trente ans.—Tout élagage qui serait exécuté sans l'autorisation des propriétaires des bois et forêts, donnera lieu à l'application des peines portées contre ceux qui abattent sur pied. (C. Forest. 150.)

ATRE. — Voyez *cheminée*.

ATTERRISSEMENT. — Amas de terre que les eaux de la mer ou des rivières forment sur leurs bords ou au milieu de leur lit.

Nous avons dit plus haut que quand l'atterrissement était formé insensiblement, il prenait le nom d'*alluvion*. (Voir ce mot.)

L'atterrissement proprement dit s'entend plutôt de l'adjonction subite et reconnaissable formée tout-à-coup par l'impétuosité des eaux.

Lorsqu'il n'est pas établi que l'atterrissement est une portion reconnaissable de la propriété d'un autre riverain, laquelle aurait été enlevée par une force subite et portée sur un autre point de la rive, on doit admettre qu'il y a *alluvion*.

En conséquence, cet atterrissement appartient au propriétaire du terrain riverain près duquel la nouvelle formation s'est opérée. (Cass. 25 juin 1827.)

Si au contraire l'accroissement provient d'une partie reconnaissable de terrain transportée, par une force subite, d'une propriété voisine, le propriétaire de la partie enlevée peut réclamer sa propriété pendant l'année, quand même l'autre propriétaire s'en serait mis en possession. Après ce délai d'un an, il ne sera plus recevable à former sa demande, à moins toutefois que le propriétaire du champ auquel la partie enlevée a été unie, n'eût pas encore pris possession de celle-ci. (C. Civ. 559.)

Quant aux atterrissements qui se forment au milieu des rivières, ils appartiennent à l'État ou aux propriétaires riverains. (Voyez au mot *accession*.)

Pour les atterrissements qui se forment par une augmentation insensible, voyez au mot *alluvion*.

AUVENT. — On appelle ainsi le petit toit en saillie qu'on place au-dessus de l'entrée d'une maison, et le plus ordinairement au-dessus des boutiques, pour empêcher la pluie d'y pénétrer. (Voyez *saillies.*)

B.

BALCON. — Saillie attachée à un bâtiment, environnée ordinairement de balustrade, et portée par des colonnes.

Les balcons ne peuvent être établis qu'à une distance de dix-neuf décimètres de l'héritage clos ou non clos d'un voisin. (Voir *vue.*)

Quant à l'établissement des balcons ou autres semblables saillies sur la voie publique, voyez au mot *saillies.*

BARRAGE. — On appelle *barrage* ou *gord* un ouvrage transversalement construit dans une rivière ou un ruisseau, pour faire monter les eaux à une certaine hauteur et en opérer la chute ou la dérivation qu'on se propose d'obtenir. (Voyez *cours d'eau.*)

BERGE. — On appelle *berge* la terre élevée qui se trouve le long d'un *canal*, d'un *chemin*, d'un *fossé* ou d'une *rivière*. (Voyez ces mots.)

BORNE, BORNAGE. — On appelle *bornage* l'action de placer des bornes sur une ligne qui divise deux propriétés contiguës.

DIVISION.

§ 1er. — *Ce que c'est que l'action en bornage.*

§ 2. — *Par qui et contre qui l'action en bornage peut être intentée.*

§ 3. — *Comment se fait le bornage.*
§ 4. — *Des fins du bornage et des peines contre ceux qui déplacent des bornes.*

---

§ 1er. — *Ce que c'est que l'action en bornage.*

Tout propriétaire peut obliger son voisin au bornage de leurs propriétés contiguës. (C. Civ. 646.)

Puisque personne n'est obligé de rester dans l'indivision, personne aussi n'est obligé de laisser indécise la ligne qui doit séparer son héritage de l'héritage voisin.

Le seul moyen d'empêcher les usurpations entre voisins, et d'éviter les contestations qu'elles font naître, est de marquer, par des bornes, la limite de deux propriétés contiguës.

De cette vérité il est résulté que la loi a autorisé tout propriétaire à demander, en tout temps, que des bornes soient posées ou reconnues entre son héritage et celui de son voisin.

Le bornage peut se faire à l'amiable, entre parties majeures et maîtresses de leurs droits. Dans ce cas il est important qu'il soit constaté par acte notarié.

Mais si les parties ne sont point d'accord, ou si elles sont incapables de contracter, comme lorsqu'il s'agit de mineurs ou d'interdits, alors le bornage doit être ordonné en justice.

L'existence de bornes, non soutenue par titres, ne serait pas un obstacle à l'action du bornage, car personne n'a le droit de se borner lui-même.

Toutefois, remarquons que si ces bornes étaient

plantées depuis trente ans, la demande en bornage ne pourrait plus avoir lieu, car il y aurait possession suffisante.

De même si un mur avait été construit sur les confins de deux héritages; s'il formait séparation, il tiendrait lieu par cela même de bornage, à moins qu'il n'eût été construit par anticipation; auquel cas il ne détruirait pas l'action en revendication de la partie usurpée.

Cependant si ce mur avait au moins trente ans, il empêcherait l'action en bornage, puisque celle en revendication serait de nul effet.

---

§ 2. — *Par qui et contre qui l'action en bornage peut être intentée.*

L'action en bornage peut être intentée par tous ceux qui ont des droits dans la propriété d'un héritage. Or, cette action convient à celui qui est seul propriétaire d'un fonds et à celui qui possède par indivis avec d'autres, quand même ces copropriétaires ne se joindraient pas avec lui.

L'action en bornage peut être intentée par l'usufruitier qui a un droit réel. Cependant il est prudent de mettre le propriétaire en cause, parce qu'à l'expiration de la jouissance, le bornage ne pourrait lui être apposé; il serait même fondé à en demander un autre.

Ce n'est également que contre les propriétaires ou possesseurs que le partage peut être provoqué utilement: car une pareille action touche essentiellement au droit de propriété, dont elle a pour objet de déterminer l'étendue.

Le mari n'a pas qualité pour intenter seul l'action en bornage des biens de sa femme : celle-ci doit être mise en cause. Du moins ce qui serait décidé contre le mari, ne serait pas censé l'être contre sa femme.

Quant au fermier, comme il n'a que droit à la chose et non pas droit dans la chose, il ne peut intenter une action en bornage des biens qui lui sont loués. Il peut seulement se pourvoir contre son bailleur, et conclure à ce qu'il soit tenu de borner pour faire cesser le trouble qu'il éprouve dans sa jouissance de la part du voisin.

Le bornage peut être demandé contre une commune, un établissement public, ou même contre l'État; et réciproquement, ces derniers peuvent intenter l'action en bornage contre tout propriétaire.

---

§ 3. — *Comment se fait le bornage.*

Le bornage peut être fait à l'amiable, c'est-à-dire, conventionnellement, aussi bien que par la voie judiciaire.

Dans le premier cas il suffit, pour qu'il soit valable, qu'il soit signé par les parties intéressées dans la forme de toutes les conventions de la même nature, puisque le code civil ne l'a pas soumis à des formalités particulières. Il convient néanmoins de le constater par acte notarié, plutôt que par acte sous seing-privé.

On ne doit recourir aux tribunaux que quand les parties ne sont pas d'accord; par exemple, quand elles ne peuvent convenir d'experts, ou lorsque l'une refuse de procéder au bornage ; ou bien lorsqu'elles sont incapables de contracter. (Voyez § 1er.)

L'action en bornage doit être portée devant le tribunal de la situation des biens.

Lorsqu'il n'y a eu que déplacement des bornes, l'action, si elle est intentée dans l'année, peut être portée devant le juge-de-paix. C'est alors une action possessoire.

Mais si on laissait passer l'année sans intenter l'action, on ne pourrait plus se pourvoir qu'au pétitoire, parce qu'il s'agirait alors de la propriété du terrain et non de la simple possession.

Tout bornage doit être fait par des experts arpenteurs, entre les mains desquels les parties doivent remettre, de bonne foi, les titres et renseignements respectifs.

Pour parvenir à faire un bornage à l'amiable — dit Lepage, *nouveau Desgodets* —, trois experts sont nommés entre les parties. A cet effet, il est naturel que chacune nomme le sien, en sorte qu'elles n'ont plus à s'accorder que sur le troisième. L'acte par lequel les parties nomment des experts, énonce les héritages dont il s'agit de marquer les limites, d'après les titres qui sont remis aux experts. En vertu de ce pouvoir contenu dans cet acte signé par chacun des propriétaires, les experts procèdent d'abord à l'examen des titres, puis à l'arpentage des terres, ensuite à la reconnaissance des anciennes bornes, s'il en existe, enfin à poser les bornes nouvelles. De leurs différentes opérations ils dressent procès-verbal.

Si leur rapport convient aux deux parties, soit qu'il ait été fait à l'unanimité, soit qu'il ne présente que l'avis de la majorité, elles passent un acte où elles s'obligent l'une envers l'autre à reconnaître pour bornes des héritages contigus, celles établies par les experts.

Nous ne dirons pas ici comment se fait un bornage judiciaire ; ce serait sortir des limites que nous nous sommes tracées ; nous nous contenterons d'engager sincèrement les propriétaires capables de contracter, à recourir le moins possible aux voies judiciaires, qui, moyennant toujours de grands frais, ne placeraient pas mieux les bornes que des experts amiablement nommés.

Très souvent le bornage consiste uniquement à faire reconnaître des bornes indiquées par les titres et par les plans. Comme les bornes qui ne sont pas immuables sont plantées principalement à la pointe de chacun des angles de la pièce, l'opération des experts consiste à faire fouiller dans les places indiquées par les titres et les plans ; si les pierres trouvées sont déclarées être des bornes, l'opération est terminée.

La plantation des bornes doit être faite de manière qu'elles ne puissent facilement disparaître ou devenir incertaines ; et il doit en être dressé un procès-verbal assez bien circonstancié pour que, lors même que les bornes seraient enlevées, on puisse facilement reconnaître l'endroit où elles auraient été placées. (Pardessus.)

On peut planter des arbres ou une haie pour servir de bornes, creuser un fossé, élever un talus, un mur, etc.

Mais ordinairement on se sert de pierres d'une certaine grosseur, que l'on enfonce dans la terre aux confins des deux héritages ; tantôt il en excède une portion à l'extérieur, et tantôt elles ne sont point apparentes.

Dans l'un et l'autre cas, pour qu'on ne croie pas que

la pierre qui sert de borne, et qui assez souvent est brute, ne se trouve là que par hasard, on enterre autour de cette pierre d'autres pierres moins grosses, qu'on nomme témoins, parce qu'elles servent à faire connaître que la pierre principale est une borne. Dans certains pays, d'autres signes servent de témoins aux bornes.

Cependant avec une pareille manière de planter les bornes, on ne serait pas encore suffisamment à l'abri des manœuvres frauduleuses employées pour les supprimer, les déplacer ou les défigurer; à cet égard nous engageons les propriétaires qui auront besoin de borner leurs propriétés, à jeter dans la fosse destinée à recevoir la borne soit du charbon pilé, soit des morceaux de briques, soit enfin des projectiles semblables, qui durent éternellement.

---

§ 4. — *Des frais du bornage, et des peines contre ceux qui déplacent des bornes.*

Le bornage se fait à frais communs. (C. Civ. 646.; — C. For. 14.)

Observons que les dépens occasionnés par la résistance du défendeur, c'est-à-dire, ceux qu'il a fallu faire pour obtenir jugement contre lui, sont supportés en totalité par celui qui succombe; ces sortes de dépens ne sont pas compris dans les frais de l'opération, qui seuls doivent être payés en commun. Il en est de même des contestations qui surviennent pendant le bornage, ou à son occasion; elles donnent lieu à des dépens que supportent les parties condamnées par les jugements rendus sur ces mêmes contestations ; les seuls frais de l'opération sont payés en commun.

Le déplacement des bornes donne lieu à deux actions :

La première, qui est civile, est l'action possessoire ou en réintégrande. Elle doit être intentée dans l'année devant le juge-de-paix du canton dans lequel sont situés les biens litigieux.

La seconde, qui est correctionnelle, est établie par l'article 456 du code pénal, dont voici le texte :

« Quiconque aura, en tout ou en partie, comblé des fossés, détruit des clôtures, de quelques matériaux qu'elles soient faites ; coupé ou arraché des haies vives ou sèches ; quiconque aura déplacé ou supprimé des bornes, ou pieds-corniers, ou autres arbres plantés ou reconnus pour établir des limites entre différents héritages, sera puni d'un emprisonnement qui ne pourra être au-dessous d'un *mois*, ni excéder une *année*, et d'une amende égale au quart des restitutions et des dommages-intérêts, qui, dans aucun cas, ne pourra être au-dessous de 50 francs. »

BRANCHES D'ARBRES. — Voyez *arbre*.

BRIS DE CLOTURE. — C'est l'action de détruire les murs, fossés, haies ou palissades, qui servent à enclore un héritage.

La violation des clôtures compromet la sûreté des personnes et des propriétés : elle est classée au rang des délits. (C. Pén. 456.) — Voyez *clôture*.

C.

CANAL. — On appelle canal tout cours d'eau fait de la main des hommes, pour recevoir les eaux de la mer, des fleuves, rivières, ruisseaux, etc., et les conduire d'un endroit dans un autre.

Il y a plusieurs espèces de canaux :

Les canaux de *navigation et de flottage ;*

Les canaux d'*irrigation ;*

Les canaux de *dérivation pour les usines ;*

Et les canaux de *dessèchement.*

On donne le nom de canaux de navigation ou canaux navigables, à ceux qui ont pour objet le transport des personnes et des marchandises soit par bateaux, soit sur trains ou radeaux. Les canaux de flottage sont destinés au transport des bois par trains ou à bûches perdues.

Le cadre de notre livre ne nous permettant pas de parler plus longuement de cette première espèce, nous nous contenterons de dire seulement ce qui est relatif aux trois autres.

---

§ 1er. — *Canaux d'irrigation.*

Et d'abord, les canaux d'irrigation ont pour but spécial d'amener des eaux pour être répandues sur des terrains dont on veut corriger l'aridité, en les humectant ou en y déposant des limons fertiles. (Fabard.)

Ces sortes de canaux sont très communs dans le midi. Ils sont ordinairement entrepris par des compagnies, qui vendent ensuite des prises d'eau aux propriétaires des terrains voisins.

Les canaux d'irrigation, quoique dans le domaine privé, sont considérés comme d'une utilité publique en général, et, comme tels, sont placés sous la surveillance et l'administration de l'autorité locale pour tout ce qui tient au mode de construction, réparation et curage, sauf toutefois l'approbation du ministre de l'intérieur. (Arrêtés du 13 niv. an 5 et 19 vent. an 6; — Décrêt du 22 déc. 1811.)

Les terrains appartenant à des particuliers et qui sont reconnus nécessaires pour le service du canal et pour la distribution des arrosages, sont acquis de gré à gré par les propriétaires, ou en vertu d'une loi ou ordonnance qui autorise l'expropriation pour cause d'utilité publique. (L. 23 pluv. an 12.) — Voyez *irrigation*.

---

§ 2. — *Des canaux de dérivation pour les usines.*

Les canaux de dérivation pour les usines ont lieu, soit pour obtenir la chute nécessaire à leur mouvement, soit pour augmenter le volume des eaux.

Ces canaux sont alors soumis aux mêmes conditions et règles que l'usine dont ils font partie. (Voyez *usine.*)

Nous empruntons au *Répertoire de la Jurisprudence du Notariat* les lignes suivantes, qui nous paraissent suffisamment expliquer tout ce qui est relatif aux *canaux de dérivation.*

En général, les canaux faits de main d'homme pour le service ou l'exploitation d'usines sont présumés appartenir au propriétaire de l'usine, quand il n'y a pas titre contraire. Ils en sont l'accessoire ; ils en sont même une portion inséparable. Tel est d'ailleurs l'ancien principe. (Cass., 9 déc. 1818, 14 août 1827, et 21 déc. 1830.)

Remarquez toutefois que la présomption de propriété dont nous parlons n'est admissible, dans l'opinion de nos anciens jurisconsultes, qu'autant qu'il s'agit d'un canal artificiel, c'est-à-dire creusé de main d'homme. Si le canal est naturel, la même présomption ne peut exister ; le propriétaire de l'usine ne peut prétendre à l'usage exclusif de l'eau, qui est réglé par la loi entre les riverains. (C. Civ. 644. — PROUDHON, PARDESSUS.)

Mais à quel indice reconnaîtra-t-on qu'un canal a été fait de main d'homme, lorsqu'il n'existe aucune preuve par écrit de sa construction ?

Les indices de la propriété particulière sont :

1° La pêche, 2° le paiement de la contribution foncière, 3° l'administration et le curage. A quoi il faut ajouter l'aspect des lieux.

Du principe établi ci-dessus, il suit que le propriétaire riverain ne peut nuire au premier propriétaire en empiétant sur son cours d'eau, et en faisant des prises d'eau qui entraveraient le service des usines.

Cependant il ne faudrait pas aller jusqu'à décider que tous les travaux que ferait le riverain, même ceux nécessités pour la conservation de sa propriété, devraient être détruits, par cela seul qu'ils constitueraient une anticipation sur le canal.

Par exemple, s'ils étaient nécessités par la crainte de l'éboulement des terres, on ne devrait pas les faire supprimer; il faudrait appliquer les dispositions de l'article 645, C. Civ., qui veut que l'on concilie les intérêts de l'agriculture avec le respect dû à la propriété. Il y a en outre une autre raison d'équité qui ne veut pas que, sans un intérêt légitime, une personne puisse en contraindre une autre à des sacrifices réels.

Les riverains peuvent, d'ailleurs, user des eaux du canal pour leurs besoins naturels. On ne peut leur interdire d'y puiser, d'y faire abreuver, d'y laver, si d'ailleurs il n'en résulte aucun préjudice pour l'usine. (Cass., 13 juin 1837.)

Remarquez que le canal fait de main d'homme étant présumé appartenir au propriétaire de l'usine, il s'en suit qu'il est réputé compris dans la vente de cette usine, encore qu'il n'en ait pas été parlé dans l'acte.

Cependant, la présomption qui attribue au propriétaire d'un moulin la propriété du canal qui y conduit, doit céder à la preuve contraire que feraient les riverains et autres intéressés. Nul doute ne s'est jamais élevé à ce sujet.

La seule difficulté qui puisse être agitée à ce sujet, est de savoir si des titres seront toujours nécessaires pour établir le droit des riverains à la propriété du canal. Les auteurs regardent la négative comme constante. (Cass., 21 déc. 1830.)

Les propriétaires riverains peuvent acquérir par la prescription le droit de faire des prises d'eau dans le canal pour l'irrigation de leurs propriétés. Toutefois, pourvu qu'il s'agisse, non de petites tranchées qui s'effacent dans l'intervalle d'une saison à l'autre, mais d'aqueducs visibles et permanents établis depuis au moins trente ans; que les travaux apparents aient été faits jusqu'aux bords du canal; qu'ils portent sur le sol même du canal ou ses francs-bords. (Cass. 13 juin 1827.)

Les *francs-bords* du canal seront-ils réputés aussi appartenir au propriétaire du canal?

Un canal ne peut pas exister sans avoir des bords, et les bords qui en font partie doivent appartenir au maître du canal, c'est-à-dire au maître de l'usine; parce que celui qui est propriétaire d'une chose, est aussi propriétaire exclusif des diverses parties qui la composent. Et ici, pas plus que lorsqu'il s'agit du canal lui-même, il ne peut être question d'une simple servitude : il s'agit de la propriété des francs-bords. C'est, en effet, comme conséquence de la propriété du canal qu'ils sont réclamés. (PROUDHON).

La jurisprudence a consacré cette doctrine. (Cass., 30 mars 1828; — Paris, 12 février 1830; — Lyon, 6 juin 1835; — Cass., 4 décembre 1838.)

Notez d'ailleurs que nous supposons toujours qu'il s'agit d'un canal artificiel, c'est-à-dire fait de main d'homme. Car les bords d'un cours d'eau naturel, bien que canalisé de main d'homme, n'appartiennent pas nécessairement et comme accessoire indispensable à celui qui est propriétaire du cours d'eau. (Cass., 25 mai 1840.)

Toutefois la présomption de propriété des francs-bords cède, aussi bien que celle du canal, à la preuve contraire, quand elle est établie.

Les propriétaires riverains d'un canal peuvent-ils acquérir par la prescription la propriété des francs-bords?

Non. On ne peut appliquer ici ce que nous disions

relativement aux prises d'eau faites dans le canal. La jouissance des francs-bords concourant nécessairement avec celle du propriétaire de l'usine, n'a plus le caractère d'une possession réelle, exclusive, capable de prescrire. Une possession simultanée se réduit nécessairement à des actes de simple tolérance. (Cass., 12 février 1830; — Toulouse, 30 janvier 1833; — Lyon, 6 juin 1835.)

Les difficultés auxquelles donne lieu l'usage des canaux de dérivation, sont de la compétence des tribunaux ordinaires. (Cons. d'État, 23 avril 1837.)

---

§ 3. — *Canaux de dessèchement.*

Les canaux de *dessèchement* peuvent être entrepris sans autorisation, en se renfermant dans les dispositions du code civil sur les cours d'eau et les servitudes qui en dérivent, lorsqu'ils n'ont pour objet qu'une propriété particulière.

Mais lorsqu'il s'agit d'un dessèchement qui embrasse des propriétés publiques, communales et particulières, l'autorisation du Gouvernement est indispensable. (L. 16 février 1807.)

CARRIÈRE. — Fosse creusée en terre, d'où l'on extrait les pierres, grès, ardoises, granits, marbres, etc.

De ce principe que la propriété du sol emporte la propriété du dessus et du dessous, il résulte que tout propriétaire d'un fonds est libre d'y ouvrir et exploiter une carrière.

Toutefois il faut distinguer deux cas :

Celui où l'exploitation a lieu à *ciel ouvert,* c'est-à-dire par tranchées à découvert ;

Et celui où l'exploitation a lieu par *galeries souterraines.*

Dans le premier cas, l'exploitation peut être faite sans autorisation préalable, mais en se conformant aux règlements généraux ou locaux ; tandis que dans le second il est nécessaire de prendre une permission de la préfecture ; et cette exploitation doit être surveillée par les autorités locales. (L. 21 avril 1810, art. 81 et 82.)

Les formalités à remplir, dans ce dernier cas, par les exploitants, et le mode de leur exploitation, ont été réglés par des règlements spéciaux, en date des 22 mars et 4 juillet 1813, insérés au bulletin des lois.

L'exploitation des carrières à plâtre, pierres et moellons, ne peut être faite qu'à la distance de huit toises des chemins vicinaux ou de traverse fréquentés. (Déclar. 7 mars 1780.)

Il est défendu d'ouvrir aucune carrière, de quelque espèce que ce soit, sur les bords et côtés des routes et grands chemins, sinon à trente toises de distance, mesurée du pied des arbres, lorsqu'il y en a de plantés ; et lorsqu'il n'y a ni arbres ni fossés, à trente-deux toises de l'extrémité de la largeur, sans pouvoir, en aucun cas, pousser les *rameaux* ou rues des carrières du côté du chemin, même de *souchever,* au-dedans de leurs fouilles, le solide du terrain dont elles doivent être séparées de la voie publique, à peine de 300 livres d'amende, et de tous dépens, dommages et intérêts. (Ibid.)

Les carrières ne peuvent non plus être fouillées qu'à

trente toises des murs des édifices quelconques qui se trouvent dans le voisinage, à peine de 300 livres d'amende, dépens, dommages et intérêts. (Ibid.)

Les propriétaires des carrières à ciel ouvert sont autorisés à fouiller jusqu'aux extrémités de la masse qui leur appartient, sauf à eux à indemniser les propriétaires des terrains voisins pour la partie des terres que les talus entraîneraient dans les carrières exploitées à découvert. (Ibid.)

CAS RÉDHIBITOIRE. — (Voyez *rédhibitoire.*)

CAVE. — Le code civil ne renferme pas de dispositions qui obligent à faire un contre-mur pour soutenir la voûte d'une cave ou de toute autre construction adossée à un *mur mitoyen.* Néanmoins Desgodets assure qu'encore bien que la coutume de Paris n'ait rien prescrit pour le cas dont il s'agit, l'usage est de prévenir la poussée qu'opère une voûte dont la naissance touche au mur mitoyen. Pour cela on fait un contre-mur qui soutient l'effort de la voûte, et empêche le mur de boucler ou de déverser; ce qui arriverait par l'effet de la pression de la voûte, sans cette précaution.

Il n'est pas douteux que partout où le même usage existe on ne doive s'y conformer. Mais, dans les endroits où ni les règlements particuliers, ni un usage constant et reconnu ne tient lieu de loi, a-t-on le droit d'empêcher le voisin d'appuyer la voûte de sa cave sur le mur mitoyen ?

Ici, dit M. Lepage, *lois des bâtiments*, l'art. 662 du code reçoit son application; il ne permet pas de faire une construction sur le mur commun, sans le consentement du voisin; et quand ce dernier refuse, on fait décider par experts si la construction peut être faite sans nuire à son droit. Lorsqu'il s'agit, par exemple, d'une petite voûte en plein cintre, appuyée sur le mur mitoyen d'une épaisseur et d'une solidité extraordinaires, il serait possible que les experts fussent d'avis de laisser appuyer la voûte sur le mur, ne se trouvant, comme dans l'hypothèse, gênés dans leur détermination par aucune loi ni aucun usage contraire.

Ce cas possible dont on vient de parler est rare, et il est à présumer que le plus souvent les experts ne laisseront pas une voûte porter contre un mur mitoyen. On sait que le poids d'une pareille construction agit latéralement ; par conséquent, le mur serait en danger de déverser du côté du voisin, si on ne prévenait pas l'accident.

Dans tous les cas, soit qu'on prenne la précaution de faire un contre-mur, soit qu'on l'ait négligée, si le mur mitoyen se trouve détérioré par l'effort de la voûte, celui à qui elle appartient est responsable du tort arrivé par son fait à la chose commune. (LEPAGE.)

Cette réflexion fait sentir que la prudence doit servir de loi à ceux qui construisent des voûtes près d'un mur mitoyen.

Le contre-mur doit régner dans toute la longueur de la portion du mur mitoyen qu'il s'agit de protéger. Quant à la hauteur, elle est déterminée par la nature de la voûte ; la règle est que sa courbe prenne naissance sur le contre-mur.

CHASSE. — On appelle chasse, la poursuite des animaux sauvages.

La loi du 3-4 mai 1844 sur la police de la chasse

étant importante à connaître, nous croyons être agréable à la presque totalité de nos souscripteurs, en en rapportant ici le texte. Nous le ferons suivre de deux instructions que le lecteur devra consulter pour bien saisir l'esprit de cette loi.

SECTION 1re. — *De l'exercice du droit de chasse.*

ARTICLE 1er. — Nul ne pourra chasser, sauf les exceptions ci-après, si la chasse n'est pas ouverte et s'il ne lui a pas été délivré un permis de chasse par l'autorité compétente.

Nul n'aura la faculté de chasser sur la propriété d'autrui sans le consentement du propriétaire ou de ses ayants-droit.

ART. 2. — Le propriétaire ou possesseur peut chasser ou faire chasser en tout temps, sans permis de chasse, dans ses possessions attenant *à une habitation* (1) et entourées d'une clôture continue (2), faisant obstacle à toute communication avec les héritages voisins.

ART. 3. — Les préfets détermineront, par des arrêtés publiés au moins dix jours à l'avance, l'époque de l'ouverture et celle de la clôture de la chasse dans chaque département. (Ces arrêtés seront pris par le préfet de police pour la circonscription de la préfecture de police.

ART. 4. — Dans chaque département il est interdit de mettre en vente, de vendre, d'acheter, de transporter, de colporter du gibier pendant le temps où la chasse n'y est pas permise.

En cas d'infraction à cette disposition, le gibier serait saisi et

(1) Remarquez que la loi ne dit pas : « attenant à son habitation, mais à *une habitation*, » ce qui est beaucoup plus étendu. Ainsi, l'existence d'un bâtiment de ferme, ou même d'un simple pavillon pour le logement d'un fermier ou d'un garde, suffira pour motiver l'exception.

(2) Le point de savoir si un terrain est enclos, est une question de fait soumise à l'appréciation des tribunaux, qui se décideront d'après les usages du pays.

immédiatement livré à l'établissement de bienfaisance le plus voisin, soit en vertu d'une ordonnance du juge-de-paix si la saisie a eu lieu au chef-lieu du canton, soit d'une autorisation du maire si le juge-de-paix est absent ou si la saisie a été faite dans une commune autre que celle du chef-lieu. Cette ordonnance ou cette autorisation sera délivrée sur la requête des agens ou gardes qui auront opéré la saisie, et sur la présentation du procès-verbal régulièrement dressé.

La recherche du gibier à domicile ne pourra être faite que chez les aubergistes, chez les marchands de comestibles et dans les lieux ouverts au public.

Il est interdit de prendre ou de détruire, sur le terrain d'autrui, des œufs et des couvées de faisans, de perdrix et de cailles.

Art. 5. — Les permis de chasse seront délivrés, sur l'avis du maire et du sous-préfet, par le préfet du département dans lequel sera domicilié ou *résidant* celui qui en fera la demande (et par le préfet de police aux personnes ayant leur domicile ou *leur résidence* dans la circonscription de la préfecture de police).

La délivrance des permis de chasse donnera lieu au paiement d'un droit de 15 fr. au profit de l'État, et de 10 fr. au profit de la commune dont le maire aura donné l'avis énoncé au paragraphe précédent.

Les permis de chasse seront personnels; ils seront valables pour tout le royaume et pour un an seulement.

Art. 6. — Le préfet pourra refuser le permis de chasse :

1° A tout individu qui ne sera pas personnellement inscrit, ou bien dont le père ou la mère ne serait point inscrit au rôle des contributions;

2° A tout individu qui, par une condamnation judiciaire, a été privé de l'un ou de plusieurs des droits énumérés dans l'art. 42 du code pénal, autres que le droit de port d'armes;

3° A tout condamné à un emprisonnement de plus de six mois pour rébellion ou violence envers les agents de l'autorité publique;

4° A tout condamné pour délit d'association illicite, de fabrication, débit, distribution de poudre, armes ou autres munitions de guerre, de menaces écrites ou de menaces verbales, avec armes ou sous condition, d'entraves à la circulation des grains, de dévastation d'arbres et de récoltes sur pied, de plants venus naturellement ou faits de main d'hommes;

5° A ceux qui auront été condamnés pour vagabondage, mendicité, vol, escroquerie ou abus de confiance.

La faculté de refuser le permis de chasse aux condamnés dont il est question dans les paragraphes 4 et 5, cessera dix ans après l'expiration de la peine.

ART. 7. — Le permis de chasse ne sera pas accordé :

1° Aux mineurs qui n'auront pas seize ans accomplis;

2° Aux mineurs de seize à vingt-et-un ans, à moins que le permis ne soit demandé par eux, avec l'assistance et l'autorisation de leur père ou tuteur, porté au rôle des contributions;

3° Aux gardes-champêtres ou forestiers des communes et établissements publics, ainsi qu'aux gardes-forestiers de l'État et aux gardes-pêche :

4° Aux interdits.

ART. 8. — Le permis de chasse ne sera pas accordé :

1° A ceux qui, par suite de condamnation, sont privés du droit de port d'armes;

2° A ceux qui n'auront pas exécuté les condamnations prononcées contre eux pour l'un des délits prévus par la présente loi;

3° A tout condamné placé sous la surveillance de la haute police.

ART. 9. — Dans le temps où la chasse est ouverte, le permis de chasse donne à celui qui l'a obtenu le droit de chasser à tir et à courre sur ses propres terres et sur les terres d'autrui, avec le consentement de celui à qui le droit de chasse appartient.

Tous autres moyens de chasse, à l'exception des furets et des bourses destinées à prendre le lapin, sont formellement prohibés.

Néanmoins, les préfets des départements, sur l'avis des conseils généraux, et le préfet de police, dans la circonscription de sa préfecture, prendront des arrêtés pour déterminer :

1° L'époque de la chasse des oiseaux de passage autres que la caille, et les modes et procédés de cette chasse ;

2° Le temps pendant lequel il sera permis de chasser le gibier d'eau dans les marais, sur les étangs, fleuves et rivières.

3° Les espèces d'animaux malfaisants ou nuisibles que le propriétaire, fermier ou possesseur pourra détruire en tout temps sur ses terres ou sur les terres d'autrui, avec le consentement du propriétaire et les conditions de l'exercice de ce droit, sans préjudice du droit appartenant au propriétaire ou au fermier, de repousser ou de détruire, même avec des armes à feu, les bêtes fauves qui porteraient dommage à ses propriétés.

Ils pourront prendre également des arrêtés :

1° Pour prévenir la destruction des oiseaux ;

2° Pour autoriser l'emploi des chiens lévriers, pour la destruction des animaux malfaisants ou nuisibles ;

3° Pour interdire la chasse pendant les temps de neige.

Art. 10. — Des ordonnances royales détermineront la gratification qui sera accordée aux gardes et gendarmes rédacteurs des procès-verbaux ayant pour objet de constater les délits.

Section 2e. — *Des peines.*

Art. 11. — Seront punis d'une amende de 16 à 100 francs :

1° Ceux qui auront chassé sans permis de chasse ;

2° Ceux qui auront chassé sur le terrain d'autrui sans le consentement du propriétaire.

L'amende pourra être portée au double si le délit a été commis sur des terres non encore dépouillées de leurs fruits, ou s'il a été commis sur un terrain entouré d'une clôture continue, faisant obstacle à toute communication avec les héritages voisins, mais non attenant à une habitation.

Pourra ne pas être considéré comme délit de chasse le fait du passage des chiens courans sur l'héritage d'autrui, lorsque ces chiens seront à la suite d'un gibier lancé sur la propriété de leurs maîtres, sauf l'action civile, s'il y a lieu, en cas de dommage;

3° Ceux qui auront contrevenu aux arrêtés des préfets concernant les oiseaux de passage, le gibier d'eau, la chasse en temps de neige, l'emploi des chiens lévriers, et aux arrêtés concernant la destruction des oiseaux et celle des animaux nuisibles ou malfaisants;

4° Ceux qui auront pris ou détruit sur le terrain d'autrui des œufs ou couvées de faisans, de perdrix ou de cailles;

5° Les fermiers de la chasse soit dans les bois soumis au régime forestier, soit sur les propriétés dont la chasse est louée au profit des communes ou établissements publics, qui auront contrevenu aux clauses et conditions de leur cahier de charges relatives à la chasse.

Art. 12. — Seront punis d'une amende de 50 à 200 francs, et pourront, en outre, l'être d'un emprisonnement de six jours à deux mois :

1° Ceux qui auront chassé en temps prohibé;

2° Ceux qui auront chassé pendant la nuit, ou à l'aide d'engins et instruments prohibés, ou par d'autres moyens que ceux qui sont autorisés par l'art. 9;

3° Ceux qui seront détenteurs, ou ceux qui seront trouvés munis ou porteurs, hors de leur domicile, de filets, engins, ou autres instruments de chasse prohibés;

4° Ceux qui en temps où la chasse est prohibée auront mis en vente, acheté, transporté ou colporté du gibier;

5° Ceux qui auront employé des drogues ou appâts qui sont de nature à enivrer le gibier ou à le détruire;

6° Ceux qui auront chassé avec appeaux, appelants ou chanterelles.

Les peines déterminées par le présent article pourront être portées au double contre ceux qui auront chassé pendant la nuit sur le terrain d'autrui et par l'un des moyens spécifiés au paragraphe 2, si les chasseurs étaient munis d'une arme apparente ou cachée.

Les peines déterminées par l'art. 11 et par le présent article seront toujours portées au maximum, lorsque les délits auront été commis par les gardes-champêtres ou forestiers des communes, ainsi que par les gardes-forestiers de l'État et des établissements publics.

Art. 13. — Celui qui aura chassé sur le terrain d'autrui sans son consentement, si ce terrain est attenant à une maison habitée ou servant à l'habitation, et s'il est entouré d'une clôture continue faisant obstacle à toute communication avec les héritages voisins, sera puni d'une amende de 50 à 300 francs, et pourra l'être d'un emprisonnement de six jours à trois mois.

Si le délit a été commis pendant la nuit, le délinquant sera puni d'une amende de 100 à 1,000 francs, et pourra l'être d'un emprisonnement de trois mois à deux ans, sans préjudice, dans l'un et l'autre cas, s'il y a lieu, de plus fortes peines prononcées par le code pénal.

Art. 14. — Les peines déterminées par les articles qui précèdent pourront être portées au double si le délinquant était en état de récidive, s'il était déguisé ou masqué, s'il a pris un faux nom, s'il a usé de violence envers les personnes, ou s'il a fait des menaces, sans préjudice, s'il y a lieu, de plus fortes peines prononcées par la loi.

Lorsqu'il y aura récidive dans les cas prévus en l'art. 11, la peine de l'emprisonnement de six jours à trois mois pourra être appliquée si le délinquant n'a pas satisfait aux condamnations précédentes.

Art. 15. — Il y a récidive lorsque, dans les douze mois qui ont précédé l'infraction, le délinquant a été condamné en vertu de la présente loi.

Art. 16. — Tout jugement de condamnation prononcera la confiscation des filets, engins et autres instruments de chasse. Il ordonnera, en outre, la destruction des engins prohibés.

Il prononcera également la confiscation des armes, excepté dans le cas où le délit aura été commis par un individu muni d'un permis de chasse dans le temps où la chasse est autorisée.

Si les armes, filets, engins ou autres instruments de chasse n'ont pas été saisis, le délinquant sera condamné à les représenter ou à en payer la valeur, suivant la fixation qui en sera faite par le jugement, sans qu'elle puisse être au-dessous de 50 francs.

Les armes, engins ou autres instruments de chasse abandonnés par les délinquants restés inconnus, seront saisis et déposés au greffe du tribunal compétent. La confiscation, et, s'il y a lieu, la destruction en seront ordonnées sur le vu du procès-verbal.

Dans tous les cas, la quotité des dommages-intérêts est laissée à l'appréciation des tribunaux.

Art. 17. — En cas de conviction de plusieurs délits prévus par la présente loi, par le code pénal ordinaire ou par les lois spéciales, la peine la plus forte sera seule prononcée.

Les peines encourues pour des faits postérieurs à la déclaration du procès-verbal de contravention pourront être cumulées, s'il y a lieu, sans préjudice des peines de la récidive.

Art. 18. — En cas de condamnations pour délits prévus par la présente loi, les tribunaux pourront priver le délinquant du droit d'obtenir un permis de chasse pour un temps qui n'excèdera pas cinq ans.

Art. 19. — La gratification mentionnée en l'art 10 sera prélevée sur le produit des amendes.

Le surplus desdites amendes sera attribué aux communes sur le territoire desquelles les infractions auront été commises.

Art. 20. — L'art. 463 du code pénal ne sera pas applicable aux délits prévus par la présente loi (1).

Section 3ᵉ. — *De la poursuite et du jugement.*

Art. 21. — Les délits prévus par la présente loi seront prouvés, soit par procès-verbaux ou rapports, soit par témoins à défaut de rapports et procès-verbaux à leur appui.

(1) L'article 463 du code pénal est relatif aux circonstances atténuantes que les tribunaux peuvent admettre. Ainsi, en fait de délit de chasse, il ne sera jamais admis de circonstances atténuantes; la loi sur ces délits devra toujours être exécutée dans toute sa rigueur.

Art. 22. — Les procès-verbaux des maires et adjoints, commissaires de police, officier, maréchal-des-logis ou brigadier de gendarmerie, gendarmes, gardes-forestiers, gardes-pêche, gardes-champêtres ou gardes assermentés des particuliers, feront foi jusqu'à preuve contraire.

Art. 23. — Les procès-verbaux des employés des contributions indirectes et des octrois feront également foi jusqu'à preuve contraire, lorsque dans les limites de leurs attributions respectives ces agents rechercheront et constateront les délits prévus par le paragraphe 1er de l'art. 4.

Art. 24. — Dans les vingt-quatre heures du délit, les procès-verbaux des gardes seront, à peine de nullité, affirmés par les rédacteurs devant le juge-de-paix ou l'un de ses suppléants, ou devant le maire ou l'adjoint, soit de la commune de leur résidence, soit de celle où le délit aura été commis.

Art. 25. — Les délinquants ne pourront être saisis ni désarmés; néanmoins s'ils sont déguisés ou masqués, s'ils refusent de faire connaître leurs noms, ou s'ils n'ont pas de domicile connu, ils seront conduits immédiatement devant le maire ou le juge-de-paix, lequel s'assurera de leur individualité.

Art. 26. — Tous les délits prévus par la présente loi seront poursuivis d'office par le ministère public, sans préjudice du droit conféré aux parties lésées par l'art. 182 du code d'instruction criminelle.

Néanmoins, dans le cas de chasse sur le terrain d'autrui sans le consentement du propriétaire, la poursuite d'office ne pourra être exercée par le ministère public, sans une plainte de la partie intéressée, qu'autant que le délit aura été commis dans un terrain clos, suivant les termes de l'art. 2, et attenant à une habitation ou sur des terres non encore dépouillées de leurs fruits.

Art. 27. — Ceux qui auront commis conjointement les délits de chasse seront condamnés solidairement aux amendes, dommages-intérêts et frais.

Art. 28. — Le père, la mère, le tuteur, les maîtres et commettants, sont civilement responsables des délits de chasse commis par leurs enfants mineurs non mariés, pupilles demeurant avec eux, domestiques ou préposés, sauf tout recours de droit.

Cette responsabilité sera réglée conformément à l'art. 1584 du code civil, et ne s'appliquera qu'aux dommages-intérêts et frais, sans pouvoir toutefois donner lieu à la contrainte par corps.

Art. 29. — Toute action relative aux délits prévus par la présente loi sera prescrite par le laps de trois mois à compter du jour du délit.

Section 4e. — *Dispositions générales.*

Art. 30. — Les dispositions de la présente loi, relatives à l'exercice du droit de chasse, ne sont pas applicables aux propriétés de la couronne. Ceux qui commettraient des délits de chasse dans ces propriétés seront poursuivis et punis conformément aux sections II et III.

Art. 31. — Le décret du 4 mai 1812 et la loi du 30 avril 1790 sont abrogés. Sont et demeurent également abrogés les lois, arrêtés, décrets et ordonnances intervenus sur les matières réglées par la présente loi, en tout ce qui est contraire à ses dispositions.

CIRCULAIRE

DE MONSIEUR LE MINISTRE DE LA JUSTICE

AUX PROCUREURS GÉNÉRAUX.

Paris, 9 mai 1844.

Monsieur le procureur général, l'opinion publique accusait depuis longtemps notre législation sur la chasse de faiblesse et d'insuffisance. Elle demandait contre le braconnage des moyens de répression plus sévères et plus efficaces. Le vœu qu'elle a exprimé a été entendu par le gouvernement et les chambres : la loi sur la police de la chasse a été rendue. Si cette loi est exécutée comme elle doit l'être, avec une sage fermeté, elle fera cesser les abus qui excitaient de si vives et de si justes réclamations. Elle sera un bienfait pour la propriété et l'agriculture, qui regardent, avec raison, les braconniers comme l'un de leurs plus redoutables fléaux ; elle préservera le gibier de la destruction complète et prochaine dont il était menacé. Elle aura enfin un résultat moral qui doit l'agrandir et en relever l'importance aux yeux de tous les gens de bien ; elle empêchera une classe nombreuse et intéressante de la société de se livrer à des habitudes d'oisiveté et de désordres qui conduisaient trop souvent au crime. Les fonctions que vous remplissez vous mettent à même de reconnaître et d'apprécier mieux que personne les avantages incontestables de cette loi. Je viens vous prier d'en surveiller l'exécution, et vous signaler celles de ses dispositions sur lesquelles votre attention me paraît devoir se fixer plus particulièrement.

La loi est divisée en quatre sections, dont la première renferme toutes les prescriptions relatives à l'exercice du droit de chasse. Cette première partie est celle qui contient les innovations les plus nombreuses et les plus importantes.

Article 1er. — L'article 1er établit en principe que nul ne pourra chasser, même sur sa propriété, si la chasse n'est pas ouverte, et s'il ne lui a pas été délivré un permis de chasse par l'autorité compétente. Il modifie l'ancienne législation en ce qu'il exige, pour tous les procédés et moyens de chasse, le permis de l'autorité, qui n'était exigé par le décret du 4 mai 1812 que pour la chasse au fusil ; et afin de qualifier ce permis d'une manière qui en indique la portée, il lui donne le nom de permis de chasse au lieu du nom de permis de port d'armes de chasse, sous lequel le décret de 1812 le désignait. Pour être fidèle à la pensée de la loi, il faut entendre le mot chasse dans le sens le plus général, et l'appliquer sans distinction à la recherche, à la poursuite de tout animal sauvage ou de tout oiseau. C'est ainsi, au surplus, que ce mot a été entendu par la cour de cassation, même sous l'empire de la législation de 1790 et de 1812. Il en résulte que, quel que soit l'animal sauvage ou l'oiseau que l'on chasse, et, s'il s'agit d'oiseaux de passage, quels que soient le moyen et le procédé de chasse dont on soit autorisé à se servir, un permis de chasse est nécessaire.

Art. 2. — L'art. 2 admet une exception au principe général posé dans l'art. 1er : il autorise le *propriétaire ou possesseur à chasser ou faire chasser en tout temps dans ses possessions attenant à une habitation, et entourées d'une clôture continue faisant obstacle à toute communication avec les héritages voisins.*

L'exception est beaucoup plus restreinte qu'elle ne l'était sous l'empire de la loi du 30 avril 1790. Cette dernière loi permettait au propriétaire ou possesseur de chasser en tout temps dans ses bois et dans celles de ses possessions qui étaient séparées des héritages voisins par des murs ou des haies vives, lors même qu'elles étaient éloignées d'une habitation. Dans certains départements où presque tous les champs sont clos de haies, l'exception détruisait la règle ; d'un autre côté, on a reconnu que la chasse dans les bois, à l'époque de la reproduction du gibier, était aussi nuisible que la chasse en plaine. On a senti la nécessité de limiter l'exception autant que possible ; elle n'est donc accordée que pour les possessions attenant à une habitation, et il faudra encore que ces possessions soient entourées d'une clôture continue, formant obstacle à toute communication avec les héritages voisins.

J'appelle votre attention sur les termes employés par l'art. 2 pour désigner la clôture. Les expressions les plus fortes ont été choisies à dessein, pour bien faire comprendre qu'il ne s'agit pas ici d'une de ces clôtures incomplètes comme on en rencontre beaucoup dans les campagnes, mais d'une clôture non interrompue et tellement parfaite, qu'il soit impossible de s'introduire par un moyen ordinaire dans la propriété qui est entourée.

Les modes de clôture ne sont pas les mêmes dans toute la France ; ils sont très nombreux, et varient à l'infini suivant les localités. C'est pour ce motif qu'il a paru nécessaire de ne pas indiquer dans la loi un genre de clôture plutôt qu'un autre, et de se contenter d'une définition qui serve de règle aux tribunaux.

Art. 4. — L'art. 4 mérite une attention particulière à cause des innovations graves qu'il introduit dans la législation et des mesures efficaces qu'il prescrit pour prévenir et réprimer le braconnage.

Sous la législation antérieure, quoique la chasse fût interdite pendant une partie de l'année, le commerce du gibier était permis en tous temps; les braconniers trouvant toujours à se défaire du produit de leurs délits, exerçaient leur coupable industrie dans toutes les saisons. Le paragraphe 1er de l'article 4 détruira cette industrie. Il défend la mise en vente, la vente, l'achat, le transport et le colportage du gibier, dans chaque département, pendant le temps où la chasse n'y est pas permise. Ses termes sont impératifs, absolus; ils s'appliquent au gibier vendu, acheté ou transporté, quelle qu'en soit l'origine.

Celui qui usera du droit exceptionnel de chasser en temps prohibé sur son terrain, attenant à une habitation et entouré d'une clôture continue, n'aura pas, plus que tout autre, la faculté de vendre ou de transporter son gibier. On a pensé que, lui accorder cette faculté, c'eût été donner à d'autres le moyen d'éluder la loi, c'eût été rendre illusoires toutes les prohibitions contenues dans l'art. 4.

Il est inutile de faire observer que le gibier d'eau et les oiseaux de passage pourront être vendus et transportés pendant le temps où la chasse en sera permise par les arrêtés des préfets, lors même que la chasse et conséquemment la vente et le transport du gibier ordinaire seraient interdits.

Le paragrahe 2 de l'art. 4, qui prescrit de saisir le gibier mis en vente, vendu, acheté, colporté ou transporté en temps prohibé, et de le livrer immédiatement à l'établissement de bienfaisance le plus voisin, a paru le complément nécessaire des dispositions du 1er paragraphe de cet article.

La saisie ne présentera ni difficultés ni inconvénients dans son exécution. La mise en vente, la vente, l'achat, le transport, le colportage du gibier pendant le temps où la chasse n'est pas permise, constituent toujours et nécessairement une infraction à la loi. L'excuse, même celle qui serait fondée sur la provenance légitime du gibier, ne sera jamais admissible.

Le paragraphe 5 de l'art 4 a limité les lieux où le gibier pourra être recherché, aux maisons des aubergistes, des marchands de comestibles et aux lieux ouverts au public.

Le droit de recherche, ainsi limité, a pu être accordé sans danger aux fonctionnaires chargés de constater les infractions à l'art 4. En effet, le gibier qui sera découvert, en temps prohibé, dans les auberges, chez les marchands de comestibles, dans les lieux ouverts au public, ne pourra jamais s'y trouver que par suite d'un délit.

Le dernier paragraphe de l'art. 4, en défendant de prendre ou de détruire sur le terrain d'autrui des œufs et des couvées de faisans, de perdrix ou de cailles, a voulu porter remède à l'un des abus les plus nuisibles à la reproduction du gibier. Il importe que son exécution soit surveillée avec soin.

Les art. 3, 5, 6, 7 et 8 règlent tout ce qui concerne l'ouverture, la clôture de la chasse et la délivrance des permis. Les préfets qui sont chargés spécialement de les exécuter, recevront à ce sujet des instructions particulières de M. le ministre de l'intérieur.

Art. 9. — L'art. 9 prohibe, d'une manière formelle, tous les genres de chasses, à l'exception de la chasse de jour à tir et à courre, et de la chasse aux lapins à l'aide de furets et de bourses. Sans faire une nomenclature qui aurait été impossible, il embrasse, dans sa prohibition générale, l'emploi des panneaux et des filets, avec lesquels on détruisait des volées entières de perdreaux; l'usage meurtrier des lacets, des collets, et en un mot, de tous les instruments de destruction permis par l'ancienne législation, qui ne profitaient qu'aux braconniers. Enfin, il interdit la plus dangereuse de toutes les chasses, la chasse de nuit, qui a été la cause de tant de meurtres et de crimes contre les personnes.

Les dispositions prohibitives contenues dans les deux premiers paragraphes de l'art. 9 ont dû recevoir quelques exceptions sans lesquelles elles auraient été beaucoup trop rigoureuses. Aussi le même article prescrit aux préfets de prendre des arrêtés pour déterminer : 1° l'époque de la chasse des oiseaux de passage, autres que la caille, et les modes et procédés de cette chasse; 2° le temps pendant lequel il sera permis de chasser le gibier d'eau dans les marais, sur les étangs, fleuves et rivières.

Ainsi les préfets pourront autoriser la chasse des oiseaux de passage avec les instruments, les procédés usités dans le pays, même avec ceux dont l'usage est prohibé pour la chasse du gibier ordinaire.

La loi de 1790 donnait à tout propriétaire ou possesseur la faculté de chasser, en toute saison, sur ses lacs et sur ses étangs. La loi nouvelle ne lui permet cette chasse que pendant le temps qui sera déterminé par les préfets. Cette différence entre les deux législations ne vous aura pas échappé.

L'art. 15 de la loi de 1790 accordait aux propriétaires, possesseurs ou fermiers, le droit de repousser, même avec des armes à feu, les bêtes fauves qui se répandraient dans leurs récoltes, et celui de détruire le gibier dans leurs terres chargées de fruits, en se servant de filets et engins. La loi nouvelle n'a pas voulu leur enlever un droit de légitime défense, commandé par l'intérêt de l'agriculture, et qu'il ne faut pas confondre avec l'exercice de la chasse; mais elle l'a réglé, afin d'empêcher de s'en servir comme d'un prétexte pour chasser dans toutes les saisons. Tel est l'objet de l'un des paragraphes de l'art 9.

Les trois derniers paragraphes de cet article donnent aux préfets la faculté de prendre des arrêtés : 1° pour prévenir la destruction des oiseaux; 2° pour autoriser l'emploi des chiens lévriers pour la destruction des animaux malfaisants ou nuisibles; 3° pour interdire la chasse pendant le temps de neige.

Les mesures qui ont pour objet de prévenir la destruction des oiseaux ne seront pas nécessaires dans tous les départements; mais il en est plusieurs où elles seront réclamées, dans l'intérêt de l'agriculture, afin d'arrêter la reproduction toujours croissante des insectes nuisibles aux fruits de la terre.

La loi, en prohibant l'usage des filets, a déjà fait beaucoup pour empêcher la destruction des oiseaux; mais cette interdiction peut n'être pas toujours suffisante. Les préfets sont autorisés à employer d'autres moyens. Ainsi, par exemple, ils pourront, s'ils le jugent nécessaire, étendre aux œufs et couvées d'oiseaux la défense que le dernier paragraphe de l'art. 9 n'a prononcé qu'à l'égard des œufs et couvées de faisans, de perdrix et de cailles.

On aurait pu croire que l'emploi des chiens lévriers n'était pas compris dans les moyens de chasse prohibés. L'avant-dernier paragraphe de l'art. 9 lève toute équivoque à cet égard. Il est bien entendu que l'usage des lévriers est interdit s'il n'existe pas un arrêté du préfet qui l'autorise, et cet arrêté ne peut l'autoriser que pour la destruction des animaux malfaisants.

La chasse, pendant les temps de neige, est tellement destructive, qu'il a paru utile de donner aux préfets le pouvoir de la défendre par des arrêtés.

La seconde section de la loi détermine les peines applicables aux diverses infractions qui y sont énumérées. Ces peines sont: l'amende dans tous les cas, l'emprisonnement facultatif dans des cas spécifiés, la confiscation des instruments du délit et la privation facultative, pendant cinq ans au plus, du droit d'obtenir un permis de chasse. Une disposition formelle défend de modifier les peines par l'application de l'art. 463 du code pénal.

Tous les délits, à l'exception d'un seul, qui, à raison de son importance, est l'objet d'un article spécial, sont divisés en deux grandes catégories dont chacune renferme les faits qui, par leur nature, se rapprochent le plus les uns des autres, et ont paru susceptibles d'être soumis à la même pénalité.

Art. 11. — Les infractions passibles d'une amende de 16 francs au moins et 100 francs au plus sont rangées dans la première catégorie et forment l'art. 11. Vous remarquerez que cet article ne prononce pas l'emprisonnement pour les délits qu'il prévoit. Cette peine ne leur deviendra applicable que dans le cas prévu par le dernier paragraphe de l'art. 14. Il faudra que le délinquant soit en récidive et n'ait pas satisfait à une condamnation précédemment encourue.

Art. 12. — L'art. 12 comprend la seconde catégorie des infractions qui ont paru mériter une peine plus sévère que les délits de la première classe. Ces infractions sont punies d'une amende obligatoire de 50 à 200 francs, et d'un emprisonnement facultatif de six jours à deux mois.

Une seule disposition de cet article exige quelques explications ; c'est le paragraphe relatif à ceux qui sont détenteurs et à ceux qui seront trouvés munis ou porteurs, hors de leurs domiciles, de filets, engins ou autres instruments de chasse prohibés.

La loi sur la pêche fluviale ne punit que les individus trouvés munis ou porteurs, hors de leurs domiciles, de filets, engins ou autres instruments de chasse prohibés. La loi sur la chasse va plus loin, elle punit ceux qui en sont possesseurs et les détiennent dans leurs domiciles. Il a été reconnu qu'une demi-mesure serait insuffisante ; que les braconniers, qui font usage de ces immenses filets, à l'aide desquels on détruit des compagnies entières de perdreaux, n'auraient jamais l'imprudence de se montrer porteurs, en plein jour, de ces intruments de délit, et que, pour atteindre sûrement le but que l'on devait se proposer, il était nécessaire de rechercher les filets et les engins prohibés jusque dans leurs domiciles. L'exécution de la disposition dont il s'agit ne peut faire craindre d'abus. Les visites domiciliaires, pour constater la détention des instruments de chasse prohibés, ne devront avoir lieu, comme pour les délits ordinaires, que sur la réquisition du ministère public et en vertu d'une ordonnance du juge d'instruction.

Art. 13. — Le délit de chasse commis sur un terrain attenant à une maison habitée, et entourée d'une clôture telle qu'elle est définie par l'art. 2, sort de la classe ordinaire des infractions de ce genre. Lorsqu'il est encore aggravé par la circonstance de la nuit, on doit le punir d'autant plus sévèrement qu'il annonce dans ses auteurs une audace qui ne reculera pas devant des actes de violence, et même devant un meurtre. L'art. 13 prononce, à l'égard de ce délit, des peines qui pourront être portées, suivant les circonstances, jusqu'à 1,000 francs d'amende et à deux années d'emprisonnement.

ART. 16. — L'art. 16 a tracé les règles à suivre pour la confiscation des instruments de chasse, la destruction de ces instruments qui sont prohibés et ne peuvent jamais servir que pour commettre des délits, et la représentation des armes, filets et engins qui n'ont pu être saisis. Ses dispositions sont claires et complètes. Je ne ferai, sur cet article, qu'une seule observation. La peine de la confiscation qu'il prononce ne doit pas être une peine illusoire. Pour qu'elle soit efficace, il faut que les armes et les instruments du délit qui seront déposés au greffe, par suite de la confiscation, ne soient pas des fusils hors de service, des instruments qui n'ont pas pu être employés à commettre le délit. Les agents chargés de verbaliser, en matière de chasse, devront être invités à désigner aussi exactement que possible les armes et les autres instruments dont les délinquants auront été trouvés porteurs, et vos substituts devront veiller à ce que les jugements qui auront ordonné la confiscation et le dépôt au greffe des objets décrits soient strictement exécutés.

L'examen des diverses pénalités portées dans la loi vous convaincra qu'elles sont graduées suivant le plus ou moins d'importance des faits auxquels elles s'appliquent. Les minimums ont été généralement fixés très bas, afin de laisser aux tribunaux une grande latitude, et de leur permettre de n'infliger qu'une peine légère à ceux qui commettront accidentellement des infractions sans gravité, et que les circonstances rendront excusables.

ART. 10 et 19. — D'après les art. 10 et 19, qui se lient l'un à l'autre, et que, par ce motif, je n'ai pas séparés dans les observations auxquelles ils donnent lieu, les gratifications qui seront accordées aux gardes et gendarmes rédacteurs des procès-verbaux seront déterminées par des ordonnances royales et prélevées sur le produit des amendes. La loi a voulu assurer le paiement de ces gratifications en attribuant aux gardes et gendarmes un prélèvement sur le produit des amendes qui auront été prononcées par suite de leurs procès-verbaux. Des mesures seront prises pour que la loi reçoive sur ce point une prompte exécution. Une ordonnance, préparée par les soins de M. le ministre des finances, règlera la quotité des gratifications et les moyens d'en effectuer le paiement dans le plus bref délai possible.

La troisième section de la loi, relative à la poursuite et au jugement, renferme deux articles que je recommande spécialement à votre attention.

Art. 23. — L'art. 23 porte que les procès-verbaux des employés des contributions indirectes et des octrois feront foi jusqu'à la preuve contraire lorsque, dans la limite de leurs attributions respectives, ces agents rechercheront et constateront les délits prévus par le paragaphe 1er de l'art. 4, c'est-à-dire la mise en vente, la vente, l'achat, le colportage et le transport du gibier en temps prohibé. Les motifs de cette disposition sont évidents. Les infractions dont il s'agit ici ne pourront presque jamais être constatées par les gardes et les gendarmes, appelés par la nature de leurs fonctions à rechercher plutôt les délits de chasse proprement dits qui se commettent au milieu des champs. Mais les préposés des octrois, placés à l'entrée des villes pour surveiller les objets qu'on veut y introduire, les employés des contributions indirectes, obligés, par état, de visiter les auberges et les lieux ouverts au public, pourront, tout en remplissant leur mission, constater sans peine le transport et la vente illicites du gibier. Leur concours était nécessaire à l'exécution d'une partie importante de la loi. Telle est la cause du nouveau pouvoir qui leur a été conféré.

Une remarque essentielle à faire sur l'art. 23, c'est que, d'après ses termes, les fonctionnaires qu'il désigne ne pourront verbaliser valablement qu'autant qu'ils agiront dans les limites de leurs attributions ordinaires. Ainsi les employés des contributions indirectes ne pouvant faire de visite chez les aubergistes qui se sont rachetés de l'exercice par un abonnement, n'auront pas le droit de s'y transporter pour y rechercher du gibier en temps prohibé.

Art. 26. — L'art. 26 contient une dérogation à l'ancienne législation, d'après laquelle les faits de chasse sur le terrain d'autrui ne pouvaient pas être poursuivis d'office par le ministère public sans une plainte formelle du propriétaire. A l'avenir, ils pourront être des deux cas, lorsque le délit aura été commis dans un terrain clos suivant les termes de l'art. 2, et attenant à une maison d'habitation, ou sur des terres non encore dépouillées de leurs fruits. Les faits de chasse sur le terrain d'autrui ne constituent un délit qu'autant qu'ils ont eu lieu sans le consentement du propriétaire ou de ses ayants droit. Les procureurs du roi ne devront donc user de la nouvelle faculté qui leur est accordée qu'avec une sage réserve.

Art. 30. — La quatrième et dernière section, intitulée *Dispositions générales*, donne lieu à une seule observation. L'art. 30, en déclarant les dispositions de la loi sur l'exercice du droit de chasse non applicables aux propriétés de la couronne, ordonne que les délits commis sur ces propriétés seront poursuivis et punis conformément aux sections 2 et 3. Avant la loi il fallait recourir à l'ordonnance de 1669, pour réprimer les délits de chasse commis dans les forêts de la couronne. Ces délits seront désormais soumis aux règles du droit commun. L'ordonnance de 1669 est abrogée.

Je termine ici les observations que j'avais à vous adresser sur quelques-unes des difficultés que l'interprétation de la nouvelle loi pourra présenter. La pratique fera, sans doute, naître beaucoup d'autres questions que je n'ai pas examinées. Je suis certain d'avance que, grâce à vos instructions et à la sagesse des tribunaux, ces questions recevront une solution conforme au vœu du législateur.

CIRCULAIRE

DE M. LE MINISTRE DE L'INTÉRIEUR

AUX PRÉFETS.

Paris, 20 mai 1844.

Monsieur le préfet, la loi du 30 avril 1790 ne suffisait plus à la répression des abus de l'exercice de la chasse, et le braconnage, certain de l'impunité, s'accroissait d'une manière effrayante. Il ne s'agissait plus seulement de défendre contre une destruction totale et prochaine le gibier qui entre dans les moyens d'alimentation d'une partie de la population, et de faire respecter une propriété d'une nature spéciale, mais incontestée : l'agriculture elle-même avait à se plaindre d'un tel état de choses; enfin la sécurité des campagnes était souvent compromise : aussi les corps constitués, les conseils généraux des départements, en particulier, demandaient-ils depuis longtemps que des mesures plus fortement répressives fussent prises contre le braconnage, ce délit moins grave peut-être comme attentat à la propriété que par la démoralisation des individus qui s'y livrent et par les crimes auxquels il conduit fatalement.

La loi du 3 de ce mois a pour but de satisfaire à ce besoin, et je ne doute pas que tous les fonctionnaires, tous les agents appelés à concourir à l'exercice de la *police de la chasse*, appréciant l'importance de la législation nouvelle, n'en exécutent les dispositions avec le zèle et la persistance qui peuvent seuls en assurer le succès. Mon collègue M. le garde-des-sceaux, ministre de la justice et des cultes, a adressé à MM. les procureurs généraux près les cours royales les instructions qu'il avait à leur donner sur les parties de la nouvelle loi qui rentrent dans les attributions des magistrats de l'ordre judiciaire. Je vais, monsieur le préfet, vous entretenir des dispositions que vous aurez à prendre, soit par vous-même, soit par les directions que vous devez donner à MM. les sous-préfets, maires, officiers de gendarmerie, commissaires de police, gardes-champêtres, et à tous autres agents que la loi appelle à verbaliser en matière de délits de chasse.

Délivrance des permis de chasse.

Aux termes de l'art. 1er de la loi du 3 de ce mois, *nul ne pourra chasser, s'il ne lui a pas été délivré de permis de chasse par l'autorité compétente.* L'art. 5 porte que *les permis de chasse seront délivrés, sur l'avis du maire et du sous-préfet, par le préfet du département dans lequel celui qui en fera la demande aura sa résidence ou son domicile.*

Vous aurez remarqué, sans doute, monsieur le préfet, la différence qui existe entre la législation ancienne et la loi nouvelle, quant à l'intitulé du livre délivré par l'autorité, pour rendre licite l'exercice de la chasse. De l'ancien nom, *permis de port d'armes de chasse*, on pouvait jusqu'à un certain point conclure qu'il était loisible de chasser *sans permis* de toute autre manière qu'avec un fusil. C'est pour éviter toute équivoque que, dans la loi du 3 de ce mois, on a employé les mots de *permis de chasse*, qui, dans leur généralité, embrassent toute espèce de chasse, soit à tir, soit à courre, soit même la chasse des oiseaux de passage, que vous aurez à réglementer, en vertu de l'art. 9.

Le permis de chasse doit être délivré *sur l'avis du maire et du sous-préfet*, d'où il faut inférer que c'est au maire que la demande, formulée sur papier timbré, doit être adressée, pour qu'elle vous parvienne avec l'avis de ce fonctionnaire, par l'intermédiaire du sous-préfet, pour les arrondissements autres que celui du chef-lieu. Mais, de même que le permis de chasse peut être pris dans le département où l'impétrant *a sa résidence ou son domicile*, de même aussi la demande peut être formée devant le maire de la commune où l'impétrant est domicilié ou de celle où il réside temporairement, et le choix ici n'est pas sans importance. En effet, aux termes du deuxième paragraphe de l'art. 5, un droit de 10 francs par permis est attribué à la commune *dont le maire aura donné l'avis sus-énoncé.* Comme le communes rurales sont celles qui ont le plus besoin de cette nouvelle branche de ressources, et que cet intérêt doit porter les maires à surveiller les citoyens qui se livreraient à l'exercice de la chasse sans *permis*, il est nécessaire de ne délivrer de *permis* qu'à ceux qui justifieront positivement de leur résidence ou de leur domicile.

Il sera nécessaire, d'ailleurs, monsieur le préfet, que vous fixiez bien l'opinion de MM. les sous-préfets et maires sur la nature de l'avis qu'ils auront à vous donner sur les demandes de permis de chasse qu'ils vous transmettront. Ainsi, cet avis ne devra pas exprimer vaguement qu'il y a ou qu'il n'y a pas lieu de délivrer le permis demandé. Comme la loi ne vous a pas laissé le droit absolu de délivrer ou de refuser des permis de chasse; comme l'obtention du permis est le droit général, et que la faculté du refus n'est que le droit exceptionnel, il s'ensuit que les avis des maires et des sous-préfets doivent : 1° lorsqu'ils sont favorables, exprimer qu'il n'est pas à la connaissance de ces fonctionnaires que l'impétrant se trouve dans aucune des catégories pour lesquelles le permis ne pourrait être délivré; et 2° si les avis sont défavorables, exprimer que l'impétrant se trouve, à leur connaissance, dans telle ou telle position qui fait obstacle à la délivrance d'un permis de chasse.

Il sera bien également que vous rappeliez à MM. les sous-préfets et maires qu'ils n'ont pas à s'occuper, dans leurs avis, de la question de savoir si l'impétrant est ou n'est pas propriétaire foncier. Aucun des articles de la loi du 3 de ce mois n'a exigé la qualité de propriétaire comme condition de l'exercice de la chasse, et l'autorité ne peut, à cet égard, faire ce que la loi n'a pas fait. Sans doute, le 2e paragraphe de l'art. 1er porte que *nul n'aura la faculté de chasser sur la propriété d'autrui sans le consentement du propriétaire ou de ses ayants droit;* d'où il résulte que chasser sur le terrain d'autrui sans le consentement du propriétaire, est un fait illicite. Mais il est à remarquer que ce fait, aux termes de l'art. 26, ne donne lieu à des poursuites, en thèse générale, que sur la plainte du propriétaire.

L'administration ne peut donc pas plus intervenir ici d'office que ne le peut l'autorité judiciaire ; elle ne peut pas plus exiger, avant de délivrer le permis, la représentation d'une permission de chasser sur le terrain d'autrui, qu'elle ne peut exiger, de la part de l'impétrant, la preuve qu'il est propriétaire foncier.

Nous allons examiner maintenant quelles sont les circonstances qui vous donnent le droit ou vous imposent le devoir de refuser les permis de chasse qui vous sont demandés.

Refus du permis de chasse.

Aux termes de l'art. 6 de la loi du 3 de ce mois, vous pouvez, monsieur le préfet, refuser le permis de chasse :

« 1° A tout individu majeur qui ne sera point personnelle-
« ment inscrit, ou dont le père ou la mère ne serait pas inscrit
« au rôle des contributions. »

N'être ni imposé, ni fils d'imposé est une situation exceptionnelle, puisque la contribution personnelle atteint à peu près tous les citoyens, sauf le cas d'indigence reconnue. La circonstance prévue par ce paragraphe se rencontrera principalement dans le petit nombre de villes où la contribution personnelle est remplacée par un prélèvement sur le produit de l'octroi. Vous aurez à examiner, dans ce cas, si l'absence de l'inscription sur un rôle de contributions, vous paraît un motif suffisant pour refuser un permis de chasse. La solution de cette question dépendra, en grande partie, sans doute, des renseignements qui vous auront été donnés sur la moralité de l'impétrant ; je ne puis donc que laisser à votre sagesse une décision que la loi place sous votre responsabilité, certain que vous serez toujours prêt à justifier du bon usage que vous aurez fait de cette prérogative.

Mais s'il vous est loisible de refuser un permis de chasse à tout citoyen majeur, par le seul motif qu'il ne serait ni imposé ni fils d'imposé, et si la qualité d'imposé ou de fils d'imposé est la première condition déterminée par la loi pour qu'un citoyen majeur ait le droit d'obtenir un permis de chasse, vous reconnaîtrez sans doute que ce serait faire de ce principe une application trop rigoureuse et trop étendue, que d'exiger de tout impétrant qu'il justifie qu'il est imposé ou fils d'imposé. Comme je le faisais remarquer plus haut, en effet, l'absence de cette condition est une rare exception, et, puisque la presque totalité des citoyens majeurs sont nécessairement imposés ou fils d'imposés, ce ne serait plus exiger qu'une formalité inutile, que d'astreindre tous les *impétrants* à joindre à leur demande des certificats et extraits de rôles. Il suffira, ce me semble, que vous exigiez cette production de ceux à l'égard desquels vous auriez des doutes sur la question de l'inscription aux rôles, et dans le cas où vous croiriez devoir vous appuyer de la non-inscription pour refuser le permis demandé.

L'article 6 de la loi vous permet encore de refuser le permis de chasse :

« 2° A tout individu qui, par une condamnation judiciaire, « a été privé de l'un ou de plusieurs des droits énumérés dans « l'article 42 du code pénal, autres que le droit de port d'armes;

« 3° A tout condamné à un emprisonnement de plus de six « mois, pour rébellion ou violence envers les agents de l'autorité « publique;

« 4° A tout condamné pour délit d'association illicite, de fa- « brication, débit, distribution de poudre, armes ou autres « munitions de guerre, de menaces écrites ou de menaces ver- « bales, avec ordre ou sous condition; d'entraves à la circula- « tion des grains, de dévastations d'arbres ou de récoltes sur « pied, de plants venus naturellement ou faits de main d'homme;

« 5° A ceux qui auront été condamnés pour vagabondage, « mendicité, vol, escroquerie ou abus de confiance. »

Toutefois le dernier paragraphe du même article restreint la faculté du refus du permis de chasse dans la limite du délai de cinq ans après l'expiration de la peine.

La situation des individus qui se trouveraient compris dans l'une des catégories posées par la loi, devra être de votre part, monsieur le préfet, l'objet d'un mûr examen. Puisqu'en effet le législateur n'a pas fait de l'une des circonstances indiquées une condition absolue du refus du permis de chasse, puisqu'il n'y a vu qu'une considération suffisante pour attribuer à l'administration la *faculté* de refuser ce permis, il s'ensuit que les motifs de votre détermination pour accorder ou refuser devront être tirés surtout des circonstances de la condamnation subie, et des renseignements particuliers que vous auriez sur la moralité des individus, et sur les inconvénients qu'il pourrait y avoir pour l'ordre public à leur attribuer légalement le droit de chasser.

Mais de ce que la loi vous permet de refuser le permis de chasse dans les différents cas spécifiés par ces quatre paragraphes de l'article 6, vous n'entendrez sans doute pas astreindre ceux qui demandent le permis à justifier qu'ils ne se trouvent dans aucune de ces positions. Non-seulement ce serait placer tous les citoyens sous une espèce de prévention blessante pour eux, mais encore ce serait exiger une justification souvent impossible, puisqu'il ne leur suffirait pas de s'adresser à l'autorité judiciaire de leur résidence pour en obtenir un certificat de non-condamnation.

L'obtention du permis de chasse est, pour tous les citoyens, de droit commun; des exceptions sont faites à ce droit dans un intérêt public; c'est donc à l'autorité qui veut appliquer l'exception à prouver le cas exceptionnel. Ce sera, en général, par l'avis dont MM. les maires et sous-préfets devront accompagner la demande d'un permis de chasse, que votre attention sera appelée sur la circonstance que l'impétrant se trouverait dans telle ou telle position qui vous autoriserait à refuser le permis, et vous vous empresseriez alors de vérifier le fait, en vous adressant au ministère public près le tribunal qui aurait prononcé la condamnation sur laquelle serait basé votre refus. Je me concerterai avec mon collègue, monsieur le ministre de la justice, pour qu'à l'avenir vous receviez les renseignements qui vous seront nécessaires pour l'exécution de cette partie de la loi.

Après avoir énuméré, dans son art. 6, les circonstances qui *permettront* à l'administration de refuser le permis de chasse, la loi indique, dans ses art. 7 et 8, quels sont les individus auxquels le permis de chasse *doit être refusé.*

Ce sont :

« 1° Les mineurs qui n'auront pas seize ans accomplis. »

Vous n'exigerez certainement pas de tous les impétrants la justification qu'ils sont âgés de plus de 16 ans : c'est là, pour la très grande majorité d'entre eux, un fait notoire; mais lorsqu'il sera à votre connaissance, ou qu'il sera seulement présumable qu'un impétrant est âgé de moins de 16 ans, il sera non-seulement dans votre droit, mais encore dans votre devoir, d'exiger la production d'un acte de naissance.

« 2° Les mineurs de 16 à 21 ans, à moins que le permis ne « soit demandé pour eux par leurs père, mère, tuteur ou cura- « teur, porté au rôle des contributions. »

Pour les jeunes gens que vous présumeriez être dans les limites d'âge de 16 à 21 ans, vous devrez également, monsieur le préfet, exiger la production d'un acte de naissance, et par suite la demande devra être faite, au nom de ces jeunes gens, par les personnes que désigne la loi.

« 3° Les interdits. »

Les cas d'interdictions sont assez rares, et par cela même ils appellent assez l'attention pour que MM. les sous-préfets et maires en aient connaissance. Ils seront donc à portée de vous éclairer à cet égard dans leurs avis.

« 4° Les gardes-champêtres ou forestiers des communes et « établissements publics, ainsi que les gardes-forestiers de l'État « et les gardes-pêche. »

Il suffira sans doute que les différents agents dénommés dans ce paragraphe sachent que le droit de chasse leur est refusé par la loi, pour qu'aucun d'eux ne demande de permis; mais si, par erreur ou autrement, une semblable demande était formulée par un d'eux, l'avis du maire et des sous-préfets, et, au besoin, les listes nominatives que vous pourrez faire dresser, vous mettront à portée d'obtempérer à l'injonction de la loi.

Vous remarquerez, sans doute, monsieur le préfet, que les

gardes des particuliers ne sont pas compris dans l'exclusion prononcée par ce paragraphe ; on comprend, en effet, que les propriétaires fonciers veulent quelquefois faire chasser par leurs gardes. Vous ne refuserez donc pas le permis de chasse aux gardes-particuliers, mais vous ferez sagement de les inviter à justifier de l'autorisation des propriétaires dont ils sont les agents.

« 5° Ceux qui, par suite de condamnations, sont privés du « droit de port d'armes. »

Pour ces individus, je ne puis que répéter ce que je vous a dit à l'occasion des paragraphes 2 à 5 de l'art. 6 ; c'est que ce sera à l'administration qu'il incombera de faire la preuve de l'existence du jugement.

« 6° Ceux qui n'auront pas exécuté les condamnations pro« noncées contre eux pour l'un des délits prévus par la pré« sente loi. »

Lorsqu'un impétrant aurait, à votre connaissance, subi une condamnation pour délit de chasse, en vertu de la loi du 3 mai dernier, vous devrez exiger de lui la preuve qu'il a exécuté la condamnation encourue. Il ne vous échappera pas, d'ailleurs, que s'il y avait eu remise de la peine, ce fait équivaudrait à l'exécution de la condamnation.

« 7° Tout condamné placé sous la surveillance de la haute police. »

Vous avez par devers vous la liste nominative de tous les individus placés dans cette catégorie; vous ne pouvez donc éprouver de difficulté pour leur exclusion du droit de chasse.

Je terminerai en vous faisant remarquer, monsieur le préfet, que le refus du permis peut être opposé, dès à présent, à tous les individus compris dans les cas énumérés aux numéros 2, 3, 4 et 5 de l'art. 6, et 1, 2 et 3 de l'art. 8, bien que les condamnations prononcées contre eux l'aient été antérieurement à la promulgation de la loi du 3 mai dernier, et ce ne sera pas là donner à cette loi un effet retroactif; cela résulte clairement de la rédaction même des articles précités, qui appliquent le refus de permis de chasse à tout individu *qui a été condamné;* s'il ne s'agissait pas, en effet, des condamnations déjà prononcées, le législateur aurait évidemment dit, *à tout individu qui sera condamné.* La privation du droit de chasse ne peut, d'ailleurs, être considérée comme une peine ou une aggravation de peine : c'est seulement une mesure de précaution que la loi permet ou prescrit de prendre dans un intérêt de sûreté publique. Aussi ajouterai-je que si, par l'effet d'une erreur, vous aviez été entraîné à délivrer un permis de chasse à un individu à qui il n'eût pas dû être accordé, vous ne devriez pas hésiter à le retirer, et, dans le cas où cet individu ne se soumettrait pas à cette mesure, à appeler sur lui l'attention des agents préposés à la répression des délits de chasse.

Ouverture et clôture de la chasse.

L'article 3 charge les préfets de déterminer l'époque de l'ouverture et celle de la clôture de la chasse. Cette attribution leur avait été dévolue déjà par l'ancienne législation; mais leurs arrêtés devront, dans l'un et dans l'autre cas, être publiés dix jours au moins avant celui indiqué pour la clôture ou l'ouverture de la chasse. Cette condition doit toujours être observée; vous en comprendrez toute l'importance, puisque l'exacte exécution de l'obligation qui vous est imposée est intimement liée à la légalité des poursuites pour contravention à vos arrêtés.

Je vous recommande également, monsieur le préfet, de vous entourer toujours des renseignements les plus propres à vous éclairer sur l'époque qu'il conviendra de choisir pour l'ouverture et la clôture de la chasse. Vous consulterez surtout l'intérêt de l'agriculture et l'état des récoltes, mais vous ne perdrez pas de vue non plus qu'il peut y avoir aussi quelques inconvénients à ouvrir la chasse plus tard qu'il n'est réellement nécessaire. Dans ce cas, en effet, de nombreuses contraventions se commettent, et les poursuites, toutes légales qu'elles soient, ne paraissent plus basées sur les intérêts réels de l'agriculture. Les avis des sous-préfets vous seront très utiles pour la fixation des jours d'ouverture et de clôture de la chasse.

Vous remarquerez, d'ailleurs, monsieur le préfet, que bien que l'article que nous examinons porte que les époques d'ouverture et de clôture de la chasse seront fixées *dans chaque département*, vous n'en conservez pas moins le droit de fixer des époques différentes pour les divers arrondissements de votre département, si des différences de sol et de température l'exigent : c'est une faculté dont il convient toutefois de n'user qu'avec réserve et en vue d'une nécessité réelle; car il a été remarqué que lorsque la chasse n'est pas ouverte simultanément dans toute l'étendue d'un département, les chasseurs se portent quelquefois en grand nombre dans l'arrondissement où l'ouverture de la chasse est la plus précoce, et que par suite, le gibier y est promptement détruit.

Exercice du droit de chasse.

Le droit conféré par les permis de chasse, monsieur le préfet, se trouve clairement défini par les deux premiers paragraphes de l'art. 9, et ce n'est pas une des moins importantes améliorations apportées par la législation nouvelle à un état de choses qui excitait de si vives et si justes réclamations.

Trois modes de chasse, seulement, sont aujourd'hui déclarés licites : 1° la chasse à tir; 2° la chasse à courre; et 3° l'emploi des furets et des bourses destinés à prendre le lapin. *Tous autres moyens de chasse*, ajoute cet article, *sont formellement prohibés*, et dans cette prohibition générale se trouve évidemment compris l'emploi des panneaux et filets de toute espèce, des appeaux, appelans et chanterelles, des lacets, collets et engins de toute espèce, au moyen desquels la destruction du gibier s'opérait si facilement, et dont l'ancienne législation n'avait pas défendu l'emploi. La chasse de nuit, de quelque manière que ce soit, et quelle que soit l'espèce de gibier qu'il s'agirait de prendre, se trouve également prohibée par l'effet de cette seule disposition de l'art. 9, portant que le permis de chasse donne le droit de chasser pendant le jour.

Comme les usages qu'il s'agit de détruire aujourd'hui étaient tolérés depuis longtemps, il importe que les restrictions apportées par la loi nouvelle à l'exercice de la chasse, tel qu'il était autrefois entendu, soient parfaitement comprises par les fonctionnaires et agents qui auront à constater les contraventions commises. Je vous engage donc à développer vos instructions sur ce point de manière à ce qu'aucune incertitude ne puisse exister sur l'application de la législation nouvelle.

Je terminerai ce que j'avais à dire sur l'exercice du droit de chasse, en vous faisant remarquer que l'art. 2 de la loi accorde ce droit, *en tout temps et sans permis de chasse, au propriétaire ou possesseur, dans ses possessions attenant à une habitation et entourées d'une clôture continue faisant obstacle à toute communication avec les héritages voisins.*

La faculté exceptionnelle accordée par cet article, monsieur le préfet, existait déjà dans l'ancienne législation, et même d'une manière beaucoup plus étendue. Ainsi, il était loisible au propriétaire de chasser ou de faire chasser en tout temps, dans ses bois ou dans ses possessions entourées d'une clôture conforme aux usages du pays, alors même que ces propriétés étaient éloignées d'une habitation. Des conditions plus restreintes sont aujourd'hui imposées au propriétaire ou possesseur des terrains clos. Non-seulement il faut que la clôture soit telle qu'elle fasse obstacle à toute communication avec les héritages voisins, mais encore il faut que les terrains sur lesquels le propriétaire chasserait soient *attenants à une habitation*. Vous appellerez, sur la nécessité de la réunion de cette double condition, l'attention des fonctionnaires et agents appelés à verbaliser des délits de chasse : quant à la nature de clôture qui doit être regardée comme suffisante pour établir le droit exceptionnel du propriétaire, je n'ai aucune règle à tracer ; les usages divers seront appréciés par les tribunaux qui auront à statuer sur les procès-verbaux dressés.

Modes exceptionnels de chasse.

Mais si le législateur a, dans les deux premiers paragraphes de l'art. 9, limité, comme je l'ai dit plus haut, les modes de chasse qu'il considérait comme licites, en temps permis et de jour, par la seule obtention d'un permis de chasse, il n'a pas voulu cependant apporter un obstacle absolu à la continuation de certains usages qui n'auraient pu être supprimés sans un préjudice réel pour les localités où ils seront pratiqués, et où ils peuvent être considérés presque comme l'exercice d'une industrie. Il s'agit de la chasse des oiseaux de passage, qui, à des époques où quelquefois toutes les autres chasses sont closes, arrivent en nombre tel qu'ils forment, pour les habitants, un moyen précieux d'alimentation et de commerce.

Vous devrez donc, monsieur le préfet, autoriser la continuation de cette espèce de chasse, et en régler les modes et les procédés, mais vous aurez préalablement à prendre, à cet égard, l'avis du conseil général de votre département; vous remarquerez, d'ailleurs, qu'aux termes de l'art. 9 que nous examinons, *la caille n'est plus réputée oiseau de passage*, et qu'en conséquence la chasse n'en peut avoir lieu que dans les mêmes conditions et sous les mêmes restrictions que pour toute autre espèce de gibier.

Vous devrez également, après avoir pris l'avis du conseil général, *déterminer le temps pendant lequel il sera permis de chasser le gibier d'eau, dans les marais, sur les étangs, fleuves et rivières.*

Il ne vous échappera pas, d'ailleurs, que, même pour la capture des oiseaux de passage, de quelque espèce que ce soit, et du gibier d'eau, un permis de chasse est nécessaire, quel que soit le procédé qu'on emploie. C'est bien là une chasse en effet, et la prescription générale et absolue de l'art. 1er de la loi, c'est que nul ne chasse s'il ne lui a été délivré un permis de chasse. C'est ce que vous expliquerez dans vos instructions; et pour qu'elles ne soient point perdues de vue sur ce point, vous ferez bien de rappeler l'obligation de l'obtention d'un permis, dans les arrêtés mêmes que vous prendrez pour autoriser la chasse des oiseaux de passage et du gibier d'eau.

Vous aurez, enfin, après avoir pris l'avis du conseil général, à déterminer *les espèces d'animaux malfaisants ou nuisibles que le propriétaire, possesseur ou fermier pourra en tout temps détruire sur ses terres, et les conditions de l'exercice de ce droit.* Vous remarquerez que ce n'est plus ici un fait de chasse que vous aurez à autoriser ; il s'agit d'un acte de légitime défense, qui a pour objet unique de préserver les récoltes des dégâts qu'y occasionneraient certaines espèces d'animaux. Il n'est donc pas nécessaire, pour l'exercice de ce droit, que les propriétaires soient munis d'un permis de chasse; mais ils commettraient une contravention, et il y aurait lieu de verbaliser contre eux, si, à l'occasion de la défense de leurs récoltes, ils se livraient à l'exercice de la chasse.

Après avoir, dans les trois paragraphes que nous venons d'examiner, pourvu à l'exercice d'usages qui ne pourraient pas être abolis, mais que vous devez seulement réglementer, le même article de la loi vous *autorise* à prendre des arrêtés :

« 1° *Pour prévenir la destruction des oiseaux.* »

Il est un assez grand nombre de départements où l'accroissement excessif des insectes est devenu pour l'agriculture un véritable fléau, et c'est à la destruction des oiseaux que ce fait est généralement attribué. Aussi, beaucoup de conseils généraux avaient-ils demandé que les préfets fussent investis du droit, que ne leur donnait pas l'ancienne législation, de prévenir la destruction des petits oiseaux.

« 2° *Pour autoriser l'emploi des chiens lévriers pour la des-* « *truction des animaux malfaisants*, etc. »

Quelques explications sont nécessaires, monsieur le préfet, pour vous faire apprécier la portée de cette disposition.

Vous savez que l'emploi des chiens lévriers, comme moyen de chasse, est véritablement destructif, et de nombreuses réclamations se sont élevées, dans presque tous les départements, contre l'usage abusif que certaines personnes faisaient de ces animaux. Plusieurs fois, des préfets ont voulu porter remède à ces abus en défendant, par des arrêtés, l'emploi de chiens lévriers comme moyen de chasse; mais, en présence de l'état de la législation, les tribunaux n'ont pas pu donner une sanction pénale à ces arrêtés, et leurs arrêtés, et leurs jugements ont été confirmés par la cour de cassation.

Désormais, l'emploi de chiens lévriers à la chasse proprement dite se trouve compris dans la prohibition générale formulée par l'art. 1er de la nouvelle loi contre tout autre mode de chasse que la chasse à tir et à courre. La chasse au moyen de chiens lévriers ne rentre, en effet, ni dans l'un ni dans l'autre de ces deux modes. Si quelque incertitude à cet égard avait d'ailleurs pu subsister, elle serait levée par la disposition que nous examinons, puisqu'aux termes de cette disposition l'emploi des chiens lévriers ne peut plus avoir lieu qu'en vertu d'un arrêté spécial du préfet, et que l'arrêté ne peut même autoriser cet emploi que *pour la destruction des animaux malfaisants et nuisibles*. Vous vous montrerez sans doute très réservé dans l'autorisation que vous aurez à donner, afin que les anciens abus ne puissent être continués.

« 3° *Pour interdire la chasse pendant les temps de neige.* »

Il s'agit ici, monsieur le préfet, d'une mesure toute dans l'intérêt de la conservation du gibier. Déjà elle était prise dans certains départements; dans d'autres, la légalité en avait été contestée. Cette mesure peut aujourd'hui être adoptée généralement, et vous aurez à examiner si, en raison des circonstances locales, elle vous paraît nécessaire. Vous comprenez, d'ailleurs, que les arrêtés que vous prendriez à cet effet ne sont pas soumis, comme ceux relatifs à la clôture et à l'ouverture annuelles de la chasse, au délai de dix jours de communication pour devenir exécutoires. Il ne serait même pas possible que vous prissiez, en temps utile, des arrêtés spéciaux pour défendre l'exercice de la chasse chaque fois qu'il sera tombé de la neige. Il suffira, pour atteindre ce but, qu'à l'entrée de l'hiver vous preniez et fassiez publier un arrêté portant défense de chasser lorsqu'il y aura de la neige sur la terre.

Vous remarquerez, monsieur le préfet, que pour les arrêtés que vous aurez à prendre en vertu des trois derniers paragraphes de l'art. 9 de la loi, il n'est plus exprimé, comme pour les trois premiers paragraphes, que vous devez prendre l'avis du conseil général. Je vous engage cependant à recourir également à cet avis, car il s'agit ici de mesures du même ordre, et sur lesquelles les lumières et les connaissances locales des membres du conseil général ne peuvent que vous être utiles. C'est d'ailleurs *sur l'avis* du conseil général que vous aurez à agir, c'est-à-dire que vous n'êtes pas tenu de statuer *conformément* à cet avis, dont vous avez le droit de vous écarter lorsque l'intérêt public vous paraîtra le commander.

L'art. 9 de la loi n'a pas soumis à mon approbation les arrêtés que vous avez à prendre dans les différents cas qu'il prévoit; ces arrêtés sont donc exécutoires de plein droit, et sans autres approbations. Toutefois, vous savez que tous les actes de l'administration préfectorale ne s'exercent que sous l'autorité et le contrôle des ministres responsables; ce principe est toujours réservé, sans qu'il soit nécessaire de l'exprimer dans chaque loi spéciale. Vous devrez donc, monsieur le préfet, m'adresser exactement une ampliation de tous les arrêtés que vous prendrez dans les différents cas prévus par l'article dont il s'agit, afin que je puisse examiner si ces actes sont conformes à l'ensemble de la législation, et vous adresser, au besoin, telles observations qu'il appartiendrait.

Prohibition de la vente du gibier en temps prohibé.

La défense de chasser pendant certains temps de l'année restait souvent inefficace, et les braconniers n'hésitaient pas à l'enfreindre, encouragés qu'ils étaient par les bénéfices que leur procurait la vente du produit de leur coupable industrie.

L'art. 4 de la loi met un terme à cet abus, en défendant d'une manière absolue *de mettre en vente, de vendre, d'acheter, de transporter et de colporter du gibier pendant le temps où la chasse n'est pas permise.* Ces prohibitions, monsieur le préfet, s'appliquent à toute espèce de gibier, quelle que soit son origine, et alors même qu'il aurait été tué dans le cas exceptionnel prévu par l'art. 2 de la loi. Si on avait, en effet, dans ce cas, laissé au propriétaire la faculté de vendre ou transporter son gibier, on eût rendu illusoires les dispositions prohibitives de la nouvelle législation. Les propriétaires que cette mesure pourra gêner, sentiront mieux que personne que ce sacrifice d'une partie de leurs droits était indispensable pour assurer la répression du braconnage, qui, sans cela, aurait continué à l'abri de prétextes difficiles à détruire.

Vous comprendrez, toutefois, que les prohibitions portées dans le premier paragraphe de l'art. 4 ne s'appliquent pas au gibier tué dans les circonstances prévues par les numéros 1 et 2 de l'art. 9, alors que ces chasses exceptionnelles auront été autorisées par vos arrêtés. Ces actes, en effet, rendant la chasse de ces espèces de gibier licite, le transport et la vente en sont nécessairement licites aussi.

Il a paru utile que le gibier saisi ne fût pas détruit, et le deuxième paragraphe de l'art. 4 en prescrit la remise à l'établissement de bienfaisance le plus voisin, sur une ordonnance, soit du juge-de-paix, soit du maire, en cas d'absence du juge-de-paix, ou de saisie dans une commune autre que la commune chef-lieu de canton. Vous devez, monsieur le préfet, donner à messieurs les maires les instructions nécessaires pour que le vœu de la loi soit toujours accompli. Vous ferez d'ailleurs remarquer aux maires et autres fonctionnaires et agents dans quelles limites le troisième paragraphe de l'art. 4 restreint le droit de recherche ; il importe que ces limites ne soient jamais dépassées. Il suffit que la chasse soit interdite dans le département ; on ne pourrait se prévaloir de ce qu'elle ne le serait pas dans un département voisin.

Enfin, le quatrième paragraphe du même article donne à la conservation du gibier une nouvelle protection par la défense de prendre ou de détruire, sur le terrain d'autrui, des œufs ou des couvées de faisans, de perdrix et de cailles. Vous devez recommander la rigoureuse exécution de cette prohibition, dont la nécessité était si bien sentie.

Attributions aux communes.

L'art. 5 de la loi attribue aux communes une ressource nouvelle, qui devra désormais figurer dans leurs budgets et dans leurs comptes. Ce produit prendra rang parmi les recettes ordinaires, et formera, dans le budget, un article de recette spécial, sous le titre de *Portion afférente à la commune dans le produit de la délivrance des permis de chasse.* M. le ministre des finances déterminera le mode et l'époque du versement de ce produit dans la caisse municipale.

L'art. 19 attribue également aux communes sur le territoire desquelles auront été commis des délits de chasse, le montant des amendes prononcées contre les délinquants, déduction faite des gratifications accordées aux gardes et gendarmes, en vertu de l'art. 10. Jusqu'ici ce produit était compris parmi les amendes de police correctionnelle, et se confondait dans le fonds commun, dont le tiers appartient aux hospices pour le service des enfants trouvés, et les deux tiers sont distribués en secours aux communes pauvres. Désormais il devra être réuni aux recettes énoncées dans le n° 12 de l'art. 31 de la loi du 18 juillet 1837, et qui se rapportent à *la portion que les lois accordent aux communes dans le produit des amendes prononcées par les tribunaux de simple police, par ceux de police correctionnelle, et par les conseils de discipline de la garde nationale.*

Malgré la confusion de ces diverses amendes en un seul article du budget, il vous sera facile de reconnaître celles qui proviennent des délits de chasse, au moyen du compte détaillé que les receveurs de l'enregistrement et des domaines sont tenus de fournir, dans le cours de chaque année, des sommes qu'ils ont recouvrées au profit des communes pendant l'année précédente. Je désire que vous m'adressiez annuellement un état faisant connaître, par arrondissement, le chiffre exact des amendes de chasse, afin qu'on puisse se rendre compte d'une manière précise des effets résultant de l'exécution de la loi nouvelle et des ressources qu'elle procurera aux communes. Cet état contiendra aussi le relevé, par arrondissement, des sommes revenant aux communes sur le produit de la délivrance des permis de chasse.

Je n'ai rien à prescrire pour assurer le recouvrement des sommes provenant des amendes dont il s'agit, puisque les dispositions des articles 2 et 3 de l'ordonnance du 30 décembre 1823, qui fournissent à MM. les préfets les moyens de contrôler et de vérifier le travail des receveurs de l'enregistrement, sont applicables à l'espèce. Je vous engage à vous reporter pour les détails de ce service aux art. 795, 796 et 798 de l'instruction générale des finances du 7 juin 1840.

Les communes emploieront à l'ensemble de leurs besoins les nouvelles ressources dont elles viennent d'être dotées, et auxquelles la loi n'assigne aucune affectation spéciale. Il n'est pas à craindre que ces ressources soient jamais dissimulées et donnent lieu à des comptabilités occultes. Vous serez toujours à même d'en constater l'encaissement par les receveurs municipaux et d'en surveiller l'emploi, puisque c'est à vous qu'il appartient de délivrer les permis de chasse, et que, d'une autre part, la distribution des sommes entre les communes qui peuvent y avoir des droits ne saurait se faire que sur des états soumis à votre contrôle et à votre approbation.

Gratifications aux gardes et gendarmes.

L'art. 10 assure aux gardes et gendarmes, rédacteurs de procès-verbaux ayant pour objet de constater les délits de chasse, une gratification qui sera prélevée sur le produit des amendes. Le taux de cette gratification sera fixé par ordonnance royale, et des instructions seront données par M. le ministre des finances pour en assurer le paiement.

Je saisis cette occasion pour vous engager à prémunir de nouveau MM. les maires sur les inconvénients, les dangers même de certaines transactions qu'ils autorisent quelquefois entre les gardes rédacteurs de procès-verbaux et les particuliers atteints par ces procès-verbaux. Des maires croient pouvoir arrêter les poursuites en exigeant des délinquants, soit une gratification en faveur du garde, soit même le versement d'une somme quelconque en faveur des pauvres de la commune. Sans méconnaître les intentions de ces fonctionnaires, on ne peut se dissimuler qu'ils excèdent leurs pouvoirs, qu'ils contreviennent soit à nos lois pénales, soit à nos lois financières, et qu'ils s'exposeraient à être poursuivis comme concussionnaires, en vertu de la disposition finale des lois annuelles de finances. Vous devrez donc rappeler à MM. les maires, avec force, le danger auquel ils s'exposent. Quant aux gardes, faites-leur savoir que vous n'hésiterez pas à prononcer la révocation de tous ceux qui auraient consenti à se prêter à de semblables transactions, sans préjudice des poursuites en prévarication qui pourraient être exercées contre eux.

Je n'ai pas à vous entretenir, monsieur le préfet, des dispositions de la loi comprises dans les articles 11 et suivants : elles sont dans les attributions de l'autorité judiciaire, et M. le garde des sceaux a adressé à MM. les procureurs généraux les instructions que pouvait exiger cette partie de la législation nouvelle.

Vous apprécierez, je n'en doute pas, monsieur le préfet, toute l'importance de la loi du 3 mai 1844; je ne puis donc que vous recommander d'engager tous les fonctionnaires et agents qui ressortissent de votre administration, à recourir avec zèle à la répression d'abus qui excitaient depuis longtemps de vives et justes réclamations.

CHEMIN. — On entend en général par chemin un espace de terrain servant de communication d'un lieu à un autre, quelle que soit sa longueur ou sa largeur, et indépendamment de ce qu'il est plus ou moins fréquenté.

Les chemins, ainsi considérés génériquement, dit

M. Pardessus, peuvent être divisés en chemins *publics* et chemins *privés*. Cette distinction, qui existe par le fait, est fondée, dans le droit, sur ce que s'il est du devoir de l'administration d'assurer la communication des diverses parties du territoire, elle ne peut être tenue de fournir aux besoins des particuliers les passages de simple convenance.

Les chemins publics se divisent en *chemins à la charge de l'État*, que l'art. 538 du C. Civ. place parmi les dépendances du domaine public, et dont le classement ainsi que le mode d'entretien ont été réglés par l'acte du gouvernement du 16 décembre 1811 ; et en *chemins vicinaux*, qui sont à la charge des communes.

Ces derniers intéressant au plus haut point MM. les propriétaires, nous allons rapporter la loi du 21 mai 1836 y relative. Nous essaierons de la rendre compréhensible pour tous, à l'aide de commentaires et de notes explicatives.

LOI SUR LES CHEMINS VICINAUX.

(21 Mai 1836, promulguée le 25 du même mois.)

SECTION 1re. — *Chemins vicinaux.*

ART. 1er. — Les chemins vicinaux légalement reconnus sont à la charge des communes, sauf les dispositions de l'article 7 ci-après.

Pour cette reconnaissance la présente loi se réfère à l'art. 1er de la loi du 28 juillet 1824, qui dit que cette reconnaissance doit avoir lieu par arrêté du préfet, pris sur une délibération du conseil municipal, et déclarant que tel chemin fait partie des chemins vicinaux de la commune de.......

Art. 2. — En cas d'insuffisance des ressources ordinaires des communes, il sera pourvu à l'entretien des chemins vicinaux à l'aide, soit de prestations en nature, dont le maximum est fixé à trois journées de travail, soit de centimes spéciaux en addition au principal des quatre contributions directes, et dont le maximum est fixé à cinq.

Le conseil municipal pourra voter l'une ou l'autre de ces ressources, ou toutes les deux concurremment.

Le concours des plus imposés ne sera pas nécessaire dans les délibérations prises pour l'exécution du présent article.

Art. 3. — Tout habitant, chef de famille ou d'établissement, à titre de propriétaire, de régisseur, de fermier ou de colon partiaire, porté au rôle des contributions directes pourra être appelé à fournir, chaque année, une prestation de trois jours :

1° Pour sa personne et pour chaque individu mâle, valide, âgé de dix-huit ans au moins et de soixante ans au plus, membre ou serviteur de la famille et résidant dans la commune;

2° Pour chacune des charrettes ou voitures attelées, et en outre, pour chacune des bêtes de somme, de trait, de selle, au service de la famille ou de l'établissement dans la commune (1).

(1) Lors de la discussion, un député (M. Gillon) a soulevé cette question: « Un cultivateur a deux établissements agricoles en deux communes dis« tinctes. Il passe de l'un à l'autre non-seulement de sa personne, mais il « arrive même parfois qu'il envoie de ses chevaux, voitures et charrues « d'un établissement dans un autre ; cette hypothèse se rencontre fréquem« ment, et surtout dans les pays de grande exploitation. Dans un pareil « cas, comment frapper ce cultivateur relativement à la prestation en na« ture?

« Voici la réponse que je crois pouvoir faire; et si la justesse en paraît « douteuse à quelqu'un, je prie les dissidents de venir me contredire tout « haut.

« Ce cultivateur, quoiqu'il se transporte d'un établissement à un autre, « ne paie toujours qu'une seule fois son impôt personnel. Ainsi, dans la

ART. 4. — La prestation sera appréciée en argent, conformément à la valeur qui aura été attribuée annuellement pour la commune à chaque espèce de journée par le conseil général sur les propositions des conseils d'arrondissement.

La prestation pourra être acquittée en nature ou en argent, au gré du contribuable. Toutes les fois que le contribuable n'aura pas opté dans les délais prescrits, la prestation sera de droit exigible en argent.

La prestation non rachetée en argent pourra être convertie en tâches, d'après les bases et évaluations des travaux préalablement fixées par le conseil municipal.

ART. 5. — Si le conseil municipal, mis en demeure, n'a pas voté, dans la session désignée à cet effet, les prestations et centimes nécessaires, ou si la commune n'en a pas fait emploi dans les délais prescrits, le préfet pourra, d'office, soit imposer

« commune où il paie son impôt personnel, il devra fournir la prestation en « nature pour sa tête.

« Arrive maintenant la prestation en nature pour les chevaux, charrues « et voitures. Ici, il faut distinguer : premier cas, les chevaux, charrues « et voitures ne passent pas d'un établissement à un autre; mais chaque « établissement a ses instruments propres d'exploitation. Qu'y a-t-il de « juste alors? c'est que chaque établissement paie la prestation en nature « eu égard au nombre de chevaux, charrues et voitures. C'est là le cas le « plus simple.

« Mais l'hypothèse peut se compliquer, c'est le deuxième cas : il arrive « que les chevaux et charrues, comme par échange, vont labourer dans les « deux établissements; les chevaux de l'un de ceux-ci vont servir dans « l'autre, et réciproquement. On se demande, en pareil cas, comment on « réglera la prestation en nature? Dans chaque commune on sait habituelle« ment ce qu'il faut de chevaux et charrues pour labourer une certaine « quantité d'hectares de terre; à l'aide de cette règle, on calculera eu égard « à la quantité d'hectares de chacun des deux établissements, ce qu'il faut « raisonnablement de chevaux et voitures pour la culture de chacun. En « conséquence on frappera dans un village le cultivateur eu égard à l'im« portance de l'exploitation que le cultivateur y possède; on en fera autant « dans l'autre village. Voilà les solutions qui me semblent équitables; je « les soumets à la Chambre. (Cette opinion a été adoptée). »

la commune dans les limites du maximum, soit faire exécuter les travaux.

Chaque année, le préfet communiquera au conseil général l'état des impositions établies d'office en vertu du présent article.

ART. 6. — Lorsqu'un chemin vicinal intéressera plusieurs communes, le préfet, sur l'avis des conseils municipaux, désignera les communes qui devront concourir à sa construction ou à son entretien, et fixera la proportion dans laquelle chacune d'elles y contribuera.

SECTION 2e. — *Chemins vicinaux de grande communication.*

ART. 7. — Les chemins vicinaux peuvent, selon leur importance, être déclarés chemins vicinaux de grande communication par le conseil général, sur l'avis des conseils municipaux, des conseils d'arrondissement, et sur la proposition du préfet (1).

(1) M. Gillon, au nom de la commission de la Chambre des Députés, a expliqué ainsi ces mots : *sur la proposition du préfet.* « Il importe de bien « préciser la valeur de ces mots, pour qu'on n'en fasse pas une argumenta- « tion contre les droits de vote que les conseils de commune, d'arrondisse- « ment et de département tiennent des lois organiques qui les appellent à « exprimer les votes qu'ils croient utiles au pays. Tous ces conseils qui, à « trois degrés différents, gouvernent les intérêts municipaux, pourront de- « mander la conversion d'un chemin communal en chemin vicinal; mais « contre leurs vœux, le préfet a le droit de *veto*, c'est-à-dire qu'il arrête « de la manière la plus absolue l'effet de ces délibérations, en ne proposant « pas au conseil général la conversion demandée. » (*Séance* du 1er mars).

Répondant ensuite à une question qui lui a été proposée, M. Gillon a ajouté :

« Voici l'intention bien nette de la commission. Le préfet a exclu- « sivement le droit d'initiative ; à lui seul appartient de proposer la « conversion d'un chemin communal en chemin vicinal. Je l'ai déjà « dit : il a même le droit de *veto* contre toute délibération qui aurait « cette conversion pour objet. La proposition étant présentée au conseil gé- « néral par le préfet, si le conseil pense qu'il y a lieu de proposer des modi- « fications au plan présenté, il doit les demander. De son côté, le préfet, « qui a le droit et même dont le devoir est d'assister aux délibérations du « conseil, et qui n'est forcé de se retirer que quand on résume les opinions,

Sur les mêmes avis et proposition, le conseil général détermine la direction de chaque chemin vicinal de grande communication, et désigne les communes qui doivent contribuer à sa construction ou à son entretien.

Le préfet fixe la largeur et les limites du chemin, et détermine annuellement la proportion dans laquelle chaque commune doit concourir à l'entretien de la ligne vicinale dont elle dépend; il statue sur les offres faites par les particuliers, association de particuliers ou de communes (1).

« qu'on recueille les voix, le préfet donc écoute les observations qui tendent « à modifier les conditions, s'attache à faire comprendre au conseil général « que les modifications proposées ne sont pas acceptables dans l'intérêt « mieux compris des localités.

« Voilà une lutte qui s'établit. Comment se terminera-t-elle? Dans l'in« tention de la commission, si les modifications indiquées par le conseil « général ne sont pas acceptées par le préfet, rien ne se fait. Il faut bien « qu'il en soit ainsi; autrement, sous le prétexte de seulement modifier, « on renverserait la proposition du préfet, et le chef de l'administration « perdrait la prérogative d'initiative que nous reconnaissons nécessaire de « lui laisser. Je le répète, si vous accordez l'initiative au préfet, il faut lui « laisser le droit de ne pas accepter les modifications. » (Ibid).

(1) « La présente loi règle d'une manière claire et précise, les formes à « suivre pour le classement des chemins vicinaux de grande communication, « elle est restée muette sur le déclassement de ces chemins, et pourtant ce « déclassement peut quelquefois être nécessaire. Telle communication, « importante lors de son classement, peut, dans un temps donné et en « raison de circonstances imprévues, avoir perdu de son importance; telle « autre n'aura été classée que sur les offres du concours actif et permanent, « soit des communes, soit des particuliers, et cependant, après le classe« ment, ces offres ne se réaliseront pas. Il est évident que le département « ne peut alors être tenu, par le maintien de la déclaration de classement, « de continuer à faire des dépenses devenues peu utiles, ou pour lesquelles « il ne trouverait plus le concours qui avait motivé le classement.

« Si le législateur n'a pas posé dans la loi les règles à suivre en pareil cas, « c'est qu'elles découlent tout naturellement de celles prescrites pour le « classement. Si donc il y avait lieu, le préfet proposerait le déclassement « dans les mêmes formes qu'il aurait proposé le classement, et le conseil « général prononcerait sur sa proposition. S'il la sanctionne, le chemin

Art. 8. — Les chemins vicinaux de grande communication, et, dans des cas extraordinaires, les autres chemins vicinaux, pourront recevoir des subventions sur les fonds départementaux.

Il sera pourvu à ces subventions au moyen des centimes facultatifs ordinaires du département, de centimes spéciaux votés annuellement par le conseil général (1).

La distribution des subventions sera faite, en ayant égard aux ressources, aux sacrifices et aux besoins des communes, par le préfet, qui en rendra compte, chaque année, au conseil général.

Les communes acquitteront la portion des dépenses mise à leur charge au moyen de leurs revenus ordinaires, et en cas d'insuffisance, au moyen de deux journées de prestations sur

« sera légalement dépouillé de la qualité de *chemin de grande communication*, et il redeviendra un simple chemin vicinal, auquel seront applicables les seules dispositions de la section première de la loi.

« Il y aurait sans doute un autre moyen indirect d'arriver au même but : « ce serait, tout en laissant subsister la déclaration de classement, de n'affecter aucune subvention départementale au chemin dont il s'agit; mais « je ne crois pas que ce fût une manière convenable de procéder. Je ne « crois pas qu'il fût bien qu'il y eût dans un département des chemins qui « *en droit* pourraient prétendre à des subventions, et qui en seraient privés « *en fait* d'une manière permanente. » (Inst. minist. 24 juin 1836).

(1) On lit dans l'instruction ministérielle du 24 juin 1836 :

« Le second paragraphe de l'article 8 détermine sur quels fonds seront « prises les subventions à accorder aux lignes vicinales de grande communication, et les centimes facultatifs sont indiqués ici en première ligne; « mais vous comprenez, M. le préfet, et le conseil général comprendra « parfaitement aussi, que cette destination ne peut être donnée au profit « des centimes facultatifs, qu'autant qu'il aura été préalablement pourvu à « toutes les dépenses départementales auxquelles ces centimes sont affectés « en premier ordre. Lors donc que vous formerez le projet du budget des « centimes facultatifs, vous devrez d'abord vous assurer que tous les services « départementaux auxquels il doit faire face, pourront être suffisamment « dotés; ce ne sera que lorsque des fonds resteront libres que vous pourrez « en proposer l'affectation pour le service des chemins vicinaux de grande « communication. »

les trois journées autorisées par l'article 2, et des deux tiers des centimes votés par le conseil municipal en vertu du même article.

Art. 9. — Les chemins vicinaux de grande communication sont placés sous l'autorité du préfet. Les dispositions des articles 4 et 5 de la présente loi leur sont applicables.

Dispositions générales.

Art. 10. — Les chemins vicinaux reconnus et maintenus comme tels sont imprescriptibles (1).

Art. 11. — Le préfet pourra nommer des agents-voyers.

Leur traitement sera fixé par le conseil général.

Ce traitement sera prélevé sur les fonds affectés aux travaux.

Les agents-voyers prêteront serment, ils auront droit de constater les contraventions et délits, et d'en dresser des procès-verbaux.

Art. 12. — Le maximum des centimes spéciaux qui pourront être votés par les conseils généraux, en vertu de la présente loi, sera déterminé annuellement par la loi de finances.

Art. 13. — Les propriétés de l'État, productives de revenus,

(1) « Les chemins vicinaux doivent être considérés, a dit M. le rapporteur, « sous le rapport du service public auquel ils sont affectés, et sous celui de « la propriété.

« Sous le premier rapport, ils ne sont point dans le commerce ; et, par « conséquent, ils sont du nombre des choses qu'on ne peut prescrire, aux « termes de l'article 2226 du code civil.

« Sous le second rapport, ils sont prescriptibles, puisque d'après les dis- « positions du même code, l'État, les établissements publics et les com- « munes sont soumis aux mêmes prescriptions que les particuliers.

« Il faut donc admettre que les chemins vicinaux sont imprescriptibles, « lorsque, classés comme chemins vicinaux, ils sont affectés au service pu- « blic.

« Mais s'ils devenaient inutiles, si la servitude à laquelle ils sont assu- « jettis envers le public cessait d'exister, et si l'autorité compétente les « replaçait dans le domaine ordinaire des communes, ils seraient, comme « leurs autres biens, susceptibles de prescription. »

contribueront aux dépenses des chemins vicinaux dans les mêmes proportions que les propriétés privées, et d'après un rôle spécial dressé par le préfet.

Les propriétés de la Couronne contribueront aux mêmes dépenses, conformément à l'article 13 de la loi du 2 mars 1832 (1).

ART. 14. — Toutes les fois qu'un chemin vicinal, entretenu à l'état de viabilité par une commune, sera habituellement ou temporairement dégradé par des exploitations de mines, de carrières, de forêts, ou de toute entreprise industrielle appartenant à des particuliers, à des établissements publics, à la Couronne ou à l'État, il pourra y avoir lieu à imposer aux entrepreneurs ou propriétaires, suivant que l'exploitation ou les transports auront lieu pour les uns ou les autres, des subventions spéciales, dont la quotité sera proportionnée à la dégradation extraordinaire qui devra être attribuée aux exploitations (2).

Ces subventions pourront, au choix des subventionnaires,

(1) Cet article 13 est ainsi conçu : « Les propriétés de la Couronne ne seront « pas soumises à l'impôt ; elles supporteront néanmoins toutes les charges « communales et départementales ; afin de fixer leur portion contributoire « dans ces charges, elles seront portées sur les rôles pour le revenu estimatif « de la même manière que les propriétés privées. »

(2) Un député (M. Bussière) a posé la question suivante : « Je demanderai « à M. le rapporteur si, dans la rédaction de l'article, on a entendu com- « prendre les communes au nombre des établissements publics qui doivent « payer la subvention extraordinaire. Je fais cette question, parce que, « dans un passage de son discours de vendredi dernier, M. Muteau a paru « supposer que les communes seraient astreintes à payer deux fois : une « première fois à raison de leurs contributions, et une seconde fois, à raison « des dégradations qu'elles auraient fait éprouver aux chemins comme pro- « priétaires.

« *M. le rapporteur.* Si la commune est propriétaire, elle sera placée sur « la même ligne que les propriétaires.

« *M. Bussière.* Alors, la commission comprend la commune au nombre « des établissements publics ; c'est là l'explication que je demandais, parce « que plusieurs de mes collègues avaient paru supposer le contraire. Ainsi, « je demande qu'il soit constaté que les communes propriétaires de bois, « pourront être astreintes à payer la subvention extraordinaire. »

être acquittées en argent ou en prestations en nature, et seront exclusivement affectées à ceux des chemins qui y auront donné lieu.

Elles seront réglées annuellement, sur la demande des communes, par les conseils de préfecture, après des expertises contradictoires, et recouvrées comme en matière de contributions directes.

Les experts seront nommés suivant le mode déterminé par l'art. 17 ci-après.

Ces subventions pourront aussi être déterminées par abonnement : elles seront réglées, dans ce cas, par le préfet en conseil de préfecture.

Art. 15. — Les arrêtés du préfet portant reconnaissance et fixation de la largeur d'un chemin vicinal attribuent définitivement au chemin le sol compris dans les limites qu'ils déterminent.

Le droit des propriétaires riverains se résout en une indemnité qui sera réglée à l'amiable ou par le juge-de-paix du canton, sur le rapport d'experts nommés conformément à l'art. 17.

Art. 16. — Les travaux d'ouverture et de redressement des chemins vicinaux seront autorisés par arrêté du préfet.

Lorsque, pour l'exécution du présent article, il y aura lieu de recourir à l'expropriation, le jury spécial chargé de régler les indemnités ne sera composé que de quatre jurés. Le tribunal d'arrondissement, en prononçant l'expropriation, désignera, pour présider et diriger le jury, l'un de ses membres ou le juge-de-paix du canton. Ce magistrat aura voix délibérative en cas de partage.

Le tribunal choisira, sur la liste générale prescrite par l'art. 29 de la loi du 7 juillet 1833, quatre personnes pour former le jury spécial, et trois jurés supplémentaires. L'administration et la partie intéressée auront respectivement le droit d'exercer une récusation péremptoire.

Le juge recevra les acquiescements des parties.

Son procès-verbal emportera translation définitive de propriété.

Le recours en cassation, soit contre le jugement qui prononcera l'expropriation, soit contre la déclaration du jury qui règlera l'indemnité, n'aura lieu que dans les cas prévus et selon les formes déterminées par la loi du 7 juillet 1833.

Art. 17. — Les extractions des matériaux, les dépôts ou enlèvements de terre, les occupations temporaires de terrains, seront autorisés par arrêté du préfet, lequel désignera les lieux; cet arrêté sera notifié aux parties intéressées au moins dix jours avant que son exécution puisse être commencée.

Si l'indemnité ne peut être fixée à l'amiable, elle sera réglée par le conseil de préfecture, sur le rapport d'experts nommés, l'un par le sous-préfet, et l'autre par le propriétaire.

En cas de discord, le tiers-expert sera nommé par le conseil de préfecture.

Art. 18. — L'action en indemnité des propriétaires pour les terrains qui auront servi à la confection des chemins vicinaux et pour l'extraction de matériaux, sera prescrite par le laps de deux ans.

Art. 19. — En cas de changement de direction ou d'abandon d'un chemin vicinal, en tout ou partie, les propriétaires riverains de la partie de ce chemin qui cessera de servir de voie de communication pourront faire leur soumission de s'en rendre acquéreurs, et d'en payer la valeur, qui sera fixée par des experts nommés dans la forme déterminée par l'art. 17.

Art. 20. — Les plans, procès-verbaux, certificats, significations, jugements, contrats, marchés, adjudications de travaux, quittances et autres actes ayant pour objet exclusif la construction, l'entretien et la réparation des chemins vicinaux, seront enregistrés moyennant le droit fixe de un franc.

Les actions civiles intentées par les communes ou dirigées contre elles, relativement à leurs chemins, seront jugées comme affaires sommaires et urgentes, conformément à l'art. 405 du code de procédure civile.

Art. 21. — Dans l'année qui suivra la promulgation de la présente loi, chaque préfet fera, pour en assurer l'exécution, un règlement qui sera communiqué au conseil général, et transmis, avec ses observations, au ministre de l'intérieur, pour être approuvé, s'il y a lieu.

Ce règlement fixera, dans chaque département, le maximum de la largeur des chemins vicinaux; il fixera, en outre, les délais nécessaires à l'exécution de chaque mesure, les époques auxquelles les prestations en nature devront être faites, le mode de leur emploi ou de leur conversion en tâches, et statuera, en même temps, sur tout ce qui est relatif à la confection des rôles, à la comptabilité, aux adjudications, et à leur forme, aux alignements, aux autorisations de construire le long des chemins, à l'écoulement des eaux, aux plantations, à l'élagage, aux fossés, à leur curage, et à tous autres détails de surveillance et de conservation.

Art. 22. — Toutes les dispositions de lois antérieures demeurent abrogées en ce qu'elles auraient de contraire à la présente loi.

CHEMINS PRIVÉS. — Le gouvernement ou l'administration locale ne pouvant procurer des chemins à tous ceux qui en ont besoin, et se prêter à toutes les convenances, les conventions particulières ont donné lieu, soit à l'établissement de chemins privés dont le fonds est la propriété, et dont l'entretien est la charge de ceux qui en usent, soit à des servitudes de passages qui sont entretenus par le propriétaire du fonds grevé. (Voyez *passage*.)

Une question qui peut intéresser les habitants de la campagne, a été posée et résolue par un de nos meilleurs auteurs, M. Proudhon ; nous croyons être agréable à nos souscripteurs en la rapportant ici :

Il s'est formé un chemin à travers un ou plusieurs

fonds soit communaux, soit de particuliers : ce chemin sert de communication entre des lieux habités, ou d'un village à un autre village; dans le principe, ceux qui l'ont établi par le fait n'en avaient pas le droit : le propriétaire ou les propriétaires des fonds qui en sont traversés ont gardé le silence pendant plus de trente ans, et depuis plus de trente ans ce chemin est publiquement pratiqué; ces propriétaires seraient-ils encore fondés à en interdire l'usage? Ne pourrait-on pas, au contraire, leur opposer que, par la possession trentenaire, il y a eu prescription acquisitive du chemin au profit du domaine public?

Si l'on devait, dit notre auteur, appliquer, au sujet de ce chemin, la même règle qu'à l'égard des voies agraires ou des chemins de servitude, établis pour l'exploitation des terres, il faudrait résoudre cette question dans un sens négatif, puisque, aux termes de l'art 691 du code, les servitudes discontinues ne peuvent s'établir que par titre, et que la possession même immémoriale ne suffit pas pour leur donner une existence légale.

Mais cet article du code serait-il applicable à l'espèce? c'est là ce que nous ne croyons pas.

Il faut bien remarquer, en effet, que, dans tout titre du code où cette imprescriptibilité se trouve exprimée, il n'est uniquement question que des servitudes, et nullement des chemins publics, qui sont subordonnés à un autre régime; que l'article 691 se réfère nécessairement à la disposition de l'article 637 qui, définissant ce qu'on doit entendre par les droits de servitude dont il va être question dans tout le titre, déclare que la servitude consiste dans une charge imposée sur un héritage, pour l'usage et l'utilité d'un héritage appartenant à un autre propriétaire ; que cette définition ne peut nullement convenir à un chemin public établi pour la communication de plusieurs lieux habités, tels que seraient deux villages ou deux sections de la même commune, parce qu'ici le chemin n'est établi que pour la circulation du commerce et des personnes, et que d'ailleurs l'on n'y trouve pas de fonds servant mis en relation avec un autre fonds dominant, d'où il résulte nécessairement que l'art. 691 n'est pas applicable à cette espèce. (Voyez *passage*.)

CHEMIN DE HALAGE. — On appelle chemin de halage le chemin que doivent laisser les propriétaires riverains le long des fleuves et rivières navigables ou flottables, et qui est exclusivement réservé aux chevaux qui tirent les bateaux.

Quelquefois on donne aussi à ce chemin le nom de *marche-pied;* mais ce mot a une acception plus restreinte : il ne doit se dire que du chemin de 33 décimètres de largeur ménagé sur la rive opposée au halage, pour que les bateliers puissent mettre pied à terre pour pratiquer leurs manœuvres.

Les propriétaires des héritages aboutissant aux rivières navigables doivent laisser le long du bord 8 mètres au moins de place en largeur pour le chemin de halage, sans qu'ils puissent planter d'arbres ou haies, ni établir de clôture à une distance moindre de 10 mètres du côté où les bateaux se tirent, et 33 décimètres de l'autre bord, à peine de 500 francs d'amende, confiscation des arbres, et d'être les contrevenants contraints de réparer et remettre les chemins en état à leurs frais. (Ord. 13 août 1669.)

L'administration peut, si le service ne doit pas en souffrir, restreindre la largeur des chemins de halage; et cela particulièrement quand il y a des maisons, travaux d'art, murailles et clôtures en haies vives à détruire. (Décr. 22 janvier 1808.)

Quand le tirage des bateaux ne se fait pas par des chevaux, il ne doit être laissé qu'un espace de 33 décimètres sur chaque bord.

Les propriétaires riverains des rivières non navigables, et des ruisseaux où le flottage se fait à bûches perdues, sont tenus de laisser seulement un chemin de 13 décimètres pour le passage des ouvriers. (Ord. 23 août 1669; — Ord. Déc. 1672; — Arr. Cons. d'État, juin 1772).

Les chemins de halage ne sont pas dus le long des bras non navigables des rivières navigables. (Proudhon.)

Ils ne sont pas dus sur le bord des îlots qui se trouvent dans les rivières navigables, ni sur le bord des canaux faits de main d'homme.

Bien que les chemins de halage ne soient autre chose qu'une servitude légale de passage qui s'exerce pour cause d'utilité publique sur les fonds riverains, il faut dire que s'il était nécessaire de détruire des plantations ou contructions pour établir un pareil chemin, une indemnité serait due.

Aux termes du décret du 22 janvier 1808, une indemnité pourrait aussi être réclamée par les propriétaires riverains, pour l'établissement du chemin de halage, en cas de navigation nouvellement établie sur des rivières qui jusqu'alors n'avaient pas été navigables ni par bateaux, trains ni radeaux. L'indemnité n'est donc pas due lorsque la rivière était anciennement navigable; et en supposant même une interruption momentanée, le droit de l'État n'a jamais pu être prescrit.

Et c'est là un principe tellement immuable que la cour de Montpellier, 5 juillet 1833, a jugé, que dans le doute, sur la question de savoir si un chemin existant le long d'une rivière navigable est un chemin vicinal appartenant à la commune, ou un chemin de halage appartenant aux riverains, on doit attribuer au chemin ce dernier caractère, la présomption étant que le chemin a été pris sur la propriété des riverains.

Les propriétaires riverains peuvent s'opposer à ce que les bateliers donnent aucune fixité à leurs abordages le long des chemins de halage, et encore à ce que des tiers étendent des filets de pêche, construisent des aqueducs, viennent laver, etc.

Le riverain sur le terrain duquel le chemin de halage est placé, n'est nullement tenu de le laisser improductif, puisque c'est toujours sa propriété. Il a, au contraire, le droit de faire faucher et recueillir à son profit, les herbes qui y croissent. Toutefois ce droit de recueillir les herbes qui croissent le long des chemins de halage ne doit s'exercer que sans préjudice du service public de la navigation, et pour ce qui peut en rester après que ce service est satisfait. (Proudhon.)

Si pour rendre le chemin de halage praticable, il était nécessaire de le ferrer ou de le paver dans quelques parties, ou d'y faire quelques ponts, ces travaux ne seraient pas faits aux frais des propriétaires riverains, mais bien aux dépens de l'État. (L. 10 prair. an 10.)

Celui qui a le projet de faire des constructions ou des plantations sur les bords du chemin de halage et sur le fonds dont il a conservé la possession, doit demander un alignement à l'autorité compétente. (Arr. du cons. d'État, 20 nov. 1822.) Voyez *alignement*.

Nous terminerons en disant que, de ce principe que le chemin de halage n'est qu'une servitude, il suit que si la navigation venait à cesser dans la rivière ou le fleuve, le terrain qui formait ce chemin resterait entièrement libre entre les mains des propriétaires.

CHEMINÉES ET ATRES. — L'obligation de ne porter aucun préjudice à son voisin, et même de n'exposer la chose commune à aucun danger, ni à aucune dégradation, entraîne certaines précautions. L'art. 674 du code, veut que celui qui construit cheminée ou âtre, forge, four ou fourneau près d'un mur mitoyen, fasse les ouvrages prescrits par les règlements en usages, pour éviter de nuire au voisin.

Toutes les coutumes ne se ressemblent pas sur les précautions à prendre pour la construction des cheminées.

Par exemple, la coutume de Paris, art. 189, comme d'autres qui lui ressemblent en ce point, ne permet pas de se servir, pour le fond d'une cheminée, d'un mur de séparation, mitoyen ou non ; il faut le garantir par un contre-mur, autrement dit *contre-cœur*, auquel touche le feu. Il doit avoir six pouces d'épaisseur, former le fond de la cheminée dans toute sa largeur, jusqu'à la hauteur du manteau. Le contre-mur arrive à cette hauteur en perdant insensiblement de son épaisseur, de manière qu'il cesse d'exister sans que la retraite soit marquée (Lepage.)

Cette obligation, ajoute cet auteur, est imposée par la

coutume à celui qui construit une cheminée, même quand le mur auquel il l'appuie n'appartient qu'à lui seul. Tous architectes ou entrepreneurs chargés de construire des cheminées, sont responsables de l'exécution de cet ouvrage de précaution. S'ils le négligent, ils commettent une faute qui ne se prescrit pas par dix ans, ainsi que le dit l'art. 2270 du code civil.

Il est à désirer que, dans les pays où il n'a rien été réglé pour le contre-cœur des cheminées, on adopte cette construction, exigée par plusieurs coutumes, et recommandée par tous les bons architectes.

Depuis que l'industrie s'est perfectionnée, on a imaginé de faire des contre-cœurs en plaque de fer fondu; ce qui préserve les murs beaucoup mieux qu'une maçonnerie en briques. (Ibid.)

C'est donc suffisamment satisfaire aux coutumes qui exigent des contre-murs, que de mettre au fond de chaque cheminée une plaque de fer fondu.

Peut-on former les tuyaux de cheminées dans l'épaisseur du mur mitoyen?

Nous ne le pensons pas, répond M. Pardessus. Il faut coordonner l'exercice de ce droit avec celui qu'a l'autre voisin d'en faire autant de son côté; et si ce voisin usait de son droit, il ne resterait entre eux aucune séparation, ou du moins il n'en resterait qu'une insuffisante. C'est par le même motif qu'il n'est pas permis d'ouvrir des croisées, ou même de simples jours, quelque étroits qu'ils soient, dans le mur mitoyen. (Argument de l'art. 662 du C. Civ.) Voyez *mur mitoyen*.

Mais si la cheminée avait été construite dans l'épaisseur du mur avant l'acquisition de la mitoyenneté, le copropriétaire pourrait-il la faire détruire ?

Le voisin, dit encore M. Pardessus, n'ayant acquis la mitoyenneté du mur que dans l'état où il se trouvait, ne peut contraindre celui de qui il l'a acquise à détruire la cheminée. Comme, d'un autre côté, il ne peut placer ses pièces de bois dans l'épaisseur restante, sans s'exposer aux dangers du feu : il doit se borner à les appuyer contre le mur, sans les y enfoncer. Il en est de même si la cheminée avait été construite sous l'empire d'une coutume ou d'un usage antérieur au code.

On doit élever les tuyaux de cheminées au moins à trois pieds au-dessus du comble. C'est ce qui a été jugé par un arrêt du parlement de Paris du 29 mars 1618.

CITERNE. — Réservoir sous terre pour recevoir les eaux pluviales.

Les règles qui concernent les puits sont applicables aux citernes. (Voyez *puits.*)

CIMETIÈRE. — (Voyez *sépulture, construction.*)

CLOAQUE. — Trou creusé en terre pour recevoir les immondices, les eaux des toits, des cours, des écuries et des cuisines. (Voyez *égoût.*)

CLOTURE. — On appelle clôture les murailles, haies, fossés, palissades, etc., qui enferment une propriété.

Tout propriétaire peut clore son héritage : tel est le principe posé par l'art. 647 du code civil. — C'est une conséquence du droit de propriété, qui autorise à user des choses d'une manière absolue, et qui consiste principalement dans le droit d'exclusion, c'est-à-dire dans le droit d'interdire aux autres l'usage et même l'accès des terres qui nous appartiennent. (TOULLIER.)

Toutefois le droit de se clore ne peut être exercé au préjudice des droits d'autrui ; de ceux, par exemple, qui ont un droit de passage acquis sur le terrain déclos, soit fondé sur l'enclave et la nécessité, soit fondé sur un titre.

Or, dans les pays où le parcours et la vaine pâture ont lieu, la clôture des terrains qui y sont assujettis ne peut préjudicier au passage nécessaire aux bestiaux pour aller aux terres qui restent ouvertes à la vaine pâture. (TOULLIER.)

Mais le propriétaire peut-il, en faisant clore son héritage, se dégager de la servitude de la vaine pâture, établie ou reconnue envers une commune ?

Si le droit de parcours repose sur un titre, le propriétaire ne peut clore l'héritage qui s'y trouve assujetti.

Mais si au contraire ce droit n'est fondé que sur la coutume, sur un usage local et immémorial, il peut s'en affranchir pendant tous le temps de la clôture. (Opinion des meilleurs auteurs.)

Dans les *campagnes* la faculté de se clore est illimitée ; mais il en est autrement dans les *villes* et *faubourgs :* car aux termes de l'art. 663 du C. Civ., chacun peut contraindre son voisin dans ces lieux, à contribuer aux constructions et réparations de la clôture faisant séparation de leurs maisons, cours et jardins assis dans lesdites villes et faubourgs.

Il est évident que la disposition de cet article étant contraire au droit commun, n'est susceptible d'aucune extension. Ce n'est donc qu'aux *maisons*, *cours et jar-*

dins qu'on doit l'appliquer, et non pas aux champs cultivés ou aux prairies qui sont situées dans les faubourgs, derrière des maisons et jardins. (TOULLIER.)

La hauteur de la clôture sera fixée suivant les règlements particuliers ou les usages *constants et reconnus ;* et, à défaut d'usages et de règlements, tout mur de séparation entre voisins, doit avoir au moins 32 *décimètres* de hauteur, compris le chaperon, dans les villes de cinquante mille âmes et au-dessus, et 26 *décimètres* dans les autres. (C. Civ. 663.)

Si le sol des deux héritages est plus haut que l'autre, la distance prescrite doit se mesurer de ce côté, et le propriétaire du sol le plus bas ne contribue aux frais de clôture qu'à partir du sol le plus haut. La maçonnerie que l'on est obligé de faire pour arriver à ce niveau est aux frais du propriétaire du terrain le plus élevé, qui doit supporter les charges auxquelles donne lieu l'état de sa propriété. (DESGODETS.)

Mais le propriétaire du terrain le plus élevé qui aurait une terrasse, devrait supporter seul les frais du mur qui lui sert de soutien. (Arg. C. Civ. 698.)

Il est reconnu que quand les voisins sont d'accord, ils peuvent élever leur clôture à la hauteur qui leur convient, bien qu'elle doive être au-dessous de l'élévation fixée par le code. (Disc. cons. d'État.)

Dans les villes et faubourgs le voisin qui ne veut pas contribuer aux frais de clôture peut-il, comme à la campagne, s'en dispenser en renonçant à la mitoyenneté du mur, et en cédant la moitié du terrain sur lequel il est construit ?

L'affirmative est enseignée. Et en effet, nous pensons

que le voisin peut s'affranchir des frais de clôture sous ces deux conditions. (Arg. C. Civ. 656.)

De quelle manière doit-on faire les clôtures, et avec quels matériaux ?

La loi étant muette à cet égard, on doit suivre les usages du pays.

Celui qui veut se clore n'a droit d'exiger du voisin que la moitié de la dépense et du terrain d'un simple mur de clôture. S'il lui plaît que la séparation soit une maçonnerie plus considérable, il supportera seul la dépense de ce qui excédera le prix d'une clôture ordinaire, et prendra sur son héritage le terrain nécessaire à la plus grande épaisseur qu'il voudra donner au mur. (LEPAGE.)

Alors ce mur ne pourra servir en commun que comme clôture; la jouissance plus étendue qu'on en pourra faire appartiendra exclusivement à celui qui aura construit. (Ibid.)

Par suite de ce principe, le voisin qui a contribué seulement jusqu'à concurrence de clôture, n'est tenu des réparations et de la reconstruction que dans la même proportion. (Ibid.)

Si cet excédant de clôture ne porte aucune marque de non mitoyenneté, le mur sera présumé mitoyen dans sa totalité. (Voir *mur*.)

Remarquez que pour construire un mur de clôture, auquel on force le voisin à contribuer, il faut obtenir préalablement son consentement, ou, à son refus, l'autorisation de la justice; c'est une conséquence de l'art. 662. Il ne serait pas prudent de faire construire le mur, et ensuite de demander au voisin qu'il ait à en payer la moitié. Une pareille manière d'agir pourrait occasionner beaucoup de contestations qui s'éviteront en formant d'abord la demande, et en ne procédant à la contruction de la clôture, qu'après avoir obtenu une autorisation volontaire ou judiciaire. Or, de quelque manière qu'intervienne l'autorisation, on fait régler, soit à l'amiable, soit par justice, sur rapport d'experts, la nature des matériaux à employer, et les dimensions à observer, tant en hauteur qu'en épaisseur et profondeur; en sorte que le mur étant fait, suivant ce qui est ainsi prescrit, il ne donne lieu à aucune difficulté. (Ibid.)

Dans les villes et faubourgs, le propriétaire d'un mur de clôture peut forcer son voisin à en acquérir la mitoyenneté. Toutefois on ne peut forcer son voisin à acquérir la mitoyenneté d'un mur souterrain, ou à contribuer à sa construction, par exemple, pour une cave. Il est incontestable que l'art. 663, C. Civ. ne dispose que pour un mur de clôture en élévation du sol, et non pas sous terre.

Dans les campagnes le mode de clôture des héritages varie suivant l'usage des lieux et la volonté du propriétaire.

Un héritage est réputé *clos* lorsqu'il est entouré d'un mur de quatre pieds de hauteur avec barrière ou porte, ou lorsqu'il est exactement fermé ou entouré de palissades ou treillages, ou d'une haie vive, ou d'une haie sèche faite avec des pieux, ou cordélée avec des branches, ou de toute autre manière de faire les haies en usage dans chaque localité; et enfin d'un fossé de quatre pieds de large au moins à l'ouverture, et de deux pieds de profondeur. (L. 6 oct. 1791.)

Quiconque a, en tout ou partie, comblé des fossés,

détruit des clôtures, est passible d'un emprisonnement qui ne peut être au-dessous d'un mois, ni excéder une année, et d'une amende égale au quart des restitutions et des dommages-intérêts, qui, dans aucun cas, ne pourra être au-dessous de 50 francs. (C. Pén. 456.)

COLOMBIER. — Construction destinée à recevoir des pigeons.

Chacun a le droit d'avoir des pigeons en aussi grande quantité qu'il le juge convenable. La législation ne prescrit aucune limite à cet égard.

Les pigeons doivent être renfermés aux époques fixées par l'autorité locale, durant lequel temps ils doivent être regardés comme gibier, et chacun a le droit de les tirer sur son terrain. (Déc. 4 août 1789.)

Donc, si à ces époques les pigeons ne sont pas renfermés, les propriétaires peuvent tirer dessus ou s'en emparer de toute autre manière, pourvu que ce soit sur leur terrain. (Toullier.)

Si l'autorité locale néglige de fixer le temps de la clôture des colombiers, le propriétaire qui trouve les pigeons sur son terrain, au temps des semailles ou de la moisson, peut les regarder comme gibier. (Ibid.)

Les propriétaires qui laissent sortir leurs pigeons en temps prohibé, ne peuvent être poursuivis par voie de police, lors même que le maire de la commune aurait pris des arrêtés pour déterminer les époques de la clôture des colombiers. (Ibid.)

Toutefois le propriétaire du colombier peut être poursuivi par voie civile pour réparation du dommage qu'ils ont causé. (Cass. 30 oct. 1813.)

Il est défendu, hors des temps prohibés, de tirer

même dans son propre fonds, sur les pigeons d'autrui, de les prendre avec des trappes, des filets, de la glu, ou de toute autre manière.

Les pigeons qui passent dans un autre colombier, sans y avoir été attirés par fraude ou par artifice, appartiennent au propriétaire de ce colombier. (C. Civ. 564.)

CONSTRUCTION. — Sous ce mot nous parlerons du droit de construire et des choses qui doivent être observées tant à l'égard des particuliers, qu'à l'égard de l'administration publique.

§ 1er. — *Du droit de construire.*

Tout propriétaire peut faire, au-dessus et au-dessous de sa propriété, toutes les fouilles et constructions qu'il lui convient de faire, sauf les exceptions résultant des lois et règlements.

Toutes constructions, plantations et ouvrages sur un terrain ou dans l'intérieur, sont présumés faits par le propriétaire, à ses frais, et lui appartenir, sauf la preuve contraire ou la prescription.

Le propriétaire du sol qui a fait des constructions, plantations et ouvrages avec des matériaux qui ne lui appartenaient pas, doit en payer la valeur; il peut aussi être condamné à des dommages-intérêts, s'il y a lieu; mais le propriétaire des matériaux n'a pas le droit de les enlever. (C. Civ. 554.)

Lorsque les plantations, constructions et ouvrages ont été faits par un tiers et avec ses matériaux, le propriétaire du fonds a le droit ou de les retenir, ou d'obliger ce tiers à les enlever.

Si le propriétaire du fonds demande la suppression

des plantations et constructions, elle est aux frais de celui qui les a faites, sans aucune indemnité pour lui; il peut même être condamné à des dommages-intérêts, s'il y a lieu, pour le préjudice que peut avoir éprouvé le propriétaire du fonds.

Si le propriétaire préfère conserver ces plantations et constructions, il doit le remboursement de la valeur des matériaux et du prix de la main-d'œuvre, sans égard à la plus ou moins grande augmentation de la valeur que le fonds a pu recevoir.

Néanmoins, si les plantations, constructions et ouvrages ont été faits par un tiers évincé, qui n'aurait pas été condamné à la restitution des fruits, attendu sa bonne foi, le propriétaire ne pourra demander la suppression desdits ouvrages, plantations et constructions; mais il aura le choix ou de rembourser la valeur des matériaux et du prix de la main-d'œuvre, ou de rembourser une somme égale à celle dont le fonds a augmenté de valeur. (C. Civ. 555.)

Certaines constructions sur le bord des rivières, même non navigables ni flottables, sont soumises à des règles particulières. (Voyez *usines*, *chemin de halage*.)

Personne ne pouvant préjudicier à autrui, les propriétaires voisins peuvent s'opposer à la construction de bâtiments faits pour des établissements dangereux, insalubres ou incommodes. A cet égard, voyez *établissements dangereux*.

Enfin le voisinage des *places de guerre*, *des cimetières* et *des bois et forêts* donne lieu à des défenses de construire dont nous allons parler.

On trouvera sous le mot *forteresse* les règles relatives

aux constructions dans le voisinage des places de guerre. Nous y renvoyons donc le lecteur.

Voisinage des cimetières. — On ne peut, sans l'autorisation de l'administration, élever aucune construction ni creuser aucun puits, à moins de 100 mètres de distance des cimetières transférés hors des communes. (Déc. 7 mars 1808.)

Les bâtiments existants ne peuvent non plus être restaurés ni augmentés sans cette autorisation ; et toutefois les puits peuvent être comblés, en vertu de l'ordonnance du préfet, après visite extraordinaire d'experts. (Ibid.)

Voisinage des bois et forêts. — Aucun four à chaux ou à plâtre, aucune briqueterie et tuilerie ne peuvent être établis, à moins d'un kilomètre des forêts, sans l'autorisation du gouvernement, à peine d'une amende de 100 à 500 francs, et de démolition des établissements. (C. For. 151.)

Aucune maison sur perche, loge, baraque ou hangar ne peut être établi, à moins d'un kilomètre des forêts, sans la même autorisation, à peine de 50 francs d'amende, et de démolition. (Ibid. 152.)

Aucune construction de maisons de fermes ne peut être effectuée sans la même autorisation, à la distance de 500 mètres des bois et forêts soumis au régime forestier, à peine de démolition. — Il est statué dans le délai de six mois sur les demandes en autorisation ; passé ce délai, la construction peut être effectuée. (Ibid. 153.)

Il y a exception à cette dernière défense à l'égard des

bois et forêts appartenant aux communes, et qui sont d'une contenance au-dessous de 250 hectares. (Ibid.)

Sont aussi exceptées de cette même défense les maisons et usines qui font partie des villes, villages ou hameaux formant une population agglomérée. (Ibid. 156.)

Il y a enfin exception à la même défense en faveur des maisons ou fermes existantes à l'époque du 21 mai 1827, date du code forestier.

Elles peuvent être réparées, reconstruites et augmentées sans autorisation. (Ibid. 153.)

§ 2. — *Des règles à l'égard du voisin.*

Il est prudent, avant d'élever un mur sur la ligne de séparation de deux héritages, de concerter avec le voisin la position que doit avoir la construction, car il a été jugé que le voisin sur le terrain duquel a été commis un empiètement, ne peut être astreint à recevoir une indemnité ; mais qu'au contraire il a le droit d'exiger la démolition des constructions, quelque légère que soit l'anticipation. (Cass. 22 avril 1823.)

Si cet alignement ne pouvait avoir lieu amiablement, il faudrait intenter l'action en bornage, afin de donner des limites certaines à sa propriété.

Le mur à construire doit être bâti droit aplomb, car s'il penchait sur le voisin, celui-ci aurait action pour le faire démolir.

Si l'on voulait se servir du mur du voisin, on aurait le droit d'en acquérir la mitoyenneté. (C. Civ. 661.) Voyez *mur*.

Voyez *alignement*, *clôture*, *dénonciation de nouvel*

œuvre, égout, réparation, mur, établissements dangereux.

CONTIGUITÉ. — Immeubles qui se joignent. (Voyez *bornage, mur, clôture, fossé.*)

CONTRE-MUR. — Construction renforcée, dont l'objet est de garantir les bâtiments et murs de clôture des dégradations qui pourraient résulter du fonds voisin.

Celui qui fait creuser un puits ou une fosse d'aisance près d'un mur mitoyen ou non ; celui qui veut y construire cheminée ou âtre, forge, four ou fourneau ; y adosser une étable, ou établir contre ce mur un magasin de sel ou amas de matières corrosives, est obligé à laisser la distance prescrite par les règlements et usages particuliers sur ces objets, ou à faire les ouvrages prescrits par les mêmes règlements et usages, pour éviter de nuire au voisin. (C. Civ. 674.)

Comme on le voit, le code ne détermine pas le mode particulier des ouvrages ; il prescrit de suivre les règlements et usages particuliers. D'où il faut conclure que, dans le ressort des coutumes qui s'en expliquent, on doit se conformer à leurs dispositions, et que dans les coutumes qui ne parlent pas de ces détails, on doit observer les règlements particuliers à cette matière, et, à défaut de règlements, les usages.

De ce que celui qui fait une des constructions dont il s'agit est tenu d'user de certaines précautions, il résulte que le voisin a le droit de veiller à ce que ces sortes de constructions se fassent de telle manière qu'il ne puisse en craindre aucun inconvénient. Par la même raison, lorsque ces constructions se trouvent établies sans que le voisin en ait eu connaissance, il a le droit de faire vérifier si les précautions convenables ont été prises. Ainsi il est prudent à celui qui construit, et qui veut éviter toute contestation, de faire constater en présence de son voisin, ou celui-ci dûment appelé, que les coutumes ou règlements, ou à leur défaut les usages ont été observés dans l'établissement des objets désignés par l'art. 674 sus rappelé. (LEPAGE, PARDESSUS, etc.)

Voyez, pour l'application des principes généraux que nous venons de rapporter, les mots *cheminées*, *étables*, *forges*, *fours et fourneaux*, *caves*, *fosses d'aisances*, *puits*.

COURS D'EAU. — C'est le flux, le mouvement de l'eau des fleuves, des rivières, des ruisseaux, etc.

Les cours d'eau sont navigables, flottables ou non.

A l'égard des cours d'eau, navigables et flottables, nous renvoyons au mot *rivière*.

Nous ne parlerons ici que des cours d'eau non navigables ni flottables.

DIVISION.

§ 1er. — *Propriété du lit des rivières non navigables ni flottables.*

§ 2. — *Eaux pluviales. — Écoulement de ces eaux d'un héritage supérieur sur l'inférieur.*

§ 3. — *Des sources d'eau.*

§ 4. — *Des eaux courantes.*

§ 5. — *Comment et par quelle autorité sont réglées les contestations qui s'élèvent sur la jouissance d'un cours d'eau.*

---

§ 1er. — *Propriété du lit des rivières non navigables ni flottables.*

Le silence de la loi sur la propriété des cours d'eau non navigables ni flottables, dit le *Journal des Notaires et des Avocats*, a donné lieu à de vives dissidences sur la question de savoir à qui appartient le lit de ces rivières. Plusieurs auteurs pensent qu'il fait partie du domaine public. Ils se fondent sur l'art. 2 de la loi du 1er janvier 1790, qui charge les préfets de la conservation des propriétés publiques, des forêts, *rivières* et autres choses communes ; sur l'art. 103 de la loi du 3 frim. an VII, qui porte que les rues, les places publiques et les *rivières* ne sont pas cotisables ; sur la loi du 22 janvier 1808, qui déclare que le gouvernement n'est tenu à aucune indemnité, quand il veut rendre une rivière navigable ; sur l'art. 563 C. Civ., qui consacrerait une véritable confiscation, si le lit appartenait réellement aux riverains. Ils ajoutent que s'il y a des dispositions dans la loi qui attribuent aux riverains le droit de pêche, le droit d'irrigation, on n'en trouve aucune qui leur accorde le lit ; et que s'il a fallu des dispositions expresses pour attribuer aux riverains certains droits, c'est que, dans la pensée du législateur, ces cours d'eau n'appartenaient pas aux riverains ; car il eût été autrement absurde d'accorder à quelqu'un le droit de se servir de sa propre chose.

D'autres auteurs pensent au contraire que le lit appartient aux riverains.

Quoiqu'il en soit, il est actuellement certain qu'il n'appartient pas aux propriétaires riverains, mais fait au contraire partie du domaine public.

Cette importante décision a été consacrée par la cour de cassation, par arrêt du 10 juin 1846 ; en voici les termes :

« La cour ; — Vu les art. 644 et 714 C. Civ. ; — Attendu

qu'un cours d'eau se compose essentiellement et de ses eaux et du lit sur lequel elles s'écoulent; que les eaux et leur lit forment par leur réunion, et tant qu'elle subsiste, une seule et même nature de biens, et doivent, à moins d'une volonté contraire formellement exprimée par la loi, être régis par des dispositions identiques; »

« Attendu que l'art. 644 C. Civ. confie à ceux dont la propriété borde un cours d'eau non navigable ni flottable, le droit de se servir de l'eau à son passage pour l'irrigation de leurs propriétés, et à ceux dont cette eau traverse l'héritage le droit d'en user dans l'intervalle qu'elle y parcourt à la charge de la rendre, à la sortie de leurs fonds, à son cours ordinaire; »

« Attendu que ces droits d'usages spécifiés et limités, sont exclusifs du droit de la propriété du cours d'eau; »

« Attendu que, d'après l'art. 563 même code, lorsqu'une rivière même non navigable ni flottable se forme un nouveau cours en abandonnant son ancien lit, les propriétaires des fonds nouvellement occupés prennent, à titre d'indemnité, l'ancien lit abandonné; — que cette attribution faite par la loi démontre qu'elle ne considère pas l'ancien lit abandonné comme appartenant aux propriétaires riverains de cet ancien lit; »

« Attendu que les cours d'eau non navigables ni flottables n'appartenant pas aux propriétaires riverains d'après les dispositions ci-dessus, ils rentrent dans la classe des choses qui, aux termes de l'art. 714 C. Civ., n'appartiennent à personne, dont l'usage est commun à tous, et dont la jouissance est réglée par des lois de police, etc. »

Les îles et atterrissements qui se forment dans les rivières non navigables ni flottables, appartiennent aux propriétaires riverains du côté où l'île s'est formée.

Si l'île n'est pas formée d'un seul côté, elle appartient aux propriétaires riverains des deux côtés, à partir de la ligne qu'on suppose tracée au milieu de la rivière. (C. Civ. 561.) — (Voir *accession.*)

---

§ 2. — *Eaux pluviales. — Écoulement de ces eaux d'un héritage supérieur sur l'inférieur.*

On entend par eau pluviale non-seulement celle qui tombe du ciel, mais encore celle qui provient de la fonte des neiges ou des glaces.

On doit appeler aussi eaux pluviales celles qui ne s'échappent du sein de la terre que par l'effet particulier de la température de l'air, mais qui n'ont pas une existence continuelle.

Quand deux héritages sont situés de manière que, par la pente naturelle du terrain, les eaux pluviales, ou autres produites par la nature, coulent de l'un sur l'autre, celui-ci est nécessairement assujetti à recevoir ces mêmes eaux, sans qu'il soit besoin d'aucun autre titre. (C. Civ. 640.)

En conséquence les inconvénients naturels qui résultent du passage des eaux pluviales ne peuvent donner lieu à aucune responsabilité contre le propriétaire du terrain sur lequel elles tombent. C'est une loi qu'il faut subir et qui est la conséquence nécessaire de la situation des héritages. (Daviel et Pardessus.)

Le propriétaire inférieur ne peut pas élever de digue qui empêche l'écoulement des eaux pluviales. (C. Civ. 640.)

Le propriétaire du fonds supérieur aurait action contre l'inférieur, pour faire détruire les digues, ou autres obstacles opposés par ce dernier à l'écoulement naturel des eaux.

Cependant le propriétaire du fonds inférieur peut faire sur son terrain des travaux propres à recevoir les eaux de l'héritage dominant, pourvu qu'il n'en résulte aucun obstacle à leur écoulement. (LEPAGE.)

De son côté, le propriétaire supérieur ne peut rien faire qui aggrave la servitude du fonds inférieur.

Ainsi l'écoulement n'étant dû que pour les eaux pluviales, par exemple, il ne pourrait pas y joindre d'autres eaux, sous prétexte qu'elles passent par le même chemin. Pareillement le propriétaire supérieur ne peut transmettre des eaux salies et corrompues. Il n'existe de servitude naturelle du fonds supérieur sur le fonds inférieur ni pour les eaux provenant de l'exercice d'une industrie quelconque, comme d'une teinturerie, d'une tannerie, etc., ni même pour les eaux ménagères. (PARDESSUS et DAVIEL. — Cass. 15 mars 1830.)

Toutefois cette règle d'équité est susceptible de modifications suivant les circonstances : par exemple, le droit de former des établissements utiles aux arts, qui ne peuvent user des eaux courantes sans les salir, emporte celui d'employer les eaux de cette manière. (Ibid.)

Si, pour quelque usage que ce soit, le propriétaire du fonds supérieur employait dans sa maison ou sur son héritage de l'eau qu'il tirerait d'un puits, il ne pourrait la laisser couler sur l'héritage du propriétaire inférieur. (GARNIER, Règ. des eaux.)

Il ne peut non plus y faire couler l'égoût d'un toit; il doit au contraire établir ses toits de manière que les eaux pluviales s'écoulent sur son terrain ou sur la voie publique, sans pouvoir les verser sur le fonds de son voisin. (Voyez *égoût.*)

Quand les eaux ont naturellement leur direction sur telle portion de l'héritage inférieur et avec telle rapidité le propriétaire supérieur ne peut pas les diriger vers une autre portion du même héritage, ni leur donner plus ou moins de rapidité, sans le consentement du propriétaire inférieur. (LEPAGE.)

Celui-ci ne peut-il pas exiger que le champ supérieur soit labouré dans le sens qui donne moins d'écoulement aux eaux ?

Non, la liberté la plus étendue doit être laissée à celui qui cultive son terrain ; il est présumé prendre le parti qui paraît le plus avantageux, et il n'est pas tenu de faire des sacrifices pour son voisin ; cependant il ne peut pas chercher à nuire ; en sorte que le propriétaire inférieur, non fondé à se plaindre du labourage, quelle que soit la direction des sillons, réclamerait avec raison si les sillons étaient ou plus profonds qu'il n'est d'usage, ou plus en pente que ne l'exige la nature du terrain. (Ibid.)

Si l'écoulement des eaux nuit au fonds inférieur, détruit des plantations, empêche la culture par l'éboulement de roches, de sables ou de terres, il n'y a pas lieu à dommages-intérêts : nul n'est responsable des effets de la nature. (GARNIER et PARDESSUS.)

Les eaux pluviales appartiennent à celui sur le fonds duquel elles tombent ; il en est de même de celles qui sortent du fonds même. En conséquence, il peut à son gré les retenir, les employer exclusivement au service de son fonds, ou les laisser couler sur le fonds inférieur, ou même les perdre dans un puisard construit sur son terrain. Les eaux pluviales quoique réunies dans un canal fait de main d'homme, ne peuvent pas être considérées comme *eaux courantes* : en conséquence les riverains de ces eaux ; ou ceux dont elles traversent les héritages, ne sont pas obligés, après en avoir usé, de les rendre à leur cours ordinaire. (Cass. 14 janvier 1823.)

Quel que soit le temps pendant lequel il a laissé couler ces eaux sur le fonds inférieur, il ne perd pas le droit de les utiliser à sa convenance. Nous verrons sous le paragraphe suivant qu'il n'en est pas ainsi des sources.

Les eaux pluviales qui coulent sur les chemins publics peuvent être dérivées par les propriétaires voisins. Toutefois, pour opérer cette dérivation, ils ne peuvent établir aucun appareil qui nuise à la voie publique, soit en diminuant la facilité du passage, soit en y faisant refluer les eaux ; et quand même de pareilles dispositions subsisteraient depuis longues années, le propriétaire riverain ne pourrait prétendre à les conserver ; et s'il en résultait quelque inondation ou quelque détérioration pour le chemin, il devrait être condamné à l'amende portée par l'art. 479 C. Pén. (1). (DAVIEL ; — Rép. de la Jurisp. du notariat ; — Cass. 3 oct. 1835.)

---

§ 3. — *Des sources d'eau.*

Celui qui a une source dans son fonds peut en user à sa volonté, sauf le droit que le propriétaire du fonds inférieur pourrait avoir acquis par titre ou par prescription. (C. Civ. 641.)

En conséquence le propriétaire du fonds conserve la disposition la plus absolue de la source ; il peut lui donner telle direction qu'il juge à propos, l'absorber

(1) Cette amende peut être de 11 à 15 francs inclusivement.

en usages agricoles, domestiques ou de pur agrément, l'étouffer même si telle est sa convenance, à moins de droits contraires acquis soit par titre, soit par prescription. (DAVIEL.)

La prescription, dans ce cas, ne peut s'acquérir que par une jouissance non interrompue pendant l'espace de trente années, à compter du moment où le propriétaire du fonds inférieur a fait et terminé des ouvrages apparents destinés à faciliter la chute et le cours de l'eau dans sa propriété. (C. Civ. 642.)

Si donc, dit Lepage, *nouveau Desgodets*, la source avait coulé naturellement sur l'héritage inférieur, même pendant plus de trente ans, la prescription ne pourrait pas être invoquée en faveur de cet héritage; car, par la supposition, n'ayant été rien fait par le propriétaire pour se procurer la jouissance des eaux, il n'en résulte point la présomption d'un consentement émané du maître de la source; il l'a abandonnée à la localité, ce qui n'est pas s'assujétir expressément à une servitude. Voilà pourquoi la loi, dans le cas dont il s'agit, exige que la possession, pour engendrer la prescription, soit fondée sur un fait dont il reste des traces apparentes; de manière que le propriétaire de la source, en souffrant le résultat de ce fait pendant trente ans sans réclamation, soit réputé avoir consenti à la servitude, c'est-à-dire, s'être obligé à laisser couler ses eaux sur le terrain voisin.

La précaution que prend la loi d'expliquer l'espèce de possession, qui seule est capable de produire la prescription en cette occasion, fait sentir à quel point les eaux d'une source appartiennent au maître du fonds où elle se trouve. Lorsqu'une prescription telle qu'on vient de la caractériser, n'a point acquis à l'héritage voisin l'usage des eaux de la source, le maître de cette source peut en faire ce qui lui plaît ; il peut même la détruire, si tel est son caprice, même quand il en résulterait la destruction des ramifications qui s'étendraient naturellement sur des terrains voisins. (Ibid.)

Remarquons que la faculté d'acquérir la propriété des eaux par prescription, accompagnée d'ouvrages apparents, n'appartient pas seulement au propriétaire du fonds situé immédiatement au-dessous de celui sur lequel l'eau prend sa source ; elle peut être réclamée par tout propriétaire, quel qu'il soit, quand même ses héritages ou son établissement ne seraient pas riverains du cours d'eau, et lors même encore que les propriétaires intermédiaires n'auraient, par aucun moyen légal, acquis de droits à la transmission des eaux qui le bordent ou le traversent. (Pardessus.)

Bien que le propriétaire de la source en ait retenu ou absorbé les eaux sur son fonds, même pendant plus de trente ans, il peut ensuite en rétablir le cours sur le fonds inférieur. Le propriétaire inférieur ne pourrait prétendre avoir acquis par prescription la libération de son héritage. Il s'agit là, pour le propriétaire de la source, d'un droit de pure faculté, imprescriptible tant qu'il n'avait été fait aucun ouvrage faisant obstacle à l'exercice du droit et constituant contradiction. (Rép. de la Jurisp. — Daviel.)

Toutefois, si le propriétaire de la source prétendait porter les eaux vers un fonds qui, par sa situation, n'aurait pas dû naturellement les recevoir, en les détournant du cours qui paraissait tracé par la pente naturelle du terrain, il lui faudrait alors le consentement du propriétaire de ce fonds. (Ibid.)

Du moment où le propriétaire inférieur a acquis les eaux soit par titre, soit par prescription, le propriétaire de la source est grevé d'une servitude, et il ne peut rien faire qui tende à en altérer ou diminuer l'usage : il doit, du moins, user modérément des eaux de la source. (Ibid.)

De son côté, celui qui a un droit de servitude sur les eaux de la source, n'y peut donner aucune extension. Ainsi il a été jugé que, lorsque le droit de faire marcher une usine à l'aide des eaux d'un étang a été concédé par d'anciens titres, sans détermination précise de la prise d'eau, il ne s'en suit pas que cette prise d'eau puisse être ultérieurement modifiée à discrétion par le propriétaire de l'usine. L'exécution donnée immédiatement au titre de concession, l'ancien état des choses, doivent servir de règle, et le concessionnaire ne peut faire aucun changement qui augmente la dépense d'eau, exhausse la retenue ou aggrave d'une manière quelconque la servitude consentie par le propriétaire de l'étang. (Ibid. — Rouen, 28 juin 1836.)

Le propriétaire d'une source ne peut en changer le cours, lorsqu'il fournit aux habitants d'une commune, village ou hameau, l'eau qui leur est nécessaire; mais si les habitants n'en ont pas acquis ou prescrit l'usage, le propriétaire peut réclamer une indemnité, laquelle est réglée par experts. (C. Civ. 643.)

Ici se fait l'application d'un principe que personne ne peut méconnaître; c'est que le droit d'un particulier fléchit toujours devant l'intérêt général. Cependant, en pareilles circonstances, celui dont la propriété est grevée a du moins le droit de se faire indemniser. En conséquence, des experts évaluent à une somme d'argent, non pas ce que valent les eaux dont profitent les habitants à qui la source est nécessaire, car on ne peut pas mettre un prix à une chose de cette nature; mais les experts disent de combien est diminué de valeur le fonds où est la source, par l'assujettissement d'en laisser écouler les eaux. Dans bien des circonstances, cette indemnité est peu de chose; mais il est possible qu'elle ait quelque importance dans certaines localités. (Lepage.)

On sent bien, ajoute cet auteur, qu'une servitude de cette espèce se réduit à la seule obligation de ne pas changer le cours que prennent les eaux, en sortant du terrain où elles ont leur source.

Ainsi le propriétaire peut les faire circuler dans ses terres, pourvu qu'elles n'y soient pas entièrement absorbées, ni diminuées au point de n'en pas laisser une quantité suffisante aux habitants à qui elles sont nécessaires. Par la même raison, le propriétaire n'est tenu de faire aucun ouvrage, soit dans son domaine, soit dehors, pour la conservation des eaux de sa source; il remplit son devoir en ne faisant rien qui altère cette source. C'est donc aux habitants à faire les travaux que pourraient exiger, soit l'entretien de la source, si le propriétaire l'abandonnait à la nature, soit la conduite des eaux jusqu'à l'endroit où elles leur servent.

Lorsque la source donne naissance à un fleuve ou à

une rivière navigable ou flottable, ou lorsqu'elle contribue à rendre un cours d'eau navigable, en augmentant notamment son volume, le propriétaire ne peut non plus en changer le cours; il ne peut même réclamer une indemnité contre l'État. (GARNIER.)

---

§ 4. — *Des eaux courantes.*

Il ne sera question ici que des cours d'eau non navigables ni flottables. Pour ceux qui sont navigables et flottables, ou flottables seulement, voyez *rivières.*

Nous ne ferons pas non plus de distinction entre les cours d'eau que l'on qualifie de *rivières de second ordre,* et les simples *ruisseaux*. Le volume du cours d'eau est ici indifférent : ce qui en fait une classe à part, c'est qu'il n'est point consacré au service public.

Celui dont la propriété borde une eau courante, autre que celle qui est déclarée dépendance du domaine public par l'art. 538, au titre *de la distinction des biens,* peut s'en servir à son passage pour l'irrigation de ses propriétés.

Celui dont cette eau traverse l'héritage, peut même en user dans l'intervalle qu'elle y parcourt, mais à la charge de la rendre, à la sortie de son fonds, à son cours ordinaire. (C. Civ. 644.)

Toute eau courante, non navigable ni flottable, qui traverse une terre, peut donc y être convertie en toutes sortes de formes; y faire toutes sortes de sinuosités; y avoir un lit d'une longueur, d'une profondeur et d'une rapidité aussi grandes ou aussi petites qu'on le veut; y faire mouvoir des machines, et y former des jets, des cascades, en un mot y être employée à tout ce qu'il plaît au propriétaire d'établir pour son utilité ou son agrément. La seule obligation imposée à ce propriétaire est de ne pas arrêter l'écoulement des eaux ; en sorte qu'après en avoir fait l'usage qui lui a convenu dans son terrain, il faut qu'elles en sortent, et qu'elles prennent la voie qui leur est destinée, pour border ou traverser les héritages inférieurs. (LEPAGE.)

Si un riverain a construit sur un cours d'eau un moulin qui ait absorbé, pendant trente ans, tout le volume de l'eau, les propriétaires des fonds supérieurs auront-ils encore le droit de se servir de ce cours d'eau pour l'irrigation de leurs propriétés?

La question est contreversée ; cependant nous admettons l'opinion de M. Daviel. La possession du propriétaire de l'usine, dit-il, n'est pas, par elle seule, une contradiction à la faculté qui appartient aux riverains supérieurs. Ils n'auraient pas pu s'opposer à la construction de l'usine en vertu du droit à l'irrigation qui leur appartenait et dont ils pouvaient éventuellement user. Et dès-lors, s'ils n'avaient aucun moyen pour empêcher l'établissement de l'usine en vertu de leur droit, cet établissement n'a pas pu prescrire contre ce droit.

Il paraît donc raisonnable de dire que ceux qui ont souffert l'établissement et le jeu d'une usine ne sont pas censés avoir renoncé à leur droit à l'usage des eaux.

Le droit d'user des eaux emporte nécessairement le droit d'en diminuer le volume et d'en ralentir le cours, pourvu que ce soit sans abus, et seulement dans une proportion convenable.

Le droit, dit Pardessus, ne doit pas dégénérer en une occupation tellement exclusive que les inférieurs en soient privés. L'eau est pour tous un don de la nature que chacun de ceux à qui elle peut être utile a droit de réclamer. La seule différence consiste en ce que la disposition des lieux la donne à l'un avant les autres. Mais ce n'est qu'une sorte de dépôt, dont il ne peut tirer parti, qu'autant qu'il ne prive pas les derniers du même droit. *La loi ne lui permet que l'usage, elle lui interdit l'abus.*

Quels sont les droits respectifs des propriétaires de prairies et des propriétaires d'usines?

Propriétaires de prairies, propriétaires d'usines, répond M. Daviel, tous peuvent, au même titre, réclamer droit à l'usage des eaux. Ni les uns ni les autres n'ont reçu les cours d'eau en apanage exclusif. Leur industrie diffère, mais leur droit est le même. Leurs besoins diffèrent comme leur industrie, mais il est toujours possible de concilier leurs intérêts sans sacrifier les uns aux autres. Suivant l'étendue des terrains arrosables et les nécessités locales, il faut déterminer les jours et heures d'irrigation, et, pendant ce temps, tous les ayants-droits à l'usage des eaux devront successivement arroser leurs prairies, de manière qu'à l'expiration du temps fixé, l'eau soit partout rendue à la rivière.

Il ne faut pas oublier cette condition essentielle imposée au riverain, de *rendre l'eau à son cours ordinaire*, après s'en être servi pour l'irrigation de son fonds. Elle l'oblige à disposer ses rigoles de reversion de manière à ramener dans le lit de la rivière, ou sur le fonds du riverain immédiatement inférieur, toute l'eau que sa prairie n'a pas absorbée. Il ne peut la perdre dans des marécages trop bas pour qu'elle puisse être rendue à son cours ordinaire. (DAVIEL.)

Celui qui possède les deux rives d'un cours d'eau, peut établir au travers un barrage pour élever les eaux et les faire entrer dans les rigoles nourricières.

Toutefois ce barrage ne doit pas élever les eaux de manière à ce qu'il en résulte quelque inondation pour les héritages supérieurs, quelque remou sous les roues des usines en amont, un dommage pour autrui. (Cass. 17 mars 1819.)

Celui qui n'est propriétaire que d'une seule rive ne peut, sans le consentement de l'autre riverain, établir un barrage.

Quels sont les droits des propriétaires inférieurs qui ont traité avec le propriétaire de la source? Voici comment s'exprime à ce sujet M. Daviel :

« Si le propriétaire d'une usine établie sur un ruisseau a traité avec le propriétaire d'une des sources qui l'alimentent, afin de s'assurer qu'aucune direction contraire ne sera donnée aux eaux, ce contrat lui sert bien de titre contre le propriétaire de la source pour empêcher tout détournement; mais non pas contre les propriétaires des héritages situés entre l'usine et le fonds où naît la source pour les empêcher de se servir des eaux pour arroser leurs prairies. Aussitôt que les eaux ont quitté la propriété où elles prennent naissance, le droit absolu du propriétaire sur ces eaux a cessé. Ce qui était une fontaine, un ruisseau privé, devient un ruisseau public, et les droits de tous ceux dont ce ruisseau borde ou traverse les propriétés prennent naissance. Le propriétaire de la source ne peut donc faire aucune concession utile sur ces eaux. Aussi n'est-ce pas une concession qu'il a faite en pareil cas au propriétaire de l'usine, seulement il s'est interdit à lui-même la faculté de donner aux eaux une autre direction à l'*issue de son héritage*. En dehors de son héritage, les droits de tous les propriétaires inférieurs sont entièrement égaux. »

« De même, le propriétaire immédiatement inférieur ne pourrait pas obtenir du propriétaire de la source une meilleure condition que les autres. La concession se réduirait toujours à son égard à un consentement de ne pas détourner les eaux à son préjudice, mais sans lui donner à lui-même le droit de les retenir et d'en disposer d'une manière absolue. (Voir *usine*.) »

Les propriétaires riverains des cours d'eau non navigables ni flottables ont, outre le droit d'irrigation, d'autres droits utiles : par exemple le droit de pêche. Ils ont exclusivement le droit de récolter les herbes et roseaux excrus dans le lit des rivières, et d'en extraire les sables et graviers, pourvu toutefois que de cette extraction, il ne puisse résulter aucune modification dans le cours des eaux, dommageable pour autrui. (Daviel.)

Les droits d'*alluvion* pour les riverains des cours d'eau non navigables ni flottables, sont les mêmes que pour les riverains des fleuves ou rivières navigables. (Voir *alluvion*.)

Les îles et atterrissements qui se forment dans les rivières non navigables ni flottables, appartiennent aux propriétaires riverains du côté où l'île s'est formée ; si l'île n'est pas formée d'un seul côté, elle appartient aux propriétaires riverains des deux côtés, à partir de la ligne qu'on suppose tracée au milieu de la rivière. (C. Civ. 561.) — (Voir *accession, île, atterrissement.*)

---

§ 5.— *Comment et par quelle autorité sont réglées les contestations qui s'élèvent sur la jouissance d'un cours d'eau.*

Relativement aux cours d'eau qui sont dans le domaine public, nous dirons seulement qu'à l'exception du droit d'y *puiser*, d'y *laver* et de s'y *baigner*, l'usage en est soumis à des conditions, et même assez généralement à l'acquittement de droits qui font partie des revenus de l'État. (Pardessus.)

L'action de la police locale, et par suite de l'administration publique sur les *autres cours d'eau*, ajoute notre auteur, est relative à leur importance. S'agit-il de torrents qui pourraient ravager les propriétés, si leurs bords n'étaient entretenus ; de rivière tellement stagnantes que les fonds voisins restent sans valeur, tandis que des émanations infectes menacent la santé des habitants ; l'agriculture et les arts veulent-ils mettre ces eaux à profit pour opérer d'utiles améliorations ! Il est dans les attributions de l'administration, de défendre que des défrichements imprudents ne détruisent la barrière qui retient les eaux, ou que des plantations dirigées par la malveillance et l'intérêt privé ne nuisent aux autres propriétés ; de contraindre les riverains à des réparations, à des curages qu'ils ne veulent pas tous, ou ne s'accordent pas tous également à faire; d'autoriser malgré des refus que la malice ou l'égoïsme pourraient dicter, des prises d'eau, des constructions de moulins ou usines (1); de déterminer comment elles doivent être disposées pour que les voisins n'en souffrent pas; d'ordonner la destruction de ceux qui lui paraîtraient nuisibles, ou leur réduction en raison de ce qu'elle croirait conforme à l'intérêt public; de régler entre les riverains la manière d'user des eaux pour l'irrigation de leurs propriétés (2).

Cette surveillance ne doit pas seulement s'étendre à l'action du moment, elle doit avoir pour objet d'assurer le succès des mesures prises pour la conservation des propriétés et la salubrité, pour le maintien des établissements qu'elle a autorisés, et la prévoyance des abus qu'on pourrait faire de ses autorisations. En un mot, l'*administration* a droit de faire des règlements chaque fois qu'il faut prendre des mesures générales dans la prévoyance de l'avenir (3), et d'imposer des obligations plutôt aux choses qu'aux personnes, à la différence des jugements qui doivent toujours porter sur un fait présent, sur une contestation née, qui ne peuvent être rendus qu'entre des parties existantes et intimées, et qui n'obligent que celles-ci et leurs ayant-cause. (Ibid. L. 12—20 août 1790.)

Comment les tribunaux doivent-ils régler l'usage des cours d'eaux entre les divers prétendants?

Écoutons encore M. Pardessus :

Le devoir des juges est, dans tous les cas, et seulement avec plus ou moins de latitude, selon qu'il existe ou non des règlements administratifs, de concilier l'intérêt de l'agriculture avec le droit de la propriété.

(1) Déc. 28 fév. 1809. — (2) Ordon. 3 juin 1818. — (3) Cass. 6 mai 1806.

Ainsi, quoique nous ayons dit plus haut § 4, qu'un simple riverain ne pouvait détourner l'eau en entier sur son fonds; si le volume était si modique qu'il ne fût pas possible d'y faire des saignées, et que par cela seul les eaux devinssent inutiles, il vaudrait mieux les accorder en entier à un seul, pendant quelques heures ou quelques jours, et, par ce moyen, en faire jouir successivement tous les riverains pendant un temps proportionné à leurs besoins, que de les donner partiellement, en si petite quantité, qu'ils se trouvent exposés à manquer d'un élément, seul capable de féconder leurs héritages. En un mot, les tribunaux doivent établir des règles de convenance et d'équité, lorsqu'ils ne trouvent pas de guides certains dans les règlements locaux.

C'est principalement alors qu'ils peuvent utilement user des droits que leur donne l'article 645 (1); mais ils ne doivent pas perdre de vue qu'ils peuvent prononcer seulement sur l'utilité que les propriétaires qui plaident devant eux sont fondés à tirer des eaux, ou sur le tort qu'ils prétendent leur avoir été occasionné; et que s'il est question, soit de construire des usines et autres établissements destinés à se mouvoir au moyen des eaux, ou qui nécessitent qu'on en fixe la hauteur; soit de faire procéder au curage par tous les propriétaires riverains, de faire donner une direction nouvelle aux eaux, pour éviter les dommages qu'elles causent ou pour terminer les contestations existantes; enfin s'il est

(1) Art. 645. S'il s'élève une contestation entre les propriétaires auxquels ces eaux peuvent être utiles, les tribunaux, en prononçant, doivent concilier l'intérêt de l'agriculture avec le respect dû à la propriété; et, dans tous les cas, les réglements particuliers et locaux sur le cours d'eau et l'usage des eaux doivent être observés.

nécessaire de faire un règlement qui doive servir de loi à des personnes qui ne sont pas parties dans la contestation, c'est à l'autorité administrative qu'est confié le soin de prendre des arrêtés obligatoires pour tous ceux qui ont ou qui auront des propriétés riveraines ou voisines du cours d'eau. De son côté, l'administration locale, investie en quelque sorte du pouvoir législatif, dans ce cas, n'a pas le droit d'appliquer isolément ce qu'elle a ordonné en masse.

La loi du 24 août 1790 et l'art. 3 du code de procédure, attribuent aux juges-de-paix la connaissance des actions possessoires dans cette matière, et décident implicitement que le pétitoire appartient aux tribunaux civils. (Voyez *juges-de-paix*.)

CROISÉE. — Ouverture pour donner jour à un bâtiment.

Celui qui a acquis par prescription le droit d'ouvrir une croisée sur le fonds voisin, n'acquiert pas le droit d'en ouvrir une autre à côté, ni même d'agrandir celle acquise, car la prescription ne donne droit qu'à ce qui a été possédé et non aux accessoires, à moins que ces accessoires n'en soient inséparables, et la conséquence nécessaire. (Pardessus.)

De même la possession d'une semblable croisée n'acquiert pas le droit d'ôter les barreaux de fer dont elle pourrait être garnie.

Mais si l'on jouissait par convention du droit d'ouvrir une croisée grillée, sur le fonds voisin, pourrait-on acquérir par prescription la suppression des barreaux?

Il faut, dit M. Pardessus, distinguer dans un titre, ce qui est de son essence, et ce qui n'y est qu'accidentel. Ce qui est de l'essence ne peut être changé par le laps de temps. Ainsi, une concession, à titre précaire, s'oppose perpétuellement à la prescription. Mais si la possession ne change pas la nature et la substance du titre, elle peut modifier ce qui est accidentel ; par exemple, au droit d'avoir une croisée avec barreaux, établie par titre, on peut ajouter la suppression des barreaux : rien n'empêche que la durée de cet état pendant trente ans n'opère la prescription. Après avoir acquis par prescription le droit d'ouvrir une croisée, on peut, par une nouvelle prescription de trente ans, en acquérir d'autres. (Voir *vue.*)

CURAGE. — Action de curer un ruisseau, une fosse, un cours d'eau, etc.

Du principe posé par l'art. 640 C. Civ., le propriétaire inférieur ne peut point élever de digue qui empêche l'écoulement des eaux provenant de l'héritage supérieur ; il faut induire que si la succession du temps, ou quelque accident imprévu, avait comblé le lit des eaux, les propriétaires des fonds inférieurs pourraient être contraints d'en faire le curage chacun dans l'étendue de sa propriété.

Nul ne serait fondé à s'y refuser, soit en prétendant que ce lit a été comblé par un évènement naturel dont il ne veut pas changer les effets ; soit en invoquant la règle générale, qui veut que l'obligation de faire des travaux pour l'exercice d'une servitude, ne soit à la charge du propriétaire du fonds assujetti que lorsqu'il s'y est particulièrement soumis. (Pardessus.)

En général le curage d'un cours d'eau est à la charge de celui qui en profite. Ainsi le curage des rivières non navigables ni flottables est à la charge des riverains, et le curage des rivières navigables, à la charge de l'État.

Toutefois les propriétaires d'usines établies sur les cours d'eau peuvent être obligés de contribuer à la dépense.

Le mode de réparation a lieu d'après les anciens règlements ou d'après les usages locaux. (L. 14 flor. an 11.)

Mais remarquez que la quotité de la contribution de chaque imposé doit toujours être proportionnelle au degré d'intérêt qu'il a dans les travaux de curage. (Même loi.)

Ainsi, si une rivière navigable était consacrée à des usages privés, tels que des dessèchements ou des usines, les propriétaires contribueraient au curage en raison de l'utilité qu'ils retireraient de cette rivière. (Garnier. — *Régime des eaux.*)

Il y a plus : si le curage était nécessité par le fait d'un particulier ou par le fait de son usine, il devrait le faire à ses frais, parce que quiconque commet un fait dommageable doit le réparer. (Garnier et Proudhon.)

Le curage des fossés des routes royales est à la charge de l'État.

Celui des chemins vicinaux est à la charge des communes.

Lorsque des fossés quoique placés le long d'un chemin appartiennent aux propriétaires riverains, le résidu provenant de leur curage ne doit pas être rejeté du côté du chemin, mais bien sur l'héritage voisin.

CUREMENT. — C'est le nettoiement d'un puits, d'un égout ou d'une fosse d'aisance.

Le curement des puits et des fosses d'aisances est à la

charge du bailleur, s'il n'y a convention contraire. (C. Civ. 1756.)

D.

DEBORDEMENT. — Voyez *inondation*.

DÉCLARATION d'arbres à abattre. — L'administration de la marine peut exercer le droit de *choix* et de *martelage* sur les bois des particuliers, futaies, arbres de réserve, avenues, lisières et arbres épars. Ce droit ne peut être exercé que sur les arbres en essence de *chêne*, qui sont destinés à être coupés, et dont la circonférence, mesurée à un mètre du sol, est de 15 décimètres au moins. — Les arbres qui existent dans les *lieux clos* attenant aux habitations, et qui ne sont point aménagés en coupes réglées, ne sont point assujettis au martelage. (C. Forest. 124.)

Tous les propriétaires sont tenus, sauf l'exception énoncée en l'article précédent, et hors le cas de besoins personnels pour réparations et constructions, de faire, six mois d'avance, à la sous-préfecture, la déclaration des arbres qu'ils ont l'intention d'abattre, et des lieux où ils sont situés. — Le défaut de déclaration est puni d'une amende de 18 francs par mètre de tour pour chaque arbre susceptible d'être déclaré. (Ibid 125.)

Les particuliers pourront disposer librement des arbres déclarés, si la marine ne les a pas fait marquer pour son service dans les six mois à compter du jour de l'enregistrement de la déclaration à la sous-préfecture. (Ibid.)

DECLARATION de coupes de bois. — Dans tous les cas où les travaux d'endigage ou de fascinage sur le Rhin exigeront une prompte fourniture de bois ou oseraies, le préfet, en constatant l'urgence, pourra en requérir la délivrance, d'abord dans les bois de l'État : en cas d'insuffisance de ces bois, dans ceux des communes et des établissements publics, et subsidiairement enfin dans ceux des particuliers : le tout à la distance de 5 kilomètres des bords du fleuve.

En conséquence tous particuliers propriétaires de bois taillis ou autres dans les îles, sur les rives, et à une distance de 5 kilomètres des bords du fleuve, seront tenus de faire, trois mois d'avance, à la sous-préfecture, une déclaration des coupes qu'ils se proposeront d'exploiter. — Si, dans le délai de trois mois, les bois ne sont pas requis, le propriétaire pourra en disposer librement.

Tout propriétaire qui, hors les cas d'urgence, effectuerait la coupe de ses bois sans avoir fait la déclaration prescrite par l'article précédent, sera condamné à une amende de 1 franc par are de bois ainsi exploité. — L'amende sera de 4 francs par are contre tout propriétaire qui, après que la réquisition de ses bois lui aura été notifiée, les détournerait de la destination pour laquelle ils auraient été requis.

Dans les bois des particuliers, l'exploitation des bois requis sera faite par les entrepreneurs des travaux, si mieux n'aime le propriétaire faire exploiter lui-même ; ce qu'il devra déclarer aussitôt que la réquisition lui aura été notifiée. — A défaut par le propriétaire d'effectuer l'exploitation dans le délai fixé par la réquisition, il y sera procédé à ses frais, sur l'autorisation du préfet.

Le prix des bois et oséraies requis sera payé par les

entrepreneurs des travaux à l'État et aux communes, comme aux *particuliers*, dans le délai de trois mois après l'abattage constaté, et d'après le mode d'expertise déterminé par l'art. 127 du code forestier, pour les arbres marqués par la marine. — Les communes et les particuliers seront indemnisés, de gré à gré ou à dire d'experts, du tort qui pourrait être résulté pour eux de coupes exécutées hors des saisons convenables. (C. For. 136 et suiv.)

DECLARATION de défrichement. — Voir *défrichement.*

DEFENSE de construire. — Voir *construction.*

DEFRICHEMENT. — C'est l'action de mettre en valeur une terre inculte, ou de convertir un bois en terre arable.

Jusqu'au 31 juillet 1850 (1), aucun particulier ne pourra arracher ni défricher ses bois qu'après en avoir fait préalablement la déclaration à la sous-préfecture, au moins six mois d'avance, durant lesquels l'administration pourra faire signifier au propriétaire son opposition au défrichement. — Dans les six mois, à dater de cette signification, il sera statué sur l'opposition par le préfet, sauf le recours au ministre des finances. — Si, dans les six mois après la signification de l'opposition, la décision du ministre n'a pas été rendue et signifiée

(1) Le gouvernement s'est accordé ce délai pour avoir le temps de soumettre aux Chambres un travail complet sur le reboisement des montagnes, sur la conservation des bois, ainsi que sur les modifications au code forestier, dont l'expérience aurait fait connaître l'utilité et le besoin.

au propriétaire des bois, le défrichement pourra être effectué.

En cas de contravention à l'article précédent, le propriétaire sera condamné à une amende calculée à raison de 500 francs au moins, et de 1500 francs au plus par hectare de bois défriché, et, en outre, à rétablir les lieux en nature de bois dans le délai qui sera fixé par le jugement, et qui ne pourra excéder trois années.

Faute par le propriétaire d'effectuer la plantation ou le semis dans le délai prescrit par le jugement, il y sera pourvu à ses frais par l'administration forestière, sur l'autorisation préalable du préfet, qui arrêtera le mémoire des travaux faits et le rendra exécutoire contre le propriétaire.

Ce qui vient d'être dit dans les trois paragraphes qui précèdent est applicable aux semis et plantations exécutés, par suite de jugements, en remplacement de bois défrichés.

Seront exceptés des dispositions contenues dans le premier alinéa :

1° Les jeunes bois, pendant les vingt premières années après leur semis ou plantation, sauf ce qui vient d'être dit relativement aux semis et plantations exécutés par suite de jugements, en remplacement de bois défrichés;

2° Les parcs ou jardins clos et attenant aux habitations;

3° Les bois non clos, d'une étendue au-dessous de quatre hectares, lorsqu'ils ne feront point partie d'un autre bois qui complèterait une contenance de quatre hectares, ou qu'ils ne seront pas situés sur le sommet ou la pente d'une montagne.

Les actions ayant pour objet des défrichements commis

en contravention au premier paragraphe, se prescrivent par deux ans à dater de l'époque où le défrichement aura été consommé.

Les semis et plantations de bois, sur le sommet et le penchant des montagnes et sur les dunes, seront exempts de tout impôt pendant 20 ans. (C. For. 219 à 225.)

DÉGRADATION. — Le plus ordinairement on entend par dégradations les altérations ou dommages survenus aux immeubles.

Les dégradations ont pour cause, soit la destruction qui s'opère naturellement par le temps, soit quelque cas fortuit, soit enfin le fait des hommes ou des animaux qui leur appartiennent. (Nouv. DENISART.)

Aux dégradations qui ont pour cause le fait de l'homme ou des animaux qui lui appartiennent, il convient d'appliquer la règle générale posée par la loi : Tout fait quelconque de l'homme, qui cause à autrui un dommage, oblige celui par la faute duquel il est arrivé, à le réparer.

Le propriétaire d'un animal, ou celui qui s'en sert pendant qu'il est à son usage, est responsable du dommage que l'animal a causé, soit que l'animal fût sous sa garde, soit qu'il fût égaré ou échappé.

Le propriétaire d'un bâtiment est responsable du dommage causé par sa ruine, lorsqu'elle est arrivée par une suite du défaut d'entretien, ou par le vice de sa construction. Car le propriétaire devait veiller à ce que son bâtiment fût bien construit.

Toutefois si le vice de construction provenait de l'architecte, le propriétaire pourrait avoir un recours contre lui pendant dix ans.

Remarquons que lorsqu'un bâtiment menace ruine, le propriétaire peut être obligé à le démolir.

On est responsable non-seulement du dommage que l'on cause par son propre fait, mais encore de celui qui est causé par le fait des personnes dont on doit répondre, ou des choses que l'on a sous sa garde. — Le père et la mère, après le décès du mari, sont responsables du dommage causé par leurs enfants mineurs habitant avec eux; — les maîtres et les commettants, du dommage causé par leurs domestiques et préposés dans les fonctions auxquelles ils les ont employés; — les instituteurs et les artisans, du dommage causé par leurs élèves et apprentis pendant qu'ils sont sous leur surveillance. La responsabilité ci-dessus a lieu, à moins que les père et mère, instituteurs et artisans, ne prouvent qu'ils n'ont pu empêcher le fait qui donne lieu à cette responsabilité.

Outre la réparation du dommage à laquelle peut être condamné celui par le fait duquel est arrivé ce dommage, il est des peines correctionnelles et de police auxquelles, selon les circonstances, on est exposé.

Voici entre autres celles portées par le code pénal :

Quiconque aura, en tout ou partie, comblé des fossés, détruit des clôtures, de quelques matériaux qu'elles soient faites, coupé ou arraché des haies vives ou sèches; quiconque aura déplacé ou supprimé des bornes, ou pieds-corniers, ou autres arbres plantés ou reconnus pour établir des limites entre différents héritages, sera puni d'un emprisonnement qui ne pourra être au-dessous d'un mois ni excéder une année, et d'une amende égale au quart des restitutions et des dommages-intérêts, qui, dans aucun cas, ne pourra être au-dessous de 50 francs.

Seront punis d'une amende qui ne pourra excéder le quart des restitutions et des dommages-intérêts, ni être au-dessous de 50 francs, les propriétaires ou fermiers, ou toute personne jouissant de moulins, usines ou étangs, qui, par l'élévation du déversoir de leurs eaux au-dessus de la hauteur déterminée par l'autorité compétente, auront inondé les chemins ou les propriétés d'autrui.

S'il est résulté du fait quelques dégradations, la peine sera, outre l'amende, un emprisonnement de six jours à un mois.

Seront punis d'une amende depuis 6 francs jusqu'à 10 francs inclusivement, ceux qui auraient jeté des pierres ou d'autres corps durs, ou des immondices contre les maisons, édifices et clôtures d'autrui, ou dans les jardins ou enclos.

DÉLITS RURAUX. — C'est l'infraction aux lois sur la surveillance ou police des biens et usages des campagnes.

Pour le mode de constatation de délits ruraux, voyez *garde-champêtre*.

La loi a voulu qu'aucune espèce de contravention ou de délit rural ne restât impuni ; dans cette vue, elle n'admet ni excuses, ni circonstances atténuantes. (DALLOZ.)

L'action relative aux délits ruraux se prescrit par un mois.

Dans l'espoir d'être utiles à MM. les propriétaires, nous allons rapporter ici les dispositions du code pénal et des lois des 28 septembre et 6 octobre 1791, relatives aux délits ruraux. Par ce moyen nous aurons le double avantage d'énumérer ces sortes de délits, et de faire connaître les peines y attachées.

Art. 464. — Les peines de police sont l'emprisonnement, l'amende de la confiscation de certains objets saisis.

465. — L'emprisonnement, pour contravention de police, ne pourra être moindre d'un jour ni excéder cinq jours, selon les classes, distinctions et autres cas ci-après spécifiés.

Les jours d'emprisonnement sont des jours complets de vingt-quatre heures.

466. — Les amendes pour contravention pourront être prononcées depuis un franc jusqu'à quinze francs inclusivement, selon les distinctions et les classes ci-après spécifiées, et seront appliquées au profit de la commune où la contravention aura été commise.

467. — La contrainte par corps a lieu pour le paiement de l'amende.

Néanmoins le condamné ne pourra être, pour cet objet, détenu plus de quinze jours, s'il justifie de son insolvabilité.

468. — En cas d'insuffisance des biens, les restitutions et les indemnités dues à la partie lésée sont préférées à l'amende.

469. — Les restitutions, indemnités et frais, entraîneront la contrainte par corps, et le condamné gardera prison jusqu'à parfait paiement : néanmoins, si ces condamnations sont prononcées ou profit de l'État, les condamnés pourront jouir de la faculté accordée par l'art. 467, dans le cas d'insolvabilité prévu par cet article.

470. — Les tribunaux de police pourront aussi, dans les cas déterminés par la loi, prononcer la confiscation soit des choses saisies en contravention ou des choses produites par la contravention, soit des matières ou des instruments qui ont servi ou étaient destinés à la commettre.

Première classe de contraventions.

471. — Seront punis d'amende depuis un franc jusqu'à cinq francs inclusivement :

1° Ceux qui auront négligé d'entretenir, réparer ou nettoyer les fours, cheminées ou usines où l'on fait usage du feu ;

2° Ceux qui auront violé la défense de tirer, en certains lieux, des pièces d'artifice ;

3° Les aubergistes et autres qui, obligés à l'éclairage, l'auront négligé ; ceux qui auront négligé de nettoyer les rues ou passages dans les communes où ce soin est laissé à la charge des habitants ;

4° Ceux qui auront embarrassé la voie publique, en y déposant ou y laissant, sans nécessité, des matériaux ou des choses quelconques qui empêchent ou diminuent la liberté ou la sûreté du passage ; ceux qui, en contravention aux lois et règlements auront négligé d'éclairer les matériaux par eux entreposés, ou les excavations par eux faites dans les rues et places ;

5° Ceux qui auront négligé ou refusé d'exécuter les règlements ou arrêtés concernant la petite voirie, ou d'obéir à la sommation émanée de l'autorité administrative, de réparer ou démolir les édifices menaçant ruine ;

6° Ceux qui auront jeté ou exposé au-devant de leurs édifices des choses de nature à nuire par leur chute ou par des exhalaisons insalubres ;

7° Ceux qui auront laissé dans les rues, chemins, places, lieux publics, ou dans les champs, des coutres de charrue, pinces, barres, barreaux ou autres machines, ou instruments, ou armes dont puissent abuser les voleurs et autres malfaiteurs;

8° Ceux qui auront négligé d'écheniller dans les campagnes ou jardins où ce soin est prescrit par la loi ou les règlements;

9° Ceux qui, sans autre circonstance prévue par les lois, auront cueilli ou mangé, sur le lieu même, des fruits appartenant à autrui ;

10° Ceux qui, sans autre circonstance, auront glané, râtelé ou grappillé dans les champs non encore entièrement dépouillés et vidés de leurs récoltes, ou avant le moment du lever ou après celui du coucher du soleil;

11° Ceux qui, sans avoir été provoqués, auront proféré contre quelqu'un des injures autres que celles prévues par l'art. 307, jusques et compris l'art. 378 ;

12° Ceux qui, imprudemment, auront jeté des immondices sur quelque personne ;

13° Ceux qui, n'étant ni propriétaires, ni usufruitiers, ni locataires, ni fermiers, ni jouissant d'un terrain ou d'un droit de passage, ou qui, n'étant agents ni preposés d'aucune de ces personnes, seront entrés et auront passé sur ce terrain, ou sur une partie de ce terrain, s'il est préparé ou ensemencé ;

14° Ceux qui auront laissé passer leurs bestiaux ou leurs bêtes de trait, de charge ou de monture, sur le terrain d'autrui, avant l'enlèvement de la récolte.

472. — Seront en outre confisqués, les pièces d'artifice saisies dans le cas du n° 2 de l'art. 471, les coutres, les instruments et les armes mentionnés dans le n° 7 du même article.

473. — La peine d'emprisonnement, pendant trois jours au plus, pourra de plus être prononcée, selon les circonstances, contre ceux qui auront tiré des pièces d'artifice; contre ceux qui auront glané, râtelé ou grappillé en contravention au n° 10 de l'art. 471.

474. — La peine d'emprisonnement contre toutes les personnes mentionnées en l'art. 471 aura toujours lieu, en cas de récidive, pendant trois jours au plus.

Deuxième classe.

475. — Seront punis d'amende, depuis six francs jusqu'à dix francs inclusivement :

1° Ceux qui auront contrevenu aux bans des vendanges ou autres bans autorisés par les règlements ;

2° Les aubergistes, hôteliers, logeurs ou loueurs de maisons garnies, qui auront négligé d'inscrire de suite, et sans aucun blanc, sur un registre tenu régulièrement, les noms, qualités, domicile habituel, date d'entrée et de sortie de toutes personnes qui auraient couché ou passé une nuit dans leurs maisons : ceux d'entre eux qui auraient manqué à représenter ce registre, aux époques déterminées par les règlements, ou lorsqu'ils en auraient été requis, aux maires, adjoints, officiers ou commissaires de police, ou aux citoyens commis à cet effet : le tout sans préjudice des cas de responsabilité mentionnés en l'art. 73 du présent code, relativement aux crimes ou aux délits de ceux qui, ayant logé ou séjourné, n'auraient pas été régulièrement inscrits ;

3° Les rouliers, charretiers, conducteurs de voitures quelconques ou de bêtes de charge, qui auraient contrevenu aux règlements par lesquels ils sont obligés de se tenir constamment à portée de leurs chevaux, bêtes de trait ou de charge et de leurs voitures, et en état de les guider et conduire ; d'occuper un seul côté des rues, chemins ou voies publiques, de se détourner ou ranger devant toutes autres voitures, et, à leur approche, de leur laisser libre au moins la moitié des rues et chaussées, routes et chemins ;

4° Ceux qui auront fait ou laissé courir des chevaux, bêtes de trait, de charge ou de monture, dans l'intérieur d'un lieu habité, ou violé les règlements contre le chargement, la rapidité ou la mauvaise direction des voitures ;

5° Ceux qui auront établi ou tenu dans les rues, chemins, places ou lieux publics, des jeux de loterie ou d'autres jeux de hasard ;

6° Ceux qui auront vendu ou débité des boissons falsifiées, sans préjudice des peines plus sévères qui seront prononcées par les tribunaux de police correctionnelle, dans les cas où elles contiendraient des mixtions nuisibles à la santé ;

7° Ceux qui auraient laissé vaguer des fous ou des furieux étant sous leur garde, ou des animaux malfaisants ou féroces ; ceux qui auront excité ou n'auront pas retenu leurs chiens lorsqu'ils attaquent ou poursuivent les passants, quand même il n'en serait résulté aucun mal ni dommage ;

8° Ceux qui auraient jeté des pierres ou d'autres corps durs ou des immondices contre les maisons, édifices ou clôtures d'autrui, ou dans les jardins ou enclos, et ceux aussi qui auraient volontairement jeté des corps durs ou immondices sur quelqu'un ;

9° Ceux qui, n'étant pas propriétaires, usufruitiers, ni jouissant d'un terrain ou d'un droit de passage, y sont entrés et y ont passé dans le temps où ce terrain était chargé de graines en tuyau, de raisins ou autres fruits mûrs ou voisins de la maturité;

10° Ceux qui auraient fait ou laissé passer des bestiaux, animaux de trait, de charge ou de monture sur le terrain d'autrui, ensemencé ou chargé d'une récolte, en quelque saison que ce soit, ou dans un bois taillis appartenant à autrui ;

11° Ceux qui auront refusé de recevoir les espèces et monnaies nationales, non fausses ni altérées, selon la valeur pour laquelle elles ont cours;

12° Ceux qui, le pouvant, auront refusé ou négligé de faire les travaux, le service, ou de prêter le secours dont ils auront été requis, dans les circonstances d'accidents, tumulte, naufrage, inondation, incendie ou autres calamités, ainsi que dans le cas de brigandages, pillages, flagrant délit, clameur publique ou d'exécution judiciaire ;

13° Les personnes désignées aux art. 284 et 288 du présent code.

476. — Pourra, suivant les circonstances, être prononcé, outre l'amende portée en l'article précédent, l'emprisonnement pendant trois jours au plus, contre les rouliers, charretiers, voituriers et conducteurs en contravention; contre ceux qui auront contrevenu à la loi par la rapidité, la mauvaise direction ou le chargement des voitures ou des animaux ; contre les vendeurs et débitants de boissons falsifiées ; contre ceux qui auraient jeté des corps durs ou des immondices.

477. — Seront saisis et confisqués, 1° les tables, instruments, appareils des jeux ou des loteries établis dans les rues, chemins et voies publiques, ainsi que les enjeux, les fonds, denrées, objets ou lots proposés aux joueurs, dans le cas de l'article 47; 2° les boissons falsifiées, trouvées appartenir au vendeur et débitant : ces boissons seront répandues; 3° les écrits ou gravures contraires aux mœurs : ces objets seront mis sous le pilon.

478. — La peine de l'emprisonnement, pendant cinq jours

au plus, sera toujours prononcée, en cas de récidive, contre toutes les personnes mentionnées dans l'article 475.

Troisième classe.

479. — Seront punis d'une amende de onze à quinze francs inclusivement :

1° Ceux qui, hors les cas prévus depuis l'art. 334 jusques et compris l'art. 462, auront volontairement causé des dommages aux propriétés mobilières d'autrui ;

2° Ceux qui auront occasionné la mort ou la blessure des animaux ou bestiaux appartenant à autrui, par l'effet de la divagation des fous ou furieux, ou d'animaux malfaisants ou féroces, ou par la rapidité ou la mauvaise direction, ou le chargement excessif des voitures, chevaux, bêtes de trait, de charge ou de monture ;

3° Ceux qui auront occasionné les mêmes dommages par l'emploi ou l'usage d'armes sans précaution ou avec maladresse, ou par le jet de pierres ou d'autres corps durs ;

4° Ceux qui auront causé les mêmes accidents par la vétusté, la dégradation, le défaut de réparation d'entretien des maisons ou édifices, ou par l'encombrement ou l'excavation, ou telles autres œuvres, dans ou près les rues, chemins, places ou voies publiques, sans les précautions ou signaux ordonnés ou d'usage ;

5° Ceux qui auront de faux poids ou de fausses mesures dans leurs magasins, boutiques, ateliers ou maisons de commerce, ou dans les halles, foires ou marchés, sans préjudice des peines qui seront prononcées par les tribunaux de police correctionnelle contre ceux qui auraient fait usage de ces faux poids ou de ces fausses mesures ;

6° Ceux qui emploieront des poids ou des mesures différents de ceux qui sont établis par les lois en vigueur ;

7° Les gens qui font le métier de deviner et pronostiquer ou d'expliquer les songes ;

8° Les auteurs ou complices de bruits ou tapages injurieux ou nocturnes, troublant la tranquillité des habitants.

480. — Pourra, selon les circonstances, être prononcée la peine d'emprisonnement pendant cinq jours au plus :

1° Contre ceux qui auront occasionné la mort ou la blessure des animaux ou bestiaux appartenant à autrui, dans les cas prévus par le n° 3 du précédent article;

2° Contre les possesseurs de faux poids et de fausses mesures ;

3° Contre ceux qui emploient des poids ou des mesures différents de ceux que la loi en vigueur a établis;

4° Contre les interprètes des songes ;

5° Contre les auteurs ou complices de bruits ou tapages injurieux ou nocturnes.

Seront, de plus, saisis et confisqués, 1° les faux poids, les fausses mesures, ainsi que les poids et mesures différents de ceux que la loi a établis ; 2° les instruments, ustensiles et costumes servant ou destinés à l'exercice du métier de devin, pronostiqueur ou interprètes des songes.

482. — La peine d'emprisonnement pendant cinq jours aura toujours lieu, pour récidive, contre les personnes et dans les cas mentionnés en l'art. 470.

483. — Il y a récidive dans tous les cas prévus par le présent livre, lorsqu'il a été rendu contre le contrevenant, dans les douze mois précédents, un premier jugement pour contravention de police commise dans le ressort du même tribunal.

Les art. 444 et suivants du Code pénal de 1810 ne contenant point sur les *délits ruraux* des dispositions aussi détaillées qu'elles le sont dans la loi du 28 septembre —6 octobre 1791—, on croit les devoir faire précéder du tit. 2 de cette loi, lequel est ainsi conçu :

Art. 1er. — La police des campagnes est spécialement sous la juridiction des juges-de-paix et des officiers municipaux, et sous la surveillance des gardes-champêtres et de la gendarmerie nationale.

2. — Tous les délits ci-après mentionnés sont, suivant leur nature, de la compétence du tribunal de police.

3. — Tout délit rural ci-après mentionné sera punissable d'une amende ou d'une détention, soit municipale, soit correctionnelle, ou de détention et d'amende réunies, suivant les circonstances et la gravité du délit, sans préjudice de l'indemnité qui pourra être due à celui qui aura souffert le dommage. Dans tous les cas, cette indemnité sera payable par préférence à l'amende. L'indemnité et l'amende sont dues solidairement par les délinquants.

4. — Les moindres amendes seront de la valeur d'une journée de travail au taux du pays, déterminée par le directoire du département. Toutes les amendes ordinaires, qui n'excèderont pas la somme de trois journées de travail, seront doubles en cas de récidive dans l'espace d'une année, ou si le délit a été commis avant le lever ou après le coucher du soleil; elles seront triples quand les deux circonstances précédentes se trouveront réunies; elles seront versées dans la caisse de la municipalité du lieu.

5. — Le défaut de paiement des amendes et des dédommagements ou indemnités n'entraînera la contrainte par corps que vingt-quatre heures après le commandement. La détention remplacera l'amende à l'égard des insolvables; mais sa durée en commutation de peine ne pourra excéder un mois. Dans les délits pour lesquels cette peine n'est point prononcée, et dans les cas graves où la détention est jointe à l'amende, elle pourra être prolongée du quart du temps prescrit par la loi.

6. — Les délits mentionnés au présent décret, qui entraîneraient une détention de plus de trois jours dans les campagnes, et de plus de huit jours dans les villes, seront jugés par voie de police correctionnelle; les autres le seront par voie de police municipale.

7. — Les maris, pères, mères, tuteurs, maîtres, entrepreneurs de toute espèce, seront civilement responsables des délits commis par leurs femmes et enfants, pupilles, mineurs n'ayant pas plus de vingt ans et non mariés, domestiques, ouvriers, voituriers et autres subordonnés. L'estimation du dommage sera

toujours faite par le juge-de-paix et ses assesseurs, ou par des experts par eux nommés.

8. — Les domestiques, ouvriers, ou voituriers, ou autres subordonnés, seront, à leur tour, responsables de leurs délits envers ceux qui les emploient.

9. — Les officiers municipaux veilleront généralement à la tranquillité, à la salubrité et à la sûreté des campagnes; ils seront tenus particulièrement de faire, au moins une fois par an, la visite des fours et cheminées de toutes maisons et de tous bâtiments éloignés de moins de cent toises d'autres habitations : ces visites seront préalablement annoncées huit jours d'avance.

Après la visite, ils ordonneront la réparation ou la démolition des fours et des cheminées qui se trouveront dans un état de délabrement qui pourrait occasionner un incendie ou d'autres accidents : il pourra y avoir lieu à une amende au moins de 6 fr. et au plus de 24 fr.

10. — Toute personne qui aura allumé du feu dans les champs, plus près que cinquante toises des maisons, bois, bruyères, vergers, haies, meules de grain, de paille ou de foin, sera condamnée à une amende égale à la valeur de douze journées de travail, et paiera en outre le dommage que le feu aurait occasionné. Le délinquant pourra de plus, suivant les circonstances, être condamné à la détention de police municipale.

11. — Celui qui achètera des bestiaux hors des foires et marchés sera tenu de les restituer gratuitement au propriétaire en l'état où ils se trouveront, dans le cas où ils auraient été volés.

12. — Les dégâts que les bestiaux de toute espèce laissés à l'abandon feront sur les propriétés d'autrui, soit dans l'enceinte des habitations, soit dans un enclos rural, soit dans les champs ouverts, seront payés par les personnes qui ont la jouissance des bestiaux : si elles sont insolvables, ces dégâts seront payés par celles qui en ont la propriété. Le propriétaire qui éprouvera les dommages aura le droit de saisir les bestiaux, sous l'obligation

de les faire conduire dans les vingt-quatre heures au lieu du dépôt qui sera désigné à cet effet par la municipalité.

Il sera satisfait aux dégâts par la vente des bestiaux, s'ils ne sont pas réclamés, ou si le dommage n'a point été payé dans la huitaine du jour du délit.

Si ce sont des volailles, de quelque espèce que ce soit, qui causent le dommage, le propriétaire, le détenteur ou le fermier qui l'éprouvera, pourra les tuer, mais seulement sur le lieu, au moment du dégât.

13. — Les bestiaux morts seront enfouis dans la journée à quatre pieds de profondeur par le propriétaire, et dans son terrain, ou voiturés à l'endroit désigné par la municipalité, pour y être également enfouis, sous peine par le délinquant de payer une amende de la valeur d'une journée de travail, et les frais de transport et d'enfouissement.

14. — Ceux qui détruiront les greffes des arbres fruitiers ou autres, et ceux qui écorceront ou couperont en tout ou en partie des arbres sur pied qui ne leur appartiendront pas, seront condamnés à une amende double du dédommagement dû au propriétaire, et à une détention de police correctionnelle qui ne pourra excéder six mois.

15. — Personne ne pourra inonder l'héritage de son voisin, ni lui transmettre volontairement les eaux d'une manière nuisible, sous peine de payer le dommage et une amende qui ne pourra excéder la somme du dédommagement.

16. — Les propriétaires ou fermiers des moulins et usines construits ou à construire seront garants de tous dommages que les eaux pourraient causer aux chemins ou aux propriétés voisines, par la trop grande élévation du déversoir ou autrement. Ils seront forcés de tenir les eaux à une hauteur qui ne nuise à personne, et qui sera fixée par le directoire de département, d'après l'avis du directoire de district. En cas de contravention, la peine sera une amende qui ne pourra excéder la somme du dédommagement.

17. — Il est défendu à toute personne de recombler les fos-

sés, de dégrader les clôtures, de couper des branches de haies vives, d'enlever des bois secs des haies, sous peine d'une amende de la valeur de trois journées de travail. Le dédommagement sera payé au propriétaire; et, suivant la gravité des circonstances, la détention pourra avoir lieu, mais au plus pour un mois.

18. — Dans les lieux qui ne sont sujets ni au parcours, ni à la vaine pâture, pour toute chèvre qui sera trouvée sur l'héritage d'autrui contre le gré du propriétaire de l'héritage, il sera payé une amende de la valeur d'une journée de travail par le propriétaire de la chèvre.

Dans les pays de parcours et de vaine pâture où les chèvres ne sont pas rassemblées et conduites en troupeau commun, celui qui aura des animaux de cette espèce ne pourra les mener aux champs qu'attachés, sous peine d'une amende de la valeur d'une journée de travail par tête d'animal.

En quelque circonstance que ce soit, lorsqu'elles auront fait du dommage aux arbres fruitiers ou autres, haies, vignes, jardins, l'amende sera double, sans préjudice du dédommagement dû au propriétaire.

19. — Les propriétaires ou les fermiers d'un même canton ne pourront se coaliser pour faire baisser ou fixer à vil prix la journée des ouvriers ou les gages des domestiques, sous peine d'une amende du quart de la contribution mobilière des délinquants, et même de la détention de police municipale, s'il y a lieu.

20. — Les moissonneurs, les domestiques et ouvriers de campagne, ne pourront se liguer entre eux pour faire hausser et déterminer le prix des gages ou les salaires, sous peine d'une amende qui ne pourra excéder la valeur de douze journées de travail, et en outre de la détention de police municipale.

21. — Les glaneurs, les râteleurs et les grapilleurs, dans les lieux où les usages de glaner, de râteler ou de grapiller sont reçus, n'entreront dans les champs, prés et vignes récoltés et ouverts, qu'après l'enlèvement entier des fruits. En cas de con-

travention, les produits du glanage, du râtelage et du grapillage, seront confisqués, et, suivant les circonstances, il pourra y avoir lieu à la détention de police municipale. Le glanage, le râtelage et le grapillage, sont interdits dans tout enclos rural, tel qu'il est défini à l'art. 6 de la quatrième section du premier titre du présent décret.

22. — Dans les lieux de parcours ou de vaine pâture, comme dans ceux où ces usages ne sont point établis, les pâtres et les bergers ne pourront mener les troupeaux d'aucune espèce dans les champs moissonnés et ouverts, que deux jours après la récolte entière, sous peine d'une amende de la valeur d'une journée de travail : l'amende sera double si les bestiaux d'autrui ont pénétré dans un enclos rural.

23. — Un troupeau atteint de maladie contagieuse, qui sera rencontré au pâturage sur les terres du parcours ou de la vaine pâture, autres que celles qui ont été désignées pour lui seul, pourra être saisi par les gardes-champêtres, et même par toute personne; il sera ensuite mené au lieu de dépôt qui sera indiqué à cet effet par la municipalité.

Le maître de ce troupeau sera condamné à une amende de la valeur d'une journée de travail par tête de bête à laine, et à une amende triple par tête d'autre bétail.

Il pourra en outre, suivant la gravité des circonstances, être responsable du dommage que son troupeau aura occasionné, sans que cette responsabilité puisse s'étendre au-delà des limites de la municipalité.

A plus forte raison cette amende et cette responsabilité auront lieu si ce troupeau a été saisi sur les terres qui ne sont pas sujettes au parcours et à la vaine pâture.

24. — Il est défendu de mener sur le terrain d'autrui des bestiaux d'aucune espèce, et en aucun temps, dans les prairies artificielles, dans les vignes, oseraies, dans les plants de câpriers, dans ceux d'oliviers, de mûriers, de grenadiers, d'orangers et arbres du même genre ; dans tous les plants ou pépinières d'arbres fruitiers ou autres, faits de main d'homme.

L'amende encourue pour le délit sera une somme de la valeur du dédommagement dû au propriétaire; l'amende sera double si le dommage a été fait dans un enclos rural; et, suivant les circonstances, il pourra y avoir lieu à la détention de police municipale.

25. — Les conducteurs de bestiaux revenant des foires, ou les menant d'un lieu à un autre, même dans les pays de parcours ou de vaine pâture, ne pourront les laisser pacager sur les terres des particuliers, ni sur les communaux, sous peine d'une amende de la valeur de deux journées de travail, en outre du dédommagement : l'amende sera égale à la somme du dédommagement, si le dommage est fait sur un terrain ensemencé ou qui n'a pas été dépouillé de sa récolte, ou dans un enclos rural.

A défaut de paiement, les bestiaux pourront être saisis et vendus jusqu'à concurrence de ce qui sera dû pour l'indemnité, l'amende et autres frais relatifs; il pourra même y avoir lieu, envers les conducteurs, à la détention de police municipale, suivant les circonstances.

26. — Quiconque sera trouvé gardant à vue ses bestiaux dans les récoltes d'autrui sera condamné, en outre du paiement du dommage, à une amende égale à la somme du dédommagement, et pourra l'être, suivant les circonstances, à une détention qui n'excèdera pas une année.

27. — Celui qui entrera à cheval dans les champs ensemencés, si ce n'est le propriétaire ou ses agents, paiera le dommage, et une amende de la valeur d'une journée de travail; l'amende sera double si le délinquant y entre en voiture. Si les blés sont en tuyau, et que quelqu'un y entre même à pied, ainsi que dans toute autre récolte pendante, l'amende sera au moins de la valeur de trois journées de travail, et pourra être d'une somme égale à celle due pour dédommagement au propriétaire.

28. — Si quelqu'un, avant leur maturité, coupe ou détruit de petites parties de blé en vert, ou d'autres productions de la terre, sans intention manifeste de les voler, il paiera en dédom-

magement, au propriétaire, une somme égale à la valeur que l'objet aurait dans sa maturité ; il sera condamné à une amende égale à la somme du dédommagement, et il pourra l'être à la détention de police municipale.

29. — Quiconque sera convaincu d'avoir dévasté les récoltes sur pied, ou abattu des plants venus naturellement ou faits de main d'homme, sera puni d'une amende double du dédommagement dû au propriétaire, et d'une détention qui ne pourra excéder deux années.

30. — Toute personne convaincue d'avoir, de dessein prémédité, méchamment, sur le territoire d'autrui, blessé ou tué des bestiaux ou chiens de garde, sera condamnée à une amende de la somme du dédommagement. Le délinquant pourra être détenu un mois si l'animal n'a été que blessé, et six mois si l'animal est mort de sa blessure ou en est resté estropié : la détention pourra être du double si le délit a été commis la nuit, ou dans une étable, ou dans un enclos rural.

31. — Toute rupture ou destruction d'instrument de l'exploitation des terres qui aura été commise dans les champs ouverts, sera punie d'une amende égale à la somme du dédommagement dû au cultivateur, et d'une détention qui ne sera jamais de moins d'un moins, et qui pourra être prolongée jusqu'à six, suivant la gravité des circonstances.

32. — Quiconque aura déplacé ou supprimé des bornes, ou pieds-corniers, ou autres arbres plantés ou reconnus pour établir les limites entre les différents héritages, pourra, en outre du paiement du dommage et des frais de replacement des bornes, être condamné à une amende de la valeur de douze journées de travail, et sera puni par une détention dont la durée, proportionnée à la gravité des circonstances, n'excèdera pas une année : la détention cependant pourra être de deux années, s'il y a transposition de bornes à fin d'usurpation.

33. — Celui qui, sans la permission du propriétaire ou fermier, enlèvera des fumiers, de la marne ou tous autres engrais portés sur les terres, sera condamné à une amende qui n'excè-

dera pas six journées de travail, en outre du dédommagement, et pourra l'être à la détention de police municipale. L'amende sera de douze journées, et la détention pourra être de trois mois, si le délinquant a fait tourner à son profit lesdits engrais.

34. — Quiconque maraudera, dérobera des productions de la terre qui peuvent servir à la nourriture des hommes, ou d'autres productions utiles, sera condamné à une amende égale au dédommagement dû au propriétaire ou fermier; il pourra aussi, suivant les circonstances du délit, être condamné à la détention de police municipale.

35. — Pour tout vol de récolte fait avec des paniers ou des sacs, ou à l'aide des animaux de charge, l'amende sera du double du dédommagement; et la détention, qui aura toujours lieu, pourra être de trois mois, suivant la gravité des circonstances.

36. — Le maraudage ou enlèvement de bois, fait à dos d'homme dans les bois taillis ou futaies, ou autres plantations d'arbres des particuliers ou communautés, sera puni d'une amende double du dédommagement dû au propriétaire. La peine de la détention pourra être la même que celle portée en l'article précédent.

37. — Le vol dans les bois taillis, futaies et autres plantations d'arbres des particuliers ou communautés, exécuté à charge de bêtes de somme ou de charrette, sera puni par une détention qui ne pourra être de moins de trois jours, ni excéder six mois; le coupable paiera en outre une amende triple de la valeur du dédommagement dû au propriétaire.

38. — Les dégâts faits dans les bois taillis des particuliers ou des communautés par des bestiaux ou troupeaux seront punis de la manière suivante :

Il sera payé d'amende pour une bête à laine, un fr.; pour un cochon, un fr.; pour une chèvre, deux fr.; pour un cheval ou autre bête de somme, deux fr.; pour un bœuf, une vache, un veau, trois fr.

Si les bois taillis sont dans les six premières années de leur croissance, l'amende sera du double.

Si les dégâts sont commis en présence du pâtre, et dans les bois taillis de moins de six années, l'amende sera triple.

S'il y a récidive dans l'année, l'amende sera double; et s'il y a réunion des deux circonstances précédentes, ou récidive avec une des deux circonstances, l'amende sera quadruple.

Le dédommagement dû au propriétaire sera estimé de gré à gré ou à dire d'experts.

39. — Conformément au décret sur les fonctions de la gendarmerie nationale, tout dévastateur des bois, des récoltes, ou chasseur masqué, pris sur le fait, pourra être saisi par tout gendarme national, sans aucune réquisition d'officier civil.

40. — Les cultivateurs ou tous autres qui auront dégradé ou détérioré, de quelque manière que ce soit, des chemins publics, ou usurpé sur leur largeur, seront condamnés à la réparation ou à la restitution, et à une amende qui ne pourra être moindre de 3 fr., ni excéder 24 fr.

41. — Tout voyageur qui déclôra un champ pour se faire un passage dans sa route, paiera le dommage fait au propriétaire; de plus, une amende de la valeur de trois journées de travail, à moins que le juge-de-paix du canton ne décide que le chemin public était impraticable; et alors les dommages et les frais de clôture seront à la charge de la communauté.

42. — Le voyageur qui, par la rapidité de sa voiture ou de sa monture, tuera ou blessera des bestiaux sur les chemins, sera condamné à une amende égale à la somme du dédommagement dû au propriétaire des bestiaux.

43. — Quiconque aura coupé ou détérioré des arbres plantés sur les routes sera condamné à une amende du triple de la valeur des arbres, et à une détention qui ne pourra excéder six mois.

44. — Les gazons, les terres ou les pierres des chemins publics, ne pourront être enlevés, en aucun cas, sans l'autorisation du directoire du département. Les terres ou matériaux appartenant aux communautés ne pourront également être enlevés, si ce n'est par suite d'un usage général établi dans la

commune pour les besoins de l'agriculture, et non aboli par une délibération du conseil général.

Celui qui commettra un de ces délits sera, en outre de la réparation du dommage, condamné, suivant la gravité des circonstances, à une amende qui ne pourra excéder 24 fr., ni être moindre de 3 fr.

Les dispositions du Code pénal sur les délits ruraux forment les art. 444 à 463 de ce Code. Les voici :

444. — Quiconque aura dévasté des récoltes sur pied, ou des plants venus naturellement ou faits de main d'homme, sera puni d'un emprisonnement de deux ans au moins, et de cinq ans au plus.

Les coupables pourront de plus être mis, par l'arrêt ou le jugement, sous la surveillance de la haute police pendant cinq ans au moins et dix ans au plus.

445. — Quiconque aura abattu un ou plusieurs arbres qu'il savait appartenir à autrui, sera puni d'un emprisonnement qui ne sera pas au-dessous de six jours ni au-dessus de six mois à raison de chaque arbre, sans que la totalité puisse excéder cinq ans.

446. — Les peines seront les mêmes à raison de chaque arbre mutilé, coupé ou écorcé de manière à le faire périr.

447. — S'il y a eu destruction d'une ou de plusieurs greffes, l'emprisonnement sera de six jours à deux mois à raison de chaque greffe, sans que la totalité puisse excéder deux ans.

448. — Le *minimum* de la peine sera de vingt jours dans les cas prévus par les articles 445 et 446, et de dix jours dans le cas prévu par l'article 447, si les arbres étaient plantés sur les places, routes, chemins, rues ou voies publiques ou vicinales, ou de traverse.

449. — Quiconque aura coupé des grains ou des fourrages qu'il savait appartenir à autrui, sera puni d'un emprisonnement qui ne sera pas au-dessous de six jours, ni au-dessus de deux mois.

450. — L'emprisonnement sera de vingt jours au moins et de quatre mois au plus, s'il a été coupé du grain en vert.

Dans les cas prévus par le présent article et les six précédents, si le fait a été commis en haine d'un fonctionnaire public et à raison de ses fonctions, le coupable sera puni du *maximum* de la peine établie par l'article auquel le cas se référera.

Il en sera de même, quoique cette circonstance n'existe point, si le fait a été commis pendant la nuit.

451. — Toute rupture, toute destruction d'instruments d'agriculture, de parcs de bestiaux, de cabanes de gardiens, sera punie d'un emprisonnement d'un mois au moins, d'un an au plus.

452. — Quiconque aura empoisonné des chevaux ou autres bêtes de voiture, de monture ou de charge, des bestiaux à cornes, des moutons, chèvres ou porcs, ou des poissons dans des étangs, viviers ou réservoirs, sera puni d'un emprisonnement d'un an à cinq ans, et d'une amende de seize fr. à trois cents fr. Les coupables pourront être mis, par l'arrêt ou le jugement, sous la surveillance de la haute police pendant deux ans au moins et cinq ans au plus.

453. — Ceux qui, sans nécessité, auront tué l'un des animaux mentionnés au précédent article, seront punis ainsi qu'il suit :

Si le délit a été commis dans les bâtiments, enclos et dépendances, ou sur les terres dont le maître de l'animal tué était propriétaire, locataire, colon ou fermier, la peine sera d'un emprisonnement de deux mois à six mois ;

S'il a été commis dans les lieux dont le coupable était propriétaire, locataire, colon ou fermier, l'emprisonnement sera de six jours à un mois ;

S'il a été commis dans tout autre lieu, l'emprisonnement sera de quinze jours à six semaines.

Le *maximum* de la peine sera toujours prononcé en cas de violation de clôture.

454. — Quiconque aura, sans nécessité, tué un animal domestique dans un lieu dont celui à qui cet animal appartient est

propriétaire, locataire, colon ou fermier, sera puni d'un emprisonnement de six jours au moins et de six mois au plus;

S'il y a eu violation de clôture, le *maximum* de la peine sera prononcé.

455. — Dans les cas prévus par l'article 444 et suivants, jusqu'au précédent article inclusivement, il sera prononcé une amende qui ne pourra excéder le quart de restitutions et dommages-intérêts, ni être au-dessous de seize francs.

456. — Quiconque aura, en tout ou en partie, comblé des fossés, détruit des clôtures, de quelques matériaux qu'elles soient faites; coupé ou arraché des haies vives ou sèches; quiconque aura déplacé ou supprimé des bornes, ou pieds-corniers, ou autres arbres plantés ou reconnus pour établir les limites entre différents héritages, sera puni d'un emprisonnement qui ne pourra être au-dessous d'un mois ni excéder une année, et d'une amende égale au quart des restitutions et des dommages-intérêts, qui, dans aucun cas, ne pourra être au-dessous de cinquante francs.

457. — Seront punis d'une amende qui ne pourra excéder le quart des restitutions et des dommages-intérêts, ni être au-dessous de cinquante fr., les propriétaires ou fermiers, ou toute personne jouissant de moulins, usines ou étangs, qui, par l'élévation du déversoir de leurs eaux au-dessus de la hauteur déterminée par l'autorité compétente, auront inondé les chemins ou les propriétés d'autrui.

S'il est résulté du fait quelques dégradations, la peine sera, outre l'amende, un emprisonnement de six jours à un mois.

458. — L'incendie des propriétés mobilières ou immobilières d'autrui, qui aura été causé par la vétusté ou le défaut soit de réparation, soit de nettoyage des fours, cheminées, forges, maisons ou usines prochaines, ou par des feux allumés dans les champs à moins de cent mètres des maisons, édifices, forêts, bruyères, bois, vergers, plantations, haies, meules, tas de grains, pailles, foins, fourrages, ou de tout autre dépôt de matières combustibles, ou par des feux ou lumières portés ou

laissés sans précaution suffisante, ou par des pièces d'artifice allumées ou tirées par négligence ou par imprudence, sera puni d'une amende de cinquante fr. au moins et de cinq cents fr. au plus.

459. — Tout détenteur ou gardien d'animaux ou de bestiaux soupçonnés d'être infectés de maladie contagieuse, qui n'aura pas averti sur-le-champ le maire de la commune où ils se trouvent, et qui même, avant que le maire ait répondu à l'avertissement, ne les aura pas tenus renfermés, sera puni d'un emprisonnement de six jours à deux mois, et d'une amende de seize fr. à deux cents francs.

460. — Seront également punis d'un emprisonnement de deux mois à six mois, et d'une amende de cent fr. à cinq cents fr., ceux qui, au mépris des défenses de l'administration, auront laissé leurs animaux ou bestiaux infectés communiquer avec d'autres.

461. — Si de la communication mentionnée au précédent article il est résulté une contagion parmi les autres animaux, ceux qui auront contrevenu aux défenses de l'autorité administrative seront punis d'un emprisonnement de deux ans à cinq ans, et d'une amende de cent fr. à mille fr.; le tout sans préjudice de l'exécution des lois et règlements relatifs aux maladies épizootiques, et de l'application des peines y portées.

462. — Si les délits de police correctionnelle dont il est parlé au présent chapitre ont été commis par des gardes-champêtres ou forestiers, ou des officiers de police, à quelque titre que ce soit, la peine d'emprisonnement sera d'un mois au moins, et d'un tiers au plus en sus la peine la plus forte qui serait appliquée à un autre coupable du même délit.

Disposition générale.

463. — Dans tous les cas où la peine d'emprisonnement est portée par le présent Code, si le préjudice causé n'excède pas vingt-cinq francs, et si les circonstances paraissent atténuantes,

les tribunaux seront autorisés à réduire l'emprisonnement, même au-dessous de six jours, et l'amende, même au-dessous de seize francs. Ils pourront aussi prononcer séparément l'une et l'autre de ces peines, sans qu'en aucun cas elle puisse être au-dessous des peines de simple police.

DÉMOLITION. — Action de démolir une construction. On donne aussi ce nom aux matériaux qui restent de ce qu'on a démoli.

Les démolitions peuvent être envisagées sous deux rapports : celui de l'*ordre public*, et celui de l'*intérêt du voisinage.*

Par rapport à la sûreté publique, il faut observer les règlements et arrêtés de l'autorité locale.

On peut ordonner la démolition d'une construction faite en contravention aux règles de l'alignement. (Voyez *alignement.*)

L'autorité administrative peut faire démolir, pour cause de sûreté publique et d'intérêt général, des édifices qui sont une propriété particulière, lorsqu'ils sont reconnus en état de dégradation et de vétusté par deux experts, du propriétaire et de l'administration, encore bien que l'expert du propriétaire soit d'avis qu'il y a possibilité de les conserver à l'aide de réparations proposées. Dans ce cas, il n'y a pas lieu à indemnité ; seulement, les frais de démolition ne sont point à la charge du propriétaire. (Arrêt du conseil, 24 mars 1820.)

Le voisin d'une maison en péril, et qui, en s'écroulant, pourrait endommager la sienne, a-t-il une action contre le propriétaire de cette maison pour la faire démolir ?

A cet égard, voici les règles que pose Domat, *lois*

civiles, et rapportées par le *Journal des Notaires et des Avocats* :

« Si un bâtiment, dit-il, est en péril de ruine, le propriétaire du bâtiment ou autre héritage voisin qui voit le sien en danger d'être endommagé par la chute de l'autre, peut sommer celui qui en est le propriétaire de le démolir ou le réparer, de sorte qu'il fasse cesser le péril. »

« Si, après la sommation, le propriétaire du bâtiment dont la chute peut nuire au voisin, néglige d'y pourvoir, celui qui voit son héritage en danger par la ruine de l'autre, peut demander par *provision* qu'il lui soit permis de faire lui-même ce que les experts jugeront nécessaire pour prévenir la chute de ce bâtiment, soit en l'appuyant ou démolissant, s'il en est besoin, et il recouvrera contre le propriétaire la dépense qu'il y aura faite. »

« Si, pendant le retardement du propriétaire condamné ou sommé de démolir ou appuyer son bâtiment, la chute en arrive, il sera tenu des dommages-intérêts, selon les circonstances. »

Voilà ce que dit à ce dernier effet l'art. 1386 C. Civ.

Le propriétaire d'un bâtiment est responsable du dommage causé par sa ruine, lorsqu'elle est arrivée par suite du défaut d'entretien, ou par le vice de sa construction.

Dans une ville, peut-on démolir une maison sans la rebâtir? (Voyez *construction*.)

Lorsque l'alignement d'une construction n'a pas été demandé, et qu'il y a anticipation soit sur le voisin, soit sur la voie publique, la démolition est ordonnée. (Voyez *alignement*.)

Lorsque l'on veut démolir des bâtiments adossés à un mur mitoyen, il faut mettre, par une signification, le voisin en demeure de prendre les précautions qu'il jugera nécessaires. En ce cas l'on doit boucher en bonne maçonnerie, au fur et à mesure, tous les trous faits par le descellement des poutres, solives d'enchevêtrure et autres pièces de bois.

Du reste, c'est aux voisins à faire, à leurs dépens, les étaiements et autres choses nécessaires pour soutenir leurs maisons; mais c'est à celui qui démolit à faire chez les voisins, et à ses frais, le rétablissement des dégradations causées par les percements faits pour le descellement de ses poutres, et autres choses semblables. (Paillet et Merlin.)

Lorsque le voisin est absent et qu'il y a nécessité d'étayer de son côté, on doit se faire assister de celui qui est chargé de représenter les absents. (Fournel.)

En général, lorsque la démolition n'est faite que pour l'intérêt du voisin, c'est celui-ci seul qui est chargé des frais d'étaiement et autres frais accessoires; et l'autre voisin doit être remboursé de tout ce qui aurait pu lui coûter à cette occasion. (Ibid.)

Toutefois cela ne s'applique pas au cas où il s'agirait de démolir une maison adossée à un mur mitoyen, qui, venant, par l'effet de cette démolition, à perdre son appui, serait en danger de tomber, et aurait besoin d'étaiement; dans cette circonstance, le propriétaire de la maison démolie n'est pas tenu d'étayer le mur mitoyen, et de prévenir à ses dépens le danger qui menace la maison d'autrui. (Ibid.)

C'est donc le propriétaire de la *maison voisine* qui

doit faire à ses frais les étaiements nécessaires à sa propre sûreté. Le propriétaire de la *maison démolie*, ou tout autre voisin, pourrait même l'y contraindre, ou faire étayer à ses dépens. (Ibid.) Ce serait ici la question du bâtiment en péril dont nous avons parlé plus haut.

Le propriétaire ne peut pas *démolir* un mur, un cloaque, ou toute autre espèce de construction sur laquelle un *voisin* aurait un droit de servitude, sans l'avoir appelé pour contredire ou consentir la démolition. (Ibid.)

Lorsque, dans un incendie, le feu a l'apparence d'une progression alarmante pour le *voisinage*, la démolition des maisons contiguës peut avoir lieu sur l'ordre des autorités municipales, et sans l'accomplissement d'aucune des formalités prescrites par les lois.

Quant à l'action en démolition des constructions qui nuisent à nos droits, voyez *dénonciation de nouvel œuvre.*

DENONCIATION de Nouvel Œuvre. — Action *possessoire* qui a pour objet d'empêcher la continuation d'ouvrages ou de constructions sur le terrain voisin, en ce que ces ouvrages ou constructions lui sont préjudiciables.

On donne le nom de *nouvel œuvre* à tout changement dans la disposition des lieux.

La dénonciation de nouvel œuvre est aujourd'hui assimilée aux autres actions possessoires.

La dénonciation de nouvel œuvre par simple acte extrajudiciaire a-t-elle l'effet d'arrêter provisoirement les constructions commencées ?

La négative a été prononcée par la cour de cassation, le 11 juillet 1820, en ces termes :

« Attendu que les juges seuls ont le droit de commander et de se faire obéir ; que les parties intéressées ont bien le droit de sommer leurs adversaires par actes extra-judiciaires de faire ce qu'elles prétendent exiger d'eux ; mais que de pareils actes ne peuvent produire d'autres effets que de constituer *en demeure* et de rendre passibles de dommages et intérêts ceux qui n'y ont pas déféré lorsque la demande se trouve juste et bien vérifiée ; que ce principe général ne souffre pas d'exception en cas de *dénonciation de nouvel œuvre;* que la forme de procéder en pareille matière est indiquée au titre 1er du C. de Proc., qui s'occupe des actions possessoires, et par suite de celle en dénonciation de nouvel œuvre, qui en a le véritable caractère. »

De même que toutes les actions *possessoires*, l'action en interdiction de *nouvel œuvre* est de la compétence du juge-de-paix, pourvu toutefois qu'elle soit intentée dans l'année du nouvel œuvre et qu'il ne soit point achevé ; autrement le juge-de-paix serait incompétent.

Nous terminerons cet article en faisant connaître ce que dit M. Pardessus sur ce mot :

« Le juge-de-paix est compétent pour connaître d'une dénonciation de nouvel œuvre. L'action en dénonciation de nouvel œuvre diffère de la complainte en ce qu'elle ne s'applique qu'aux ouvrages qu'un individu a faits sur son propre fonds : par exemple, si le propriétaire du fonds inférieur a élevé des digues qui repoussent sur le fonds supérieur des eaux qui en découlent naturellement ; tandis que l'action en complainte est relative aux troubles apportés à la propriété d'autrui. Lorsqu'il s'agit de la première de ces actions, la compétence du juge-de-paix se borne à permettre ou à défendre la continuation des travaux et à constater l'état des lieux au moment de la dénonciation ; si l'auteur du nouvel œuvre veut obtenir main-levée de la défense faite par le juge-de-paix, il doit se pourvoir au pétitoire. »

DÉPLACEMENT de bornes. — Voyez *bornage*, § 4.

DÉRIVATION. — Action de détourner une partie des eaux d'une rivière, d'un canal, etc. — Voyez *canal*, *cours d'eau*, *irrigation*, *usine*, *prise d'eau*.

DESTINATION du père de famille. — On appelle destination du père de famille, la disposition ou l'arrangement que le propriétaire originaire de deux héritages a fait pour leur usage respectif.

Exemple : le propriétaire de deux fonds voisins établit sur l'un d'eux un canal pour amener de l'eau dans l'autre ; plus tard, il vend l'un des fonds sans parler du canal : il est présumé être convenu tacitement de laisser les choses comme elles étaient, et la servitude sera établie.

De même, si le propriétaire d'un bâtiment et d'un jardin se touchant, vient à pratiquer dans son bâtiment des vues sur le jardin, et que plus tard il vende l'un ou l'autre de ces immeubles sans s'expliquer sur les vues, il y aura *destination du père de famille* et la servitude sera établie.

Or, la destination du père de famille vaut donc *titre*; mais ce n'est toutefois qu'à l'égard des servitudes *continues* et *apparentes*. (Voyez *servitudes*).

Parce que si la destination du père de famille eut été admise pour les servitudes cachées, il aurait été bien facile de tromper l'acquéreur du fonds asservi, en lui cachant l'existence de cette destination.

Pour produire l'effet d'une servitude, il faut que les arrangements faits par le propriétaire originaire ne soient pas l'objet d'une commodité momentanée, ni une distribution passagère.

Il faut également que les arrangements n'aient point été faits pour l'utilité purement *personnelle* ou de simple *agrément* du propriétaire primitif des deux fonds; car ce qui caractérise la servitude, c'est qu'elle a pour objet l'*utilité de deux fonds*. (Dict. du not.)

Il a été jugé que si le propriétaire d'un terrain le vend par parties, sans déterminer entre les divers acquéreurs le droit de passage, l'exploitation de chaque lot doit se faire par l'*issue primitive*, comme destination du père de famille. (C. Paris, 11 février 1808).

De ce que l'effet de la destination du père de famille est de valoir titre, c'est-à-dire de produire les mêmes résultats que si la servitude fondée sur ce droit était établie par un acte, il s'en suit que celui sur le fonds duquel des vues s'exercent en vertu de la destination du père de famille, ne peut construire de manière à les rendre inutiles. Toutefois, il lui est permis de bâtir à dix-neuf décimètres de distance de ces vues. (Cass. 23 avril 1817. — PARDESSUS, TOULLIER).

Il n'y a destination du père de famille que lorsqu'il est prouvé que les deux fonds actuellement divisés ont appartenu au même propriétaire, et que c'est par lui que les choses ont été mises dans l'état duquel résulte la servitude.

Remarquez bien les deux choses que l'on doit prouver : 1° que les deux fonds ont appartenu au même propriétaire ; 2° que c'est ce propriétaire qui a mis les choses dans cet état.

Mais le code ne détermine pas expressément de quelle manière doit être prouvée l'existence de ces diverses conditions.

Le premier point, dit M. Pardessus, est, par sa nature, susceptible d'être prouvé par écrit, ou par une preuve testimoniale précédée d'un commencement de preuve par écrit. De quelque manière que le père de famille ait obtenu la propriété de deux objets, elle a dû nécessairement entrer dans ses mains par acquisition, donation, succession, ou par tout autre titre semblable. Quand même il n'existerait aucun titre de cette espèce, l'acte qui aurait fait sortir de ses mains l'un ou l'autre objet, y suppléerait : par exemple, s'agit-il de deux maisons bâties par le même propriétaire, sur un terrain qu'il aurait acquis par prescription ? S'il les lègue, si ses héritiers lui succèdent, aucune de ces mutations n'est de nature à être justifiée par une preuve testimoniale.

On objecterait en vain qu'on prouve par témoins la prescription qui fait acquérir les servitudes continues et apparentes. L'acquisition par *prescription* et celle par *destination du père de famille* ne se ressemblent point. La prescription résulte d'une succession de faits qui se sont suivis pendant trente ans ; la destination du père de famille, au contraire, ne résulte pas d'une suite de faits et de leur durée ; mais elle donne immédiatement l'existence à la servitude.

Le second point à prouver peut véritablement l'être par témoins, parce qu'il consiste en des faits qui ne sont pas susceptibles ordinairement d'être constatés par écrit. Une fois donc qu'on a justifié de la manière indiquée ci-dessus, que deux maisons ont appartenu au même propriétaire, si l'assujettissement de l'une à l'autre n'est pas prouvé avoir été postérieur à l'époque de leur réparation, on doit présumer que les lieux existaient dans cet état, dès le temps de leur réunion dans la même main, et qu'ils y ont été mis par celui qui avait la propriété de l'une et de l'autre. Mais il n'est pas douteux que la preuve contraire pourrait être admise, par exemple celle que les lieux ont été ainsi disposés par un usufruitier, un locataire, à l'insu du propriétaire.

Si le propriétaire de deux héritages entre lesquels il existe un signe apparent de servitude, dispose de l'un des héritages, sans que le contrat contienne aucune convention relative à la servitude, elle continue d'exister activement ou passivement en faveur du fonds aliéné ou sur le fonds aliéné.

Cependant, dit M. Pardessus, une pareille induction pourrait être détruite par la présomption d'une volonté contraire : par exemple, si le vendeur d'une des deux maisons vendait expressément la mitoyenneté du mur qui les sépare, sans réserver au profit de celle qu'il conserve les jours pratiqués dans ce mur, l'acheteur pourrait en demander la suppression, parce qu'il n'est pas présumable qu'en acquérant la mitoyenneté il ait voulu laisser subsister une servitude aussi désagréable.

Il y a lieu d'appliquer ici la règle posée en l'art. 1602, C. Civ., que tout pacte obscur doit s'interpréter contre le vendeur.

Remarquons toutefois que s'il s'agissait de jours pratiqués dans un mur séparant un bâtiment d'un terrain découvert, le voisin de ce terrain ne pourrait, en acquérant la mitoyenneté du mur, faire supprimer ces jours. (Voyez *vue*).

DÉVASTATION de récoltes et de plantes. — Quiconque arrachera des plants dans les bois et forêts, sera puni d'une amende qui ne pourra être moindre de 10 francs, ni excéder 300 francs ; et si le délit a été commis dans un semis ou plantation exécutés de main d'homme, il sera prononcé en outre un emprisonnement de quinze jours à un mois. (C. For. 195).

Voyez *délit rural.*

DÉVERSOIR. — C'est l'endroit où l'eau d'un moulin, d'une usine, d'un étang se perd lorsqu'elle devient trop considérable.

C'est au préfet qu'il appartient de déterminer la hauteur du déversoir des moulins.

Les propriétaires ou fermiers, ou toute personne jouissant de moulins, usines ou étangs, qui, par l'élévation du déversoir de leurs eaux au-dessus de la hauteur déterminée par l'autorité compétente, auront inondé les chemins ou les propriétés, seront punis d'une amende qui ne pourra excéder le quart des restitutions et des dommages-intérêts, ni être au-dessous de 50 francs.

S'il est résulté du fait quelques dégradations, la peine

pourra être, outre l'amende, un emprisonnement de six jours à un mois.

Toutefois la hauteur du déversoir d'un moulin, fixée par l'autorité administrative, ne peut préjudicier au voisin. Si celui-ci en éprouvait un dommage, il pourrait obtenir de l'autorité judiciaire la réparation de ce dommage.

Voyez *étang*, *usine*.

DIGUE. — Amas de terre, de pierres, de bois, etc., pour servir de rempart contre l'eau.

Le propriétaire du fonds inférieur ne peut élever de digue qui repousserait l'écoulement des eaux venant du fonds supérieur.

Celui qui détruit volontairement ou renverse, par quelques moyens que ce soit, en tout ou en partie, des édifices, des ponts, des digues ou chaussées ou autres constructions qu'il sait appartenir à autrui, est puni de la réclusion, et d'une amende qui ne peut excéder le quart des restitutions et indemnités, ni être au-dessous de 100 fr. (C. Pén. 437).

Voyez *cours d'eau*, *inondation*, *usine*.

DISTANCE. — Voyez *arbre*, *fossé*, *haie*, *vue*.

DOMINANT (FONDS). — Voyez *servitudes*.

DROIT D'ACCESSION. — C'est le droit qui attribue au propriétaire d'une chose, soit mobilière, soit immobilière, ce qu'elle produit et ce qui s'y unit accessoirement, soit naturellement, soit artificiellement.

Voyez *accession*.

E.

EAU. — En général l'eau est une chose dont la propriété n'est à personne, mais dont l'usage appartient à tout le monde.

Cependant les eaux qui ne sont ni navigables ni flottables peuvent, par leur situation, devenir l'objet d'une propriété privée.

Les eaux sont ou *stagnantes* ou *courantes;* elles le sont naturellement ou par le fait de l'homme.

Les eaux *stagnantes* forment les *lacs*, les *mares*, les *étangs*, les *marais*, les *canaux*, les *rivières*, *citernes*, etc. (Voyez tous ces mots.)

Les eaux *courantes* qu'on appelle *cours d'eau*, sont les fleuves et rivières, les ruisseaux, les torrents et ravins, les sources ou fontaines, les eaux de pluie tombant à la surface de la terre.

Les eaux courantes peuvent encore être navigables ou flottables, ou non navigables ni flottables.

Pour la première espèce, voyez *rivières;*

Et pour la seconde, voyez *cours d'eau.*

ECHELLAGE. — Voir *tour d'échelle.*

ECHENILLAGE. — Action de détruire les nids et enveloppes qui renferment les nids des chenilles.

Une loi du 26 ventôse an IV a ordonné en ces termes l'échenillage des arbres :

Art. 1er. — Dans les dix jours de la publication de la présente loi, tous propriétaires, fermiers, locataires ou autres faisant valoir leurs propres héritages ou ceux d'autrui, seront tenus, chacun en droit soi, d'écheniller ou faire écheniller les arbres étant sur lesdits héritages, à peine d'amende qui ne pourra être moindre de trois journées de travail, et plus forte que dix.

Art. 2. — Ils sont tenus, sous les mêmes peines, de brûler sur-le-champ les bourses et toiles qui sont tirées des arbres, haies ou buissons, et ce dans un lieu où il n'y aura aucun danger de communication de feu, soit pour les bois, arbres et bruyères, soit pour les maisons et bâtiments.

Art. 3. — Les administrateurs de département feront écheniller, dans le même délai, les arbres étant sur les domaines nationaux non affermés.

Art. 4. — Les maires et adjoints des communes sont tenus de surveiller l'exécution de la présente loi dans leurs arrondissements respectifs; ils sont responsables des négligences qui y seront découvertes.

Art. 5. — Les commissaires du directoire exécutif près les municipalités sont tenus, dans les vingt jours de la publication, de visiter tous les terrains garnis d'arbres, d'arbustes, haies ou buissons, pour s'assurer que l'échenillage aura été fait exactement, et d'en rendre compte au ministre chargé de cette partie.

Art. 6. — Dans les années suivantes, l'échenillage sera fait, sous les peines portées par les articles ci-dessus, avant le 1er ventôse (20 février.)

Art. 7. — Dans le cas où quelques propriétaires ou fermiers auraient négligé de le faire pour cette époque, les maires ou adjoints le feront faire aux dépens de ceux qui l'auront négligé, par des ouvriers qu'ils choisiront; l'exécutoire des dépenses leur sera délivré par le juge-de-paix, sur les quittances des ouvriers, contre lesdits propriétaires et locataires, et sans que ce paiement puisse les dispenser de l'amende.

Art. 8. — La présente loi sera publiée le 1er pluviôse (20 janvier) de chaque année, à la diligence des agents des communes, sur la réquisition du commissaire du directoire exécutif.

ECHOPPE. — Petite boutique adossée ordinairement contre un mur. (Voir *saillies.*)

ECLUSE. — Ouvrage fait sur un canal, un étang, un réservoir, un cours d'eau, etc., pour retenir ou lâcher les eaux, suivant les besoins des usines ou de la navigation.

Lorsqu'en temps d'orage, on a laissé fermée l'écluse qui élève les eaux du *canal-mère* à la hauteur nécessaire pour ses besoins, on demeure responsable du dommage que cause l'eau, qui sans cette fermeture aurait coulé par sa pente naturelle dans le canal sans surverser. (Cass. 18 nov. 1817, rapporté par le *Journal du Notariat.*) — (Voyez *déversoir, inondation, moulin, étang.*)

ECOULEMENT des eaux. — Voyez *cours d'eau.*

EDIFICE. — Bien que par ce terme on entende en général un bâtiment quelconque, il s'emploie plus particulièrement pour désigner des bâtiments publics, comme des églises, des temples, des hôtels-de-ville, etc.

Les édifices publics sont, dans certains cas, exempts de servitudes.

C'est principalement à l'égard des servitudes légales ou conventionnelles qu'existe cet affranchissement; on pourrait invoquer, pour en exercer quelques-unes sur les objets qui le composent, les lois qui assujettiraient, dans les mêmes circonstances et dans la même position, les biens des particuliers. (Pardessus.)

Celui, ajoute cet auteur, dont la propriété joint immédiatement les fortifications d'une ville ou tout autre édifice public, ne pourrait argumenter de la présomption légale de mitoyenneté des murs, ni même exiger que cette mitoyenneté lui fût vendue : le voisin d'un port, d'un rempart, d'une prison, ne pourrait y ouvrir des vues, même avec les précautions légales, dans les cas où il pourrait en ouvrir sur le terrain d'un autre particulier; celui d'une route ne peut exiger que l'on observe dans la plantation des arbres qui doivent la border, les distances exigées par la loi pour les plantations particulières.

Les voisins des églises et chapelles publiques ne peuvent construire des murs ou bâtiments qui empêchent la lumière d'y pénétrer.

Quant à la construction et à la démolition des édifices et bâtiments *privés*, voyez *alignement*, *construction*, *démolition*, *dénonciation de nouvel œuvre*.

EGOUT. — C'est la chute ou l'écoulement des eaux.

Il y a deux sortes d'égouts :

1° L'*égout des toits*, qu'il est inutile de définir ;

2° Et l'*égout-cloaque*, qui est un conduit souterrain par où s'écoulent les eaux des toits, des cours, des cuisines, et les immondices des villes.

Ces deux mots formeront deux chapitres particuliers sous lesquels nous allons traiter cette matière.

---

§ 1er. — *De l'Égout des Toits.*

Tout propriétaire doit établir des toits de manière que les eaux pluviales s'écoulent sur son terrain ou sur la voie publique; il ne peut les faire verser sur le fonds de son voisin. (C. Civ. 681.)

Il résulte clairement de cette disposition de la loi, qu'on ne peut avoir sur son voisin d'avancement de toit, puisqu'il porterait les eaux sur celui-ci ; et quoique la loi ne s'en explique pas d'une manière formelle, il n'est pas davantage permis de le faire, quand même on y placerait des gouttières pour recevoir les eaux et les détourner sur son propre fonds : dans ce cas, en effet, une portion de terrain du voisin serait couverte, et la libre disposition de sa propriété serait entravée. (PARDESSUS.)

Celui qui construit un bâtiment dont l'égout sera du côté de l'héritage voisin, ajoute M. Pardessus, doit donc laisser au-delà de son mur un espace de terrain suffisant pour recevoir les eaux de ses toits, de ses cours ou cuisines. Il ne peut y avoir de règles certaines sur l'étendue de ce terrain. Elle est assez généralement fixée au double de l'avancement du toit, afin que les eaux ne tombent pas immédiatement sur l'héritage limitrophe. Mais si le propriétaire du toit y plaçait une gouttière, alors il pourrait ne laisser aucune portion de terrain au-delà.

Par cette précaution on est assuré que les eaux des toits ne tomberont qu'à la place qui leur aura été assignée, soit sur le terrain du propriétaire du bâtiment, soit sur la voie publique.

Remarquons que dès que les eaux de pluie sont arrivées par terre, elles peuvent suivre la pente indiquée par la pente naturelle du terrain.

Il pourrait même arriver que le terrain sur lequel tombent les eaux des toits, ne présentât pas une inégalité bien sensible, et que ces eaux, une fois tombées, ne manquassent pas d'atteindre, en s'étendant, le terrain du voisin ; celui-ci ne pourrait cependant s'opposer à ce qu'elles coulassent sur son fonds. (Voyez *cours d'eau.*)

Mais si le toit est entouré de gouttières qui ne laissent échapper les eaux que par un godet ou un tuyau, le voisin est-il tenu de les recevoir ainsi réunies en ruisseaux, sous prétexte que la pente naturelle du sol les dirige de son côté?

A cet égard, voilà ce que dit M. Lepage, *lois des bâtiments :*

Le propriétaire d'un fonds inférieur est assujetti à recevoir les eaux d'un fonds plus élevé, lorsqu'elles en découlent naturellement, sans que la main de l'homme y ait contribué. Le code civil, dans son article 640, ajoute à cette disposition, que le propriétaire du sol supérieur ne peut, par aucun ouvrage, aggraver la servitude naturelle imposée au sol inférieur. Or, dans l'espèce proposée, la réunion des eaux du toit en ruisseau est opérée par la main des hommes et rend la servitude plus onéreuse; le voisin peut donc s'opposer à ce que le propriétaire du bâtiment lui envoie ainsi des eaux réunies dans des gouttières.

Supposons qu'un bâtiment ait été construit à une distance telle de l'héritage voisin, que les eaux de pluies tombent sur le terrain qui dépend du bâtiment, l'espace qui aura été laissé entre ce bâtiment et le fonds du voisin restera la propriété de celui qui aura construit; il pourra y ouvrir des jours, dans les distances et les dimensions indiquées au mot *vue*, et même en acquérir par prescription, ainsi que nous le dirons au mot *servitude*.

Mais il serait prudent, dit M. Pardessus, qu'il fît constater la réserve de terrain qu'il laisse au-delà de son mur, par un titre contradictoire avec ses voisins, ou qu'il fît construire un avancement de mur qui déposât sans cesse de la propriété qu'il s'est réservée. Ceux-ci pourraient à la longue lui opposer la présomption ordinaire, qu'on est censé bâtir à l'extrémité de sa propriété; s'ils ne lui disputaient pas la totalité de l'espace laissé au-delà de son mur, ils pourraient lui refuser la portion de terrain au-delà de la ligne d'aplomb de l'avancement de son toit, et le forcer à établir une gouttière qui reporterait les eaux sur son héritage.

Le terrain qu'un propriétaire laisse en construisant pour recevoir l'égoût de son toit, n'est pour lui d'aucune autre utilité. Rarement il se réserve un passage pour s'y rendre et le cultiver ; le voisin dont le terrain est limitrophe ne manque presque jamais au contraire de prolonger sa culture jusqu'au mur, ou au moins jusque sous l'avancement du toit de l'autre. Ces faits de culture deviennent pour lui des preuves d'une possession qui peut le faire présumer propriétaire. Il peut en tirer la conséquence que celui à qui le toit appartient n'a aucun droit de laisser tomber ses eaux sur ce terrain, et invoquer les dispositions de l'art. 681, rappelé en tête de ce chapitre.

A l'égard des eaux de pluie que reçoit sur son épaisseur un mur de séparation qui n'est couvert par aucune construction, tel, par exemple, qu'un simple mur de clôture, elles doivent être dirigées selon que ce mur est mitoyen, ou qu'il appartient exclusivement à l'un des deux propriétaires. Dans ce dernier cas, le chaperon du mur forme un seul égout tourné du côté du fonds sur lequel il est assis. Quand le mur est mitoyen, le chaperon forme deux égouts qui se joignent par le haut, en s'élevant comme une crête sur le milieu de l'épaisseur du mur. De cette manière, la pluie est dirigée par les deux pentes égales autant sur un héritage que sur l'autre. (Lepage, *lois des bâtiments.*)

Jugé par la cour de cassation, 13 mars 1827, qu'un propriétaire peut être contraint à faire le pavé d'une cour qui lui appartient, de telle manière que les eaux qui tombent des toits de sa maison ne puissent pas, par leurs infiltrations, nuire à une cave qui se trouve immédiatement au-dessous de cette cour et qui appartient à un autre propriétaire.

Nous terminerons en disant avec Desgodets et Toullier, que quand le voisin a un mur contigu à l'espace laissé pour l'écoulement des eaux, cet espace doit être pavé pourem pêcher l'eau de nuire aux fondations du mur voisin.

Quant à l'établissement d'égouts sur la voie publique, voyez *saillies.*

---

§ 2. — *De l'égout-cloaque.*

L'égout-cloaque est le conduit par où s'écoulent les eaux sales et les ordures.

Sous ce nom il faut entendre tous les accessoires d'un égout, ainsi les canaux, les conduits nécessaires pour diriger le cours des immondices, et préparer leur sortie. (Fournel, *du voisinage.*)

Il y a deux sortes d'égouts, les égouts particuliers et les égouts publics.

La servitude *d'egout particulier* est une servitude continue, puisque suivant l'art. 688 C. Civ., son usage est continuel sans avoir besoin du fait actuel de l'homme; si elle s'annonce par des ouvrages extérieurs, elle est apparente, et comme telle peut être acquise par prescription. (Voyez *servitude.*)

Autrement cette servitude ne peut s'acquérir que par titre. (C. Civ. 691.)

Lorsque le titre constitutif de la servitude porte qu'il est accordé un passage aux eaux *pluviales* provenant d'un fonds voisin, on ne peut l'étendre aux eaux de cuisine et à plus forte raison aux eaux infectes, telles que les urines et eaux de fumier. (Fournel.)

Il est de bon ordre et d'équité que le propriétaire qui jouit de la servitude d'égout, entretienne une grille au trou par où les eaux se déchargent, afin de prévenir la transmission des immondices et des ordures. (Ibid.)

Il existe dans les villes, et en général partout où les habitations des hommes sont réunies, des égouts publics destinés à recevoir les eaux des rues, et dans lesquels les habitants, non-seulement peuvent, mais doivent, conformément aux règlements de police, jeter les immondices de leurs maisons. Ces égouts ne sont pas toujours couverts, et les eaux infectes qui y coulent sont quelquefois désagréables ou nuisibles aux propriétaires voisins. Cependant ils n'ont pas le droit de s'y opposer, tant que ceux qui laissent ainsi couler des eaux infectes dans les égouts ne font rien contre les règlements. (Pardessus, *arrêt du Parlement de Provence,* 11 mai 1782, cité par cet auteur.)

Ceux dont les propriétés sont traversées par un égout

public sont tenus de contribuer à sa réparation. (FOURNEL.)

Un individu avait acquis par la prescription le droit de faire écouler les eaux de son usine dans un fossé formant propriété commune, et par conséquent, susceptible de propriété privée; mais avant d'arriver à ce fossé, les eaux traversaient souterrainement une rue de la commune. Il a été jugé que la rue étant une dépendance du domaine public, et par conséquent hors du commerce, cet individu n'avait pu acquérir par la prescription aucun droit de servitude ou de propriété sur cette rue; qu'ainsi le maire de la commune avait eu le droit de prendre un arrêté comme mesure de salubrité pour que l'écoulement sous la rue fût supprimé. (Cass. 13 février 1828, *Dict. du Notariat.*)

ELAGAGE. — C'est l'action de couper les branches d'un arbre jusqu'à une certaine hauteur, ou seulement d'en diminuer la longueur.

Celui sur la propriété duquel avancent les branches des arbres du voisin, peut contraindre celui-ci à couper ces branches. (C. Civ. 672.)

Bien qu'en général l'élagage ne se rapporte qu'aux arbres de haute futaie et aux haies, il est incontestable que les arbres fruitiers en sont aussi susceptibles.

Quand il s'agit d'arbres qui se trouvent dans une haie mitoyenne, ils appartiennent aux deux voisins. Dans ce cas un seul ne peut ni les ébrancher, ni en cueillir les fruits sans le consentement de l'autre, ou au moins sans faire ordonner que ce sera à frais et profits communs. (PARDESSUS.)

Toutefois il n'en est pas de même des branches, soit d'un arbre, soit d'une haie qui appartiennent au propriétaire voisin. Lors même que ces branches s'étendraient sur votre propriété, vous ne pourriez les couper vous-même; ce serait troubler la jouissance du propriétaire des plantations. En effet, ce dernier met un prix réel à l'agrément produit par les branches, à la méthode qu'il emploie pour les tailler, et à la forme qu'il donne à ses arbres ou à sa haie. Vous n'auriez donc qu'une action pour demander qu'elles fussent coupées; alors le voisin à qui elles appartiennent fait exécuter l'élagage de la manière qui lui paraît la plus convenable au but qu'il s'est proposé dans sa plantation. (LEPAGE.)

Le jugement prescrit un délai pour faire disparaître les branches qui nuisent au demandeur, et autorise ce dernier à les faire couper aux frais du défendeur dans le cas où il ne l'aurait pas fait lui-même pendant le temps accordé par le jugement.

Le bois qui provient de cette opération appartient au propriétaire des arbres ou haies, même lorsque, sur son refus, l'élagage a été fait par son voisin. (Ibid.)

A quelqu'élévation du sol que soient les branches, l'élagage peut être demandé, car leur ombrage ne cesse pas d'avoir lieu.

Remarquons que l'élagage peut encore être demandé lors même que les branches auraient plus de trente ans. La prescription ne pourrait être invoquée pour prétendre au droit d'avoir des branches *avançantes* sur un héritage voisin, même dans les lieux où les statuts locaux tolèreraient cet avancement. (PARDESSUS, PROUDHON, DURANTON.)

Mais il en est autrement à l'égard des arbres des bois et forêts : les propriétaires riverains des bois et forêts ne peuvent se prévaloir de l'article 672 code civil rappelé ci-dessus, pour l'élagage des lisières desdits bois et forêts, si ces arbres de lisières ont plus de trente ans. — Tout élagage qui serait exécuté sans l'autorisation des propriétaires des bois et forêts, donnera lieu à l'application des peines portées par l'art. 196. (Voyez *arbre.*)

EMPIÈTEMENT. — Usurpation sur la propriété d'autrui.

Voyez *anticipation*, *bornage*, *dénonciation de nouvel œuvre.*

ENCLAVE. — Le terrain enclavé est celui qui est entouré d'héritages appartenant à d'autres propriétaires, et qui, par ce moyen, n'a d'issue sur la voie publique qu'au moyen d'un passage forcé. (Voyez *passage.*)

ENCLOS. — Terrain compris dans l'enceinte d'une clôture. (Voyez *clôture.*)

ENFONCEMENTS dans un mur mitoyen. — L'un des voisins ne peut pratiquer dans le corps d'un mur mitoyen *aucun enfoncement*, sans le consentement de l'autre, ou sans avoir, à son refus, fait régler par experts les moyens nécessaires pour que le nouvel ouvrage ne soit pas nuisible aux droits de l'autre. (C. Civ. 662.)

Cette expression *aucun enfoncement*, doit-elle s'entendre en ce sens qu'un voisin puisse pratiquer une armoire, une niche, un tuyau, un foyer de cheminée dans le mur mitoyen?

Nous ne le pensons pas, dit M. Pardessus. Il faut coordonner l'exercice de ce droit avec celui qu'a l'autre voisin d'en faire autant de son côté; et si ce voisin usait de son droit, il ne resterait entre eux aucune séparation, ou du moins il n'en resterait qu'une insuffisante. C'est par le même motif qu'il n'est pas permis (voyez *vue*) d'ouvrir des croisées, ou même de simples jours, quelque étroits qu'ils soient, dans le mur mitoyen, et que l'article 674 prescrit des ouvrages et des précautions particulières lorsqu'il s'agit d'y adosser une cheminée. (Voyez *contre-mur.*)

Les seuls enfoncements qui nous semblent autorisés, sont donc ceux de poutres ou solives, et par analogie, de chambranles de cheminée, de harpes en pierre ou de barres de fer. L'article 657 permet de les placer dans toute l'épaisseur du mur, à 54 millimètres près. Nous n'hésitons pas à croire que le vœu de la loi est suffisamment rempli, si celui qui use de cette faculté perce le mur d'outre en outre, et le rétablit sur le champ du côté de son voisin, dans une épaisseur de 54 millimètres. (Voyez *mur.*)

EPIZOOTIE. — Dénomination générique des maladies contagieuses des animaux.

Le ministre de l'intérieur a adressé, le 23 messidor an 5, aux administrations centrales et municipales, une instruction sur les moyens propres à prévenir la contagion des maladies épizootiques ; le gouvernement a ordonné, le 27 du même mois, qu'elle serait insérée au bulletin des lois (n° 113), et il a chargé les administrations de veiller à l'exécution des mesures et des dispositions qu'elle contenait.

Mesures de police pour arrêter les communications.

Tout propriétaire ou détenteur de bêtes à cornes, à

quelque titre que ce soit, qui aura une ou plusieurs bêtes malades ou suspectes, sera obligé, sous peine de 500 francs d'amende, d'en avertir sur-le-champ le maire de sa commune, qui les fera visiter par l'expert le plus prochain ou par celui qui aura été désigné par le préfet.

Lorsque, d'après le rapport de l'expert, il sera constaté qu'une ou plusieurs bêtes seront malades, le maire veillera à ce que ces animaux soient séparés des autres, et ne communiquent avec aucun animal de la commune. Les propriétaires, sous quelque prétexte que ce soit, ne pourront les faire conduire dans les pâturages ni aux abreuvoirs communs, et ils seront tenus de les nourrir dans des lieux renfermés, sous peine de 100 francs d'amende.

Le maire en informera dans le jour le sous-préfet de l'arrondissement, auquel il indiquera le nom du propriétaire et le nombre des bêtes malades. Le sous-préfet fera part de tout au préfet du département.

Aussitôt qu'il sera prouvé au maire que l'épizootie existe dans une commune, il en instruira tous les propriétaires des bestiaux de ladite commune, par une affiche posée aux lieux où se placent les actes de l'autorité publique; laquelle affiche enjoindra auxdits propriétaires de déclarer au maire le nombre de bêtes à cornes qu'ils possèdent, avec désignation d'âge, de taille, de poil, etc.

Copie de ces déclarations sera envoyée au sous-préfet, et par celui-ci au préfet.

En même temps le maire fera marquer sous ses yeux toutes les bêtes à cornes de sa commune, avec un fer chaud représentant la lettre M. Quand le préfet du département sera assuré que l'épizootie n'a pas lieu dans son ressort, il ordonnera une contre-marque telle qu'il jugera à propos, afin que les bêtes puissent aller et être vendues partout, sans qu'on ait rien à en craindre.

Afin d'éviter toute communication des bestiaux de pays infectés avec ceux de pays qui ne le sont pas, il sera fait de temps en temps des visites chez les propriétaires de bestiaux, dans les communes infectées, pour s'assurer qu'aucun animal n'en a été distrait.

Si, au mépris des dispositions précédentes, quelqu'un se permet de vendre ou d'acheter aucune bête marquée, dans un pays infecté, pour la conduire dans un pays où une foire, ou même chez un particulier du pays infecté, il sera puni de 500 francs d'amende. Les propriétaires de bêtes qui les feront conduire par leurs domestiques ou autres personnes dans les marchés ou chez des particuliers de pays non infectés, seront responsables du fait de ces conducteurs.

Il est enjoint à tout fonctionnaire public qui trouvera sur les chemins, ou dans les foires ou marchés, des bêtes à cornes marquées de la lettre M, de les conduire devant le juge-de-paix, lequel les fera tuer sur-le-champ en sa présence.

Pourront néanmoins les propriétaires de bêtes saines en pays infectés, en faire tuer chez eux ou en vendre aux bouchers de leurs communes, mais aux conditions suivantes :

1° Il faudra que l'expert ait constaté que ces bêtes ne sont point malades ;

2° Le boucher n'entrera point dans l'étable ;

3° Le boucher tuera les bêtes dans les vingt-quatre heures ;

4° Le propriétaire ne pourra s'en dessaisir, et le boucher les tuer, qu'ils n'en aient la permission par écrit du maire, qui en fera mention sur son état. Toute contravention à cet égard sera punie de 200 francs d'amende, le propriétaire et le boucher demeurant solidaires.

Il est ordonné de tenir dans les lieux infectés tous les chiens à l'attache, et de tuer tous ceux que l'on trouverait vagants.

Tout fonctionnaire public qui donnera des certificats et attestations contraires à la vérité sera condamné à 1,000 francs d'amende, même poursuivi extraordinairement.

Dans tous les cas où les amendes pour des objets relatifs à l'épizootie seront appliquées, aucun juge ne pourra les remettre ni les modérer ; les jugements qui interviendront en conséquence seront exécutés par provision, et les délinquants, au surplus, soumis aux lois de la police correctionnelle.

Aussitôt qu'une bête sera morte, au lieu de la traîner, on la transportera à l'endroit où elle doit être enterrée, qui sera, autant que possible, au moins à 100 mètres des habitations; on la jettera seule dans une fosse de vingt-six décimètres de profondeur, avec toute sa peau tailladée en plusieurs parties, et on la recouvrira de toute la terre sortie de la fosse. Dans le cas où le propriétaire n'aurait pas la facilité d'en faire le transport, le maire en requerra un autre, et même les manouvriers nécessaires, à peine de 50 francs contre les refusants. Dans les lieux où il y a des chevaux, on préfèrera de faire traîner par eux les voitures chargées de bêtes mortes, lesquelles voitures seront lavées à l'eau chaude après le transport. Il est défendu de les jeter dans les bois, dans les rivières, ou à la voierie, et de les enterrer dans les étables, cours et jardins, sous peine de 300 francs d'amende et de tous dommages-intérêts.

Enfin, les corps administratifs, conformément au décret du 28 septembre 1791, emploieront tous les moyens de prévenir et d'arrêter l'épizootie; et en conséquence, le gouvernement compte sur leur zèle pour faire des patrouilles, mettre la plus grande célérité dans l'exécution des lois, et ne rien épargner soit pour préserver leur pays de la contagion, soit pour en arrêter les progrès. Lorsque l'épizootie sera déclaré dans leur ressort, ils sont chargés d'en informer les administrations des départements voisins, et je leur recommande très expressément de m'en faire part sur-le-champ, ainsi que des progrès que pourra faire la maladie.

Ce n'est qu'en suivant avec une rigueur très scrupuleuse les mesures que j'ai indiquées, qu'il sera possible de prévenir dans la plupart des départements, et d'arrêter dans ceux qui sont infectes, les effets d'une contagion ruineuse pour l'agriculture en général et pour les propriétaires.

Caractère de la maladie.

Dans tous les lieux où règne l'épizootie, les hommes de l'art qui l'ont observée s'accordent à la regarder comme une inflammation générale qui se termine toujours par celle du poumon ou du foie, le plus souvent par la première.

Cause de la maladie.

L'altération des fourrages, par l'effet des pluies abondantes et du débordement des ruisseaux et des rivières à l'époque de la récolte des foins, doit sans doute être considérée comme une des causes principales de l'épizootie.

Traitement de la maladie.

Dès qu'une bête à cornes paraît affectée de la maladie régnante, on ne doit point hésiter à soumettre au traitement toutes celles de l'étable, quel qu'en puisse être le nombre.

L'expérience ayant constamment prouvé que les animaux qui guérissaient sans autre secours que ceux de la nature, devaient leur guérison à une éruption dont leur corps se couvrait, toutes les vues de l'art doivent se diriger vers les moyens d'amener cette éruption ou de la suppléer.

Ce serait en vain qu'on attendrait ces effets des cordiaux qu'on emploie presque exclusivement dans ces sortes de maladies. Le vin, l'eau-de-vie, le cidre, la bière, le poivre, la canelle, le girofle, la noix muscade, le gingembre, l'orviétan, le mithridate, la thériaque, le quinquina, et un grand nombre d'autres médicaments échauffants, ne produisent sur les bêtes à cornes aucun effet à petites doses : à grandes doses ils augmentent considérablement l'inflammation, et précipitent la perte des animaux.

Ce n'est que par les applications extérieures qu'on peut se flatter d'obtenir ces dépôts si conformes aux vœux de la nature.

Le séton, chargé d'un caustique, remplit parfaitement le double objet d'attirer au dehors l'humeur qui tend à se porter sur le poumon ou le foie, et d'en favoriser l'évacuation.

Le fanon, que dans quelques lieux on nomme la *lampe*, la *nappe*, est la partie qu'on doit préférer pour y placer le séton.

Il doit être placé de manière que les deux ouvertures se répondent de haut en bas, afin que l'humeur puisse s'écouler aisément.

Pour établir un point d'irritation capable d'attirer brusquement cette humeur au dehors, on attache sur le séton un morceau d'ellébore noir, ou l'on y fixe, avec un peu de linge, du sublimé ou de l'arsenic en poudre.

Lorsque l'engorgement a acquis le volume d'une tête humaine, on retourne le séton pour en retirer l'ellébore ou autre caustique dont on l'a chargé.

Dans le cas où le séton ainsi préparé ne produirait pas, dans l'espace de quinze à vingt heures, un engorgement aussi considérable, on appliquera sur les deux côtés de la poitrine, après avoir rasé le poil, un large cataplasme vésicatoire, composé avec une once de mouches cantharides et une once d'euphorbe, étendues dans une suffisante quantité de levain, qu'on maintiendra avec un bandage, et qu'on entretiendra jusqu'à parfaite guérison.

On placera tous les jours, une heure le matin et autant le soir, dans la gueule de l'animal, un billot autour duquel on aura disposé et maintenu, avec un linge, de l'ail, du poivre, de l'assa-fœtida, des racines de grand raifort, des feuilles de tabac, le tout haché et pilé : une seule de ces substances peut suppléer toutes les autres.

On donnera, autant qu'il sera possible, des aliments de la meilleure qualité. Il sera bon de les asperger d'eau dans laquelle on aura fait dissoudre une poignée de sel de cuisine par seau.

Lorsqu'il sera possible de faire boire les animaux à l'étable, on blanchira leur eau avec un peu de son, et on mettra un ver de vinaigre sur dix pintes ou environ.

Le bouchonnement très souvent répété, l'évaporation d'eau chaude sous le ventre, les bains de rivière, même lorsque l'eau sera échauffée, favorisent puissamment la transpiration ; les lavements avec l'eau vinaigrée légèrement produisent aussi de très bons effets.

La propreté des étables, le soin de les tenir très aérées, sont des conditions également essentielles. Lorsqu'il y aura eu des animaux malades, on se gardera bien d'en remettre de sains avant de les avoir purifiées.

Désinfection des étables.

Des fumigations aromatiques ou autres tant vantées, ainsi que le simple blanchissage avec la chaux, sont des moyens insuffisants pour purifier des étables infectées ; c'est de l'eau et du feu, et surtout de leur combinaison, qu'on peut attendre cet effet. Les murs, les mangeoires, les râteliers seront lavés exactement avec de l'eau bouillante, et on les ratissera avec des balais de bruyère, de genêt, et mieux encore avec de fortes brosses, quand on pourra s'en procurer. On ne blanchira jamais à la chaux qu'après avoir ainsi lavé et ratissé. Si l'étable est pavée, il faudra laver avec l'eau bouillante et ratisser également les pavés. Si le sol est en terre, on en enlèvera une couche de deux ou trois pouces, qu'on brûlera ou qu'on enfouira dans une fosse dont la terre qu'on en aura retirée remplacera celle enlevée de l'étable. On aura soin de battre le sol pour l'unir, l'affermir et s'opposer à l'évaporation qui pourrait s'élever des couches inférieures. On tiendra pendant quelque temps les écuries ouvertes jour et nuit, et l'on n'y remettra les animaux que lorsqu'elles seront parfaitement sèches.

Du charbon.

Le charbon suit constamment les grandes chaleurs et les grandes sécheresses.

Il est le résultat d'une nourriture trop échauffante ou mal conditionnée, d'une mauvaise boisson, de travaux forcés, et de la malpropreté des logements des animaux.

Il les attaque tous indistinctement, mais plus particulièrement les moutons, les bœufs et les chevaux.

Les animaux qui en sont atteints meurent quelquefois sur-le-champ, et avant qu'on ait pu s'apercevoir qu'ils étaient malades.

Il est très dangereux de soigner, de fouiller, de dépouiller les animaux malades ou morts.

Plusieurs personnes sont mortes ou ont été grièvement malades pour s'être livrées à ces opérations.

Dans les circonstances où les ravages de cette maladie sont à craindre, il est important de les prévenir; les moyens en sont simples, peu dispendieux, et à la portée de tous les habitants de la campagne.

1° Il est urgent, de la part des propriétaires, de

faire appeler sur-le-champ le vétérinaire pour constater la maladie et ordonner le traitement convenable, si l'animal en est susceptible.

2° S'il n'est pas possible de donner de la nourriture verte aux animaux, il faudra avoir soin d'asperger leurs fourrages avec de l'eau dans laquelle on aurait fait fondre une poignée de sel de cuisine par seau, et où l'on ajoutera un verre de vinaigre.

3° Dans les saisons et les lieux où l'eau est mauvaise, il faut la corriger avant de la faire boire, en y mêlant du son de froment ou de la farine d'orge, avec une bonne pincée de sel et un demi-verre de vinaigre par seau.

4° Les animaux qui vont aux champs n'y seront conduits que le matin et le soir; on les rentrera dans le milieu du jour.

5° Il faudra éviter le plus possible les bords des grandes routes, où ils respirent constamment une poussière épaisse et étouffante.

6° Ceux qui travaillent seront ménagés. Souvent les travaux de la moisson ont été interrompus, parce que les propriétaires avaient forcé leurs animaux, trop peu nombreux, pour se hâter de rentrer leurs récoltes.

7° Les habitations des animaux seront nettoyées, lavées, s'il en est besoin, bien aérées, et on y répandra du vinaigre une ou deux fois par jour, surtout lorsqu'ils y rentreront pendant la chaleur.

8° Enfin celles où il y aura eu des animaux malades ou morts seront désinfectées de la manière suivante :

Désinfection des bergeries, bouveries, écuries, etc.

La propreté, la libre circulation de l'air, le lavage à grande eau et les fumigations minérales, sont les bases de toutes désinfections.

On balaiera l'aire, les murs et les planchers des bergeries, bouveries et écuries ; on n'y laissera ni fumier, ni fourrages, ni toiles d'araignées, ni aucune matière combustible.

On ouvrira les portes et les fenêtres pour faciliter la libre circulation de l'air ; on pratiquera même des ouvertures si celles qui existent ne suffisent pas.

Les murs, à la hauteur d'un mètre, seront lavés à grande eau, avec des balais, jusqu'à ce qu'ils soient parfaitement nettoyés.

La terre de l'aire des bergeries, bouveries et écuries, sera enlevée de six centimètres d'épaisseur, renouvelée et rebattue.

On y fera ensuite la fumigation suivante :

On portera dans les bergeries, bouveries et écuries, un réchaud rempli de charbons allumés, sur lequel on mettra une terrine à moitié pleine de cendre.

On posera sur cette cendre une autre terrine ou un vase large quelconque, dans lequel on mettra 125 grammes de sel commun un peu humide ; on versera 25 grammes d'huile de vitriol ; on fermera les portes et les fenêtres, et on se retirera aussitôt, pour ne pas respirer la vapeur très abondante qui se dégage, et qui bientôt remplira tout le local. On n'ouvrira que lorsque la vapeur sera entièrement dissipée ; on pourra alors y faire entrer les animaux.

Cette fumigation peut être faite pendant que les animaux seront aux champs ; il suffira d'ouvrir les portes et les fenêtres un moment avant que les animaux rentrent dans les bergeries, bouveries et écuries.

Toutes autres fumigations de plantes aromatiques sont inutiles ; elles ne servent qu'à déplacer une odeur par une autre.

ESCALIER. — Lorsque les différents étages d'une maison appartiennent à divers propriétaires, le propriétaire du premier étage fait l'escalier qui y conduit ; le propriétaire du second étage fait, à partir du premier, l'escalier qui conduit chez lui, et ainsi de suite. (C. Civ. 664.)

Comment doivent être supportées les réparations entre les différents propriétaires ? (Voyez *étage*.)

ESSAIM. — Volée de mouches à miel qui abandonnent une ruche. (Voyez *abeilles*.)

ETABLES. — Sous la dénomination d'étables, on entend ordinairement les lieux où sont enfermés des animaux dont le fumier n'est retiré que quand il se trouve porté à un certain degré de fermentation. (Lepage.)

Toutefois ceux qui laisseraient de même le fumier des chevaux dans les écuries, seraient tenus de se conformer aux règles prescrites pour la construction des étables. (Ibid.)

Dans son article 674, le code civil veut que l'on prenne, pour ces sortes de constructions, les précautions en usage dans chaque pays.

Il s'agit d'empêcher que les murs mitoyens n'éprouvent point d'altérations par le trop long séjour des fumiers dans les étables.

Le plus sûr moyen de se procurer la garantie désirée, est de faire un contre-mur en dedans de l'étable.

Ce contre-mur, dit M. Lepage, doit régner dans toute la longueur de l'étable, avec l'épaisseur et la hauteur prescrites par la coutume ou l'usage du pays (1). A Paris, l'épaisseur doit être de 22 centimètres, ce qui suffit lorsqu'on emploie de bons moellons et un bon mortier. Quant à la hauteur, la coutume de Paris veut que le contre-mur monte jusqu'à la mangeoire, parce qu'on est dans l'usage de relever les fumiers sous la mangeoire. Dans les pays où, ni la loi locale, ni un usage constant ne s'expliquent pas sur ce point, on peut raisonnablement se conformer à cette disposition; car on ne voit pas l'utilité d'un contre-mur qui aurait une plus grande élévation.

Remarquez que lors même que le mur mitoyen ne serait pas celui auquel sont attachées les mangeoires, il faudrait qu'il fût également garanti par un contre-mur, par la raison que le côté où sont placées les mangeoires n'est pas le seul exposé aux fumiers, dont les eaux s'écoulent même plus abondamment vers les autres côtés. (Ibid.)

Pour que la précaution du contre-mur soit utile, dit encore M. Lepage, il faut, outre l'épaisseur et la hauteur convenables, une fondation assez basse pour empê-

(1) Quelques coutumes indiquent les dimensions de ce contre-mur; mais dans les pays où la loi locale ne s'en explique pas, on prend pour règle de faire un contre-mur capable d'empêcher les fumiers de pénétrer jusqu'au mur mitoyen. Si les parties ne s'accordent pas à cet égard, des experts nommés à l'amiable ou judiciairement, fixent la manière dont sera construit le contre-mur; ce qui dépend de la nature des matériaux. (Même auteur.)

cher les eaux de l'étable de pénétrer jusqu'aux fondements du mur mitoyen. A cet effet, on distingue si l'étable est ou non pavée à chaux et à ciment. Comme cette manière de paver est très solide, les architectes pensent que le contre-mur est suffisamment fondé à 33 centimètres de profondeur. Quand l'étable n'est pas pavée à chaux et à ciment, la fondation du contre-mur doit être plus basse ; prudemment il faut lui donner un mètre de profondeur.

ETABLISSEMENTS dangereux, insalubres ou incommodes. — Un décret du 15 octobre 1810 contient les dispositions suivantes sur les manufactures et ateliers qui répandent une odeur insalubre ou incommode :

ART. 1er. — A compter de la publication du présent décret, les manufactures et ateliers qui répandent une odeur insalubre ou incommode ne pourront être formés sans une permission de l'autorité administrative : ces établissements seront divisés en *trois classes*.

La *première classe* comprendra ceux qui doivent être éloignés des habitations particulières ;

La *seconde*, les manufactures et ateliers dont l'éloignement des habitations n'est pas rigoureusement nécessaire, mais dont il importe néanmoins de ne permettre la formation qu'après avoir acquis la certitude que les opérations qu'on y pratique sont exécutées de manière à ne pas incommoder les propriétaires du voisinage, ni à leur causer des dommages ;

Dans la *troisième classe* seront placés les établissements qui peuvent rester sans inconvénients auprès des habitations, mais qui doivent être soumis à la surveillance de la police.

ART. 2. — La permission nécessaire pour la formation des manufactures et ateliers compris dans la première classe, sera accordée avec les formalités ci-après, par un décret rendu en notre conseil d'État.

Celle qu'exigera la mise en activité des établissements compris dans la seconde classe le sera par les préfets, sur l'avis des sous-préfets.

Les permissions pour l'exploitation des établissements placés dans la dernière classe seront délivrées par les sous-préfets, qui prendront préalablement l'avis des maires.

Art. 3. — La permission pour les manufactures et fabriques de première classe ne sera accordée qu'avec les formalités suivantes :

La demande en autorisation sera présentée au préfet, et affichée par son ordre dans toutes les communes, à 5 kilomètres de rayon.

Dans ce délai, tout particulier sera admis à présenter ses moyens d'opposition.

Les maires des communes auront la même faculté.

Art. 4. — S'il y a des oppositions, le conseil de préfecture donnera son avis, sauf la décision du conseil d'État.

Art. 5. — S'il n'y a pas d'opposition, la permission sera accordée, s'il y a lieu, sur l'avis du préfet et le rapport de notre ministre de l'intérieur.

Art. 6. — S'il s'agit de fabrique de soude, ou si la fabrique doit être établie dans la ligne des douanes, notre directeur général des douanes sera consulté.

Art. 7. — L'autorisation de former des manufactures et ateliers compris dans la seconde classe ne sera accordée qu'après que les formalités suivantes auront été remplies.

L'entrepreneur adressera d'abord sa demande au sous-préfet de son arrondissement, qui la transmettra au maire de la commune dans laquelle on projète de former l'établissement, en le chargeant de procéder à des informations de *commodo et incommodo*. Ces informations terminées, le sous-préfet prendra sur le tout un arrêté qu'il transmettra au préfet. Celui-ci statuera, sauf le recours au conseil d'État par toutes parties intéressées.

S'il y a opposition, il y sera statué par le conseil de préfecture, sauf le recours au conseil d'État.

Art. 8. Les manufactures et ateliers ou établissements portés dans la troisième classe ne pourront se former que sur la permission du préfet de police à Paris, et sur celle du maire dans les autres villes.

S'il s'élève des réclamations contre la décision prise par le préfet de police ou les maires, sur une demande en formation de manufacture ou d'atelier compris dans la troisième classe, elles seront jugées au conseil de préfecture.

Art. 9. — L'autorité locale indiquera le lieu où les manufactures et ateliers compris dans la première classe pourront s'établir, et exprimera sa distance des habitations particulières. Tout individu qui ferait des constructions dans le voisinage de ces manufactures et ateliers, après que la formation en aura été permise, ne sera plus admis à en solliciter l'éloignement.

Art. 10. — La division en trois classes des établissements qui répandent une odeur insalubre ou incommode aura lieu conformément au tableau annexé au présent décret. Elle servira de règle toutes les fois qu'il sera question de prononcer sur des demandes en formation de ces établissements.

Art. 11. — Les dispositions du présent décret n'auront point d'effet rétroactif : en conséquence, tous les établissements qui étaient en activité avant le 15 octobre 1810, continueront à être exploités librement, sauf les dommages dont pourront être passibles les entrepreneurs de ceux qui préjudicient aux propriétés de leurs voisins; les dommages seront arbitrés par les tribunaux.

Art. 12. — Toutefois, en cas de graves inconvénients pour la salubrité publique, la culture, ou l'intérêt général, les fabriques et les ateliers de première classe qui les causent, pourront être supprimés, en vertu d'un décret rendu au conseil d'État, après avoir entendu la police locale, pris l'avis du préfet, et reçu la défense des manufacturiers ou fabricants.

Art. 13. — Les établissements maintenus par l'article 11 cesseront de jouir de cet avantage dès qu'ils seront transférés dans un autre emplacement, ou qu'il y aura une interruption de six mois dans les travaux. Dans l'un et l'autre cas, ils rentreront dans la catégorie des établissements à former, et ils ne pourront être mis en activité qu'après avoir obtenu, s'il y a lieu, une nouvelle permission.

Il a été dressé, par ordre du ministre du commerce, un tableau général des établissements dangereux, insalubres ou incommodes. Nous le donnons ci-après par ordre alphabétique, avec les dates des diverses ordonnances de classification.

Au moyen de ce tableau MM. les entrepreneurs, fabricants, etc., pourront facilement reconnaître la classe dans laquelle est compris tel ou tel établissement.

TABLEAU *général des établissements dangereux, insalubres ou incommodes, au* 31 *décembre* 1847.

1re CLASSE.

Abattoirs publics et communs	15 avril 1838.
Absinthe (distillerie, extrait ou esprit d')	9 février 1825.
Acide nitrique, eau forte (fabrication d')	15 octobre 1810.
Acide pyroligneux (fabrique d') lorsque les gaz ne sont pas brûlés	14 janvier 1815.
Acide sulfurique (fabrique d')	15 octobre 1810.
Affinage de l'or et de l'argent par l'acide sulfurique, quand les gaz se dégagent dans l'atmosphère	9 février 1825.
Affinage de métaux au fourneau à coupelle ou au fourneau à réverbère	14 janvier 1815.
Allumettes (fabrique d') préparées avec des matières détonnantes et fulminantes	25 juin 1823.
Amidonniers	15 octobre 1810.
Arcanson ou résine de pin (travail en grand), soit épuration, soit extraction de térébenthine	9 février 1825.
Artificiers	15 octobre 1810.
Bleu de Prusse (fabrique de) non brûlant la fumée et les gaz	14 janvier 1815.

Boues et immondices (dépôt de)..................... 9 février 1825.
Boyaudiers................................. 15 octobre 1810.
Calcination d'os non brûlant la fumée.............. 9 février 1825.
Cendres d'orfèvre (traitement des) par le plomb...... 14 janvier 1815.
Cendres gravelées (fabrication des) dégageant la fumée au dehors...................................... 14 janvier 1815.
Chairs ou débris d'animaux, traités en grand par macération ou dessèchement......................... 9 février 1815.
Chanvre ou lin (rouissage en grand) par l'eau........ 5 nov. 1826.
Charbon animal fabriqué ou révifié, non brûlant la fumée...................................... 9 février 1825.
Charbon de terre épuré à vases ouverts............. 14 janvier 1815.
Chlorures alcalins, eaux de javelle, fabriqués en grand. 9 février 1825.
Colle forte.................................. 15 octobre 1810.
Cordes à instruments......................... 15 octobre 1810.
Crétonniers .... 15 octobre 1810.
Cuirs vernis (fabrique de)...................... 15 octobre 1810.
Cuivre (désargentage du) par les acides............. 27 mai 1838.
Dégras (fabrique de) .... 9 février 1825.
Équarrissage.................................. 15 octobre 1810.
Échaudoirs ou cuisson d'abatis d'animaux tués pour la boucherie...................................... 15 octobre 1810.
Échaudoirs dans lesquels on prépare les intestins et autres débris des animaux .... 14 janvier 1815.
Encre d'imprimerie (fabrique d')................... 14 janvier 1815.
Engrais (dépôt de vidanges, ou d'animaux).......... 9 février 1825.
Éther (fabrique et dépôt d') lorsque le dépôt en contient plus de 40 litres.............................. 25 janvier 1837.
Étoupilles (fabrique d') préparées avec des matières détonnantes et fulminantes........................ 25 juin 1823.
Feutres et visières vernies (fabrique de) .... 5 nov. 1826.
Fourneaux (hauts-). Loi du 21 avril 1810............ 14 janvier 1815.
Galipot ou résine du pin, travaillé en grand soit pour l'épuration, soit pour l'extraction de la térébenthine.... 9 février 1825.
Goudron (fabrique de)........................... 14 janvier 1815.
Goudron (fabrique de) à vases clos................. 9 février 1825.
Goudron travaillé en grand pour l'épuration ou pour l'extraction de la térébenthine....................... 9 février 1825.
Graisses à feu nu (fonte des)...................... 25 mai 1833.
Huile de pieds de bœufs (fabrique d')............... 14 janvier 1815.
Huile de poisson (fabrique d')..................... 15 octobre 1815.

Huile de térébenthine, huiles d'aspic distillées en grand. 15 octobre 1810.

Huile épaisse à l'usage des tanneurs (fabrique d')...... 9 février 1825.

Huile rousse (fabrique d') extraite, crétons et débris de graisse à une haute température.................. 14 janvier 1815.

Huile de lin (cuisson de l')........................ 31 mai 1833.

Litharge (fabrication de la)........................ 14 janvier 1815.

Massicot (fabrication du)........................ 15 octobre 1810.

Ménageries.. 15 octobre 1810.

Minium (fabrique de)........................ 15 octobre 1810.

Noir d'ivoire et d'os (fabrique de) non brûlant la fumée. 14 janvier 1815.

Noir minéral (carbonisation et préparation de schiste bitumineux pour fabriquer le).................... 21 mai 1833.

Noir animalisé (fabrique et dépôt de)............... 27 janvier 1837.

Orseille (fabrique d')........................ 14 janvier 1815.

Plantes marines (combustion des) dans un établissement permanent.............................. 27 mai 1838.

Porcheries.. 15 octobre 1810.

Poudres et matières détonnantes et fulminantes (fabrique de) et fabrication d'allumettes et étoupilles avec ces matières.. 25 juin 1823.

Poudrettes.. 15 octobre 1810.

Résines travaillées en grand, pour l'épuration ou l'extraction de la térébenthine........................ 9 février 1825.

Résineuses (matières) travaillées en grand, pour l'épuration ou l'extraction de la térébenthine................ 9 février 1825.

Rouge de Prusse, fabrique à vases ouverts........... 14 janvier 1815.

Sabots (ateliers à enfumer les) dans lesquels il est brûlé de la corne ou des matières animales, dans les villes..... 9 février 1825.

Sang des animaux, pour fabriquer le bleu de Prusse (dépôts et ateliers pour la dessiccation du)............. 9 février 1825.

Sel ammoniac, extrait des eaux de condensation du gaz hydrogène.. 20 sept. 1828.

Sel ammoniac ou muriate d'ammoniaque, fabriqué pour la distillation des matières animales.............. 14 janvier 1815.

Soies de cochon (ateliers pour la préparation des) par la fermentation.. 27 mai 1838.

Soude de Varech (fabrication en grand) dans des établissements permanents........................... 27 mai 1838.

Soufre (fabrication de fleur de)...................... 9 février 1825.

Soufre (distillation du)............................ 14 janvier 1815.

Suif en branches fondu à feu nu..................... 14 janvier 1815.

Suif d'os (fabrique de)........................... 14 janvier 1815.

Sulfate d'ammoniaque (fabrique de) par la distillation des matières animales........................... 14 janvier 1815.

Sulfate de cuivre (fabrique de) par le soufre et le grillage. 14 janvier 1815.

Sulfate de soude (fabrique de) à vases ouverts......... 14 janvier 1815.

Sulfures métalliques (grillage des) en plein air........ 14 janvier 1815.

Tabac (combustion des côtes du)..................... 14 janvier 1815.

Taffetas cirés................................ 14 janvier 1815.

Taffetas et toiles vernis.......................... 14 janvier 1815.

Térébenthine (travail en grand pour l'extraction de la). 9 février 1825.

Tourbe (carbonisation de la) à vases ouverts......... 14 janvier 1825.

Triperies.................................... 15 octobre 1810.

Tueries dans les villes au-dessus de 10,000 âmes...... 14 janvier 1815.

Urate (fabrique d')............................. 9 février 1825.

Vernis (fabrique de)........................... 15 octobre 1810.

Verres, cristaux, émaux (fabrique de).............. 20 sept. 1828.

Vidanges (dépôt de)............................ 9 février 1825.

Voiries (dépôt de boues et immondices)............. 9 février 1825.

2e CLASSE.

Acide muriatique (fabrique d') à vases clos.......... 14 janvier 1815.

Acide nitrique, eaux fortes (fabrique d') par la décomposition du salpêtre au moyen de l'acide sulfurique dans l'appareil Wolf.............................. 9 février 1825.

Acides pyro ligneux (fabrique d') quand les gaz sont brûlés.................................... 14 janvier 1815.

Acide pyro ligneux (combinaison de l') avec le fer, le plomb ou la soude.............................. 31 mai 1833.

Acier (fabrique d')............................. 14 janvier 1815.

Affinage de l'or et de l'argent par l'acide sulfurique, quand les gaz sont condensés..................... 9 février 1825.

Battoirs à écorce dans les villes.................... 20 sept. 1828.

Bitume en planches (fabrique de)................... 9 février 1825.

Bitumes et asphaltes (ateliers pour la fonte et la préparation des)................................. 21 mai 1833.

Blanc de baleine (raffinerie de).................... 5 nov. 1826.

Blanc de plomb ou de céruse (fabrique de)........... 15 octobre 1810.

Blanchiment des tissus ou des fils de laine ou de soie par le gaz ou l'acide sulfureux....................... 5 nov. 1826.

Blanchiment de toile et fils de lin, de chanvre et de

coton par le chlore.................................. 5 nov. 1826.

Bleu de Prusse (fabrique de) brûlant la fumée et le gaz hydrogène sulfuré.................................. 14 janvier 1815.

Briqueteries.................................. 14 janvier 1810.

Buanderies de blanchisseurs et lavoirs en dépendant, quand les eaux n'ont pas un écoulement constant....... 5 nov. 1826.

Calcination d'os d'animaux, quand la fumée est brûlée. 20 sept. 1828.

Carbonisation du bois à l'air libre, pratiquée dans des établissements permanents, et ailleurs que dans les bois et forêts, ou en rase campagne.................................. 20 sept. 1828.

Cartonniers.................................. 14 janvier 1815.

Cendres d'orfèvres traitées par le mercure et la distillation des amalgames.................................. 14 janvier 1815.

Cendres gravelées (fabrique de) brûlant la fumée, etc.. 14 janvier 1815.

Chamoiseur.................................. 2 janvier 1815.

Chandeliers.................................. 15 octobre 1810.

Chanvre et lin (atelier pour le peignage en grand des) dans les villes.................................. 27 janvier 1837.

Chapeaux (fabrique de).................................. 14 janvier 1815.

Chapeaux de soie ou autres, préparés au moyen d'un vernis (fabrique de).................................. 27 janvier 1837.

Charbon animal fabriqué ou révifié, quand la fumée est brûlée.................................. 20 sept. 1828.

Charbon de bois (magasin de) à Paris.................. 5 juillet 1834.

Charbon de bois fait à vases clos.................. 14 janvier 1815.

Charbon de terre épuré à vases clos.................. 14 janvier 1815.

Châtaignes (dessiccation et conservation des)......... 14 janvier 1815.

Chaux (four à) permanent.................................. 29 juillet 1818.

Chiffonniers.................................. 14 janvier 1815.

Chlore, acide muriatique oxigéné (fabrique de) quand il est employé dans l'établissement même où on le prépare. 9 février 1825.

Chlorures alcalins, eau de javelle, fabriqués en petite quantité (300 kilogrammes au plus par jour)........... 31 mai 1833.

Chlorures de chaux, fabriqués en petite quantité (300 kilogrammes au plus par jour).................................. 31 mai 1833.

Chlorures alcalins, eau de javelle (fabrication de) quand ils sont employés dans l'établissement même........... 9 février 1825.

Chlorure de chaux fabriqué en grand.................. 31 mai 1833.

Chromate de potasse.................................. 31 mai 1833.

Chrysalides (dépôt de).................................. 20 sept. 1828.

Cire à cacheter (fabrique de).................................. 14 janvier 1815.

Colle de peau de lapin (fabrique de)	9 février 1825.
Corroyeurs	15 octobre 1810.
Couverturiers	15 octobre 1810.
Cuirs verts	15 octobre 1810.
Cuirs verts et peaux fraîches	27 janvier 1827.
Cuivre (fonte et laminage du)	14 janvier 1815.
Cuivre déroché ou décapé par l'acide nitrique	20 sept. 1828.
Eau-de-vie (distillerie d')	15 octobre 1810.
Éponges (établissement de lavage et de séchage des)	27 janvier 1827.
Faïence (fabrique de)	14 janvier 1815.
Feutre goudronné pour le doublage des navires	21 mai 1833.
Fonderie au fourneau à la Wilkinson	9 février 1825.
Fondeurs au grand fourneau à réverbère	14 janvier 1815.
Forges de grosses œuvres où l'on emploie des moyens mécaniques pour mouvoir les marteaux ou les masses soumises au travail	5 nov. 1826.
Fours à cuir les cailloux pour la fabrication des émaux	14 janvier 1815.
Galons et tissus d'or et d'argent (brûleries en grand des)	14 janvier 1815.
Gaz hydrogène (fabrique et dépôt de)	20 août 1824.
Gaz (préparation des matières grasses pour la fabrication du)	21 mai 1833.
Genièvre (distillerie du)	14 janvier 1815.
Hareng (saurage du)	14 janvier 1815.
Hongroyeurs	15 octobre 1818.
Huile de térébenthine et autres huiles essentielles (dépôt d')	9 février 1825.
Huile (extraction de l') et des autres corps gras contenus dans les eaux savonneuses des fabriques	20 sept. 1828.
Huiles (épuration des) par l'acide sulfurique	14 janvier 1815.
Lard (atelier à enfumer le)	14 janvier 1815.
Liqueurs (fabrication des)	14 janvier 1015.
Machines et chaudières à feu à haute pression	14 janvier 1815.
Maroquiniers	15 octobre 1810.
Mégissiers	15 octobre 1810.
Moulins à broyer le plâtre, la chaux et les cailloux	9 février 1825.
Moulins à farine dans les villes	9 février 1825.
Noir de fumée (fabrique de)	15 octobre 1810.
Noir d'ivoire et d'os (fabrique de) brûlant la fumée	14 janvier 1815.
Os (blanchiment des)	14 janvier 1815.
Papiers (fabrique de)	14 janvier 1815.
Parcheminiers	14 janvier 1815.
Phosphore (fabrique de)	5 nov. 1826.

Pipes à fumer (fabrique de)	14 janvier 1815.
Plâtre (fours à) permanents	14 janvier 1815.
Plomb (fonte et laminage du)	14 janvier 1815.
Poëliers, fournalistes, poëles et fourneaux en faïence et terre cuite (fabrique de)	14 janvier 1815.
Porcelaine (fabrique de)	14 janvier 1815.
Potiers de terre	14 janvier 1815.
Rogues ou salaisons liquides (dépôt de)	5 nov. 1826.
Rouge de Prusse fabriqué à vases clos	14 janvier 1815.
Salaison et saurage des poissons	9 février 1825.
Salaisons (dépôt de)	14 janvier 1815.
Secrétage des peaux ou poils de lièvres et lapins	20 sept. 1828.
Sel ou muriate d'étain (fabrique de)	14 janvier 1815.
Soufre (fumée du) pour le couler en canons, et épuration du soufre par fusion ou décantation	9 février 1825.
Sucre (raffineries de)	15 octobre 1810.
Sucre (fabrique de)	27 janvier 1837.
Suif (fonderie de) au bain-marie ou à la vapeur	14 janvier 1815.
Sulfate de soude, fabriqué à vases clos	14 janvier 1815.
Sulfures métalliques (grillage des), appareils propres à tirer le soufre et à utiliser l'acide sulfureux	14 janvier 1815.
Tabacs (fabrique de)	15 octobre 1810.
Tabatières en carton (fabrique de)	14 janvier 1815.
Tanneries	14 janvier 1815.
Tissus (blanchiment des) par l'acide muriatique oxigéné.	9 février 1825.
Tôle vernie	9 février 1825.
Tourbe carbonisée à vases clos	14 janvier 1815.
Tuileries et briqueteries	14 janvier 1815.
Vernis à l'esprit de vin	21 mai 1833.
Zinc (laminage du)	20 sept. 1828.

—

3e CLASSE.

Acétate de plomb, sel de saturne (fabrique d')	14 janvier 1815.
Acide acétique (fabrique d')	5 nov. 1826.
Acide tartareux (fabrique d')	5 nov. 1826.
Alcali caustique en dissolution (fabrique d')	14 janvier 1815.
Ammoniac ou alcali volatil, fabriquée en grand avec les sels ammoniacaux	31 mai 1833.
Ardoises artificielles et mastics de divers genres	20 sept. 1828.

Batteurs d'or et d'argent........................ 14 janvier 1815.

Blanchiment des fils et toiles de chanvre par les chlorures alcalins.............................. 5 nov. 1826.

Blanc d'Espagne (fabrique de).............. 14 janvier 1815.

Bois dorés (brûleries des).................. 14 janvier 1815.

Borax artificiel (fabrique de)................ 9 février 1825.

Borax (raffinage du)........................ 14 janvier 1815.

Bougies de blanc de baleine (fabrique de)........... 9 février 1825.

Boulons métalliques (fabrique de).................. 14 janvier 1815.

Brasseries.............................. 15 octobre 1810.

Briqueteries ne faisant qu'une seule fournée en plein air, comme en Flandres........................ 14 janvier 1815.

Briquets phosphoriques et oxigénés (fabrique de)...... 5 nov. 1826.

Buanderies, quand il y a écoulement .... 5 nov. 1826.

Camphre (préparation et raffinage du) .... 14 janvier 1815.

Caractères d'imprimerie (fonderie de) .... 15 octobre 1810.

Caramel fabriqué en grand .... 5 nov. 1826.

Cendres (laveurs de) .... 14 janvier 1815.

Cendres bleues et autres précipitées du cuivre (fabrique de)....................................... 14 janvier 1815.

Chantiers de bois à brûler, dans les villes.......... 9 février 1825.

Charbons de bois dans les villes (dépôt de)......... 9 février 1825.

Chaux (four à) ne travaillant pas plus d'un mois par année...................................... 14 janvier 1815.

Chicorée-café (fabrique de)....................... 9 février 1825.

Ciriers.................................... 15 octobre 1810.

Cotons (filature de) contenant au moins six tours ..... 27 mai 1838.

Colle de parchemin et d'amidon................... 15 octobre 1810.

Corne (travail de la) pour la réduire en feuille .... 14 mai 1815.

Cristaux de soude, sous-carbonate de soude cristalisés (fabrique de) .... 14 janvier 1815.

Cuisson des têtes d'animaux dans des chaudières établies sur un fourneau de construction, et non accompagnée de fonderie de suif........................ 31 mai 1833.

Dégraisseurs............................... 14 janvier 1815.

Doreurs sur métaux.......................... 15 octobre 1810.

Eau-seconde (fabrique d') des peintres en bâtiments, alcali caustique en dissolution...................... 14 janvier 1815.

Échaudoirs dans lesquels on traite les têtes et pieds d'animaux pour en séparer le poil .... 31 mai 1833.

Encre à écrire (fabrique d')...................... 14 janvier 1815.

Engraissage des oies (établissement en grand pour l')... 21 mai 1833.

Essayeurs .... 14 janvier 1815.

Étain (fabrique des feuilles d')........................ 14 janvier 1815.

Fanon de baleine (atelier pour le travail du)........... 27 mai 1838.

Fécules de pommes de terre (fabrique de)............ 9 février 1825.

Fer-blanc (fabrication du)............................ 14 janvier 1815.

Fondeurs au creuset.................................. 14 janvier 1815.

Fromages (dépôt de)................................... 14 janvier 1815.

Gaz (ateliers pour grillage des tissus de coton par le). 9 février 1825.

Gaz hydrogène (des petits appareils domestiques pour fabriquer le) destinés à fournir au plus à dix becs d'éclairage et gazomètres en dépendants, d'une capacité de sept mètres cubes au plus .... 25 mars 1838.

Gélatine extraite des os (fabrique de la) par les acides et l'ébullition.. 9 février 1825.

Glaces (étammage des)................................ 14 janvier 1815.

Laques (fabrique des)................................. 14 janvier 1815.

Lavoirs à laine... 9 février 1825.

Lustrage des peaux.................................... 5 nov. 1815.

Machines et chaudières à feu à basse pression, brûlant ou non leur fumée .... 14 janvier 1815.

Moulins à huiles.. 14 janvier 1815.

Ocre jaune (calcination de l') pour le convertir en ocre rouge.. 14 janvier 1815.

Papiers peints et papiers marbrés (fabrique de) ..... 14 janvier 1815.

Plâtre (four à plâtre ne travaillant pas plus d'un mois par année)... 14 janvier 1815.

Plomb de chasse (fabrique de)........................ 14 janvier 1815.

Plombiers et fontainiers.............................. 14 janvier 1815.

Potasse (fabrique de)................................. 14 janvier 1815.

Potiers d'étain.. 14 janvier 1815.

Précipité du cuivre..................................... 14 janvier 1815.

Sabots (ateliers à enfumer les)....................... 14 janvier 1815.

Salpêtre (fabrique et raffinage du).................. 14 janvier 1815.

Savonneries.. 5 octobre 18[illegible]

Sel (raffinerie de)...................................... 14 janvier 1815.

Sel de soude sec (fabrique de), sous-carbonate de soude sec.. 14 janvier 1815.

Sirop de fécule de pommes de terre (extraction du). 9 février 1825.

Soude (fabrique de) ou décomposition du sulfate de. 14 janvier 1815.

Sulfate de cuivre (fabrique de) au moyen de l'acide

sulfurique et de l'oxide de cuivre ou du carbonate de cuivre	14 janvier 1815.
Sulfate de fer et d'alumine extraite des matériaux qui les contiennent tout formés, et transformation du sulfate d'alumine en alun	14 janvier 1815.
Sulfate de fer et de zinc (fabrique de) lorsqu'on forme ces sels de toute pièce avec l'acide sulfurique et les substances métalliques	14 janvier 1815.
Tartre (raffinage du)	14 janvier 1815.
Teinturiers	14 janvier 1815.
Teinturiers-dégraisseurs	14 janvier 1815.
Toiles peintes (atelier de)	9 février 1825.
Triperie	20 sept. 1828.
Tuerie dans les villes de 5,000 habitants	14 janvier 1815.
Vacheries dans les villes de 5,000 habitants	14 janvier 1815.
Vert de gris et verdet (fabrique de)	14 janvier 1815.
Viandes (salaison et préparation des)	14 janvier 1815.
Vinaigre (fabrication du)	14 janvier 1815.

OBSERVATIONS.

Il est encore des établissements qui, à cause de leur importance et leur nature particulière, ont été l'objet d'ordonnances spéciales, savoir :

L'es bateaux à vapeur (2 avril 1823) ;

L'éclairage par le gaz (20 août 1824) ;

Les machines à vapeur (29 octobre 1823, 7 mai, 25 mai 1828, 23 septembre 1829, 25 mars 1830) ;

Le raffinage du sel marin (26 juin 1830) ;

Le fulminat de mercure (30 octobre 1836); etc.

Les préfets sont autorisés à faire suspendre la formation ou l'exercice des établissements nouveaux qui, ne se trouvant pas dans le tableau ci-dessus, seraient cependant de nature à y être placés. Ils pourront accorder l'autorisation d'établissement pour tous ceux qu'ils jugeront devoir appartenir aux deux dernières classes du tableau, en remplissant les formalités prescrites par le décret du 15 octobre 1810, rappelé ci-dessus; sauf, dans les deux cas, à en rendre compte au ministre du commerce. (Ordon. 14 janv. 1815.)

Remarquons toutefois que cet article n'est applicable qu'autant qu'il s'agit d'un établissement constituant une industrie nouvelle, car on peut poser comme règle générale que tout établissement non classé peut être formé sans autorisation.

Le fabricant qui a obtenu l'autorisation de former un établissement, ne peut, sans une autorisation nouvelle, joindre ou substituer dans le même local un atelier de deuxième ou troisième classe à un atelier de première classe.

Il ne peut non plus changer les conditions sous lesquelles l'autorisation d'établir une usine lui a été accordée. Ainsi on ne pourrait changer une machine à jet muet en un système de percussion. (Art. du Cons. d'Etat du 3 fév. 1819.)

Jugé par le même conseil que l'incommodité résultant du bruit n'est pas un motif valable d'opposition contre l'autorisation d'un établissement, si l'incommodité résultant de ce bruit n'a pas été l'une des causes qui ont motivé le classement de l'établissement. (Art. rapporté par le Rép. de la Jurisp. du Notariat.)

Aucun four à chaux ou à plâtre, soit temporaire, soit permanent, aucune briqueterie et tuilerie, ne peuvent être établis dans l'intérieur et à moins d'un kilomètre des forêts, sans l'autorisation du gouvernement, à peine d'une amende de 100 à 500 fr., et de démolition des établissements. (C. Fores. 151.)

Droits des propriétaires voisins des établissements dangereux, insalubres ou incommodes.

Nul n'a droit de contraindre un autre, quelque prix qu'il lui offre, à consentir sur son héritage l'établissement d'une servitude. Hors les cas prévus par la loi, il doit disposer de sa propriété et l'exploiter de manière à ne pas nuire à son voisin. (PARDESSUS.)

C'est par induction de ce principe qu'il faut décider que tout propriétaire lésé par un établissement dangereux, insalubre ou incommode, même créé en vertu d'autorisation administrative, est fondé à se pourvoir devant les tribunaux, en raison du dommage que lui cause, soit l'érection ou construction de l'établissement, soit l'exploitation.

Lors donc qu'au voisinage de ma propriété, un industriel, porteur d'une autorisation administrative, veut créer ou construire un établissement qui menace de ruiner ma propriété, ma fortune, mon toit hospitalier, j'ai complètement le droit de répondre à l'industrie : Si vous êtes autorisés par la police, il nous reste à savoir si la justice trouvera bon que vous puissiez froisser mon droit sans indemnité ; et par justice, j'entends la juridiction des tribunaux. (*Journal du Notariat.*)

Vainement l'industriel répondra que ce qui est autorisé par la police ne peut être contremandé par la justice; car il ne sera pas empêché de faire ce qu'il a obtenu : il ne sera tenu que de réparer le dommage qu'il aura causé. (Ibid.)

La jurisprudence et l'autorité administrative reconnaissent ces principes.

Le voisin lésé pourrait-il aussi réclamer une indemnité pour dommage résultant de la *moins-value* ou *dépréciation* occasionnée par l'établissement dangereux, insalubre ou incommode, à la propriété voisine?

A cet égard il a été jugé que la nature, la cause, l'état et la quotité des dommages sont abandonnés aux lumières et à la conscience des tribunaux. (*Dict. du Notariat.*)

Et que de même les circonstances d'altération de jouissance et de moins-value, se rattachant entièrement à la propriété, sont de la compétence des tribunaux ordinaires. (Ibid.)

Bien plus, si ma prairie servait à l'étendage des toiles avant la construction de votre atelier, j'ai le droit de réclamer, non-seulement le dommage que cause la fumée de cet atelier à la prairie elle-même, mais encore le dommage que j'éprouve dans l'industrie que j'exerçais sur cette prairie, avant votre construction. (Ibid. — C. Colmar, 16 mai 1827.)

Les juges-de-paix connaissent, sans appel, jusqu'à la valeur de cent francs, et, à charge d'appel, à quelque valeur que la demande puisse s'élever, de toutes les actions pour dommages causés aux champs, fruits et récoltes par le voisinage des établissements dangereux, insalubres ou incommodes. (Voyez *juges-de-paix.*)

Hors de là, l'action en indemnité est de la compétence des tribunaux ordinaires.

ÉTAGE. — Espace entre deux planchers dans une maison.

Lorsque les différents étages d'une maison appartiennent à divers propriétaires, si les titres de propriété ne règlent pas le mode de réparations et reconstructions, elles doivent être faites ainsi qu'il suit :

Les gros murs et le toit sont à la charge de tous les propriétaires, chacun en proportion de la valeur de l'étage qui lui appartient. — Le propriétaire de chaque étage fait le plancher sur lequel il marche. — Le propriétaire du premier étage fait l'escalier qui y conduit; le propriétaire du second étage fait, à partir du premier, l'escalier qui conduit chez lui, et ainsi de suite. (C. Civ. 664.)

Nous venons de voir en premier lieu que les gros murs et le toit sont à la charge de tous les propriétaires, chacun en proportion de la valeur de l'étage qui lui appartient : sous ce rapport, le rez-de-chaussée compte pour un étage.

Pour établir dans quelle proportion cette contribution doit avoir lieu, on estime la valeur intrinsèque de la maison entière, et celle de chaque étage pris séparément. Par exemple, dit M. Pardessus, la maison entière, de quatre étages, étant de 100,000 fr., le rez-de-chaussée est estimé séparément 30,000 fr.; le premier étage, 40,000 fr.; le second, 20,000 fr.; et le troisième, 10,000 fr.; la valeur du rez-de-chaussée étant égale aux trois dixièmes de la valeur totale de la maison, le propriétaire de cet étage paiera les trois dixièmes des réparations; le propriétaire du premier paiera les quatre dixièmes; celui du second les deux dixièmes; et enfin celui du troisième étage, le dixième. Cette opération se nomme ventilation.

La loi gardant le silence à l'égard des voûtes de caves,

on demande quel est celui qui est tenu de leur réparation ?

M. Duranton regarde les voûtes de caves comme le plancher sur lequel marche le propriétaire du rez-de-chaussée; en conséquence, il enseigne que ce dernier est seul tenu de la réparation.

Mais MM. Pardessus et Delvincourt sont de l'avis contraire. L'obligation de refaire chaque plancher, disent-ils, n'étant imposée qu'à celui qui marche dessus, le propriétaire du rez-de-chaussée n'est tenu de l'entretien d'aucune portion ; on ne pourrait l'astreindre à entretenir la voûte de la cave, qui assure la solidité de la maison entière. C'est une charge commune.

Au contraire, le propriétaire du dernier étage doit l'entretien, tant du plancher qui le sépare de l'étage immédiatement au-dessous, que de celui qui le sépare du comble, si, toutefois, ce comble ou grenier appartient à lui seul.

Mais s'il n'en jouit pas seul, tous les copropriétaires doivent le rétablir en commun, ou en proportion de leurs droits.

Nous terminerons en faisant remarquer que si l'escalier d'une maison appartenant à plusieurs propriétaires, ainsi qu'il vient d'être dit, était placé à l'extérieur et couvert d'un toit, chaque copropriétaire contribuerait à l'entretien de ce toit et proportionnellement à l'usage qu'il en fait.

ÉTAIS. — Les étais sont des pièces de bois dont on se sert pour appuyer une muraille, une poutre dans un bâtiment qui menace ruine.

Des ordonnances des 26 oct. 1666 et 1er avril 1697

ont défendu aux charpentiers et autres ouvriers de mettre des étais dans les rues et places publiques, sans permission, et elles ont enjoint de réparer les dégradations du pavé.

ÉTAL. — On appelle étal le lieu où l'on permet, suivant les règlements de police, d'étaler et de vendre de la viande de boucherie.

Voyez le décret du 6 fév. 1811.

ÉTANG. — Amas d'eau formé par les eaux pluviales, celles qui proviennent de l'infiltration des terres arrosées, et plus particulièrement par un cours d'eau provenant des sources.

DIVISION.

§ 1er. — *Des étangs, leur formation, leur existence.*
§ 2. — *De la pêche des étangs.*

---

§ 1er. — *Des étangs, leur formation, leur existence.*

L'étang est un amas d'eaux qui auraient leur écoulement, ou qui s'étendraient de manière à ne former que des marais, si elles n'étaient retenues ou resserrées par quelques travaux; à la différence du lac, qui est plus généralement l'ouvrage de la nature, l'étang est le résultat de travaux de main d'homme. On le forme dans un terrain en pente, dont la partie inférieure est fermée par une *digue* ou *chaussée*. Une ou plusieurs ouvertures, qu'on appelle *bondes,* faites ordinairement dans le point le plus bas, servent à mettre l'étang à sec, soit pour le pêcher, soit pour le curer et en arracher les joncs, soit pour le consacrer à la culture. Un *déversoir*, dont la hauteur est calculée sur l'étendue du terrain que l'eau doit couvrir, est destiné à garantir les propriétés voisines des inondations.

Chacun est libre d'établir un étang sur son fonds. Ceci résulte des dispositions de l'article 644, C. Civ., qui dit que celui dont une eau courante traverse l'héritage peut en user dans l'intervalle qu'elle y parcourt, mais à la charge de la rendre, à la sortie de son fonds, à son cours ordinaire. (Voyez *cours d'eau.*)

L'approbation de l'autorité administrative n'est pas nécessaire pour en établir.

Cependant l'autorité de l'administration a le droit d'ordonner la destruction de ceux que les réclamations des communes, les avis et procès-verbaux des gens de l'art désigneraient comme pouvant occasionner des maladies épidémiques, des épizooties; ou même de ceux qui, par leur position, inonderaient les propriétés inférieures. (Pardessus.)

Un étang peut-il exister sans *déversoir*?

Larticle 558 du code civil, dit M. Pardessus, ne le suppose même pas, puisqu'il base sur la hauteur de la décharge l'étendue du terrain dont l'étang est composé, sans que les crues ou la diminution du volume d'eau puisse rien faire acquérir ou perdre au propriétaire.

Le droit de déterminer la hauteur de cette décharge appartient nécessairement à l'autorité administrative lorsqu'il s'agit d'un étang formé à l'aide des eaux d'une rivière ou d'un ruisseau. Mais il en serait autrement s'il s'agissait d'un étang formé par la réunion d'eaux pluviales. (Argument de l'art. 457. C. Pén.)

Remarquez même que ces sortes d'étangs n'ont ordinairement ni bondes ni décharges.

La possession trentenaire peut, à défaut de titres, être invoquée pour déterminer la hauteur d'un déversoir, et par conséquent dispenser de l'autorisation administrative.

A cet égard, voici comment s'exprime M. Daviel :

« Comme la retenue des moulins peut, à l'égard des propriétaires voisins, se légaliser par l'approbation tacite de ceux-ci, indépendamment de toute autorisation administrative, à plus forte raison l'ancienne possession d'une décharge de telle ou telle hauteur fait titre devant les tribunaux pour les propriétaires d'étangs; et ils ne peuvent être contraints, sous prétexte du préjudice qui en résulterait pour les propriétaires supérieurs, à diminuer la hauteur de leur décharge : c'est là une servitude continue et apparente. » (Arrêt de Cons. 15 nov. 1821.)

Le propriétaire d'un étang a-t-il le droit de déplacer la décharge et par conséquent de donner un autre cours aux eaux qui s'en échappent ?

Si l'étang est établi au travers d'un ruisseau, dit encore M. Daviel, le propriétaire ne peut intercepter le cours des eaux ni en changer la direction : il ne reçoit l'eau qu'à charge de la rendre. (C. Civ. 644). Mais s'il est formé par des eaux pluviales ou par des sources, le propriétaire peut changer à son gré le canal de décharge de son étang (bien entendu avec l'agrément de celui vers le fonds duquel il dirige à nouveau les eaux), si le propriétaire inférieur qui les recevait primitivement n'a ni titre ni prescription acquise à leur usage. » (Voyez *cours d'eau.*)

« On ne peut, sans titre, construire son étang d'une manière qui fasse refluer les eaux sur l'héritage voisin, ou se dispenser de laisser un espace intermédiaire, conforme à l'usage, pour que l'inondation ne l'atteigne pas. On doit encore entretenir les digues et chaussées en assez bon état, et le lieu de décharge des eaux assez libre pour qu'elles ne puissent nuire à qui que ce soit. Le dégât résultant du défaut d'entretien donnerait lieu aux dommages-intérêts et autres peines que prononce l'article 457 du code pénal ; et par conséquent celui qui aurait un juste sujet de craindre ce dégât, pourrait contraindre le propriétaire de l'étang à faire les réparations reconnues nécessaires. Ce ne serait point ici le cas de s'excuser sur la force majeure ; le dégât ne provenant que de la faute de ce propriétaire, c'est sur lui qu'il doit retomber, conformément à l'article 1383 du code civil. Son utilité particulière ne serait pas non plus un motif pour que le voisin pût être contraint à souffrir l'inondation, quelque indemnité qu'on lui accordât. (Ainsi s'exprime M. Pardessus.)

Remarquez que cette action en dommages-intérêts est applicable même au cas où la hauteur des eaux, fixée par l'autorité compétente, n'a pas été dépassée ; car l'administration ne pourrait grever les riverains d'une telle servitude. (Daviel.)

Mais si le déversoir primitif a été changé frauduleusement et qu'il ne laisse plus aucune trace, les juges peuvent revenir aux énonciations des titres pour déterminer et régler l'étendue de l'étang.

Le propriétaire d'un étang conserve toujours le terrain que l'eau couvre quand elle est à la hauteur de la décharge, encore que le volume de l'eau vienne à diminuer. (C. Civ. 558.)

Or, c'est le seuil de la décharge qui règle le niveau des eaux.

Réciproquement, le propriétaire de l'étang n'acquiert aucun droit sur les terres riveraines que son eau vient à couvrir dans les crues extraordinaires.

Le propriétaire d'un étang pourrait-il invoquer la prescription trentenaire pour prétendre à la propriété des terrains riverains que couvriraient les eaux de son étang dans les crues?

Il convient de distinguer entre les crues ordinaires et annuelles et les crues extraordinaires et accidentelles. Dans le premier cas, c'est-à-dire quand les terrains sont couverts périodiquement par les eaux durant les crues ordinaires, ces terrains peuvent être acquis par prescription. Ils sont même, en général, réputés faire partie intégrante du lit et des rives de l'étang.

Lorsque deux étangs, appartenant à deux propriétaires différents, se trouvent placés à la suite l'un de l'autre, et l'un plus bas que l'autre, le propriétaire de l'étang supérieur peut-il se plaindre de celui de l'étang inférieur si celui-ci, en retenant ses eaux, nuit à sa chaussée et la dégrade?

Si l'étang supérieur a été construit après l'inférieur, et que le déversoir de ce dernier n'a pas été exhaussé, celui-ci ne pourra être soumis aux dommages-intérêts; le propriétaire supérieur doit s'imputer de n'avoir pas construit sa chaussée plus haute. Mais si au contraire l'étang inférieur a été construit le dernier, le propriétaire doit réparer le dommage causé, et pour l'avenir diminuer la hauteur de son déversoir.

Il est inutile de dire, je pense, que les propriétaires riverains d'un étang ne peuvent y faire de prise d'eau pour l'irrigation de leurs propriétés. C'est là un droit qu'ils ne pourraient acquérir que par titre ou par prescription, et encore dans le dernier cas, c'est-à-dire pour pouvoir acquérir par prescription, il faudrait qu'il existât, depuis plus de trente ans, dans la berge de l'étang, des travaux apparents destinés à faciliter la chute et le cours de l'eau dans sa propriété. (Pour cette prescription, voyez *cours d'eau.*)

A l'égard de la distance que l'eau doit laisser entre un étang qui existe et celui que l'on construit, la loi étant muette, ce sont les usages qui doivent déterminer cette distance.

Il peut arriver que deux étangs soient tellement voisins, qu'il ne se trouve entre eux d'autre intermédiaire que la chaussée qui arrête les eaux de l'étang supérieur, à moins de titre ou d'une possession capable d'y suppléer; cette chaussée n'est point réputée mitoyenne, elle est un accessoire de l'étang supérieur.

---

§. 2. — *De la pêche des étangs.*

Le poisson qui passe dans un autre étang appartient au propriétaire de cet étang, à moins qu'il n'y ait été attiré par fraude ou artifice. (C. Civ. 564.)

A défaut de conventions ou de jugements qui en tiennent lieu, c'est par l'usage qu'est déterminé l'intervalle qu'il faut mettre entre le moment de la pêche de deux étangs voisins établis sur le même cours d'eau, pour éviter des dommages réciproques.

En général, le propriétaire de l'étang supérieur ne peut lever la bonde de son étang lorsque celui de dessous est en pêche. (PARDESSUS.)

A son tour, lorsque le propriétaire de l'étang supérieur veut le vider pour pêcher, le propriétaire inférieur, obligé d'en recevoir les eaux, doit, s'il est nécessaire, lever sa bonde pour en faciliter l'écoulement. (Ibid.)

Il serait utile que les tribunaux réglassent entre les propriétaires de deux étangs la manière d'en user, en l'absence des titres.

EVIER. — Un édit du mois de décembre 1607 défend de faire des éviers sur la voie publique, plus haut que le rez-de-chaussée, à moins qu'ils ne soient couverts jusque là, et qu'on n'ait à cet effet obtenu la permission du voyer. (Voyez *saillies.*)

EXHAUSSEMENT. — (Voyez *mur mitoyen.*)

EXPROPRIATION pour cause d'utilité publique. — C'est l'aliénation forcée d'un immeuble destiné à des entreprises d'utilité publique.

Nous allons rapporter ici le texte de la nouvelle loi sur l'expropriation pour cause d'utilité publique, promulguée le 3 mai 1841.

Mais avant cela cependant nous ferons remarquer que la loi du 3 mai 1841, n'est pas une loi nouvelle : elle n'est que la reproduction de la loi du 7 juillet 1833, revue en son entier et modifiée dans quelques-unes de ses parties.

LOI

SUR L'EXPROPRIATION POUR CAUSE D'UTILITÉ PUBLIQUE.

TITRE Ier. — *Dispositions préliminaires.*

ART. 1er. — L'expropriation pour cause d'utilité publique s'opère par autorité de justice.

2. — Les tribunaux ne peuvent prononcer l'expropriation qu'autant que l'utilité en a été constatée et déclarée dans les formes prescrites par la présente loi. — Ces formes consistent, 1° dans la loi ou l'ordonnance royale qui autorise l'exécution des travaux pour lesquels l'expropriation est requise; 2° dans l'acte du préfet, qui désigne les localités ou territoires sur lesquels les travaux doivent avoir lieu, lorsque cette désignation ne résulte pas de la loi ou de l'ordonnance royale ; 3° dans l'arrêté ultérieur par lequel le préfet détermine les propriétés particulières auxquelles l'expropriation est applicable. — Cette application ne peut être faite à aucune propriété particulière qu'après que les parties intéressées ont été mises en état d'y fournir leurs contredits, selon les règles exprimées au titre II.

3. — Tous grands travaux publics, routes royales, canaux, chemins de fer, canalisation de rivières, bassins et docks, entrepris par l'Etat, les départements, les communes, ou par compagnies particulières, avec ou sans péage, avec ou sans subside du trésor, avec ou sans aliénation du domaine public, ne pourront être exécutés qu'en vertu d'une loi, qui ne sera rendue qu'après une enquête administrative. — Une ordonnance royale suffira pour autoriser l'exécution des routes départementales, celle des canaux et chemins de fer d'embranchement de moins de vingt mille mètres de longueur, des ponts et de tous autres travaux de moindre importance. — Cette ordonnance devra également être précédée d'une enquête. — Ces enquêtes

auront lieu dans les formes déterminées par un règlement d'administration publique.

TITRE II. — *Des mesures d'administration relatives à l'expropriation.*

4. — Les ingénieurs ou autres gens de l'art chargés de l'exécution des travaux, lèvent, pour la partie qui s'étend sur chaque commune, le plan parcellaire des terrains ou des édifices dont la cession leur paraît nécessaire.

5. — Le plan desdites propriétés particulières, indicatif des noms de chaque propriétaire, tels qu'ils sont inscrits sur la matrice des rôles, reste déposé, pendant huit jours, à la mairie de la commune où les propriétés sont situées, afin que chacun puisse en prendre connaissance.

6. — Le délai fixé à l'article précédent ne court qu'à dater de l'avertissement, qui est donné collectivement aux parties intéressées, de prendre communication du plan déposé à la mairie. — Cet avertissement est publié à son de trompe ou de caisse dans la commune, et affiché tant à la principale porte de l'église du lieu qu'à celle de la maison commune. — Il est en outre inséré dans l'un des journaux publiés dans l'arrondissement, ou, s'il n'en existe aucun, dans l'un des journaux du département.

7. — Le maire certifie ces publications et affiches; il mentionne sur un procès-verbal qu'il ouvre à cet effet, et que les parties qui comparaissent sont requises de signer, les déclarations et réclamations qui lui ont été faites verbalement, et y annexe celles qui lui sont transmises par écrit.

8. — A l'expiration du délai de huitaine prescrit par l'art. 5, une commission se réunit au chef-lieu de la sous-préfecture. — Cette commission, présidée par le sous-préfet de l'arrondissement, sera composée de quatre membres du conseil général du département ou du conseil de l'arrondissement désignés par le préfet, du maire de la commune où les propriétés sont situées,

et de l'un des ingénieurs chargés de l'exécution des travaux. — La commission ne peut délibérer valablement qu'autant que cinq de ses membres au moins sont présents. — Dans le cas où le nombre des membres présents serait de six, et où il y aurait partage d'opinions, la voix du président sera prépondérante. — Les propriétaires qu'il s'agit d'exproprier ne peuvent être appelés à faire partie de la commission.

9. — La commission reçoit, pendant huit jours, les observations des propriétaires. — Elle les appelle toutes les fois qu'elle le juge convenable. Elle donne son avis. — Ses opérations doivent être terminées dans le délai de dix jours; après quoi le procès-verbal est adressé immédiatement par le sous-préfet au préfet. — Dans le cas où lesdites opérations n'auraient pas été mises à fin dans le délai ci-dessus, le sous-préfet devra, dans les trois jours, transmettre au préfet son procès-verbal et les documents recueillis.

10. — Si la commission propose quelque changement au tracé indiqué par les ingénieurs, le sous-préfet devra, dans la forme indiquée par l'art. 6, en donner immédiatement avis aux propriétaires que ces changements pourront intéresser. Pendant huitaine, à dater de cet avertissement, le procès-verbal et les pièces resteront déposés à la sous-préfecture; les parties intéressées pourront en prendre communication sans déplacement et sans frais, et fournir leurs observations écrites. — Dans les trois jours suivants, le sous-préfet transmettra toutes les pièces à la préfecture.

11. — Sur le vu du procès-verbal et des documents y annexés, le préfet détermine, par un arrêté motivé, les propriétés qui doivent être cédées; et indique l'époque à laquelle il sera nécessaire d'en prendre possession. Toutefois, dans le cas où il résulterait de l'avis de la commission qu'il y aurait lieu de modifier le tracé des travaux ordonnés, le préfet surseoira jusqu'à ce qu'il ait été prononcé par l'administration supérieure. — L'administration supérieure pourra, suivant les circonstances, ou statuer définitivement, ou ordonner qu'il soit procédé de

nouveau à tout ou partie des formalités prescrites par les articles précédents.

12. — Les dispositions des art. 8, 9 et 10 ne sont point applicables au cas où l'expropriation serait demandée par une commune, et dans un intérêt purement communal, non plus qu'aux travaux d'ouverture ou de redressement des chemins vicinaux. — Dans ce cas, le procès-verbal prescrit par l'art. 7 est transmis, avec l'avis du conseil municipal, par le maire au sous-préfet, qui l'adressera au préfet avec ses observations. — Le préfet, en conseil de préfecture, sur le vu de ce procès-verbal, et sauf l'approbation de l'administration supérieure, prononcera comme il est dit en l'article précédent.

Titre III. — *De l'expropriation et de ses suites, quant aux priviléges, hypothèques et autres droits réels.*

13. — Si des biens de mineurs, d'interdits, d'absents ou autres incapables, sont compris dans les plans déposés en vertu de l'art. 5, ou dans les modifications admises par l'administration supérieure, aux termes de l'art. 11 de la présente loi, les tuteurs, ceux qui ont été envoyés en possession provisoire, et tous représentants des incapables, peuvent, après autorisation du tribunal donnée sur simple requête, en la chambre du conseil, le ministère public entendu, consentir amiablement à l'aliénation desdits biens. — Le tribunal ordonne les mesures de conservation ou de remploi qu'il juge nécessaires. — Ces dispositions sont applicables aux immeubles dotaux et aux majorats. — Les préfets pourront, dans le même cas, aliéner les biens des départements, s'ils y sont autorisés par délibération du conseil général; les maires ou administrateurs pourront aliéner les biens des communes ou établissements publics, s'ils y sont autorisés par délibération du conseil municipal ou du conseil d'administration, approuvée par le préfet en conseil de préfecture. — Le ministre des finances peut consentir à l'aliénation des

biens de l'Etat, ou de ceux qui font partie de la dotation de la couronne, sur la proposition de l'intendant de la liste civile. — A défaut de conventions amiables, soit avec les propriétaires des terrains ou bâtiments dont la cession est reconnue nécessaire, soit avec ceux qui les représentent, le préfet transmet au procureur du Roi dans le ressort duquel les biens sont situés, la loi ou l'ordonnance qui autorise l'exécution des travaux, et l'arrêté mentionné en l'art. 11.

14. — Dans les trois jours, et sur la production des pièces constatant que les formalités prescrites par l'art. 2 du titre Ier, et par le titre II de la présente loi, ont été remplies, le procureur du Roi requiert et le tribunal prononce l'expropriation pour cause d'utilité publique des terrains ou bâtiments indiqués dans l'arrêté du préfet. — Si, dans l'année de l'arrêté du préfet, l'administration n'a pas poursuivi l'expropriation, tout propriétaire dont les terrains sont compris audit arrêté peut présenter requête au tribunal. Cette requête sera communiquée par le procureur du Roi au préfet, qui devra, dans le plus bref délai, envoyer les pièces, et le tribunal statuera dans les trois jours. — Le même jugement commet un des membres du tribunal pour remplir les fonctions attribuées par le titre IV, chapitre II, au magistrat directeur du jury chargé de fixer l'indemnité, et désigne un autre membre pour le remplacer au besoin. — En cas d'absence ou d'empêchement de ces deux magistrats, il sera pourvu à leur remplacement par une ordonnance sur requête du président du tribunal civil. — Dans le cas où les propriétaires à exproprier consentiraient à la cession, mais où il n'y aurait point accord sur le prix, le tribunal donnera acte du consentement, et désignera le magistrat directeur du jury, sans qu'il soit besoin de rendre le jugement d'expropriation, ni de s'assurer que les formalités prescrites par le titre II ont été remplies.

Le jugement est publié et affiché, par extrait, dans la commune de la situation des biens, de la manière indiquée en l'art. 6. Il est en outre inséré dans l'un des journaux publiés dans l'arrondissement, ou, s'il n'en existe aucun, dans l'un de ceux du département. — Cet extrait, contenant les noms des propriétaires, les motifs et le dispositif du jugement, leur est notifié au domicile qu'ils auront élu dans l'arrondissement de la situation des biens, par une déclaration faite à la mairie de la commune où les biens sont situés; et, dans le cas où cette élection de domicile n'aurait pas eu lieu, la notification de l'extrait sera faite en double copie au maire et au fermier, locataire, gardien ou régisseur de la propriété. — Toutes les autres notifications prescrites par la présente loi seront faites dans la forme ci-dessus indiquée.

16. — Le jugement sera, immédiatement après l'accomplissement des formalités prescrites par l'art. 15 de la présente loi, transcrit au bureau de la conservation des hypothèques de l'arrondissement, conformément à l'art. 2181 du Code civil.

17. — Dans la quinzaine de la transcription, les priviléges et les hypothèques conventionnelles, judiciaires ou légales, seront inscrits. — A défaut d'inscription dans ce délai, l'immeuble exproprié sera affranchi de tous priviléges et hypothèques, de quelque nature qu'ils soient, sans préjudice des droits des femmes, mineurs et interdits, sur le montant de l'indemnité, tant qu'elle n'a pas été payée, ou que l'ordre n'a pas été réglé définitivement entre les créanciers. — Les créanciers inscrits n'auront, dans aucun cas, la faculté de surenchérir, mais ils pourront exiger que l'indemnité soit fixée conformément au titre IV.

18. — Les actions en résolution, en revendication, et toutes autres actions réelles, ne pourront arrêter l'expropriation ni en empêcher l'effet. Le droit des réclamants sera transporté sur le prix, et l'immeuble en demeurera affranchi.

19. — Les règles posées dans le premier paragraphe de l'art. 15 et dans les art. 16, 17 et 18, sont applicables dans le cas de conventions amiables passées entre l'administration et les propriétaires. — Cependant l'administration peut, sauf les droits des tiers, et sans accomplir les formalités ci-dessus tracées, payer le prix des acquisitions dont la valeur ne s'élèverait pas au-dessus de cinq cents francs. — Le défaut d'accomplissement

des formalités de la purge des hypothèques n'empêche pas l'expropriation d'avoir son cours ; sauf, pour les parties intéressées, à faire valoir leurs droits ultérieurement, dans les formes déterminées par le titre IV de la présente loi.

20. — Le jugement ne pourra être attaqué que par la voie du recours en cassation, et seulement pour incompétence, excès de pouvoir ou vices de forme du jugement. — Le pourvoi aura lieu, au plus tard, dans les trois jours, à dater de la notification du jugement, par déclaration au greffe du tribunal. Il sera notifié dans la huitaine, soit à la partie, au domicile indiqué par l'art. 15, soit au préfet ou au maire, suivant la nature des travaux; le tout à peine de déchéance. — Dans la quinzaine de la notification du pourvoi, les pièces seront adressées à la chambre civile de la cour de cassation, qui statuera dans le mois suivant. — L'arrêt, s'il est rendu par défaut, à l'expiration de ce délai, ne sera pas susceptible d'opposition.

TITRE IV. — *Du règlement des indemnités.*

CHAP. 1er. — *Mesures préparatoires.*

21. — Dans la huitaine qui suit la notification prescrite par l'art. 15, le propriétaire est tenu d'appeler et de faire connaître à l'administration les fermiers, locataires, ceux qui ont des droits d'usufruit, d'habitation ou d'usage, tels qu'ils sont réglés par le code civil, et ceux qui peuvent réclamer des servitudes résultant des titres mêmes du propriétaire ou d'autres actes dans lesquels il serait intervenu ; sinon il restera seul chargé envers eux des indemnités que ces derniers pourront réclamer. — Les autres intéressés seront en demeure de faire valoir leurs droits par l'avertissement énoncé en l'art. 6, et tenus de se faire connaître à l'administration dans le même délai de huitaine, à défaut de quoi ils seront déchus de tous droits à l'indemnité.

22. — Les dispositions de la présente loi relatives aux propriétaires et à leurs créanciers sont applicables à l'usufruitier et à ses créanciers.

23. — L'administration notifie aux propriétaires et à tous autres intéressés qui auront été désignés ou qui seront intervenus dans le délai fixé par l'art. 21, les sommes qu'elle offre pour indemnités. — Ces offres sont, en outre, affichées et publiées conformément à l'art. 6 de la présente loi.

24. — Dans la quinzaine suivante, les propriétaires et autres intéressés sont tenus de déclarer leur acceptation, ou, s'ils n'acceptent pas les offres qui leur sont faites, d'indiquer le montant de leurs prétentions.

25. — Les femmes mariées sous le régime dotal, assistées de leurs maris, les tuteurs, ceux qui ont été envoyés en possession provisoire des biens d'un absent, et autres personnes qui représentent les incapables, peuvent valablement accepter les offres énoncées en l'art. 23, s'ils y sont autorisés dans les formes prescrites par l'art. 13.

26. — Le ministre des finances, les préfets, maires ou administrateurs, peuvent accepter les offres d'indemnité pour expropriation des biens appartenant à l'État, à la Couronne, aux départements, communes ou établissements publics, dans les formes et avec les autorisations prescrites par l'art. 13.

27. — Le délai de quinzaine, fixé par l'art. 24, sera d'un mois dans les cas prévus par les art. 25 et 26.

28. — Si les offres de l'administration ne sont pas acceptées dans les délais prescrits par les art. 24 et 27, l'administration citera devant le jury, qui sera convoqué à cet effet, les propriétaires et tous autres intéressés qui auront été désignés, ou qui seront intervenus, pour qu'il soit procédé au règlement des indemnités de la manière indiquée au chapitre suivant. La citation contiendra l'énonciation des offres qui auront été refusées.

—

CHAP. II. — *Du jury spécial chargé de régler les indemnités.*

29. — Dans sa session annuelle, le conseil général du dépar-

tement désigne, pour chaque arrondissement de sous-préfecture, tant sur la liste des électeurs que sur la seconde partie de la liste du jury, trente-six personnes au moins, et soixante-douze au plus, qui ont leur domicile réel dans l'arrondissement, parmi lesquelles sont choisis, jusque la session suivante ordinaire du conseil général, les membres du jury spécial appelé, le cas échéant, à régler les indemnités dues par suite d'expropriation pour cause d'utilité publique. — Le nombre des jurés désignés pour le département de la Seine sera de six cents.

39. — Toutes les fois qu'il y a lieu de recourir à un jury spécial, la première chambre de la cour royale, dans les départements qui sont le siége d'une cour royale, et, dans les autres départements, la première chambre du tribunal du chef-lieu judiciaire, choisit en la chambre du conseil, sur la liste dressée en vertu de l'art. précédent pour l'arrondissement dans lequel ont lieu les expropriations, seize personnes qui formeront le jury spécial chargé de fixer définitivement le montant de l'indemnité, et, en outre, quatre jurés supplémentaires; pendant les vacances, ce choix est déféré à la chambre de la cour ou du tribunal chargé du service des vacations. En cas d'abstention ou de récusation des membres du tribunal, le choix du jury est déféré à la cour royale. — Ne peuvent être choisis, 1° les propriétaires, fermiers, locataires des terrains et bâtiments désignés en l'arrêté du préfet, pris en vertu de l'art. 11, et qui reste à acquérir; 2° les créanciers ayant inscription sur lesdits immeubles; 3° tous autres intéressés désignés ou intervenant en vertu des art. 21 et 22. — Les septuagénaires seront dispensés, s'ils le requièrent, des fonctions de jurés.

31. — La liste des seize jurés et des quatre jurés supplémentaires est transmise par le préfet au sous-préfet, qui, après s'être concerté avec le magistrat directeur du jury, convoque les jurés et les parties, en leur indiquant, au moins huit jours à l'avance, le lieu et le jour de la réunion. La notification aux parties leur fait connaître les noms des jurés.

32. — Tout juré qui, sans motifs légitimes, manque à l'une

des séances ou refuse de prendre part à la délibération, encourt une amende de cent francs au moins et de trois cents francs au plus. — L'amende est prononcée par le magistrat directeur du jury. — Il statue en dernier ressort sur l'opposition qui serait formée par le juré condamné. — Il prononce également sur les causes d'empêchement que les jurés proposent, ainsi que sur les exclusions ou les incompatibilités dont les causes ne seraient survenues ou n'auraient été connues que postérieurement à la désignation faite en vertu de l'art. 30.

33. — Ceux des jurés qui se trouvent rayés de la liste par suite des empêchements, exclusions ou incompatibilités prévus à l'article précédent, sont immédiatement remplacés par les jurés supplémentaires, que le magistrat directeur du jury appelle dans l'ordre de leur inscription. — En cas d'insuffisance, le magistrat directeur du jury choisit, sur la liste dressée en vertu de l'art. 29, les personnes nécessaires pour compléter le nombre des seize jurés.

34. — Le magistrat directeur du jury est assisté, auprès du jury spécial, du greffier ou commis-greffier du tribunal, qui appelle successivement les causes sur lesquelles le jury doit statuer, et tient procès-verbal des opérations. — Lors de l'appel, l'administration a le droit d'exercer deux récusations péremptoires; la partie adverse a le même droit. — Dans le cas où plusieurs intéressés figurent dans la même affaire, ils s'entendent pour l'exercice du droit de récusation, sinon le sort désigne ceux qui doivent en user. — Si le droit de récusation n'est point exercé, ou s'il ne l'est que partiellement, le magistrat directeur du jury procède à la réduction des jurés au nombre de douze, en retranchant les derniers noms inscrits sur la liste.

35. — Le jury spécial n'est constitué que lorsque les douze jurés sont présents. — Les jurés ne peuvent délibérer valablement qu'au nombre de neuf au moins.

36. — Lorsque le jury est constitué, chaque juré prête serment de remplir ses fonctions avec impartialité.

37. — Le magistrat directeur met sous les yeux du jury,

1° le tableau des offres et demandes notifiées en exécution des art. 23 et 24; 2° les plans parcellaires et les titres ou autres documents produits par les parties à l'appui de leurs offres et demandes. — Les parties ou leurs fondés de pouvoir peuvent présenter sommairement leurs observations. — Le jury pourra entendre toutes les personnes qu'il croira pouvoir l'éclairer. — Il pourra également se transporter sur les lieux, ou déléguer à cet effet un ou plusieurs de ses membres. — La discussion est publique; elle peut être continuée à une autre séance.

38. — La clôture de l'instruction est prononcée par le magistrat directeur du jury. — Les jurés se retirent immédiatement dans leur chambre pour délibérer, sans désemparer, sous la présidence de l'un d'eux, qu'ils désignent à l'instant même. — La décision du jury fixe le montant de l'indemnité; elle est prise à la majorité des voix. — En cas de partage, la voix du président du jury est prépondérante.

39. — Le jury prononce les indemnités distinctes en faveur des parties qui les réclament à des titres différents, comme propriétaires, fermiers, locataires, usagers et autres intéressés dont il est parlé à l'art. 21. — Dans le cas d'usufruit, une seule indemnité est fixée par le jury, eu égard à la valeur totale de l'immeuble; le nu-propriétaire et l'usufruitier exercent leurs droits sur le montant de l'indemnité au lieu de l'exercer sur la chose. — L'usufruitier sera tenu de donner caution; les père et mère ayant l'usufruit légal des biens de leurs enfants en seront seuls dispensés. — Lorsqu'il y a litige sur le fond du droit ou sur la qualité des réclamants, et toutes les fois qu'il s'élève des difficultés étrangères à la fixation du montant de l'indemnité, le jury règle l'indemnité indépendamment de ces litiges ou difficultés, sur lesquels les parties sont renvoyées à se pourvoir devant qui de droit. — L'indemnité allouée par le jury ne peut, en aucun cas, être inférieure aux offres de l'administration, ni supérieure à la demande de la partie intéressée.

40. — Si l'indemnité réglée par le jury ne dépasse pas l'offre de l'administration, les parties qui l'auront refusée seront con-

damnées aux dépens. — Si l'indemnité est égale à la demande des parties, l'administration sera condamnée aux dépens. — Si l'indemnité est à la fois supérieure à l'offre de l'administration, et inférieure à la demande des parties, les dépens seront compensés de manière à être supportés par les parties et l'administration, dans les proportions de leur offre ou de leur demande avec la décision du jury. — Tout indemnitaire qui ne se trouvera pas dans le cas des art. 25 et 26 sera condamné aux dépens, quelle que soit l'estimation ultérieure du jury, s'il a omis de se conformer aux dispositions de l'art. 24.

41. — La décision du jury, signée des membres qui y ont concouru, est remise par le président au magistrat directeur, qui la déclare exécutoire, statue sur les dépens, et envoie l'administration en possession de la propriété, à la charge par elle de se conformer aux dispositions des art. 53, 54 et suivants. — Ce magistrat taxe les dépens, dont le tarif est déterminé par un règlement d'administration publique. — La taxe ne comprendra que les actes faits postérieurement à l'offre de l'administration ; les frais des actes antérieurs demeurent, dans tous les cas, à la charge de l'administration.

42. — La décision du jury et l'ordonnance du magistrat directeur ne peuvent être attaquées que par la voie du recours en cassation, et seulement pour violation du premier paragraphe de l'art. 30, de l'art. 31, des deuxième et quatrième paragraphes de l'art. 34, et des art. 33, 35, 36, 37, 38, 39 et 40. — Le délai sera de quinze jours pour ce recours, qui sera d'ailleurs formé, notifié et jugé comme il est dit en l'art. 20 ; il courra à partir du jour de la décision.

43. — Lorsqu'une décision du jury aura été cassée, l'affaire sera renvoyée devant un nouveau jury, choisi dans le même arrondissement. — Néanmoins la cour de cassation pourra, suivant les circonstances, renvoyer l'appréciation de l'indemnité à un jury choisi dans un des arrondissements voisins, quand même il appartiendrait à un autre département. — Il sera procédé, à cet effet, conformément à l'art. 30.

44. — Le jury ne connaît que des affaires dont il a été saisi au moment de sa convocation, et statue successivement et sans interruption sur chacune de ces affaires. Il ne peut se séparer qu'après avoir réglé toutes les indemnités dont la fixation lui a été ainsi déférée.

45. — Les opérations commencées par un jury, et qui ne sont pas encore terminées au moment du renouvellement annuel de la liste générale mentionnée en l'art. 29, sont continuées, jusqu'à conclusion définitive, par le même jury.

46. — Après la clôture des opérations du jury, les minutes de ses décisions et les autres pièces qui se rattachent auxdites opérations sont déposées au greffe du tribunal civil de l'arrondissement.

47. — Les noms des jurés qui auront fait le service d'une session ne pourront être portés sur le tableau dressé par le conseil général pour l'année suivante.

—

CHAP. 3. — *Des règles à suivre pour la fixation des indemnités.*

48. — Le jury est juge de la sincérité des titres et de l'effet des actes qui seraient de nature à modifier l'évaluation de l'indemnité.

49. — Dans le cas où l'administration contesterait au détenteur exproprié le droit à une indemnité, le jury, sans s'arrêter à la contestation, dont il renvoie le jugement devant qui de droit, fixe l'indemnité comme si elle était due, et le magistrat directeur du jury en ordonne la consignation, pour, ladite indemnité, rester déposée jusqu'à ce que les parties se soient entendues ou que le litige soit vidé.

50. — Les bâtiments dont il est nécessaire d'acquérir une portion pour cause d'utilité publique seront achetés en entier, si les propriétaires le requièrent par une déclaration formelle adressée au magistrat directeur du jury, dans les délais énoncés aux art. 24 et 27. — Il en sera de même de toute parcelle de terrain qui, par suite du morcellement, se trouvera réduite au quart de la contenance totale, si toutefois le propriétaire ne possède aucun terrain immédiatement contigu, et si la parcelle ainsi réduite est inférieure à dix ares.

51. — Si l'exécution des travaux doit procurer une augmentation de valeur immédiate et spéciale au restant de la propriété, cette augmentation sera prise en considération dans l'évaluation du montant de l'indemnité.

52. — Les constructions, plantations et améliorations ne donneront lieu à aucune indemnité, lorsque, à raison de l'époque où elles auront été faites ou de toutes autres circonstances dont l'appréciation lui est abandonnée, le jury acquiert la conviction qu'elles ont été faites dans la vue d'obtenir une indemnité plus élevée.

TITRE V. — *Du paiement des indemnités.*

53. — Les indemnités réglées par le jury seront, préalablement à la prise de possession, acquittées entre les mains des ayants droit. — S'ils se refusent à les recevoir, la prise de possession aura lieu après offres réelles et consignation. — S'il s'agit de travaux exécutés par l'État ou les départements, les offres réelles pourront s'effectuer au moyen d'un mandat égal au montant de l'indemnité réglée par le jury : ce mandat, délivré par l'ordonnateur compétent, visé par le payeur, sera payable sur la caisse publique qui s'y trouvera désignée. — Si les ayants droit refusent de recevoir le mandat, la prise de possession aura lieu après consignation en espèces.

54. — Il ne sera pas fait d'offres réelles toutes les fois qu'il existera des inscriptions sur l'immeuble exproprié ou d'autres obstacles au versement des deniers entre les mains des ayants droit ; dans ce cas, il suffira que les sommes dues par l'administration soient consignées, pour être ultérieurement distribuées ou remises, selon les règles du droit commun.

55. — Si, dans les six mois du jugement d'expropriation, l'administration ne poursuit pas la fixation de l'indemnité, les parties pourront exiger qu'il soit procédé à ladite fixation. — Quand l'indemnité aura été réglée, si elle n'est ni acquittée ni consignée dans les six mois de la décision du jury, les intérêts courront de plein droit à l'expiration de ce délai.

Titre VI. — *Dispositions diverses.*

56. — Les contrats de vente, quittances et autres actes relatifs à l'acquisition des terrains, peuvent être passés dans la forme des actes administratifs ; la minute restera déposée au secrétariat de la préfecture : expédition en sera transmise à l'administratien des domaines.

57. — Les significations et notifications mentionnées en la présente loi sont faites à la diligence du préfet du département de la situation des biens. — Elles peuvent être faites tant par huissier que par tout agent de l'administration dont les procès-verbaux font foi en justice.

58. — Les plans, procès-verbaux, certificats, significations, jugements, contrats, quittances et autres actes faits en vertu de la présente loi, seront visés pour timbre et enregistrés gratis, lorsqu'il y aura lieu à la formalité de l'enregistrement. — Il ne sera perçu aucuns droits pour la transcription des actes au bureau des hypothèques. — Les droits perçus sur les acquisitions amiables faites antérieurement aux arrêtés de préfet seront restitués, lorsque, dans le délai de deux ans, à partir de la perception, il sera justifié que les immeubles acquis sont compris dans ces arrêtés. La restitution des droits ne pourra s'appliquer qu'à la portion des immeubles qui aura été reconnue nécessaire à l'exécution des travaux.

59. — Lorsqu'un propriétaire aura accepté les offres de l'administration, le montant de l'indemnité devra, s'il l'exige et s'il n'y a pas eu de contestation de la part des tiers dans les délais

prescrits par les art. 24 et 27, être versé à la caisse des dépôts et consignations, pour être remis ou distribué à qui de droit, selon les règles du droit commun.

60. — Si les terrains acquis pour des travaux d'utilité publique ne reçoivent pas cette destination, les anciens propriétaires ou leurs ayants droit peuvent en demander la remise. — Le prix des terrains rétrocédés est fixé à l'amiable, et s'il n'y a pas accord, par le jury, dans les formes ci-dessus prescrites. La fixation par le jury ne peut, en aucun cas, excéder la somme moyennant laquelle les terrains ont été acquis.

61. — Un avis, publié de la manière indiquée en l'art. 6, fait connaître les terrains que l'administration est dans le cas de revendre. Dans les trois mois de cette publication, les anciens propriétaires qui veulent réacquérir la propriété desdits terrains sont tenus de le déclarer; et, dans le mois de la fixation du prix, soit amiable, soit judiciaire, ils doivent passer le contrat de rachat et payer le prix : le tout à peine de déchéance du privilége que leur accorde l'article précédent.

62. — Les dispositions des art. 60 et 61 ne sont pas applicables aux terrains qui auront été acquis sur la réquisition du propriétaire, en vertu de l'art. 50, et qui resteraient disponibles après l'exécution des travaux.

63. — Les concessionnaires des travaux publics exerceront tous les droits conférés à l'administration, et seront soumis à toutes les obligations qui lui sont imposées par la présente loi.

64. — Les contributions de la portion d'immeuble qu'un propriétaire aura cédée, ou dont il aura été exproprié pour cause d'utilité publique, continueront à lui être comptées pendant un an, à partir de la remise de la propriété, pour former son cens électoral.

Titre VII. — *Dispositions exceptionnelles.*

Chap. 1er.

65. — Lorsqu'il y aura urgence de prendre possession des

terrains non bâtis qui seront soumis à l'expropriation, l'urgence sera spécialement déclarée par une ordonnance royale.

66. — En ce cas, après le jugement d'expropriation, l'ordonnance qui déclare l'urgence et le jugement seront notifiés, conformément à l'art. 15, aux propriétaires et aux détenteurs, avec assignation au tribunal civil. L'assignation sera donnée à trois jours au moins; elle énoncera la somme offerte par l'administration.

67. — Au jour fixé, le propriétaire et les détenteurs seront tenus de déclarer la somme dont ils demandent la consignation avant l'envoi en possession. — Faute par eux de comparaître, il sera procédé en leur absence.

68. — Le tribunal fixe le montant de la somme à consigner. — Le tribunal peut se transporter sur les lieux, ou commettre un juge pour visiter les terrains, recueillir tous les renseignements propres à en déterminer la valeur, et en dresser, s'il y a lieu, un procès-verbal descriptif. Cette opération devra être terminée dans les cinq jours, à dater du jugement qui l'aura ordonnée. — Dans les trois jours de la remise de ce procès-verbal au greffe, le tribunal déterminera la somme à consigner.

69. — La consignation doit comprendre, outre le principal, la somme nécessaire pour assurer, pendant deux ans, le paiement des intérêts à cinq pour cent.

70 — Sur le vu du procès-verbal de consignation, et sur une nouvelle assignation à deux jours de délai au moins, le président ordonne la prise de possession.

71. — Le jugement du tribunal et l'ordonnance du président sont exécutoires sur minute et ne peuvent être attaqués par opposition ni par appel.

72. — Le président taxera les dépens, qui seront supportés par l'administration.

73. — Après la prise de possession, il sera, à la poursuite de la partie la plus diligente, procédé à la fixation définitive de l'indemnité, en exécution du titre IV de la présente loi.

74. — Si cette fixation est supérieure à la somme qui a été

déterminée par le tribunal, le supplément doit être consigné dans la quinzaine de la notification de la décision du jury, et, à défaut, le propriétaire peut s'opposer à la continuation des travaux.

—

CHAP. 2.

75. — Les formalités prescrites par les titres I et II de la présente loi ne sont applicables ni aux travaux militaires ni aux travaux de la marine royale. — Pour ces travaux, une ordonnance royale détermine les terrains qui sont soumis à l'expropriation.

76. — L'expropriation ou l'occupation temporaire, en cas d'urgence, des propriétés privées qui seront jugées nécessaires pour des travaux de fortification, continueront d'avoir lieu conformément aux dispositions prescrites par la loi du 30 mars 1831. — Toutefois, lorsque les propriétaires ou autres intéressés n'auront pas accepté les offres de l'administration, le règlement définitif des indemnités aura lieu conformément aux dispositions du titre IV ci-dessus. — Seront également applicables aux expropriations poursuivies en vertu de la loi du 30 mars 1831, les art. 16, 17, 18, 19 et 20, ainsi que le titre VI de la présente loi.

TITRE VIII. — *Dispositions finales.*

77. — Les lois des 8 mars 1810 et 7 juillet 1833 sont abrogées.

F.

FABRIQUES et manufactures. — Voyez *établissements dangereux.*

FAUBOURG. — C'est la partie d'une ville qui se trouve au-delà de ses portes et de son enceinte.

Sous le rapport des murs de clôture, il est quelquefois très important de distinguer si telle habitation fait ou non partie d'un faubourg.

Il est souvent très difficile de reconnaître précisément à quel point finit le faubourg d'une ville, qui peut avoir une partie de son territoire composée de propriétés purement rurales, ou de maisons isolées et destinées à la simple exploitation, ou à l'agrément, sans tenir aux habitations agglomérées. (PARDESSUS.)

Les plans et les cadastres faits par ordre des autorités compétentes, ajoute cet auteur, peuvent fournir des renseignements précieux; et, malgré les inconvénients qu'il y a de laisser à l'administration la décision d'une contestation purement civile, elle seule, dans ce cas, pourrait déclarer si les deux propriétés qu'il s'agit de séparer par un mur de clôture font, ou non, partie des faubourgs de la ville, et les tribunaux ne pourraient se dispenser de baser leurs jugements sur les déclarations que l'administration ferait en pareil cas. (Voyez *clôture, mur mitoyen.*)

FENÊTRES. — Ouvertures faites dans un mur pour donner du jour.

Du droit d'user de sa propriété naît la faculté de percer un mur qui vous appartient, établir dans ce mur des fenêtres de la dimension qui vous convient. Néanmoins il faut que le point sur lequel s'exerce le droit de regarder hors de l'édifice soit un objet dont on est propriétaire, ou un lieu destiné par sa nature à l'usage de tous les citoyens, tel qu'une rue, un chemin, etc.

Cependant lors même qu'on use de la vue sur sa propriété, il peut se faire que le terrain qui se trouve entre la fenêtre et la propriété du voisin soit si étroit, que l'exercice de la vue se fasse en majeure partie sur celui-ci. Les lois ont dû, dans ce cas, modifier le droit de propriété, et déterminer quel intermédiaire devait exister pour que la vue pût être exercée sans limitation, et que le voisin n'eût point à s'en plaindre. (PARDESSUS.) A cet égard, voyez le mot *vue*.

FEUILLES MORTES. — Celles qui sont détachées des arbres et répandues sur la terre.

Tout enlèvement non autorisé de feuilles vertes ou sèches, de glands, faînes et autres fruits ou semences des bois et forêts, donne lieu à des amendes qui sont fixées ainsi qu'il suit :

Par charreté ou tombereau, de 10 à 30 francs pour chaque bête attelée ; par chaque charge de bête de somme, de 5 à 15 francs ; par chaque charge d'homme, de 2 à 6 francs. (Code For. 144.)

FILETS. — On donne le nom de filet, soit à la moulure qui saille au bout du chapeau du mur et excède sa surface perpendiculaire, soit à des morceaux de bois qui sont enfoncés dans le mur, et dont les bouts paraissent au dehors. (PARDESSUS.)

Comment doivent être placés les filets pour exclure la présomption de mitoyenneté ? (Voyez *mur mitoyen.*)

FILETS. — En matière d'eaux et forêts on appelle filets, les engins avec lesquels les pêcheurs prennent les poissons, et les braconniers le gibier. (Voyez *chasse* et *pêche.*)

16

FLEUVE. — On appelle fleuves les grandes rivières qui se jettent dans la mer. (Voyez *rivières.*)

FONDATION. — Travaux qui se font en terre pour asseoir les fondements d'un bâtiment.

On a le droit de bâtir en profondeur sous un mur mitoyen, aussi bien qu'en élévation.

Les mêmes précautions, dit M. Pardessus, doivent être prises pour que cette construction sous-œuvre ne préjudicie point au voisin ; et l'on doit remplir les mêmes obligations que lorsqu'il s'agit d'un exhaussement. Celui qui, creusant au pied du mur mitoyen, en prolonge ainsi la fondation, doit bâtir de manière que la solidité et la durée de la partie mitoyenne ne courent aucun danger : il ne lui est dû aucune indemnité pour la *charge* que supporte la partie qu'il construit ainsi ; et tant qu'elle appartient à lui seul, il est tenu de la réparer à ses dépens. (Voyez *mur mitoyen.*)

FONDS dominant ou servant — Le fonds *dominant* est celui auquel la servitude est due, et le fonds *servant* celui qui est grevé de la servitude. (Voyez *servitudes.*)

FONDS inférieurs. — Voyez *cours d'eau.*

FONDS riverains. — Terrains situés sur le bord des fleuves, rivières, ruisseaux, lacs, étangs, etc., et qui en forment par conséquent les rives.

Cette expression désigne aussi, par extension, les propriétés qui bordent un bois, un chemin, etc.

FONTAINE. — Eau vive qui sort de terre.

Celui qui a une source d'eau dans son fonds, peut en disposer et en user à sa volonté, sans avoir égard à l'héritage inférieur sur lequel l'eau s'écoulerait si on l'abandonnait à elle-même.

Le propriétaire du fonds inférieur ne peut donc pas rechercher ce que deviennent les eaux de la source, ni les réclamer, à moins qu'il n'en ait acquis le droit par titre ou par prescription. (Voyez *cours d'eau,* § 3.)

Les fonds inférieurs sont assujettis envers ceux qui sont plus élevés, à recevoir les eaux qui en découlent naturellement, sans que la main de l'homme y ait contribué.

Le propriétaire inférieur ne peut point élever de digues qui empêchent cet écoulement.

Le propriétaire supérieur ne peut rien faire qui aggrave la servitude du fonds inférieur. (C. Civ. 640.)

Le propriétaire d'une source ne peut en changer le cours, lorsqu'il fournit aux habitants d'une commune, village ou hameau, l'eau qui leur est nécessaire ; mais si les habitants n'en ont pas acquis ou prescrit l'usage, le propriétaire peut réclamer une indemnité, laquelle est réglée par experts. (Ibid. 643.)

Ces principes ont été suffisamment développés sous le mot *cours d'eau,* où nous prions de recourir.

FORGES, FOURS et FOURNEAUX. — Celui qui fait construire une forge de serrurier, taillandier, maréchal, etc., près d'un mur mitoyen ou non, est obligé à laisser la distance prescrite par les règlements et usages particuliers sur ces objets, ou à faire les ouvrages prescrits par les mêmes règlements et usages, pour éviter de nuire au voisin. (C. Civ. 674.)

Beaucoup de coutumes exigent un contre-mur entre

une forge, ou un four, ou un fourneau, et le mur de séparation. Mais elles varient sur la fixation de l'épaisseur de ce contre-mur, qui, dit M. Lepage, dans certains pays, comme à Clermont, à Nevers, doit avoir un demi-pied d'épaisseur; à Blois, un demi-pied et un empan est la mesure indiquée; à Paris, à Calais, à Reims, il faut un pied d'épaisseur au contre-mur; un pied et demi à Sedan, à Troyes, à Cambray; et deux pieds dans les coutumes de Bar et Châlons.

Quelques coutumes veulent de plus que ce contre-mur soit séparé du mur voisin par un intervalle vide d'un demi-pied, que l'on nomme à Paris *tour du chat.*

Nous croyons être utiles à MM. les entrepreneurs, en donnant ici les explications et avis des architectes qui ont écrit sur les constructions des forges, fours et fourneaux. M. Lepage, en rapportant ces avis, recommande à MM. les entrepreneurs de ne pas oublier de se conformer aux dispositions des coutumes et règlements locaux.

« D'abord le contre-mur qui forme le fonds de la forge, ou du four, ou du fourneau, doit avoir l'épaisseur fixée par la loi du pays; à Paris, cette épaisseur est d'un pied. En second lieu, entre ce contre-mur et le mur près duquel se fait cette construction, il faut observer un intervalle vide, dans la dimension prescrite par les règlements du pays; à Paris, le *tour du chat*, c'est-à-dire ce vide qu'il faut laisser entre le contre-mur et le mur, est de six pouces. Troisièmement, le contre-mur doit s'étendre dans toute la largeur et la hauteur de la forge, du four ou du fourneau; et l'espace vide qui le sépare du mur ne doit être fermé, ni par les extrémités, ni par le haut, afin que l'air, passant librement, garantisse le mur des atteintes de la chaleur. »

« Parmi les *forges* auxquelles sont applicables les règles de construction dont on parle, sont comprises celles des maréchaux, des taillandiers, des serruriers, des couteliers, des orfèvres, et généralement de tous les ouvriers qui se servent de forges, quelle qu'en soit la forme, et quelle que soit la matière qui y est travaillé. »

« Les *fours* dont il s'agit ici sont, non-seulement ceux des boulangers, des pâtissiers, des traiteurs, des cuisinés, mais encore tous ceux que l'industrie allume pour quelque objet que ce soit, et quelle qu'en soit la forme. Ainsi les fours propres à cuire la porcelaine, la poterie de terre, et ceux des autres manufactures, sont dans le même cas; on observe même que ces sortes de fours étant beaucoup plus ardents que ceux des boulangers et des pâtissiers, il est convenable que l'espace vide qui sépare le mur et le contre-mur soit plus considérable, c'est-à-dire au moins d'un pied. »

« Enfin, sous le nom de *fourneaux*, il faut entendre tous les feux qui servent aux arts et métiers, quels que soient leur dénomination, leur forme et leur usage. Ainsi les fourneaux des salpêtriers, des brasseurs, des teinturiers, des affineurs, des fondeurs, des chapeliers, et généralement de tous les genres quelconques de manufactures, doivent être construits avec les précautions convenables, pour qu'ils ne donnent lieu à aucune crainte d'incendie. »

Les forges dites de grosses œuvres ne peuvent être

établies sans la permission de l'autorité. (Voyez *établissements dangereux.*)

Le voisin peut exiger les précautions prescrites pour la construction des forges, fours et fourneaux, quand le mur est mitoyen, ou quand ce mur est la propriété exclusive de ce voisin.

FORTERESSE. (**Place de guerre.**) — DÉFENSE DE CONSTRUIRE DANS LE VOISINAGE DES PLACES DE GUERRE.

Dans l'étendue de 250 mètres autour des places de guerre de toutes les classes et des postes militaires, il ne peut être bâti aucune maison, ni clôture de construction quelconque. (Ordon. 1er août 1821, pour l'exécution de la loi du 17 juillet 1819.)

Dans l'étendue de 487 mètres autour des places de première et de deuxième classe, il ne peut être bâti ni reconstruit aucune maison, ni clôture de maçonnerie; mais au-delà de la première zône de 250 mètres, il est permis d'élever des bâtiments et clôtures en bois et en terre sans y employer de pierres, ni de briques, même de chaux, ni de plâtre, *autrement qu'en crépissage*, et avec la condition de les démolir dans le cas où la place, déclarée en état de guerre, serait menacée d'hostilité. (Ibid.)

Autour des places de troisième classe et des postes militaires il est permis d'élever des bâtiments et clôtures de constructions quelconques, au-delà de la distance de 250 mètres. Le cas arrivant où ces places et postes seraient déclarés en état de guerre, les démolitions qui seraient jugées nécessaires à la distance de 487 mètres, ne donnent lieu à aucune indemnité en faveur des propriétaires. (Ibid.)

Les bâtisses, clôtures et autres constructions en bois et en terre, quelle que soit leur distance de la fortification autour des places de toutes les classes et des postes militaires, peuvent être entretenues dans l'état où elles étaient à l'époque de l'ordonnance, par des réparations et reconstructions *partielles*, mais sans aucun changement dans leurs dimensions extérieures. (Ibid.)

Il en est de même à l'égard des maisons, clôtures et autres constructions en maçonneries, situées au-delà de la première zône de 250 mètres des places de troisième classe et des postes militaires, ou qui seraient comprises, quelle que soit d'ailleurs la classe de la place, dans le terrain d'exception spécialement déterminé par le gouvernement. (Ibid.)

Les bâtiments, clôtures et autres constructions qui ne seraient pas compris dans le terrain d'exception dont il vient d'être parlé, ou qui seraient situés soit dans la première zône de 250 mètres des places et postes, soit sur l'esplanade spécialement déterminée par le gouvernement pour les citadelles et les châteaux, soit dans la deuxième zône des places des deux premières classes, ne peuvent être entretenus qu'avec les restrictions légalement prescrites en matière de voirie urbaine. (Ibid.)

Ces restrictions consistent à ne point faire de reprises en sous-œuvre, ni même de grosses réparations, ou toutes autres espèces de travaux *confortatifs*, soit à leurs fondations et à leurs rez-de-chaussées, s'il s'agit de bâtiments d'habitation, soit pour les simples clôtures jusqu'à moitié de leur hauteur, mesurée sur leur parement extérieur, soit enfin pour toutes autres constructions jusqu'à trois mètres au-dessus du sol extérieur. (Ibid.)

Les mêmes restrictions sont appliquées aux maisons, bâtiments et clôtures qui, dans l'intérieur des places de toutes les classes et des postes militaires, se trouvent entièrement ou partiellement sur le terrain de la rue militaire établie ou à établir pour la libre communication le long du rempart ou du mur de clôture. (Ibid.)

Tout propriétaire de bâtiment, maison, clôture ou autre construction quelconque existant dans l'une des zônes des servitudes, ou en-deçà de l'alignement de la rue militaire, qui veut faire exécuter des réparations, est tenu d'en faire préalablement la déclaration au chef du génie, et ne peut les faire commencer qu'après que celui-ci lui a délivré un certificat, portant qu'elles sont dans l'un des cas où l'exécution en est autorisée par l'ordonnance. (Ibid.)

Remarquons que dans l'intérieur de la place, lorsque la rue du rempart sert à la circulation publique, l'usage en est réglé par le décret du 24 déc. 1811, art. 75 et par la loi du 16 septembre 1807.

Outre la démolition de l'œuvre à leurs frais, les contrevenants encourent les peines applicables aux contraventions analogues en matière de grande voirie.

FOSSES D'AISANCES. — Celui qui fait creuser une fosse d'aisances près d'un mur mitoyen ou non, est obligé de faire les ouvrages prescrits par les règlements et usages locaux, pour éviter de nuire au voisin.

On ne doit pas en construire à la proximité d'un mur

de réparation, soit qu'on en ait la mitoyenneté, soit qu'il appartienne exclusivement au voisin, sans faire un contre-mur pour garantir son mur du contact des matières de la fosse; elles ne tarderaient pas à corrompre les fondements de ce mur, sans cette précaution (LEPAGE).

Ce contre-mur doit être assez long pour que les urines, en filtrant à travers les terres, ne puissent attaquer le mur, par les extrémités du contre-mur.

Le plus certain, dit M. Lepage, est d'entourer la fosse par le contre-mur, de manière à ne laisser aucun passage aux matières. L'épaisseur du contre-mur est différente, selon les différents pays; on doit se conformer, dans chacun, aux dispositions de la coutume ou des règlements particuliers, ou consulter l'usage. Quand cet usage n'est pas constant, il est prudent, lorsqu'on ouvre une fosse d'aisances à la proximité d'un héritage voisin, de s'entendre avec le propriétaire de cet héritage, pour s'en rapporter à des gens de l'art; s'il refuse, on fait nommer des experts en justice. Par ce moyen, on s'est assuré de construire, sans craindre d'être arrêté, pendant les travaux, par aucune contestation sur la manière dont ils sont exécutés.

Lors même qu'on aurait, pour faire creuser une fosse d'aisances, observé ce qui est prescrit par les usages et règlements, le propriétaire de la fosse ne serait pas moins tenu des dommages causés par l'infiltration, si les matières pénétraient jusqu'au mur du voisin, dans ses caves ou dans son puits.

La maçonnerie entre une fosse d'aisances et un puits,

suivant la coutume de Paris, doit avoir une épaisseur de quatre pieds.

FOSSE (cloaque). — Voyez *égout*, § 2.

FOSSÉ. — Fosse creusée en long pour clore quelque espace de terre, ou pour faire écouler les eaux.

Il y a trois espèces de fossés : ceux qui servent à l'écoulement des eaux pluviales et au dessèchement des marais ; ceux servant de clôture ou séparation entre deux héritages, et à intercepter le passage de l'un à l'autre ; et enfin les petits fossés qui se font à sec ordinairement, à l'extrémité d'un champ et près d'un chemin, pour empêcher qu'il s'établisse un passage.

Tout fossé qui sépare deux propriétés est réputé mitoyen, s'il n'y a titre ou marque du contraire. (C. Civ. 666.)

« Peu importe, dit M. Lepage, que les fossés contiennent de l'eau courante ou stagnante, ou même qu'ils soient perpétuellement à sec ; la loi parle indistinctement des fossés qui touchent, sans moyen, deux héritages, et qui leur servent de séparation. Si donc, au-delà d'un fossé, il avait été laissé une portion quelconque de terrain appartenant au même propriétaire, le principe dont il s'agit ne pourrait pas s'appliquer. Un pareil fossé, ne touchant pas immédiatement l'héritage voisin, n'est pas une séparation des deux propriétés ; par conséquent, la présomption de mitoyenneté ne peut pas subsister. »

De même, lorsqu'un fossé se trouve border un chemin public, on sait bien alors que ce fossé fait nécessairement partie de la propriété à laquelle il sert de clôture. (Ibid.)

De quelque manière que soit fait un fossé qui touche deux propriétés contiguës, sans objets intermédiaires, il appartient toujours au maître indiqué par les titres. (Ibid.)

Mais, à défaut de titres, le C. civ., art. 666, le répute mitoyen. Sa largeur est présumée prise sur chacun des héritages qu'il sépare. Les propriétaires de ces héritages possèdent le fossé par indivis, de manière que l'un ne peut le supprimer sans le consentement de l'autre. Il est entretenu à leurs frais communs ; le jet des terres provenant du curage leur appartient également, et chacun d'eux doit veiller et concourir à sa conservation, comme un mur mitoyen. (PARDESSUS.)

Cette présomption légale de mitoyenneté, ajoute cet auteur, ne peut être détruite que par un titre. Elle peut l'être encore par une marque du contraire. Suivant les articles 667 et 668, C. civ., cette marque de non-mitoyenneté existe lorsque la levée ou le rejet de la terre se trouve d'un côté seulement du fossé ; et ce fossé est censé appartenir exclusivement à celui du côté duquel le rejet se trouve. La présomption est que ce propriétaire a fait seul le fossé en entier sur son terrain, et qu'il a jeté de son côté toutes les terres qui en ont été tirées, puisque, usant du droit naturel de se clore, il ne pouvait contraindre son voisin ni à concourir à cette clôture, ni à recevoir les terres sorties du fossé. Il est également présumable qu'elles eussent été jetées des deux côtés, si le fossé eût été fait sur les deux terrains.

C'est ce qui fonde la maxime vulgaire, *qui a douve a fossé.*

Lorsqu'un fossé joint une haie en dehors, il est présumé appartenir au propriétaire de la haie, parce qu'on suppose qu'il a été fait pour garantir sa haie.

Toutefois, bien qu'un fossé joigne une haie, si le rejet se trouve du côté du propriétaire riverain de la haie, le fossé n'appartiendra pas moins à ce dernier, et non au propriétaire de la haie. (VAUDORÉ.)

Il est constant que la possession pendant le temps requis pour la prescription est d'ailleurs suffisante pour faire acquérir la mitoyenneté. Cette possession détruirait aussi les effets des titres et des marques contraires dont nous venons de parler. (PARDESSUS.)

Les usurpations de fossés, ou autres clôtures, lorsqu'elles ont été commises dans l'année, donnent lieu à des actions possessoires, et qui, par conséquent, doivent être portées devant le juge-de-paix de la situation des choses litigieuses.

Le copropriétaire d'un fossé peut-il se décharger de son entretien en l'abandonnant?

Il le peut, même dans les lieux où la clôture est forcée, parce que nulle part la clôture n'est forcée au moyen de fossés.

Cet abandon doit être notifié au voisin, qui demande ou se dispose à demander que le fossé soit entretenu à frais communs. Celui-ci peut exiger qu'il en soit dressé un acte authentique aux frais du cédant. (PARDESSUS.)

Une fois l'abandon fait, l'ancien copropriétaire ne pourrait, par la suite, forcer son voisin à lui revendre la mitoyenneté du fossé, comme cela se pratique à l'égard d'un mur mitoyen qu'un voisin aurait abandonné, en vertu de l'art. 656 du C. civ. (Ibid.)

Toutefois, si après avoir accepté l'abandon, le voisin laissait combler le fossé et ne l'entretenait pas en bon état, l'autre pourrait révoquer son acte : il est présumé ne l'avoir consenti que sous la condition que le fossé serait entretenu en bon état. (Ibid., FAVARD, DURANTON.)

Comment doit-on creuser un fossé ?

Celui qui veut faire un fossé, dit M. Pardessus, doit en prendre toute la largeur sur son héritage. L'expérience a appris, en outre, que, dans les terrains les plus solides, quelle que soit la largeur des talus, les berges du fossé qui ne sont pas revêtues de pierres, éprouvent un éboulement par le laps de temps, et surtout par la chute des pluies ; mais on sait que les usages locaux peuvent seuls déterminer la distance à observer entre un fossé et l'héritage voisin. On doit les suivre, dans le silence des lois positives, chaque fois que, loin de contrarier le vœu présumé du législateur, on ne fait qu'appliquer à des cas analogues les décisions qu'il a portées.

Telle est l'opinion de tous les auteurs qui ont écrit sur cette matière. Mais la cour de cassation vient de décider que le propriétaire qui veut faire creuser un fossé peut se dispenser de laisser un espace entre ce fossé et le terrain voisin. Mais alors il doit faire des talus assez larges, ou employer tel moyen qui lui paraîtra convenable, afin d'empêcher les éboulements.

Un des voisins ne peut contraindre l'autre à faire un

fossé commun pour la séparation de leurs héritages. (TOULLIER.)

Pareillement, il ne peut le forcer à acquérir la moitié d'un fossé déjà établi.

Mais le copropriétaire d'un fossé mitoyen peut-il en exiger le partage ?

Les opinions des auteurs sont partagées à cet égard : ainsi M. Duranton enseigne l'affirmative en se fondant sur ce que : 1° une clôture semblable n'est pas forcée ; 2° le fossé est susceptible de division, et que nul n'est forcé de rester dans l'indivision.

M. Pardessus, au contraire, se prononce pour la négative : l'existence du fossé, dit-il, étant réputée l'effet de la volonté de l'un et de l'autre, ce n'est que leur consentement mutuel qui peut la changer.

Toutefois, il ne pourrait s'élever de difficulté s'il s'agissait d'un égout ou d'un conduit servant à l'écoulement des eaux, ou s'il résultait des circonstances que le fossé a été établi comme servitude de l'un envers l'autre héritage.

M. Pardessus lui-même est de cet avis ; il dit que l'existence des fossés qui séparent des héritages et qui servent à l'écoulement des eaux pluviales dont la stagnation serait nuisible aux fonds cultivés, n'est pas moins nécessaire que celle du lit des cours d'eau ; et le propriétaire qu'un fossé de cette sorte sépare de son voisin, ne peut ni le supprimer, ni refuser de concourir à l'entretien et au curage, même en l'abandonnant entièrement à l'autre. La police peut aussi exercer, dans certains cas, une surveillance, soit pour contraindre à en faire, ou à curer ceux qui existent, soit pour empêcher que leur direction ne soit changée. Sous un très-grand nombre de rapports, on peut donc appliquer à ces fossés ce que nous avons dit au mot *cours d'eau*. Voyez ce mot.

FOUILLES. — Le propriétaire qui voudrait fouiller sur lui-même pour tirer de la pierre, de la marne, du sable, ou toutes autres matières semblables, ne pourrait ouvrir la terre au point extrême qui sépare sa propriété de celle du voisin, et continuer ainsi ses fouilles à pic, car le terrain de ce voisin, restant sans soutien, serait exposé à des éboulements. (Voyez *carrières*.)

FOURS, FOURNEAUX. — Voyez *forges*.

FUIE. — Espèce de petit colombier. (Voyez *colombier*.)

FUMIERS. — Les maires doivent veiller à ce qu'on ne laisse point séjourner dans les communes rurales des fumiers dont les exhalaisons seraient nuisibles à la santé.

Le voisin qui souffre par ces exhalaisons peut se pourvoir devant les tribunaux.

On ne peut entasser du fumier près d'un mur mitoyen sans laisser la distance prescrite par les règlements et usages particuliers sur cette matière, et sans faire les ouvrages prescrits par les mêmes règlements ou usages, pour éviter de nuire au voisin.

Ces ouvrages sont des contre-murs que l'on doit établir entre le fumier et le mur mitoyen, afin que l'humidité du fumier ne puisse atteindre le mur commun.

Il faut même remarquer qu'on ne pourrait en adosser, même en prenant ces précautions, si leur poussé était capable de charger le mur ou de l'endommager de toute autre manière, ou s'ils étaient assez élevés pour qu'on pût voir chez le voisin.

G.

GARDE-CHAMPÊTRE. — C'est un fonctionnaire chargé de veiller à la conservation des récoltes et des propriétés rurales de toute espèce.

L'établissement des gardes-champêtres a été ordonné par la loi des 28 sept. et 6 oct. 1791.

Il devait y en avoir un dans chaque commune; mais cette disposition n'a jamais été rigoureusement suivie. Dans certaine localité peu importante, un garde-champêtre eût été une charge trop onéreuse.

La loi du 25 fructidor an 9, a ordonné que les gardes-champêtres seront pris parmi les vétérans et autres anciens militaires de chaque arrondissement.

Le maire nomme les gardes-champêtres, sauf l'approbation du conseil municipal. Ils doivent être agréés et commissionnés par le sous-préfet; ils peuvent être suspendus par le maire, mais le préfet peut seul les révoquer. (L. 18 juillet 1837.

L'individu nommé doit, lorsqu'il a reçu sa commission, se présenter chez le juge-de-paix du canton pour prêter serment et en présenter l'acte au maire dans les dix jours au plus tard.

La non représentation dans le délai ci-dessus, emporte de plein droit la révocation de l'institution donnée au garde, et le maire est tenu de procéder à un nouveau choix.

Le maire, auquel l'acte de prestation de serment est représenté, y met son *visa*, en tient note sur le registre de ses délibérations, et instruit le sous-préfet du jour de cette prestation et de celui de son *visa*.

Les salaires des gardes-champêtres sont payés sur les revenus communaux et sur le produit des amendes, lorsqu'ils suffisent, ou au moyen d'une répartition de centimes additionnels à la contribution foncière assise sur les biens ruraux.

Ils jouissent du traitement fixé, à compter du jour de la représentation au maire de sa prestation de serment; il en est payé sur les mandats du maire, par trimestre et à l'échéance de chacun.

Les gardes-champêtres sont personnellement responsables des dommages résultant, pour les propriétaires ou fermiers, des délits ruraux qui n'ont pas été constatés, ou à l'égard desquels il n'y a pas eu de poursuite, faute par eux d'avoir affirmé leurs procès-verbaux, et de les avoir remis dans les délais fixés par la loi, aux adjoints de maires, ou autres fonctionnaires chargés des poursuites.

Ils doivent se décorer sur le bras, dans l'exercice de leurs fonctions, d'une plaque de métal ou d'étoffe, sur laquelle seront inscrits les mots *la loi*, le nom de la commune et le leur.

Ils ne peuvent porter que les armes qui sont jugées nécessaires par le préfet ou le sous-préfet.

Ils dressent des procès-verbaux à l'effet de constater

les délits, ainsi que les preuves et les indices qu'ils ont pu recueillir. Ils suivent les choses enlevées dans les lieux où elles ont été transportées, et les mettent au séquestre, toutefois sans pouvoir s'introduire dans les maisons, ateliers, bâtiments, cours adjacentes et enclos, si ce n'est en présence soit du juge-de-paix, soit du commissaire de police, soit du maire. Enfin ils arrêtent et conduisent tout individu surpris en flagrant délit, devant le juge-de-paix ou devant le maire, en se faisant, pour cet effet, donner main forte par la commune du lieu.

Les rapports entre les fonctions de gardes-champêtres et de la gendarmerie ont été réglés par un décret du **11 juin 1806**, dont voici le texte :

Art. 1er. — Les gardes-champêtres des communes actuellement en fonctions, et ceux qui pourront être nommés à l'avenir, se présenteront, les premiers dans le mois qui suivra la promulgation du présent décret, et les seconds dans les huit jours de leur installation, à l'officier ou sous-officier de la gendarmerie du canton dans lequel sera située la commune à laquelle ils seront attachés. Cet officier inscrira leur nom, leur âge, leur domicile sur un registre à ce destiné.

2. — Les officiers et sous-officiers de gendarmerie s'assureront, lors de leurs tournées, si les gardes-champêtres remplissent bien les fonctions dont ils sont chargés ; et ils rendront compte aux sous-préfets de ce qu'ils auront appris sur la conduite et le zèle de chacun d'eux.

3. — Les sous-officiers de gendarmerie pourront, pour tous les objets importants et urgents, mettre en réquisition les gardes-champêtres d'un canton, et les officiers ceux d'un arrondissement, soit pour les seconder dans l'exécution des ordres qu'ils auront reçus, soit pour le maintien de la police et de la

tranquillité publique; mais ils seront tenus de donner avis de ladite réquisition aux maires et aux sous-préfets, et de leur en faire connaître les motifs généraux.

4. — Les officiers et sous-officiers de gendarmerie adresseront aux maires, pour être transmis aux gardes-champêtres, le signalement des malfaiteurs, déserteurs, conscrits réfractaires, ou autres individus qu'ils auront reçu ordre de faire arrêter.

5. — Les gardes-champêtres seront tenus d'informer les maires, et ceux-ci les officiers et sous-officiers de gendarmerie, de tout ce qu'ils découvriront de contraire au maintien de l'ordre et de la tranquillité publics; ils leur donneront avis de tous les délits qui auront été commis dans leurs territoires respectifs, et les préviendront lorsqu'il s'établira dans leurs communes des individus étrangers à la localité.

6. — Les gardes-champêtres qui arrêteront soit des conscrits réfractaires, déserteurs, des hommes évadés des galères, ou autres individus, recevront la gratification accordée par la loi à la gendarmerie royale.

7. — Les sous-préfets, après avoir pris l'avis des maires et des officiers de gendarmerie, désigneront aux préfets, et ceux-ci à l'administration forestière, ceux d'entre les gardes-champêtres de leurs arrondissements ou de leurs départements respectifs, qui, par leur bonne conduite et par leurs services, mériteront d'être appelés aux fonctions de gardes-forestiers.

Les communes n'ont pas seules le droit d'avoir des gardes-champêtres, ce droit appartient aussi aux hospices et autres établissements publics, et même à tout propriétaire.

Mais ils doivent être agréés par le sous-préfet et par le conseil municipal.

Ce qui a été dit ci-dessus, relativement aux gardes-champêtres des communes, est applicable à ceux des particuliers.

GARENNE. — C'est ordinairement un bois destiné à élever et à multiplier des lapins.

Il y a deux sortes de garennes : 1° les garennes *forcées*, qui sont fermées par des murs ou des fossés remplis d'eau ; 2° et les garennes *ouvertes*, qui ne sont entourées d'aucune clôture capable d'empêcher les lapins d'entrer et de sortir.

Il a toujours été permis d'avoir des garennes forcées ou fermées. Mais le droit d'avoir des garennes ouvertes était, dans l'ancienne jurisprudence, l'objet d'une concession expresse; il ne pouvait être accordé aux roturiers.

La loi du 4 août 1786 a aboli ce droit exclusif de garenne ; en sorte qu'aujourd'hui chacun a le droit de convertir son terrain en garenne, sans être pour cela tenu de le clore.

Il est incontestable que les propriétaires des garennes ouvertes sont responsables des dommages que les lapins causent aux propriétés voisines.

C'est ainsi, du reste, que l'a décidé la cour de cassation : « Attendu que ce serait donner à la loi du 4 août 1789 un effet directement contraire à son principal objet que d'en faire résulter, pour le propriétaire d'une garenne ouverte, la décharge de toute responsabilité envers ses voisins ; que l'intention du législateur fut de protéger l'agriculture, et de la garantir des pertes que lui faisait éprouver le droit exclusif de la chasse et des garennes ouvertes ; que, loin d'avoir atteint ce but, les maux auxquels ces lois ont voulu remédier seraient au contraire empirés, si le droit de garenne ouverte emportait celui de laisser multiplier ses lapins en telle quantité que, ne trouvant pas assez de nourriture dans les bois, ils fussent obligés de se répandre sur les terres contiguës, et d'en dévorer les fruits ; que la loi, en consacrant ce principe, que *chacun peut user de sa chose comme il lui plaît*, y a ajouté la condition, à celui qui en use, de *n'être nuisible à autrui en aucune manière*, etc.

Les lapins qui passent dans une autre garenne appartiennent au propriétaire de cette garenne, s'ils n'y ont point été attirés par fraude ou artifice. (Voyez *chasse*, *délit rural.*)

GIBIER. — On nomme ainsi les animaux sauvages que l'on prend à la chasse et dont la chair est bonne à manger. (Voyez *chasse.*)

Les pigeons peuvent, en certains cas, être considérés comme gibier. (Voyez *colombier*, *pigeons.*)

GLANAGE. — Action de ramasser les grains ou fourrages qui restent dans les champs, près des vignes, après l'enlèvement de la récolte.

Les glaneurs, les râteleurs et les grappilleurs, dans les lieux où sont reçus les usages de glaner, de râteler ou de grappiller, n'entreront dans les champs, prés et vignes récoltés et ouverts, qu'après l'enlèvement entier des fruits. En cas de contravention, les produits du glanage, du râtelage et du grappillage seront confisqués, et, suivant les circonstances, il pourra y avoir lieu à la détention de police municipale. Le glanage, le râtelage et le grappillage sont interdits dans tout enclos rural. (L. 6 oct. 1791.)

L'héritage sera réputé clos lorsqu'il sera entouré d'un

mur de quatre pieds de hauteur avec barrière ou porte, ou lorsqu'il sera exactement fermé et entouré de palissades ou de treillage, ou d'une haiè vive, ou d'une haie sèche faite avec des pieux, ou cordelée avec des branches, ou toutes autres manières de faire les haies en usage dans chaque localité, ou enfin d'un fossé de quatre pieds de large au moins à l'ouverture, et de deux pieds de profondeur. (Ibid.)

La peine a été ainsi modifiée par les articles 471 et 473 du C. Pén., dont voici les termes :

Seront punis d'amende, depuis 1 fr. jusqu'à 5 fr. inclusivement, ceux qui, sans autres circonstances, auront glané, râtelé ou grappillé dans les champs non encore entièrement dépouillés et vidés de leurs récoltes, ou avant le moment du lever ou après le coucher du soleil.

La peine d'emprisonnement pendant trois jours au plus peut être prononcée suivant les circonstances.

Les délits relatifs au glanage doivent être constatés par le garde-champêtre, qui est tenu d'en dresser procès-verbal.

GOUTTIÈRES. — Tuyaux par où les eaux de la pluie coulent de dessus les toits. (Voyez *égout*, *saillies*.)

GRAINS. — Nous croyons être utiles à MM. les propriétaires, en rapportant dans notre livre l'avis sur les récoltes des grains, que le bureau consultatif d'agriculture du ministère de l'intérieur a publié en l'an 7, et nous les engageons sincèrement à en propager les principes.

Les pailles sont rares, mais le fauchage en augmente la quantité, et les rend plus fourrageuses.

Les bras suffisent à peine, mais la faux est plus expéditive que la faucille.

Les pluies continues peuvent détruire une partie des récoltes, altérer la qualité des grains; mais la promptitude des opérations diminue ces dangers.

C'est surtout dans ces travaux que la surveillance la plus active est nécessaire; il ne faut pas y perdre une minute, y rien différer, y rien commencer sans penser à finir.

Ces vérités sont généralement reconnues; mais tous les cultivateurs ne savent pas également comment les réduire en pratique : le présent avis a pour but de leur en faciliter les moyens.

Pour être utile au plus grand nombre, il faut nécessairement répéter ce que plusieurs savent. Les propriétaires instruits doivent se rappeler que les pratiques agricoles qui leur sont le plus familières sont cependant inconnues dans différentes parties du territoire français.

Ce qui va être dit ici ne peut pas non plus s'appliquer à toutes les circonstances. Ce sont des généralités sur un objet d'une grande importance.

Maturité des grains.

Les épis trop mûrs s'égrènent facilement : afin d'éviter cette perte, il faut les couper trois ou quatre jours avant leur maturité complète, plus ou moins, suivant la chaleur qu'il fait. Cette maturité s'achèvera très bien dans l'épi.

Les grains destinés aux semences, au risque d'en

perdre une partie, ne doivent être coupés qu'à leur entière maturité. Ce soin et une culture convenable rendent inutile l'échange qu'on fait ordinairement des semences d'un pays avec celles d'un autre.

Le cultivateur doit fixer à ses moissonneurs l'ordre dans lequel ils couperont les grains de ses différentes pièces de terre, relativement à leur maturité.

Coupe des grains.

Des faucilles et des faux, de formes assez variées, sont employées à la coupe des grains.

Parmi ces faux, on remarque celle nommée, dans la Belgique, *piquet;* elle est plus expéditive que la faucille, moins que la faux; elle coupe aussi bas que celle-ci, et peut-être, dans certaines circonstances, égrène moins. L'une et l'autre sont moins fatigantes que la faucille, dont le travail est si pénible : les femmes peuvent même se servir du *piquet*. Cet instrument n'est pas assez connu ; le gouvernement a déjà fait des efforts pour en propager l'usage. L'avantage qu'il a sur la faux, c'est d'épargner l'ouvrier, indispensable pour ramasser les grains lorsqu'on les coupe avec ce dernier instrument.

La faux commune est l'outil que l'on doit employer le plus généralement pour la récolte des grains. Les reproches qu'on lui fait ne sont fondés que sur l'ignorance de son meilleur emploi, et sur l'intérêt particulier. Plus d'une fois des scieurs se sont ouvertement opposés à ce que des cultivateurs fissent faucher tout leurs grains. La faux est de plus du double plus expéditive que la faucille, et elle égrène moins. Le scieur donne une secousse assez forte à la poignée de tiges qu'il saisit, et en la retirant, pour peu que ces tiges soient mêlées, il fait tomber beaucoup de grains.

Mais la manière d'employer la faux n'est pas indifférente : voici celle qui est pratiquée dans plusieurs cantons, dans les environs de Paris et ailleurs.

La faux pour les grains doit être bien tranchante et un peu plus courbe. Sur son manche, tout-à-fait à l'extrémité, du côté de la lame, on élève perpendiculairement, à environ trois décimètres de hauteur, ce qu'on nomme un *playon*. Ce sont deux baguettes minces, flexibles, dont les quatre bouts, fichés dans les trous faits au manche, à des distances égales, sont employées en demi-cercle, de sorte qu'un des bouts de chaque baguette est fiché au milieu de chaque demi-cercle que chacune d'elles forme, ainsi que deux demi-cercles conclos l'un dans l'autre peuvent le représenter. Ce *playon* a de longueur, à sa base, depuis le premier trou jusqu'au quatrième, six décimètres environ.

Il ne faut pas confondre le *playon* avec les crochets qu'on ajoute également aux faux pour former les andains des avoines; cependant, entre les mains d'un faucheur adroit, le crochet peut aussi servir pour les blés; mais les crochets sont lourds, embarrassants, et il faut les acheter.

Le but du *playon*, en empêchant le grain de tomber par-dessus le manche de la faux, est de le fixer doucement, et presque droit, contre celui qui est encore debout. L'art de cette manière de faucher consiste à empêcher le grain coupé de tomber à plat ; dans ce dessein on fauche du dehors de la pièce de grains, ou, ce qui est la même chose, de droite à gauche.

Une femme ou un enfant prend à mesure cette coupe pour la mettre en javelles, de sorte que le faucheur qui suit trouve le grain sur pied débarrassé de celui que son camarade avait accoté dessus : le ramasseur, pour faciliter le rapprochement des tiges coupées, les saisit avec une faucille ou un bâton.

Le faucheur, au lieu de placer ses pieds sur deux lignes parallèles comme à l'ordinaire, les fait suivre successivement sur une même ligne, le gauche après le droit ; de sorte que les bras sont plus libres pour placer sa coupe où elle doit être. Il est inutile de rappeler ici d'autres observations, parce qu'elles seraient applicables seulement au fauchage en général ; telles sont celles qui sont relatives à la direction du vent, à la manière dont les tiges sont penchées, etc.

Le cultivateur doit veiller à ce que le ramasseur ne brouille point les épis des javelles ; il peut aussi l'assujettir à poser les javelles en triangle, de manière que leurs épis, placés sur les extrémités inférieures les unes des autres, ne portent pas sur la terre, afin de n'en point absorber l'humidité.

Le fauchage des grains fournit des pailles plus longues, plus fourrageuses que les herbes qui se trouvent dans le pied du grain ; mais ces herbes, souvent encore vertes, demandent qu'on en facilite le fanage. Il ne faut pas croire que cette herbe soit enlevée aux bestiaux qui doivent se nourrir dans les champs après les récoltes; les tiges de ces herbes, ainsi coupées, repoussent plus vigoureusement pour la plupart, et offrent alors aux animaux une nourriture plus abondante; de plus, la longueur des chaumes ne les empêche point de saisir cette herbe, comme cela arrive quand les grains ont été sciés. Un autre soin très-important, que ne doit pas négliger le cultivateur, c'est de ne laisser couper de grains que ce qu'on peut mettre d'une manière ou d'une autre à l'abri de la pluie.

Conservation des grains dans les champs, malgré la pluie pendant la récolte.

Excepté dans nos départements méridionaux, dans lesquels on dépique ou dans lesquels on bat les grains aussitôt après leur récolte, presque partout ailleurs on lie les javelles en gerbes, on arrange celles-ci en dizeaux ou triaux, jusqu'à ce qu'elles puissent être transportées dans les granges, ou entassées dans les champs pour y former des meules, chaumières ou gerbiers.

Pendant le temps employé à lier les gerbes, à former les dizeaux et à les transporter, si les pluies sont durables, les grains courent de grands risques : il est donc désirable de trouver, dans ces circonstances, une méthode prompte et sûre qui puisse empêcher les grains d'être mouillés. L'arrangement des gerbes en dizeaux, qui les laisse exposées à tout le danger de la pluie, a sans doute pour origine le paiément de la dîme; la suppression de celle-ci, qui facilite celle des dizeaux, a donc encore un autre effet utile en agriculture.

Cette méthode, pour soustraire les grains au danger des pluies pendant la récolte, existe dans plusieurs départements du Nord : voici en quoi elle consiste :

Dans ces départements, à mesure que les grains sont coupés, on forme dans le champ même ce qu'on appelle, suivant les lieux, *huttes, huttelottes* ou *moies*. Ce sont de petites meules provisoires, composées de la valeur de vingt gerbes jusqu'à soixante ; ces gerbes ne sont point liées ; c'est un temps précieux à gagner.

On commence ces *moies* en couchant à terre une brassée de javelles, dont le gros bout, celui opposé aux épis, deviendra le centre de la moie : sur ce gros bout on pose les épis des autres brassées, et l'on relève entre leurs tiges les épis de la première brassée couchée par terre, afin qu'ils n'en absorbent point l'humidité ; on continue à placer circulairement, et de droite à gauche, d'autres brassées, sans laisser aucun vide, les épis toujours au centre. L'ordre mis dans le placement des brassées rendra le liage des gerbes plus facile lorsque l'on détruira les moies.

Chaque moie, pour empêcher la pluie de s'y introduire, sera couverte d'un chapeau ou couvercle formé par une grosse gerbe bien serrée d'un fort lien placé le plus près du gros bout qu'il est possible ; on ouvre cette gerbe du côté des épis, on la place sur la moie, elle y est fixée par trois ou quatre liens d'herbe ou de paille attachés d'un bout à des poignées d'épis de la gerbe, et de l'autre enfoncés solidement dans la moie par ses côtés extérieurs. Au lieu d'une gerbe, on pourrait se servir d'une botte de paille de seigle battu ; la couverture et serait meilleure. On peut donner insensiblement à ces moies un peu moins de diamètre vers le haut ; elles en seront plus solides et plus faciles à couvrir.

Lorsque les javelles contiennent beaucoup d'herbes, et que la crainte de la pluie a forcé de les mettre en moie avant qu'elles fussent fanées, il est nécessaire, en posant les brassées, de retirer avec les doigts, vers les bords de la moie, le plus qu'il est possible de cette herbe, afin qu'elle y sèche plus facilement et ne donne point d'humidité vers le centre de la moie.

Ces moies, promptes et faciles à faire, conserveront parfaitement les grains jusqu'à ce que le temps permette de les transporter dans les granges ou d'en former à demeure des meules dans les champs, tandis qu'ils auraient été endommagés par la pluie dans les dizeaux, ou par toute autre méthode aussi imparfaite.

Mais ce n'est pas le seul avantage que procurent les moies ; le grain y acquiert une qualité qu'il ne peut avoir autrement. Le grain, en ressuant dans la moie, s'y perfectionne sans courir les risques que cette humidité qu'il rend puisse à son tour contribuer à l'altération ; il reste assez de temps dans la moie pour y devenir meilleur, et pas assez pour s'y détériorer, comme cela arrive dans les meules ou dans les granges lorsque les grains ne sont pas suffisamment secs. Enfin le grain, en sortant de la moie, se sèche dans le transport, de manière à ne plus faire craindre aucun mauvais effet de l'humidité qu'il avait produite.

GRAPPILLAGE. — Action de cueillir ce qui reste de raisin dans une vigne, après qu'elle a été vendangée. Voir *glanage*.

H.

HAIE.— Clôture formée par la plantation de plusieurs arbustes qui prennent racine, et qui, en grandissant et en se fortifiant, ont besoin d'être cultivés et taillés.

On distingue deux sortes de haies :

La *haie vive*, formée d'arbustes en végétation ; et la *haie sèche*, formée de branches d'arbres coupées, d'épines sèches ou de bâtons fichés en terre, et réunis ensemble.

A défaut de règlements et usages contraires, une haie vive ne peut être plantée qu'à la distance d'un demi-mètre de la ligne de séparation entre deux héritages. (C. civ., 671.)

Si une haie vive avait été plantée à une distance moindre, le propriétaire du terrain voisin pourrait obliger à la faire arracher. (Ibid 672.)

Il n'en est pas ainsi des *haies sèches* ou *haies mortes*; comme elles n'étendent ni branches ni racines, on peut les fixer sur la ligne de séparation de deux terrains.

Quand une haie vive ou sèche n'est pas placée sur la ligne de démarcation de deux héritages, elle appartient exclusivement au propriétaire du fonds sur lequel elle se trouve.

Au contraire, toute haie placée sur la limite de deux fonds est réputée mitoyenne, à moins qu'il n'y ait titre ou possession contraire, ou qu'il n'y ait qu'un seul des fonds en état de clôture. (C. civ., 670.)

Ainsi, par exemple, un pré est enclos de trois côtés par des fossés ou des haies mortes ; de l'autre côté est une haie vive qui le sépare d'une terre. S'il s'élève une contestation à l'effet de savoir à qui appartient la haie, on se décidera, faute de titre, pour le pré, qui est seul en état de clôture. On doit supposer que la haie a été plutôt plantée pour enclore le pré que pour commencer la clôture d'une terre.

Remarquez bien ces mots de l'art. 670 précité : *A moins qu'il n'y ait qu'un seul des héritages en état de clôture*, c'est-à-dire clos de toutes les autres parts. Il est alors naturel de conclure que la haie qui fait l'objet de la difficulté est le complément de cette clôture.

Il ne suffit donc pas qu'une clôture soit plus nécessaire à l'héritage, dont le propriétaire réclame la haie, qu'à l'héritage limitrophe ; par exemple, si la haie se trouve entre des vignes ou des prés d'un côté, et des terres labourables ou des bruyères de l'autre, elle ne doit pas pour cela seul être attribuée au propriétaire de la vigne ou du pré. Il faut, nous le répétons, que l'héritage soit *en état de clôture.*

Si les deux héritages sont également en état de clôture, la haie est réputée mitoyenne, à moins de titres ou *possession contraire.* (Art. 670 sus rappelé.)

Jugé que la possession suffisante, d'après cet article, pour détruire la présomption de mitoyenneté de la haie, doit être de trente ans. Il ne suffit pas de la possession annale. C. R., Angers, 7 juill. 1830; — Bourges, 31 mars 1832, et 31 mars 1837.

La cour de cassation elle-même s'est prononcée dans ce sens, par arrêt du 13 déc. 1836, en ces termes :

« Attendu que l'art. 670 C. Civ., en joignant les mots *possesssions suffisantes* au mot *titre*, et ne les séparant que par la conjonction alternative *ou*, a désigné clairement une possession qui équivaut à un titre, parce qu'elle a opéré la prescription ; »

« Attendu que si la possession annale a l'effet, fondé sur la règle *melior est causa possidentis* (la cause de celui qui possède est la meilleure), de procurer à la partie qui a obtenu le jugement de maintenue en possession, de plaider au pétitoire, il n'en résulte pas qu'elle ait l'effet d'engendrer la prescription, et par conséquent d'équivaloir à un titre, etc. »

La haie plantée sur le bord d'un fossé est présumée appartenir au maître de l'héritage que cette haie sépare du fossé.

Cette décision est évidente, si le rejet des terres se trouve entièrement du côté de la haie ; car alors on voit que la même personne a formé sur son propre terrain la double séparation d'une haie défendue par un fossé.

Il en est de même lorsque le fossé est mitoyen ; il est évident, en pareil cas, que l'un des propriétaires a voulu séparer son héritage, non-seulement par le fossé commun, mais encore par une haie plantée de son côté sur le bord de ce fossé.

Enfin, dans le cas où le fossé dépend en totalité de l'héritage auquel il touche sans moyen, la haie pla en dehors est censée faire partie de l'autre héritage ; on présume que le voisin a voulu aussi, de son côté, une clôture. On ne peut pas supposer que le propriétaire du fossé ait planté la haie ; car lorsqu'on forme une séparation avec un fossé et une haie, celle-ci est placée en-deçà du fossé, et jamais au-delà ; en sorte que la haie forme la clôture intérieure, et le fossé la clôture extérieure. Il est donc certain qu'une haie placée sur le bord d'un fossé est toujours censée faire partie de l'héritage qu'elle sépare du fossé. (FOURNEL. — *Lois du Voisinage.*)

L'entretien et les réparations d'une haie sèche ou vive sont à la charge de celui à qui elle appartient.

Si la haie est mitoyenne, l'entretien et les réparations doivent se faire à frais communs.

L'un des copropriétaires d'une haie mitoyenne peut, pour éviter de contribuer aux réparations et à l'entretien d'une haie, en abandonner la mitoyenneté. Car il est de principe que, lorsqu'on est obligé seulement à cause d'une chose qu'on possède, on peut se décharger de l'obligation en abandonnant la chose.

Il est évident que celui qui renonce à la mitoyenneté d'une haie, abandonne nécessairement la part du terrain sur lequel cette haie se trouve plantée.

Le copropriétaire d'une haie mitoyenne ne peut obliger son voisin à l'arracher. Ils doivent jouir ensemble des fruits qu'elle peut produire ; ils peuvent y laisser croître des arbres, dont ils partagent également le produit ; mais ils peuvent exiger l'un et l'autre que ces arbres soient abattus, car ils ne peuvent être considérés comme formant une haie. Dans ce cas, le produit se partage entre eux.

Les mêmes raisons donnent au propriétaire du fonds voisin de la haie le droit d'exiger que les arbres à haute tige qui s'y trouvent soient arrachés, malgré que la distance d'un demi-mètre ait été observée. (Voir *arbre.*)

Dans les villes, un voisin non copropriétaire d'une haie peut forcer le maître à l'arracher, pour être remplacée par un mur mitoyen. (Voir *mur.*)

HALAGE (chemin de). — Portion de terrain prise sur les fonds riverains des fleuves et rivières navigables pour le service de la navigation. (Voir chemin de halage.)

HÉBERGE. — On nomme ainsi l'endroit où deux bâtiments établis sur le même mur commencent à se séparer. La partie du mur qui excède le bâtiment le plus bas est réputée appartenir au propriétaire du bâtiment le plus élevé. (Voir *mur.*)

HÉRITAGE. — On désigne par ce mot une terre, une maison, un patrimoine, enfin tout immeuble réel dont on est devenu propriétaire à titre d'héritier.

HOUILLE. — Voir *mines.*

I.

ILE, ILOT. — Portion de terre plus ou moins considérable, entourée d'eau de tout côté, et qui se forme dans les fleuves et rivières par atterrissement ou alluvion.

Les îles, îlots, atterrissements qui se forment dans le lit des fleuves et des rivières navigables et flottables, appartiennent à l'État, s'il n'y a titre ou prescription contraire. (C. civ., 560. — Voir *accession*.)

Les îles et atterrissements qui se forment dans les rivières non navigables et non flottables appartiennent aux riverains du côté où l'île s'est formée. Si cette île n'est pas d'un seul côté, elle appartient aux riverains des deux côtés, à partir de la ligne qu'on suppose tracée au milieu de la rivière. (C. civ., 561.)

Si une rivière ou un fleuve, en se formant un bras nouveau, coupe et embrasse le champ d'un propriétaire riverain, et en fait une *île*, ce propriétaire conserve la propriété de son champ, encore que l'île se soit formée dans un fleuve ou dans une rivière navigable et flottable. (Ibid. 562.)

Les concessions d'îles et îlots, lais et relais de la mer, ne peuvent être faits que par adjudication. (Ordon. roy., 23 sept. 1823.)

Voir *atterrissement*, *alluvion*, *accession*.

INONDATION. — Débordement des eaux qui sortent de leur lit.

L'inondation peut venir du fait de l'homme ou d'une force majeure.

Dans le premier cas, c'est une contravention qu'il faut réprimer. — Voyez *déversoir*, *étang*, *moulin*, *usine*.

Dans le second cas, c'est un événement qu'on ne peut empêcher.

Lorsque, par la stérilité de l'année, la grêle, la gelée

ou l'*inondation*, les récoltes, maisons et bâtiments d'un contribuable ou d'une commune, ont été détruits en totalité ou en grande partie, le contribuable ou la commune en donne avis au sous-préfet, qui en fait faire la vérification et dresser un procès-verbal qu'on remet au préfet pour servir à la confection d'un état général des pertes, destiné à obtenir, pour le département, des remises, modérations et secours, dont la répartition est ensuite faite entre les particuliers ou les communes qui ont éprouvé les pertes. (*Manuel des Maires.*)

Le ministre de l'intérieur a fait publier les instructions suivantes sur les effets des inondations et de la gelée, et sur les moyens d'y remédier. Nous allons les rapporter ici. MM. les propriétaires y trouveront de sages avis, que nous les engageons sincèrement de suivre.

Effets des débordements des rivières sur les prés.

Art. 1er. — Les rivières, en débordant, déposent sur les prés, par des alluvions subites, des limons plus ou moins abondants. (Ce qui se dit ici des rivières peut s'entendre à beaucoup d'égards des ravins, qui produisent à peu près les mêmes effets.)

2. — Si ces dépôts limoneux sont gras et non graveleux, si leur couche est peu épaisse, c'est un puissant amendement pour les prés qu'ils recouvrent, quoiqu'un accident pour les récoltes du moment : alors ces objets doivent y être précieusement conservés.

3. — Si ces dépôts de bonne qualité sont assez épais

pour craindre que l'herbe ne puisse pas les percer, événement peu commun, il faut, lorsque cela est possible, en enlever la plus grande partie; ce sera une puissante ressource pour les engrais; elle dédommagera avec usure des avances qu'on pourrait consacrer à son emploi.

4. — Lorsque l'excédant de la couche de ces dépôts peut être enlevé pour le répandre sur d'autres terres, principalement sur celles qui sont plantées en vignes, il faut, auparavant, calculer les moyens de transport les plus économiques.

5. — Des ouvriers placés en relais, conduisant des brouettes sur des planches, offrent le meilleur moyen pour retirer des prés, lorsque leur étendue n'est pas trop considérable, les alluvions qu'on veut en extraire; vient ensuite celui des bêtes de somme que l'on charge avec des vaisseaux de bois percés de petits trous pour en laisser échapper l'eau surabondante. Des camions triangulaires à bascule sont préférables pour de grands travaux, à cause de la faculté de leur déchargement: ceux qu'on voudrait employer dans les prés devraient avoir des roues dont les jantes auraient environ un pied de large.

6. — L'enlèvement de ces couches limoneuses doit être prompt, afin de diminuer le danger de leurs émanations, qui est toujours proportionné à l'étendue de leur surface, et afin de se ménager la récolte du terrain qu'elles recouvraient. En attendant une saison plus favorable pour les transporter au loin, on peut les mettre en tas sur les bords des prés d'où on les a tirées.

7. — Ces couches limoneuses devraient servir prin-

cipalement à relever les berges des rivières qui les ont produites, et à diminuer alors les accidents qu'occasionnent toujours leurs débordements : on pourrait y en déposer plus que moins : cet excédant, après sa maturité, pourrait servir comme un excellent engrais pour les prés et autres terrains auxquels on voudrait le consacrer. Il faut veiller seulement à ce que les dépôts amoncelés sur les berges ne puissent pas retomber dans le lit des rivières dont ils obstrueraient le cours.

8. — Toutes ces terres limoneuses entassées éprouveront, par la chaleur de l'été, une fermentation utile à la perfection de l'engrais qu'elles doivent fournir, car elles sont plus ou moins mélangées ; en les répandant ensuite sur les terres immédiatement avant la gelée, elles y recevront, par son action, la division nécessaire à leur effet.

9. — Mais si ces dépôts, charriés par l'eau sur les prés, étant de bonne qualité, et leur couche étant trop épaisse pour permettre à la meilleure herbe de croître, leur excédant ne pouvait cependant être enlevé faute de moyens d'exécution, il faudrait bien alors renoncer à ces prés et cultiver cette terre nouvelle comme toute autre qui lui serait analogue. Après plusieurs hersages pour favoriser l'évaporation de l'humidité, il serait nécessaire de donner plusieurs labours profonds, afin de détruire les fortes plantes de ces prairies, derniers signes de leur précédente végétation.

10. — Si ce nouveau sol pouvait être assez promptement préparé, on pourrait encore y semer, avant l'automne, des navets et turneps : ce serait un moyen de

remplacer pour les bestiaux la nourriture que l'ancienne superficie devait leur procurer, et ensuite au printemps y faire des semis de chanvre ; enfin, après une culture de deux ou trois années, ces terrains pourraient être remis en pré.

11. — Si ces dépôts, suite des débordements, sont par couches minces et de mauvaise qualité, ce qui est infiniment rare, il faut se résoudre à les laisser sur les prés ; ils y rendront le service de détruire la mousse, et l'on peut les bonifier. Pour cet effet, le plus tôt qu'il sera possible, on y mêlera, avec la herse à dents de fer, une petite quantité de fumier bien consommé : en ameublissant la terre par ce moyen, on procurera à l'herbe qu'elle recouvre la facilité de percer à travers.

12. — Enfin si ces dépôts sont épais et de mauvaise qualité (ce qui est peu commun), il faut encore se résoudre à les laisser sur les prés : les cas où ils pourraient être employés d'une manière utile sont trop rares pour établir en principe la nécessité de les enlever : alors ces prés devront être cultivés comme les autres terres auxquelles ils sont devenus semblables. On observera cependant que ces terrains, étant plus humides, ils seront susceptibles de fournir des produits plus abondants et de recevoir des cultures plus variées. Il ne faut pas oublier qu'avec de l'eau, du sable, des engrais et un travail assidu on obtient encore des récoltes fructueuses.

13. — On doit se hâter de couvrir ces nouveaux terrains d'une plante quelconque ; quelque légère qu'en soit la ressource pour la nourriture des animaux, leur

culture est indispensable pour la salubrité de l'air : la végétation n'est jamais plus belle qu'au milieu des émanations délétères que l'homme ne peut respirer sans de grands dangers ; les plantes, au contraire, s'en nourrissent et n'exhalent dans l'atmosphère, à leur place, que l'air le plus pur.

14. Il résulte, de ce qui précède, que les alluvions en général sont moins fâcheuses qu'on ne le croit ; qu'il y a même beaucoup de circonstances où les engrais qu'elles fournissent à l'agriculture peuvent les faire regarder comme une de ses plus puissantes ressources.

15. Les alluvions procurent d'autres avantages : en relevant des sols fangeux et marécageux, elles les consolident et les rendent alors susceptibles de toutes les cultures les plus productives.

16. — Si les alluvions naturelles sont les sources de ces inappréciables avantages, il faut, lorsque la nature nous refuse ce secours, les obtenir par des alluvions artificielles.

17. — Un ruisseau supérieur, une prise d'eau dans une petite rivière, menée dans des temps d'orage sur un terrain en suivant lentement ses pentes, retenue à propos par des batardeaux pour donner à l'eau le temps de déposer son limon, sont les moyens simples que l'observation nous offre pour imiter la nature.

Mesures à prendre pour les récoltes sur les prés qui ont été submergés, et moyens d'y suppléer.

18. — Les rivières, en débordant, ayant déposé des terres limoneuses sur l'herbe des prés qu'elles ont sub-

mergés, leur récolte peut se trouver, par ce dépôt, plus ou moins endommagée, soit dans sa quantité, soit dans sa qualité. L'eau s'écoule, le limon reste ; son humidité prolongée peut le rendre dangereux aux hommes en viciant l'air qu'ils respirent, aux animaux en altérant leur principale nourriture.

19. — Hâter l'écoulement de l'eau est un des premiers soins à prendre : on y réussira en lui ouvrant ses débouchés naturels, en lui créant de nouvelles routes par des rigoles, des saignées faites d'après les sinuosités et les pentes du terrain. Des fossés profonds, suivant les circonstances, serviront à recevoir les eaux, lorsque, pour le moment, d'autres moyens seraient insuffisants. Les terres qui sortiront de ces fossés pourront être utiles pour opposer de nouveaux obstacles à l'eau, pour en guider le cours, pour recharger même et bonifier le terrain.

20. — Lorsque, pour prévenir de nouveaux débordements, il est nécessaire de rendre durable l'établissement des fossés, on doit préférer de faire des pierrées souterraines ou fossés couverts, afin de ne rien perdre du terrain de la superficie : l'art de ces constructions consiste à remplir avec des cailloux le sommet de l'angle ou le fond que forme l'ouverture de la pierre, de couvrir ces cailloux en travers avec des fagots dont les bouts les dépassant portent sur le terrain échancré à cet effet, et de recharger le tout d'environ quinze pouces de la terre sortie de l'excavation, en mettant d'abord au fond les gazons qui se trouvent dans cette terre. Les cailloux, les fagots, les gazons, la terre qui forment cette con-

struction, doivent être tellement distribués, qu'ils arrivent au niveau de la superficie du terrain. Cette superficie, étant semée en pré, ne laissera apercevoir aucune trace de la construction qu'elle recouvre.

21. — L'eau étant écoulée, le dépôt qu'elle a laissé étant aussi sec qu'il est susceptible de l'être dans ce premier moment, il ne s'agit plus que de soigner la récolte, si déjà il y en avait une à l'instant du débordement. Ce qui a été dit dans la première partie suffit pour indiquer les soins convenables à prendre pour le pré et la salubrité de l'air, dans le cas où cette récolte n'existerait pas encore ou n'existerait plus.

22. — Lorsqu'on parle de récolte, on suppose que le foin n'a pas eu le temps de pourrir entièrement; alors on ne saurait trop se presser de le faucher : on le transportera, s'il est possible, sur un lieu sec et en pente; là, s'il ne survient point de pluies assez abondantes pour le laver, il sera arrosé de manière à le nettoyer entièrement du limon qui le recouvre; ensuite promptement et complètement fané, afin de lui faire perdre surtout une partie de l'odeur qu'il aurait pu contracter.

23. — Si, au contraire, le foin est tellement gâté qu'il n'y ait aucune espérance de pouvoir le donner à manger aux animaux, il est toujours nécessaire de l'enlever du pré, à moins qu'il n'y en ait très-peu : son séjour augmenterait le foyer de putréfaction qui existe déjà, le rendrait inutile comme fumier (il serait dangereux comme litière), et suivant l'état où se trouverait la prairie, il pourrait nuire à sa prochaine récolte : s'il était trop pourri, on n'aurait d'autre moyen de l'enlever qu'avec

des rateaux à dents de fer; la herse, suivant les circonstances, pourrait y suppléer. Cette pratique est encore indispensable, quand il y aurait peu de foin gâté, lorsqu'on aurait l'espérance d'une nouvelle herbe qui ne manquerait pas d'être altérée par le contact de l'ancienne; d'ailleurs, les restes de cette mauvaise herbe seraient nuisibles aux animaux, qui se nourriraient de la nouvelle.

24. — Lorsque la submersion des prés, en détruisant une partie de la récolte, prive les animaux de la nourriture qu'ils devaient attendre de ces prés, principalement pour l'hiver, il faut, autant qu'il est possible, se hâter de remplacer celle qu'on devra leur donner dans cette saison, et de suppléer à celle qu'ils auraient pu prendre sur les prés mêmes aussitôt leur récolte.

25. — S'il n'est plus temps de semer des végétaux pour les donner en sec aux animaux pendant l'hiver, il faut profiter de tous ceux qui existent pour en tirer ce parti; telles sont de préférence les feuilles des arbres: on en élague les jeunes branches, on les fait sécher et on les conserve pour le besoin; les feuilles qu'il faut surtout préparer ainsi sont celles d'orme, de tous les peupliers, du saule blanc, du saule marsault, du sycomore, du charme, du tilleul, du bouleau, du frêne, de l'aulne, de la vigne.

26. — La nourriture en sec pour l'hiver pouvant être extrêmement diminuée, il faut la remplacer par des racines dont l'usage, suivant les circonstances, pourra se prolonger jusqu'au printemps; telles sont principalement celles des navets, turneps et panais. Les pre-

mières seront semées sur les jachères et devront être employées d'abord et sur les alluvions de prés, ainsi que les panais, ou dans tous autres lieux convenables.

27. — Pour économiser la nourriture d'hiver et suppléer à celle que les animaux pourraient prendre dans les prés dont l'entrée, pour le moment, doit leur être interdite, il faut se hâter de créer sur les jachères ou autres terrains des prairies artificielles momentanées; on les obtiendra en semant des sarrasins, des vesces, des pois gris, de la spergule, etc.

Dans les lieux où l'usage permet aux animaux l'entrée des prairies aussitôt que la première récolte en est faite, celle des prés submergés doit cependant, pour le moment, leur être interdite; il serait aussi dangereux pour leur santé qu'ils y allassent à cause de la mauvaise qualité de l'herbe, qu'il serait nuisible qu'ils foulassent le pré avant que le sol en fût entièrement affermi; le temps que durera cette interdiction doit être assez prolongé pour que l'herbe puisse se renouveler.

Dangers auxquels sont exposés les animaux qui se nourrissent de foins terrés.

29. — Le plus grand nombre des maladies épizootiques qui, à diverses époques, ont dépeuplé les campagnes de bestiaux, se sont montrées après des inondations qui avaient altéré les fourrages : les maladies charbonneuses, les plus fréquentes et peut-être les plus dangereuses de toutes, ne reconnaissent presque jamais d'autre cause.

30. — Les foins vasés portent en eux le principe de plusieurs maladies essentiellement différentes.

1° La terre dont ils sont couverts s'accumule quelquefois dans l'estomac; elle s'y agglomère, et forme des masses considérables qui peuvent faire périr les animaux dans lesquels elle se trouve.

2° Il se détache des foins vasés une poussière noire, épaisse, qui, introduite dans les poumons avec l'air inspiré, s'insinue jusque dans les vésicules pulmonaires, les obstrue, les irrite, donne lieu à des toux violentes, à l'asthme sec, à la phthisie pulmonaire.

3° La vase déposée sur les foins renferme des milliers d'insectes de toute espèce, dont la décomposition infecte le fourrage et le rend la source d'un grand nombre de maladies putrides.

4° Les foins qui ont été mouillés, lors même qu'ils ne sont pas terrés, conservent le plus souvent un reste d'humidité qui les fait moisir et leur fait contracter une odeur fétide qui inspire aux animaux une répugnance que la faim seule peut les forcer à surmonter.

C'est ce commencement de corruption qui donne lieu le plus souvent aux maladies putrides dont sont affectés les animaux, parce qu'on n'est pas assez généralement persuadé de ses effets, et qu'on croit d'ailleurs pouvoir les annuler en mêlant ce fourrage avec des aliments de bonne qualité.

5° Le foin, par son séjour dans l'eau, perd sa qualité nutritive, et les animaux qui s'en nourrissent dépérissent sensiblement, quoique leur ventre prenne beaucoup de volume.

Moyens préservatifs et curatifs contre ces dangers.

31. — Le premier et le plus sûr, c'est, quand on le peut, de proscrire entièrement le foin vasé ou moisi de la nourriture des bestiaux. Les sacrifices qu'on fera dans cette circonstance n'ont aucune proportion avec les risques auxquels on s'expose par des motifs d'économie mal entendue.

32. — En mêlant une partie de bon fourrage avec le mauvais, on en diminue sans doute le danger, mais on ne l'annule pas.

33. — C'est une vérité incontestable et trop peu connue qu'une petite quantité de bons aliments nourrit beaucoup mieux qu'une très-grande quantité de mauvais ; d'où il suit qu'il y a bien moins d'inconvénients à donner aux animaux une faible portion de bon fourrage qu'à leur en donner une plus forte, dans laquelle il y en aurait d'altéré.

34. — C'est encore une vérité sur laquelle on ne peut trop insister, qu'on donne souvent aux animaux une bien plus grande quantité d'aliments qu'il n'en faudrait pour les bien nourrir. Les animaux, comme les hommes, contractent aisément l'habitude de manger au-delà du besoin. La ration des chevaux du midi n'est guère que le quart de celle des nôtres, ce qui ne tient pas uniquement à la meilleure qualité des aliments, car, en Angleterre, où les chevaux de labour sont de très-grande taille, ils consomment un tiers moins que ceux de France, et n'en font pas moins d'ouvrage.

35. — Plutôt que d'employer des fourrages vasés ou

moisis, il vaut mieux diminuer momentanément le nombre de ses animaux.

36. — Si l'on était réduit à la nécessité absolue de faire consommer des fourrages viciés, ce qui n'est que trop ordinaire, on en diminuerait le danger par des précautions prises tant dans la préparation du foin que dans sa distribution aux animaux.

37. — C'est une bonne pratique que d'entremêler le foin qui a été submergé avec de la paille, couche par couche, en ayant soin que celles de paille soient toujours les plus épaisses.

38. — Rien de plus propre à prévenir les effets de la putréfaction que le sel dont on saupoudre chaque couche de fourrage. Il est bon de l'égruger le plus qu'il sera possible. On peut en employer environ une livre par quintal de foin vasé.

39. — Lorsque le foin n'a pu être lavé et qu'il est poudreux, il est indispensable de le bien secouer avant de le donner. Cette opération doit toujours se faire hors de l'étable ou de la bergerie, qu'elle remplirait d'une poussière épaisse, nuisible aux animaux.

40. — Si le foin n'a pas été salé, il sera très-bon de faire dissoudre une livre de sel dans un baquet d'eau contenant cinq à six seaux, et d'y plonger le foin avant de le mettre dans les rateliers, ou de l'asperger d'eau salée avec le balai.

41. — Il faut bien se garder de mouiller le foin avant de l'avoir secoué, comme cela se pratique trop souvent. On prévient bien, par ce procédé, la séparation de la poussière qui fait tant de ravages dans la poitrine des

animaux ; mais on la fixe sur chaque brin de fourrage, et ce n'est qu'un moyen de plus pour la leur faire avaler et la fixer dans leur estomac.

42. — Pendant tout le temps que les animaux sont à l'usage des fourrages altérés, il convient de mêler de temps en temps dans leurs boissons quelques verrées de vinaigre ou quelques gouttes d'acide vitriolique. On en connaîtra aisément les doses convenables, en goûtant l'eau qui doit alors imprimer sur la langue une très-légère et agréable acidité. Si les animaux la refusaient, il faudrait la leur faire avaler ; et, dans ce cas, comme le volume serait moins considérable, on peut employer proportionnément une plus grande quantité d'acide, de manière cependant qu'en goûtant la boisson on ne la trouve pas très-désagréable.

43. Dans le cas où, malgré ces précautions, on reconnaîtrait quelques animaux affectés de maladies qui eussent des caractères de putridité, il ne faudrait point hésiter à passer quelques sétons, non-seulement aux animaux attaqués, mais encore à ceux qui seraient menacés de l'être, ayant participé à la même cause : ce moyen est d'une efficacité incontestable, ce dont on peut s'assurer par les faits rapportés dans les *Recherches sur les maladies charbonneuses*, où l'on trouvera, d'ailleurs, dans le plus grand détail, tout ce qu'il convient de faire tant pour s'opposer au développement des maladies de ce genre, que pour les combattre lorsqu'on n'a pu les prévenir.

Effets des inondations sur les terres ensemencées en grains.

Les dommages que les grains peuvent éprouver de l'inondation et de la gelée, réunies ou successives, ont plus ou moins d'étendue.

Si l'action combinée de ces fléaux a exercé son influence sur des espaces considérables, les cultivateurs peuvent se passer d'instruction ; ils savent bien que, lorsque leur ouvrage, dans des pièces de terre ensemencées en automne, est détruit entièrement par le séjour de l'eau ou de la gelée, il faut, au printemps, y semer d'autres grains dont la végétation s'accomplisse en quelques mois.

En 1709, les blés gelèrent. Dans beaucoup de communes, on laboura les champs précédemment ensemencés, et on y répandit de l'orge qui produisit une telle abondance, qu'on souffrit peu de la perte des blés.

Les cultivateurs n'ignorent pas non plus que certains terrains trop battus par l'eau doivent être labourés de nouveau plus ou moins superficiellement ; qu'un hersage préparatoire est nécessaire à d'autres ; et enfin que, dans d'autres terrains, on peut se contenter de semer et de herser après.

Ces mesures, qu'il serait superflu de détailler, parce qu'elles sont connues dans tous les lieux où l'on cultive, sont à peu près les seules applicables à une grande étendue de terrain.

Mais il arrive plus ordinairement que l'inondation et la gelée ne maltraitent que des portions de champ.

Si ces portions sont peu considérables, on peut réparer promptement le mal en employant une pratique rarement usitée en France, mais dont le succès est assuré. C'est ici que nous ne pouvons nous dispenser de donner des détails.

On prendra des touffes de froment, de seigle ou d'escourgeon, qu'on voudra repiquer; on les lèvera avec soin, et on les préservera de la sécheresse.

On les séparera en plusieurs brins, laissant à chacun des racines.

On plantera ces brins à la distance de neuf centimètres (environ trois à six pouces) les uns des autres, suivant l'*ébat* des plants et la qualité des terres.

Les trous auront neuf centimètres (environ 3 pouces de profondeur).

On se servira d'un plantoir ou d'une cheville ordinaire, comme pour repiquer les légumes, ou, ce qui vaudra beaucoup mieux, d'un plantoir à plusieurs branches qui seront écartées convenablement et assujetties par une traverse dans laquelle on fixera le manche. Avec cet instrument on fait plusieurs trous à la fois.

Avant de planter on remuera la terre, s'il en est besoin, avec les instruments du pays les plus expéditifs.

Lorsque le temps est sec, il faut choisir l'après-midi pour cette opération : le matin convient également, si le ciel est disposé à la pluie ou le temps couvert.

Quelques sarclages qu'on fera dans la suite rendront la végétation plus vigoureuse.

L'avantage de cette manière de réparer les pertes partielles des grains, c'est que ce qui est repiqué mûrit aussi promptement que les parties semées en automne, qui ont résisté à l'inondation et à la gelée, en sorte que tout le champ peut être récolté en même temps.

Lorsque les dégâts, sans être immenses, occupent des espaces très-étendus, lorsqu'ils n'ont pas eu lieu par petites places, mais dans des portions continues du même terrain, il est utile de planter à la charrue, opération prompte et facile. Dans ce cas, on doit labourer en faisant des sillons qui n'aient que douze centimètres (4 pouces) de profondeur.

Des cultivateurs, hommes, femmes ou enfants, suivent la charrue et posent les plants à la manière dont on repique le colza dans beaucoup de pays.

De toutes les plantes qu'on peut repiquer au printemps, le seigle est celle qui reprend le mieux, parce qu'il a une végétation plus forte et plus accélérée.

Le repiquage des grains n'est pas seulement utile pour des remplacements; il peut être pratiqué tous les ans au printemps et avec beaucoup d'avantage, quelque hiver qu'on ait éprouvé.

Il offre une ressource à ceux qui, à cause des grandes pluies de l'automne ou de tout autre empêchement, n'ont point ensemencé une partie de leur champ avant l'hiver.

Les cultivateurs qui emploieront cette méthode avec intelligence s'apercevront qu'elle n'est pas dispendieuse. Nous ne craignons point de la recommander ici comme une pratique très-avantageuse, attendu que les essais que nous en avons faits par ordre du gouvernement ont complètement réussi.

Nous ajouterons à cette courte instruction deux observations qui ne sont point ignorées des cultivateurs, mais qu'on ne saurait trop reproduire.

1° Il y a des terrains auxquels la gelée est très-avantageuse. Tels sont ceux de nature argileuse qu'on n'a labourés qu'avec peine et en laissant de grosses mottes; elle les divise et recouvre les pieds des plantes qu'on y a semées.

2° D'autres terrains naturellement légers et presque friables se divisent par la gelée, de manière à mettre à découvert les racines des plantes, qui se dessèchent aux premières chaleurs, et n'ont plus qu'une faible végétation. On prévient cet accident au printemps en faisant usage, pour ces terrains, du rouleau qui rechausse les racines.

IRRIGATION. — Arrosement des terres et des prés au moyen de rigoles qui amènent les eaux des rivières et ruisseaux sur le terrain qu'on veut arroser.

Nous avons traité au mot *cours d'eau* (voyez ce mot, § 4), de la distribution des eaux entre les propriétaires riverains; pour compléter l'état de la jurisprudence sur cette matière, nous allons rapporter les lois des 29 avril 1845 et 15 juillet 1847, sur les irrigations des propriétés non riveraines.

Tous les développements et tous les commentaires qu'il sera en notre pouvoir de donner, afin d'en faire saisir l'esprit, ne seront point épargnés.

Et d'abord pour en faire connaître le but, nous allons les faire précéder d'un extrait du rapport de M. Dalloz.

Quand on se rappelle le soin, en quelque sorte religieux, avec lequel les anciens peuples utilisaient les eaux dans l'intérêt de l'agriculture, et pour peu qu'on veuille observer les heureux résultats de l'irrigation, soit chez des nations modernes qui nous touchent, soit même dans quelques contrées de notre propre territoire régies, à cet égard, par d'anciens usages, on s'étonne que notre législation, en général si progressive, ait si peu fait jusqu'ici pour féconder ce précieux élément de la richesse agricole.

« L'abondance des troupeaux, le développement de la race chevaline, et, par suite, l'accroissement des engrais et le bon marché des matières animales, sont subordonnés à l'étendue et à la fertilité des prairies : et la prospérité des prairies dépend, à son tour, de la facilité des irrigations, particulièrement dans les régions où la chaleur et l'humidité de la température ont besoin d'être ramenées par les efforts de l'homme à un équilibre que la nature ne leur a pas donné.

» Depuis quelque temps, on se plaint en France de la disproportion des prairies, soit avec la superficie générale des terres labourables, soit avec l'étendue des prés dans presque tous les États de l'Europe ; c'est à cette insuffisance qu'on attribue une infériorité fâcheuse dans la production des matières animales, infériorité dont l'effet est de nous rendre tributaires de l'étranger pour les besoins de notre agriculture, de notre industrie, de notre armée, et d'élever un objet de consommation de première nécessité à un prix qui en rend l'usage habituel à peu près impossible aux classes laborieuses à qui ce genre d'alimentation est le plus nécessaire.

» Ces considérations ont fixé l'attention des agronomes et des économistes ; elles ont excité la sollicitude du gouvernement : ce sont elles aussi qui ont inspiré à notre honorable collègue, M. le comte d'Angeville, une proposition que déjà la chambre a prise en considération, et qu'elle a renvoyée à l'examen d'une commission dont je viens vous soumettre le travail.

» Une loi générale et complète sur les irrigations serait un grand œuvre ; elle demanderait un ensemble de dispositions qui en feraient un véritable code et un code assez étendu. Elle devrait, en effet, embrasser tout à la fois les grands canaux d'irrigation dérivés des fleuves et rivières dépendant du domaine public, les dérivations des cours d'eau ordinaires, les irrigations produites à l'aide des eaux privées provenant des sources, des étangs, des eaux de pluie et de neige recueillies dans des réservoirs, et, enfin, au moyen des eaux souterraines ramenées sur le sol par les puits artésiens. Pour les grands canaux exécutés par l'État ou délégués à des compagnies, elle aurait à organiser un système de répartition des eaux et à régler les conditions auxquelles elles seraient livrées à l'agriculture. *Relativement aux cours d'eau ordinaires, elle aurait à résoudre un grand problème, celui de savoir si ces cours d'eau doivent demeurer le partage exclusif des riverains immédiatement contigus, ou profiter aussi, comme de bons esprits le demandent, à toute propriété, même non riveraine, que son niveau rend susceptible d'irrigation.* Cette loi générale aurait enfin à concilier l'intérêt des propriétaires de prairies avec celui des propriétaires d'usines, et à faire prospérer l'agriculture sans préjudicier à l'industrie. L'élaboration d'une semblable loi offre donc, on n'en saurait douter, une tâche immense; et si telle avait été la portée de la proposition de M. d'Angeville, votre commission aurait certainement manqué du temps nécessaire à son examen.

» Heureusement, cette proposition est beaucoup moins étendue, et quoique, dans les développements pleins de science et d'intérêt où il est entré, son honorable auteur ait touché presque tous les points du sujet, il est vrai de dire cependant qu'il n'a soumis à vos délibérations qu'une partie de la vaste matière des irrigations. Ainsi, la proposition laisse à l'écart les grands canaux de dérivation entrepris par l'État et par les compagnies sur les fleuves et rivières, le régime de distribution de ces eaux, et toutes les questions qui se rattachent à la propriété, à l'usage et au partage des cours d'eau ordinaires. Elle a seulement pour objet de réclamer, pour les eaux naturelles ou artificielles dont un propriétaire peut avoir le droit de disposer, le droit de conduire ces eaux sur sa propriété, en traversant les fonds intermédiaires qui l'en séparent.

» Quoique renfermée dans ces limites, la proposition n'en a pas paru moins grave. Elle a semblé répondre à un besoin réel. »

Art. 1er. — Tout propriétaire qui voudra se servir, *pour l'irrigation* de ses propriétés, des eaux naturelles ou artificielles *dont il a le droit de disposer*, pourra obtenir le passage de ces eaux sur les fonds intermédiaires, à la charge d'une juste et préalable indemnité.

Sont exceptés de cette servitude les maisons, cours, jardins, parcs et enclos attenant aux habitations.

Lors de la rédaction de cet article il a été fait plusieurs objections ; on lui a reproché de n'être qu'une expropriation déguisée, et de violer ainsi la Charte, qui n'autorise l'expropriation que pour utilité publique, et jamais dans l'intérêt d'un simple particulier.

M. Dalloz s'est attaché à démontrer qu'il ne s'agissait bien réellement ici que d'une simple servitude, et non d'une expropriation.

Une *servitude*, a-t-il dit, est bien un démembrement de la propriété, mais ce n'est pas le dépouillement complet de la propriété ; et dès-lors la constitution d'une servitude, si grave qu'elle soit, ne peut jamais être assimilée à une expropriation pour cause d'utilité publique.

« On vous a dit, à cet égard, que la servitude dont il s'agissait ici était la plus grave de toutes celles que le Code civil pouvait présenter. Je crois que c'est encore une erreur.

» Je suppose la servitude de passage en cas d'enclave; en quoi consiste-t-elle ? c'est le droit d'ouvrir un chemin, qu'on peut ferrer, qu'on peut paver. Je demande si la propriété, dans ce cas-là, n'est pas plus profondément atteinte, plus complètement frappée d'inertie pour le propriétaire, que par le passage d'une rigole ou d'un canal qui, lorsqu'il offre une certaine largeur, peut être recouvert de terre végétale, et laisse au propriétaire tous les produits du sol avec la bonification qui résultera, pour ce même sol, de l'infiltration des eaux qui coulent dans le canal?

» Ce n'est là qu'une servitude d'aqueduc, servitude qui a existé de tout temps, qui remonte aux lois romaines, qui s'est perpétuée dans les lois françaises, et il n'y a pas de province, il n'y a pas de département qui ne soit plus ou moins sillonné par des canaux semblables. C'est une servitude qui peut disparaître si les eaux tarissent, si le canal vient à être abandonné, s'il tombe en désuétude. Jamais on n'a considéré l'établissement d'une servitude de ce genre-là comme une expropriation. Il faut donc renoncer au reproche, fait à la proposition, de violer la loi fondamentale.

» Maintenant cette servitude (et c'est là toute la question) peut-elle se justifier? Est-il vrai qu'elle heurte les dispositions du Code civil? Je maintiens qu'elle rentre, au contraire, dans l'esprit des dispositions du Code civil, avec lesquelles elle est en parfait accord et qu'elle vient compléter en donnant satisfaction à un grand intérêt public. J'ai cité comme exemple le passage dans le cas d'enclave. On a contesté l'autorité de cet exemple; on a dit que le passage, dans le cas d'enclave, n'était dû qu'à raison de la nécessité, tandis qu'ici c'est pour donner au sol une grande utilité qu'on réclame le passage des eaux sur le fonds d'autrui.

» La réponse est bien simple : il y a certainement une grande analogie entre un sol qui ne donne que le tiers ou le quart de ce qu'il pourrait produire avec l'irrigation, et le sol qui ne peut être cultivé à raison de l'enclave; cette analogie, qui est réelle, devient une véritable similitude, s'il s'agit d'un terrain tout à fait stérile qu'on peut féconder au moyen de l'irrigation.

» A cet exemple tiré de la servitude dans le cas d'enclave, j'en ajouterai un autre peut-être encore plus frappant.

» Vous connaissez tous la loi du 20 avril 1810 sur les mines. Que fait cette loi ? Elle autorise un particulier, en vertu de la permission de l'administration supérieure, à s'emparer de ma propriété, à la fouiller, à la bouleverser, pour y rechercher une richesse souterraine.

» Ce n'est pas tout : la loi de 1810 concède la mine soit à l'explorateur qui l'a trouvée, soit à toute autre personne étrangère, à l'exclusion du propriétaire, auquel elle ne réserve qu'une simple indemnité. Ainsi voilà la loi qui, dans un intérêt général, apporte à la propriété la modification la plus grave, et concède à un étranger, qui devient l'agent de l'intérêt général, une partie essentielle d'un domaine qui appartient à autrui. Or, si, dans l'intérêt de la richesse industrielle, le législateur n'a pas craint de modifier si profondément la propriété privée, comment pourrait-il craindre de loi imposer une modification infiniment moins grave dans l'intérêt de la production agricole, la première et la plus sûre richesse de tout pays ? »

Pour l'irrigation, et non pour un autre usage ; par exemple pour faire mouvoir une usine, pour alimenter un étang, un réservoir, etc., *dont on a le droit de disposer*, ces eaux peuvent se diviser en trois classes : celle dont on est propriétaire, simple usager ou concessionnaire.

Voilà ce que dit sur ces trois espèces la rédaction du *Journal des Notaires et des Avocats*. (*Recueil des Lois et Ord.*)

Les eaux de la première espèce sont les eaux des sources, les eaux de pluie, les eaux recueillies par des moyens artificiels dans des réservoirs, et celles qui jaillissent du sol par des forages de puits artésiens. Ces eaux appartiennent en toute propriété à celui sur le sol duquel elles naissent ou sont fixées.

Les eaux de la seconde espèce sont les eaux des petites rivières qui ne sont ni navigables ni flottables. A l'égard de ces eaux, il n'y a pas de droit de propriété, il n'y a qu'un droit d'usage, réglé par les articles 644 et 645 du Code civil, qui donne au propriétaire dont le terrain est traversé par ces eaux la faculté d'en user, à la charge par lui de les rendre à leur cours, et au simple riverain le droit de s'en servir, mais seulement pour l'irrigation de ses propriétés.

Enfin, les eaux de la troisième espèce, dont on jouit à titre de simple concessionnaire, ce sont les eaux qu'on obtient la permission de dériver des fleuves ou des rivières navigables ou flottables, et qui appartiennent au domaine public.

La proposition s'applique à ces trois natures d'eau, dont un propriétaire peut disposer, à des titres divers, pour l'irrigation de ses propriétés. Mais elle respecte toutes les règles du Code civil qui déterminent les limites dans lesquelles un propriétaire peut disposer de ses eaux. Elle n'ajoute rien au volume d'eau qui lui appartient aux termes du Code civil; elle lui fait la simple concession d'une servitude de passage sur le fonds d'autrui, pour les faire arriver sur le sol que ce propriétaire veut irriguer.

A la chambre des députés, *M. Gallois* a demandé s'il était bien entendu que le riverain ne pourrait en aucun cas faire dériver plus d'eau que celle acquise à la propriété riveraine.

M. le rapporteur a répondu : « Dans le cas posé, c'est-à-dire dans l'hypothèse d'un propriétaire riverain qui veut faire passer les eaux sur une parcelle intermédiaire, afin d'irriguer une autre propriété inférieure qui lui appartient, le propriétaire ne pourra obtenir de l'administration, au détriment des propriétaires inférieurs, le droit de dériver une quantité d'eau plus considérable que celle qui lui serait afférente à raison de sa propriété qui borde la rivière. — Si cette explication suffit à notre collègue, je n'irai pas plus loin.

M. Gillon. Dès-lors, et par la même raison, la concession faite par un propriétaire qui est immédiatement riverain, ne pourra être que d'une quantité tout au plus égale à celle à laquelle ce riverain avait droit.

M. le rapporteur. Sans doute !

M. Gillon. Si cela est ainsi, vous verrez l'exécution de la loi réduite à peu près à rien, car on ne s'en servira pas pour les prises d'eau dans les rivières du domaine privé. Le morcellement des propriétés, qui va croissant sans cesse, ne donnera qu'à peu de propriétaires un intérêt suffisant pour se résigner aux sacrifices que la loi exige en faveur des tiers. Je n'en blâme pas la loi ; mais je la juge, sous le rapport de son utilité, fort restreinte.

M. le rapporteur. Cela est incontestable et résulte du droit commun, suivant lequel nul ne peut transmettre à autrui plus de droits qu'il n'en a lui-même. — Du reste, l'honorable préopinant nous paraît dans l'erreur, quand il pense que la loi, réduite à ces termes, sera insignifiante ; nous espérons, au contraire, que, même dans ces conditions, elle sera encore d'un grand résultat dans l'intérêt de l'agriculture.

Art. 2. — Les propriétaires des fonds inférieurs devront recevoir les eaux qui s'écouleront des terrains ainsi arrosés, sauf l'indemnité qui pourra leur être due.

M. Durand (de Romorantin). Je demande à adresser une question à M. le rapporteur.

L'art. 644 du Code continuera, dit-il, à être exécuté ; ceux qui ont dérivé des eaux devront, après s'en être servis, les rendre à leur cours naturel ; je lui demande comment il conciliera sa réponse avec la disposition de cet article ? La loi propose une indemnité aux propriétaires inférieurs qui recevront les eaux provenant des propriétés arrosées.

S'il y a un canal de dérivation qui retourne au canal principal, ces terrains inférieurs ne seront pas grevés de cette servitude ; s'ils en sont grevés, la réponse faite est inexacte, et le danger que j'ai signalé subsiste : il y a une innovation des plus graves aux dispositions de l'art. 644.

M. le rapporteur. Lorsque les eaux, dans le cas de l'art. 644, auront servi à l'irrigation des terrains, et qu'on sera obligé, pour les rendre au cours d'eau principal, de leur faire traverser les héritages inférieurs, il y aura lieu à indemnité.

M. Durand (de Romorantin). C'est-à-dire que vous serez obligé d'établir une servitude de passage sur eux, comme sur les terrains primitifs. Vous avez d'abord un terrain intermédiaire ; vous demandez aux tribunaux une servitude sur ce terrain pour y faire passer l'eau que vous amenez sur votre propre terrain ; pour faire sortir l'eau de ce terrain et la rendre à son cours naturel, il faudra encore établir un canal de dérivation sur ces terrains inférieurs : je ne me trouve pas satisfait par la disposition de l'article.

M. d'Angeville. Que M. Durand (de Romorantin) se rassure, la cause la plus active des procès n'est pas parce qu'on craint cet écoulement des eaux, c'est parce qu'on se les dispute : l'écoulement de ces eaux est toujours un bienfait, au lieu d'être un dommage.

Voix à gauche : Ce n'est pas la question.

M. Durand (de Romorantin). Après l'art. 1er, tel qu'il a été voté, et en présence de l'art. 2 qui est proposé, je demande ce que devient l'intérêt des propriétaires des terrains inférieurs, s'ils ont le droit de se servir des eaux à leur passage ? Je ne vois pas qu'il y ait aucune obligation, pour ceux qui ont établi des irrigations, de rendre les eaux à leur cours naturel.

M. le rapporteur. Le principe fondamental de l'art. 2, sur lequel vous délibérez en ce moment, a été de sauvegarder tous les intérêts. — Ainsi que le disait M. d'Angeville, dans le plus grand nombre des cas, les eaux d'écoulement seront un bienfait qu'on recherchera. — Mais il pourra arriver aussi que ces eaux d'écoulement causent un dommage au propriétaire inférieur. Eh bien ! nous avons pourvu à ce dommage en posant le principe d'une indemnité qui sera arbitrée par les tribunaux. Cette indemnité sera telle que le propriétaire du fonds inférieur n'éprouvera aucune sorte de dommage. S'il y a nécessité pour ce propriétaire de construire un canal, on lui donnera une indemnité suffisante pour le construire. Ainsi, de deux choses l'une : ou les propriétaires inférieurs utiliseront les eaux d'écoulement, ou ils ne les utiliseront pas ; s'ils ne les utilisent pas, si elles peuvent leur occasionner un dommage, l'indemnité qui leur sera allouée sera assez large pour construire un canal, si un canal est nécessaire.

Seront également exceptés de cette servitude les maisons, cours, jardins, parcs et enclos attenant aux habitations.

Il faut ajouter à cela les choses qui sont hors du commerce ; par exemple, les routes royales et départementales, les rues et les places publiques, les chemins vicinaux, etc.

La même faculté de passage sur les fonds intermédiaires pourra être accordée au propriétaire d'un terrain submergé en tout ou en partie, à l'effet de procurer aux eaux nuisibles leur écoulement.

Les contestations auxquelles pourront donner lieu l'établissement de la servitude, la fixation du parcours de la conduite d'eau, de ses dimensions et de sa forme, et les indemnités dues, soit au propriétaire du fonds traversé, soit à celui du fonds qui recevra l'écoulement des eaux, seront portées devant les tribunaux, qui, en prononçant, devront concilier l'intérêt de l'opération avec le respect dû à la propriété.

Il sera procédé devant les tribunaux comme en matière sommaire, et s'il y a lieu à expertise, il pourra n'être nommé qu'un seul expert.

Il n'est aucunement dérogé dans les présentes dispositions aux lois qui règlent la police des eaux.

2e Loi. — 11-15 *juillet* 1847.

Tandis que les prairies naturelles, a dit M. Dalloz, sont en Allemagne, en Prusse, en Autriche, en Danemarck, dans la proportion de 1 hectare de pré pour 3 hectares 1/2 de terre meuble, dans le Würtemberg et en Bavière de 1 hectare de pré sur 2 1/2 de terre labourable, et qu'en Angleterre et en Hollande l'étendue superficielle des prairies égale, si elle ne surpasse, celle des terres réservées à la culture, nous n'avons en France que 4,198,197 hectares de prairies naturelles sur 25,559,000 hectares de terres cultivées à la charrue, c'est-à-dire 1 hectare de pré seulement sur 5 hectares 1/3 environ de terre labourable.

« Cette énorme disparité, qui réagit à peu près dans la même proportion sur la production des matières animales, n'a pas seulement pour résultats de nous rendre tributaires de l'étranger pour les besoins de notre consommation et de notre cavalerie, comme on le voit par le relevé de nos exportations et de nos importations;

mais, ce qui est plus grave, elle a pour effet d'élever le prix de la viande à un taux qui rend pour ainsi dire inaccessible ce genre d'alimentation aux classes laborieuses qui en ont le plus besoin, et, ce qui est plus grave encore, elle prive la France de la quantité d'engrais nécessaire pour fertiliser ses terres et leur faire produire le blé indispensable à la subsistance d'une population nombreuse et toujours croissante. Il n'est personne assurément qui ne sente plus vivement encore aujourd'hui l'urgence qu'il y a de travailler à améliorer une situation qui, ainsi qu'on le disait déjà dans le rapport de la loi de 1845, affecte tout à la fois les intérêts de l'agriculture et ceux du trésor, les besoins de notre consommation et ceux de notre armée, et contre lequel s'élèvent en même temps les plus vitales nécessités de tout pays, la nécessité de la défense et celle de la subsistance et de la santé publique.

» C'est au nom de ces grands et suprêmes intérêts que la loi du 29 avril 1845 a institué la servitude d'aqueduc sur le fonds d'autrui, moyennant une juste et préalable indemnité; la proposition de MM. d'Angeville et de la Farelle, inspirée par les mêmes motifs, n'a d'autre but que d'affermir ce premier pas dans une carrière où bien d'autres progrès resteront à réaliser pour le développement de notre richesse agricole. Beaucoup moins onéreux que la servitude d'aqueduc qui coupe le champ tout entier et peut même en traverser plusieurs, le droit d'appui, qui ne touche qu'un point en quelque sorte imperceptible du sol, ne saurait mériter davantage le reproche de méconnaître l'inviolabilité de la propriété. Ce n'est pas d'ailleurs, on le sait déjà, offenser ce dogme sacré que de demander à la propriété, dans un intérêt de prospérité agricole, de subsistance et d'hygiènes publiques, une servitude légale dont on paie le prix et dont la propriété elle-même est appelée à recueillir les plus grands avantages. Sans parler de la servitude d'acqueduc, le Code civil et nos lois spéciales offrent plus d'un exemple de services fonciers imposés à la propriété, même dans l'intérêt privé, lorsque cet intérêt est étroitement lié comme ici à l'intérêt général, dont il n'est, à vrai dire, que l'agent nécessaire. Nous nous contenterons de rappeler la servitude légale de passage en cas d'enclave, et le droit d'exfodiation pour la recherche des richesses minérales, autorisé par la loi du 20 avril 1810.

» Au reste, le droit d'appui semble tellement inhérent au droit d'irrigation lui-même, que la plupart des conseils généraux, sans entrer dans de plus longs détails, se bornent à motiver leur vœu de le voir passer dans notre législation, en invoquant l'adage vulgaire : Qui veut la fin, veut les moyens. L'un de ces conseils, celui des Pyrénées-Orientales, déclare même que l'usage de ce droit, dérivé des constitutions catalanes, existe en Roussillon depuis huit siècles, sans réclamation ; et cet usage est, en effet, attesté par M. Jaubert de Passa, dans un excellent mémoire sur les canaux d'arrosage des Pyrénées-Orientales, où il cite aussi une vieille constitution de Catalogne relative à la servitude légale d'aqueduc.

» Mais, sans remonter si haut dans l'histoire des législations anciennes, et toutefois, sans accepter dans leur généralité les citations faites par les honorables auteurs de la proposition, on trouve ce droit expressément consacré par quelques législations contemporaines. Nous laissons à l'écart la loi du grand duché de Hesse, promulguée en 1830, qui ne s'occupe que des irrigations collectives, opérées par un syndicat procédant à titre d'expropriation pour cause d'utilité publique, et qui n'offre, dès-lors, aucune analogie avec notre législation. Nous ne parlerons pas non plus de la Lombardie ni de la Sardaigne, où le droit d'appui, au témoignage de M. Mauny de Mornay, inspecteur général de l'agriculture, est exercé, en vertu d'une concession de l'autorité publique; car l'État, qui s'est attribué, dans ces pays, la propriété exclusive de tous les cours d'eau navigables ou non navigables, exerce par là même un droit de propriété sur les deux rivages qui en sont la dépendance nécessaire, ce qui explique les concessions qu'il peut faire du droit d'appui. Mais en négligeant ces législations où le droit d'appui peut être diversement motivé, nous citerons la loi prussienne sur les irrigations, promulguée en 1843, dont les principes sur le droit des riverains des cours d'eau se rapproche beaucoup des nôtres, et dont l'art. 25 accorde « au riverain « le droit de demander, à titre de servitude légale, la « jouissance de la rive opposée pour la construction et « l'appui d'un barrage. » Il faut toutefois, pour cela, que le riverain réclame l'intervention de l'administration, ainsi qu'il en a le droit, et que l'irrigation par lui projetée offre un *avantage notable;* ce sont les termes de l'art. 24 de la même loi, dont le sens est évidemment que la servitude ne peut être établie que dans un intérêt réel et sérieux d'irrigation. C'est ce que votre commission demande aussi ; mais il y a cette différence que la loi prussienne confie à l'administration l'appréciation de cet intérêt, et que nous réservons cette appréciation aux tribunaux, comme un surcroît de garantie accordé à la propriété.

» Ajoutons que l'idée d'introduire le droit d'appui dans notre législation n'est pas nouvelle ; on le trouve expressément formulé dans l'art. 61 du projet de code rural, conçu en ces termes : « L'un des riverains voulant jouir de l'eau a le droit d'appuyer sur la propriété du riverain opposé ses ouvrages d'art nécessaires à la prise de l'eau, en l'indemnisant, à dire d'expert, de tous les dommages qui peuvent résulter de cet appui. » — Il y a même, dans cette rédaction, cela de très-remarquable, qu'absolu dans sa disposition autant que général dans ses termes, l'article créait une servitude légale dont la volonté du riverain était seule arbitre, et étendait cette servitude aux besoins de l'industrie, tandis qu'on restreint formellement ici le droit d'appui aux besoins de l'agriculture, et que, comme on le verra dans un moment, les tribunaux sont armés du pouvoir d'accorder ou de refuser cette faculté, selon les circonstances.

» Ces raisons et ces exemples, joints aux vœux unanimes des organes divers de l'intérêt agricole, à ceux des conseils généraux, représentants naturels de la propriété, et à l'opinion des commissions qui ont été appelées à examiner cette question au double point de vue des droits de la propriété et des intérêts de l'agriculture, n'ont laissé aucun doute dans l'esprit de votre commission, sur la nécessité d'admettre la servitude d'appui que les honorables auteurs de la proposition demandent à inscrire au nombre des servitudes légales que renferment déjà nos lois civiles. »

Malgré ces considérations, la loi actuelle a rencontré, lors de la discussion, une assez vive opposition. On s'est effrayé de cette tendance à établir de nouvelles servitudes légales, de ces restrictions au principe sacré de la propriété.

Voilà comment cette objection a été soutenue par MM. Odilon-Barrot et Desprez.

« La loi de 1845, a dit M. Odilon-Barrot, avait déjà établi une exception assez exorbitante au principe ordinaire du droit civil. Cette faculté de modifier le droit de propriété, au profit d'un intérêt privé immédiat, et seulement d'un intérêt public médiat, était déjà une disposition fort exorbitante. L'intérêt public l'a emporté, l'intérêt de l'agriculture qui jouit d'une très grande faveur, et à très-juste titre, dans cette assemblée, a fait fléchir les principes ordinaires du droit civil; car si vous pouviez établir comme principe qu'il suffit qu'un intérêt public se joigne indirectement à l'intérêt privé pour armer celui-ci du droit d'expropriation, vous seriez effrayés des conséquences auxquelles vous seriez conduits. (C'est vrai ! Ce serait la confiscation du droit de propriété.)

» Il faut donc bien prendre garde, quand vous avez

déjà posé un principe exorbitant, de l'étendre ainsi successivement ; il faut y regarder de très-près.

» Et voyez comment vous procédez : il ne s'agit plus de conduire à un héritage l'eau que vous avez droit de prendre dans la rivière, à travers les héritages intermédiaires, de faire subir à ceux-ci une servitude au profit de votre propriété, de gêner la jouissance de ces propriétés dans l'intérêt de l'amélioration de la vôtre ; il s'agit d'établir un barrage qui a son point d'appui, non plus sur les propriétés intermédiaires, mais sur la propriété riveraine, et qui est en face de la prise d'eau.

» Voilà un premier pas que vous faites ; voilà une première extension que vous donnez à votre principe.

» Vous dites : C'en est la conséquence nécessaire ; en vain vous m'auriez donné le droit de dériver l'eau, de la conduire par des terrains intermédiaires jusqu'à ma propriété, si vous ne m'armez pas du moyen d'élever le niveau des eaux, de manière à opérer la dérivation. Or, le moyen d'élever le niveau des eaux, c'est d'établir un barrage. Comment l'établir, si l'on ne me donne pas un point d'appui sur la rive opposée ?

» Cela est parfaitement raisonnable dans cet ordre d'idées. Je comprends cet ordre d'idées, je conçois qu'on puisse considérer la proposition comme une sorte de lacune dans la loi déjà faite, et qu'il s'agirait de remplir. Cependant, remarquez bien qu'il n'est pas rigoureusement vrai de dire que, pour dériver un cours d'eau, il soit absolument nécessaire d'établir un barrage qui peut inonder les propriétés riveraines, qui fait peser sur elles une servitude bien plus grave, bien plus gênante que celle qui résulte du parcours d'un champ par un canal qui doit servir l'irrigation ; car, lorsque vous tracez un canal à travers une propriété, vous pouvez déterminer le dommage apporté au terrain traversé ; mais lorsque vous établissez un barrage, vous changez le niveau des eaux, vous exposez les propriétés à une inondation permanente, vous créez un ordre de choses dont il vous sera peut-être impossible de calculer les conséquences.

» Et qui armez-vous du droit de calculer ces conséquences dans le présent et l'avenir ? Est-ce l'administration par ses agents, avec son droit d'enquête? Non, c'est l'autorité judiciaire, qui n'a aucun des moyens d'apprécier les conséquences de ce nouveau travail, d'en déterminer le dommage.

» Savez-vous, a ajouté M. Desprez, quel sera le résultat le plus certain du projet de loi tel qu'il vous est présenté ? Des procès sans nombre. procès avec le propriétaire de la rive opposée, pour savoir quelle sera l'étendue du travail qui sera assis sur sa propriété ; à quel lieu sera l'assiette du travail ; comment il devra être construit ; quelle devra être son élévation ; comment, s'il veut en profiter, il devra y contribuer. Voilà une première source de procès.

» Procès ensuite, et on n'en a rien dit, avec les propriétaires supérieurs ; car l'effet immédiat de tout barrage, en cas de crue d'eau, c'est de faire refluer les eaux sur les propriétés supérieures, c'est d'ensabler les propriétés, de les dégrader, et, à chaque inondation, il y aura un nouveau procès.

» Procès ensuite avec les propriétaires inférieurs ; car

il est bien évident que le lit, quand vous aurez fait des saignées latérales multipliées, pour aller à 2, 3, 4 kilomètres, sur la rive droite ou sur la rive gauche, arroser des propriétés, le lit sera asséché pour les propriétés inférieures, ou bien il n'y aura plus qu'un filet d'eau complètement inutile.

» Voilà la conséquence. »

Art. 1er. Tout propriétaire qui voudra se servir, pour l'irrigation de ses propriétés, des eaux naturelles ou artificielles dont il a le droit de disposer, *pourra obtenir la faculté* d'appuyer sur la propriété du riverain opposé, les ouvrages d'art nécessaires à sa prise d'eau, à la charge d'une juste et préalable indemnité.

Sont exceptés de cette servitude les bâtiments, cours et jardins attenant aux habitations.

Pourra obtenir la faculté. Sur ces mots, M. Dupin a présenté des observations que nous allons reproduire ici textuellement.

« On veut, par la loi actuelle, introduire une faculté, une faculté d'appui ; mais fixons-nous bien sur ce point que ce n'est qu'une faculté ; car si c'était un droit absolu, vous détruiriez la propriété, en ce que vous rendriez chacun maître du droit de tous, et que vous réduiriez la difficulté à une question d'argent, qui serait toujours résolue au profit de l'homme opulent : cela deviendrait, pour quelques propriétaires, une affaire de caprice dans laquelle il suffirait d'offrir une indemnité pour devenir maître de la contrée, de réduire en servitude la propriété de ses voisins. De sorte qu'à la différence de ce qu'on entend par expropriation d'utilité publique, dans laquelle le droit de chaque particulier doit céder à l'utilité de tous, ce serait l'expropriation du plus grand nombre pour l'utilité d'un seul, ou pour son agrément.

» Pour éviter cet abus, il faut donc que la loi projetée, si elle passe, n'accorde qu'une faculté qu'on pourra accorder ou refuser. Il faut qu'on puisse l'accorder, car le refus peut n'être qu'un mauvais vouloir, peut n'être pas justifié sur un préjudice réel, ou sur un droit évident ; il faut qu'on ait, en certain cas, la faculté de surmonter ce mauvais refus. Mais ce refus aussi peut être fondé ; il faut donc qu'on puisse repousser l'agression de celui qui aurait la fantaisie d'établir un barrage pour se procurer un agrément ou une utilité particulière, qui ne mériterait pas de prévaloir.

» Ainsi, ou il n'y aura pas de contestation, et alors le barrage s'établira de lui-même... et à ce sujet j'affirme, en présence de M. le ministre des travaux publics et de M. le sous-secrétaire d'État, qu'il y a peut-être en France dix mille barrages établis de fait, et sans autorisation préalable, parce que personne ne s'en est plaint, qu'on en jouit paisiblement et qu'il n'y a pas de réclamations.

» Mais, à l'instant même où il y a réclamation, elle peut être de deux natures : si c'est une réclamation, par exemple, parce que celui qui fait un barrage inonde les héritages supérieurs, fait un marais des héritages voisins, et fait naître par là une question d'insalubrité, alors il y a une question pour le règlement des eaux. C'est là qu'il faut recourir à l'administration, dont je reconnais le droit de police, le droit éminent, le droit souverain, indépendamment de la question de propriété particulière que je réserve, qui n'a pas besoin d'être sacrifiée, dont je n'ai pas besoin de faire un fonds commun dans les mains du gouvernement pour qu'il en gratifie ensuite qui il voudra. Je ne fais pas une telle concession, je soutiens, au contraire, que, s'il y a des eaux qui sont du domaine public, il y en a aussi qui sont du domaine privé, mais en laissant planer sur le tout l'action suprême du gouvernement. Cela lui suffit, cela n'inquiète personne, et je crois en cela être dans le vrai.

» Cela posé et reconnu, en ce qui concerne l'intervention de l'administration pour son droit de police, il faut reconnaître aussi qu'il peut y avoir des réclamations d'un autre ordre. Ainsi, même en présence d'un barrage qui ne causerait pas ces inconvénients d'ordre public dont j'ai parlé, il peut y avoir des droits acquis, il peut y avoir des droits aussi respectables que celui qui veut se produire; si, par exemple, à l'aide d'un barrage, vous voulez faire un pré avec une terre aride, et qu'au même instant où vous allez faire un pré avec votre terre, vous desséchiez mon propre pré, ou bien encore si j'ai un moulin au-dessous qui est utile à toute la contrée, en ce cas, je défends mon droit avec mes titres de propriété, et je soutiens que la faculté d'appui ne doit pas vous être accordée, parce qu'elle me priverait des avantages et des droits dont je suis en possession. On se trouve ainsi en présence de deux intérêts, dont le plus ancien peut être ou égal ou supérieur à l'amélioration projetée. En présence de ce conflit d'intérêts, de droits allégués ou prétendus, c'est alors que les tribunaux devront intervenir. Mais faisons-y bien attention, ils devront intervenir, non pas seulement à l'effet de régler une indemnité comme dans le cas où l'on exproprie pour cause d'utilité publique légalement déclarée. Là, plus de doute sur l'utilité publique, puisqu'elle a été reconnue, proclamée, déclarée ; il n'y a plus qu'un règlement de prix à faire.

» Mais dans la matière qui nous occupe, en ce qui touche la propriété et le partage des eaux, les tribunaux conserveront le droit que leur accorde le Code civil, et que leur conserve l'art. 4 de la loi de 1845, de juger d'une manière complexe, en combinant le droit de propriété pur et simple, résultant des lois civiles, avec les intérêts de l'agriculture. Cela donne à la compétence des tribunaux, en cette matière, un caractère mixte, un caractère tout particulier qu'il ne faut pas leur enlever.

» Il faut donc, si une loi nouvelle est jugée nécessaire, si vous croyez devoir la voter, qu'elle ait au moins ces trois caractères : 1° qu'elle n'introduise pas un droit absolu de barrage et d'appui, mais une simple faculté de solliciter et d'obtenir ; 2° qu'en cas de difficulté intéressant la police générale des eaux, on s'adresse à l'administration, qui procède et décide de la manière accoutumée ; 3° enfin, si des propriétaires voisins réclament et allèguent leur droit, leurs titres, leur propriété, leur possession, il faut que les tribunaux prononcent avec la latitude que leur accorde le Code civil, et que leur conserve la loi de 1845. »

Art. 2. — Le riverain sur le fonds duquel l'appui sera réclamé pourra toujours demander l'*usage commun du barrage*, en contribuant pour moitié aux frais d'établissement et d'entretien; aucune indemnité ne sera respectivement due dans ce cas, et celle qui aurait été payée devra être rendue. — Lorsque cet usage commun ne sera réclamé qu'après le commencement ou la confection des travaux, celui qui le demandera devra supporter seul l'excédant de dépenses auquel donneront lieu les changements à faire au barrage pour le rendre propre à l'irrigation des deux rives.

Lors de la discussion, un orateur, M. Maurat-Ballange, a pris la parole en ces termes. Je lis dans cet article 2:

« Le riverain sur le fonds duquel l'appui sera réclamé pourra toujours demander à profiter du barrage pour employer les eaux dont il a le droit de jouir, à la charge, etc. »

Cela est très-bien lorsque les eaux sont suffisantes pour pourvoir à l'irrigation des deux rives; mais le contraire peut se présenter; il peut arriver que le cours d'eau soit insuffisant. Il me semble qu'alors il y a une distinction nécessaire à faire entre le cas des droits acquis et le cas où, souvent, il n'y a pas de droit acquis.

S'il n'y a pas de droit acquis, il me paraît juste que les eaux insuffisantes soient partagées par les tribunaux compétents entre les propriétaires des deux rives. Mais s'il y a un droit acquis, si depuis plus de trente années le propriétaire du barrage a usé exclusivement de l'eau pour laquelle il a fait la construction, la prescription lui appartient, et il ne peut plus être permis au propriétaire de la rive opposée de venir réclamer la communauté du barrage, même en payant une indemnité, c'est-à-dire en payant la moitié de ce que ce barrage a coûté, et d'enlever ainsi au premier propriétaire la jouissance d'une partie de ses eaux.

Voilà une circonstance sur laquelle il serait bon que la commission voulût bien donner une explication.

M. Creton. Je crois que l'honorable préopinant vient de commettre une erreur de droit, et je m'étonne qu'elle ait été émise par un jurisconsulte aussi distingué.

Le droit d'irrigation est un droit facultatif; le propriétaire riverain peut en user ou ne pas en user ; et s'il n'y a pas eu d'ouvrages sur son fonds qui tendent à le priver de l'usage des eaux, il est évident qu'il peut, quelle que soit l'époque, user de ce droit facultatif, les droits facultatifs sont imprescriptibles, à toutes les époques ils peuvent être mis en usage ; il n'y a pas de prescription contre un droit dont on n'est pas tenu d'user, contre un droit qui ne résulte pas d'une convention, mais d'une disposition formelle de la loi. Celui dont la propriété borde une eau courante a le droit de s'en servir pour l'irrigation de ses propriétés à toutes les époques et lorsqu'il lui plaît de réclamer ce droit. Encore bien que les autres propriétaires aient absorbé toute l'eau, lorsqu'un riverain vient réclamer, il est évident qu'il y a lieu à répartition soit par l'administration, soit par les tribunaux.

Il ne faut pas confondre le barrage avec la prise d'eau. Le barrage ne proteste pas contre le droit du riverain opposé. Quant à la prise d'eau, c'est sur son fonds même que le riverain l'établit, et par conséquent elle ne lui permet pas d'acquérir par prescription, au préjudice de l'autre rive, un volume d'eau quelconque. On a prescrit contre les voisins le droit d'élever les eaux; on ne les a pas privés de la faculté d'irriguer.

M. Dusolier. Je crois qu'il y a une erreur dans ce que vient d'avancer M. Creton, une erreur grave, et qu'il méconnaît par cette doctrine les véritables règles du droit.

Il ne s'agit pas en effet de la prescription d'un droit négatif, qui résulterait seulement d'une non-jouissance pendant trente ans, mais de la prescription d'un droit très-actif et très-positif au profit de celui qui en a usé pendant le temps nécessaire et avec les conditions voulues.

Ainsi, la loi civile nous dit que toutes les fois que quelqu'un aura joui d'une eau courante au moyen de travaux faits de main d'homme et existants depuis plus de trente ans, il aura prescrit l'usage de ces eaux et le droit de maintenir les ouvrages qui lui servent à les prendre. Or, dans cette situation, un autre riverain ne pourra, par aucun moyen, lui enlever le bénéfice d'une prescription ainsi caractérisée : voilà précisément quel doit être l'esprit de la proposition pour qu'elle ne nous fasse pas sortir des règles du droit commun.

M. Maurat-Ballange. J'avais posé cette question dans un amendement; mais je comprends qu'il est très-difficile de faire accepter par la chambre des amendements que la chambre ne connaît pas à l'avance. Cependant je crois que les principes que j'avais déjà posés et qui viennent déjà d'être développés de nouveau par M. Dusolier, sont des principes incontestables et généralement incontestés par tous les jurisconsultes; je dis incontestés, car on ne peut pas contester ce qui est écrit dans la loi elle-même. Or, il existe dans le Code civil une disposition portant que celui qui, pendant trente années, a joui exclusivement d'une eau courante, d'une eau vive, d'une servitude continue en un mot, et que cette servitude continue se manifeste par des ouvrages extérieurs, a acquis par prescription le droit d'user exclusivement de cette servitude, sans que l'usage puisse lui en être enlevé par qui que ce soit. Je crois que le projet de la commission tendrait à porter une grave atteinte à cette disposition de notre Code civil.

M. le rapporteur. Le projet de loi ne préjuge rien de cette question : c'est une question de droit, les tribunaux seuls doivent prononcer.

M. Maurat-Ballange. Vous dites *pourra toujours*.

M. le rapporteur. Sauf les droits acquis, on reste dans le droit commun.

Art. 3. — Les contestations auxquelles pourra donner lieu l'application des deux articles ci-dessus, seront portées devant les tribunaux. — Il sera procédé comme en matière sommaire, et s'il y a lieu à expertise, le tribunal pourra ne nommer qu'un seul expert.

Art. 4. — Il n'est aucunement dérogé, par les présentes dispositions, aux lois qui règlent la police des eaux.

On lit dans le rapport de M. Dalloz :

« Votre commission a unanimement admis ces dispositions, ou, pour mieux dire, l'article qui y renvoie, sauf un léger changement de rédaction nécessaire pour plus d'exactitude et pour les étendre à l'article nouveau qu'elle a proposé ; elles lui ont paru naturellement applicables à la servitude d'appui comme à celle d'aqueduc. Ainsi les contestations qui pourront s'élever sur la question de savoir s'il y a lieu à l'établissement du droit d'appui réclamé, sur le point de la propriété riveraine où le barrage devra être appuyé, sur la dimension et la forme des travaux, sur l'indemnité, et, en un mot, l'application de toutes les dispositions de la loi, seront soumises aux tribunaux, auxquels recommandation est faite de concilier l'intérêt de l'opération avec le respect dû à la propriété, et qui devront juger dans une forme abrégée et peu dispendieuse. Votre commission aurait même désiré pouvoir vous proposer une forme encore plus simple, plus rapide et moins coûteuse ; elle aurait voulu que, dans beaucoup de cas où les travaux ont peu d'importance et où la servitude d'appui affecte à peine la propriété riveraine, il eût été possible de soumettre le différend au juge-de-paix. Mais l'impossibilité d'établir une ligne de démarcation entre les divers cas et les principes généraux de compétence, pour les questions de propriété et de droits fonciers, ont dû faire renoncer à cette idée. »

J.

JARDIN. — Terrain clos de murs, de haies ou de fossés.

Dans les villes et dans les campagnes, tout mur servant de séparation entre jardins est présumé mitoyen, s'il n'y a titre ou marque du contraire. (C. Civ., 635.) Voir *mur*.

Chacun peut contraindre son voisin dans les villes et faubourgs à contribuer aux constructions et réparations de la clôture faisant séparation de leurs jardins. (Voir *clôture*.)

JOURS de souffrance. — On appelle *jours de souffrance*, ou tout simplement *jours*, les jours ou fenêtres à fer maillé et verre dormant que le propriétaire d'une maison a, en vertu de la loi, le droit d'ouvrir dans le mur qui le sépare d'avec son voisin.

JUGES-DE-PAIX. — Sous ce titre, nous allons rapporter la loi sur les justices de paix, promulguée le 6 juin 1838; nous la ferons suivre de la circulaire du ministre de la justice aux procureurs-généraux pour l'exécution de cette loi. Le lecteur y trouvera des développements qui ne lui seront pas inutiles pour en saisir l'esprit.

Art. 1er. — Les juges-de-paix connaissent de toutes actions purement personnelles ou mobilières, en dernier ressort, jusqu'à la valeur de cent francs, et, à la charge d'appel, jusqu'à la valeur de deux cents francs.

2. — Les juges-de-paix prononcent, sans appel, jusqu'à la valeur de cent francs, et, à charge d'appel, jusqu'au taux de la compétence en dernier ressort des tribunaux de première instance :

Sur les contestations entre les hôteliers, aubergistes ou logeurs, et les voyageurs ou locataires en garni, pour dépense d'hôtellerie et perte ou avarie d'effets déposés dans l'auberge ou dans l'hôtel;

Entre les voyageurs et les voituriers ou bateliers, pour retards, frais de route et perte ou avarie d'effets accompagnant les voyageurs ;

Entre les voyageurs et les carrossiers ou autres ouvriers pour fournitures, salaires et réparations faites aux voitures de voyage.

3. — Les juges-de-paix connaissent sans appel jusqu'à la valeur de cent francs, et, à charge d'appel, à quelque valeur que la demande puisse s'élever;

Des actions en paiement de loyers ou fermages, des congés, des demandes en résiliation de baux, fondées sur le seul défaut de paiement des loyers ou fermages; des expulsions de lieux et des demandes en validité de saisie-gagerie; le tout lorsque les locations verbales ou par écrit n'excèdent pas annuellement, à Paris, quatre cents francs, et deux cents francs partout ailleurs.

Si le prix principal du bail consiste en denrées ou prestations en nature, appréciables d'après les mercuriales, l'évaluation sera faite sur celles du jour de l'échéance, lorsqu'il s'agira du paiement des fermages; dans tous les autres cas, elle aura lieu suivant les mercuriales du mois qui aura précédé la demande. Si le prix principal du bail consiste en prestations non appréciables d'après les mercuriales, ou s'il s'agit de baux à colons partiaires, le juge-de-paix déterminera la compétence, en prenant pour base du revenu de la propriété le principal de la contribution foncière de l'année courante, multiplié par cinq.

4. — Les juges-de-paix connaissent, sans appel, jusqu'à la valeur de cent francs, et, à charge d'appel, jusqu'au taux de la compétence en dernier ressort des tribunaux de première instance :

1° Des indemnités réclamées par le locataire ou fermier pour non-jouissance provenant du fait du propriétaire, lorsque le droit à une indemnité n'est pas contesté;

2° Des dégradations et pertes, dans les cas prévus par les articles 1732 et 1735 du Code civil.

Néanmoins, le juge-de-paix ne connaît des pertes causées par incendie ou inondation que dans les limites posées par l'article 1er de la présente loi.

5. — Les juges-de-paix connaissent également, sans appel, jusqu'à la valeur de cent francs, et, à charge d'appel, à quelque valeur que la demande puisse s'élever :

1° Des actions pour dommages faits aux champs, fruits et récoltes, soit par l'homme, soit par les animaux, et de celles relatives à l'élagage des arbres ou haies, et au curage, soit des fossés, soit des canaux servant à l'irrigation des propriétés ou au mouvement des usines, lorsque les droits de propriété ou de servitude ne sont pas contestés ;

2° Des réparations locatives des maisons ou fermes, mises par la loi à la charge du locataire ;

3° Des contestations relatives aux engagements respectifs des gens de travail au jour, au mois et à l'année, et de ceux qui les emploient ; des maîtres et des domestiques ou gens de service à gages ; des maîtres et de leurs ouvriers ou apprentis, sans néanmoins qu'il soit dérogé aux lois et règlements relatifs à la juridiction des prud'hommes ;

4° Des contestations relatives au paiement des nourrices, sauf ce qui est prescrit par les lois et règlements d'administration publique à l'égard des bureaux de nourrice de la ville de Paris et de toutes les autres villes ;

5° Des actions civiles pour diffamation verbale et pour injures publiques ou non publiques, verbales ou par écrit, autrement que par la voie de la presse ; des mêmes actions pour rixes ou voies de fait ; le tout lorsque les parties ne se sont pas pourvues par la voie criminelle.

6. — Les juges-de-paix connaissent, en outre, à charge d'appel :

1° Des entreprises commises, dans l'année, sur les cours

d'eau servant à l'irrigation des propriétés et au mouvement des usines et moulins, sans préjudice des attributions de l'autorité administrative dans les cas déterminés par les lois et par les règlements; des dénonciations de nouvel œuvre, complaintes, actions en réintégrande et autres actions possessoires fondées sur des faits également commis dans l'année;

2° Des actions en bornage et de celles relatives à la distance prescrite par la loi, les règlements particuliers et l'usage des lieux, pour les plantations d'arbres ou de haies, lorsque la propriété ou les titres qui l'établissent ne sont pas contestés;

3° Des actions relatives aux constructions et travaux énoncés dans l'article 674 du Code civil, lorsque la propriété ou la mitoyenneté du mur ne sont pas contestées;

4° Des demandes en pension alimentaire n'excédant pas cent cinquante francs par an, et seulement lorsqu'elles seront formées en vertu des articles 205, 206 et 207 du Code civil.

7. — Les juges-de-paix connaissent de toutes les demandes reconventionnelles ou en compensation qui, par leur nature ou leur valeur, sont dans les limites de leur compétence, alors même que, dans les cas prévus par l'article 1er, ces demandes, réunies à la demande principale, s'élèveraient au-dessus de deux cents francs. Ils connaissent, en outre, à quelques sommes qu'elles puissent monter, des demandes reconventionnelles en dommages-intérêts fondées exclusivement sur la demande principale elle-même.

8. — Lorsque chacune des demandes principales, reconventionnelles ou en compensation, sera dans les limites de la compétence du juge-de-paix en dernier ressort, il prononcera sans qu'il y ait lieu à appel.

Si l'une de ces demandes n'est susceptible d'être jugée qu'à charge d'appel, le juge-de-paix ne prononcera sur toutes qu'en premier ressort.

Si la demande reconventionnelle ou en compensation excède les limites de sa compétence, il pourra, soit retenir le jugement de la demande principale, soit renvoyer, sur le tout, les parties à se pourvoir devant le tribunal de première instance, sans préliminaire de conciliation.

9. — Lorsque plusieurs demandes formées par la même partie seront réunies dans une même instance, le juge-de-paix ne prononcera qu'en premier ressort, si leur valeur totale s'élève au-dessus de cent francs, lors même que quelqu'une de ces demandes serait inférieure à cette somme. Il sera incompétent sur le tout, si ces demandes excèdent, par leur réunion, les limites de sa juridiction.

10. —Dans le cas où la saisie-gagerie ne peut avoir lieu qu'en vertu de permission de justice, cette permission sera accordée par le juge-de-paix du lieu où la saisie devra être faite, toutes les fois que les causes rentreront dans sa compétence.

S'il y a opposition de la part des tiers, pour des causes et pour des sommes qui, réunies, excèderaient cette compétence, le jugement en sera déféré aux tribunaux de première instance.

11. — L'exécution provisoire des jugements sera ordonnée dans tous les cas où il y a titre authentique, promesse reconnue, ou condamnation précédente dont il n'y a point eu appel.

Dans tous les autres cas, le juge pourra ordonner l'exécution provisoire, nonobstant appel, sans caution, lorsqu'il s'agira de pension alimentaire, ou lorsque la somme n'excèdera pas trois cents francs, et avec caution, au-dessus de cette somme.

La caution sera reçue par le juge-de-paix.

12. — S'il y a péril en la demeure, l'exécution provisoire pourra être ordonnée sur la minute du jugement avec ou sans caution, conformément aux dispositions de l'article précédent.

13. — L'appel des jugements des juges-de-paix ne sera recevable, ni avant les trois jours qui suivront celui de la prononciation des jugements, à moins qu'il n'y ait lieu à l'exécution provisoire, ni après les trente jours qui suivront la signification à l'égard des personnes domiciliées dans le canton.

Les personnes domiciliées hors du canton auront, pour interjeter appel, outre le délai de trente jours, le délai réglé par les articles 73 et 1033 du Code de procédure civile.

14. — Ne sera pas recevable l'appel des jugements mal à propos qualifiés en premier ressort, ou qui, étant en dernier ressort, n'auraient point été qualifiés.

Seront sujets à l'appel les jugements qualifiés en dernier ressort, s'ils ont statué, soit sur des questions de compétence, soit sur des matières dont le juge-de-paix ne pouvait connaître qu'en premier ressort.

Néanmoins, si le juge-de-paix s'est déclaré compétent, l'appel ne pourra être interjeté qu'après le jugement définitif.

15. — Les jugements rendus par les juges-de-paix ne pourront être attaqués par la voie du recours en cassation que pour excès de pouvoir.

16. — Tous les huissiers d'un même canton auront le droit de donner toutes les citations et de faire tous les actes devant la justice de paix. Dans les villes où il y a plusieurs justices de paix, les huissiers exploitent concurremment dans le ressort de la juridiction assignée à leur résidence. Tous les huissiers du même canton seront tenus de faire le service des audiences, et d'assister le juge-de-paix toutes les fois qu'ils en seront requis; les juges-de-paix choisiront leurs huissiers audienciers.

17. — Dans toutes les causes, excepté celles où il y aurait péril en la demeure et celles dans lesquelles le défendeur serait domicilié hors du canton ou des cantons de la même ville, le juge-de-paix pourra interdire aux huissiers de sa résidence de donner aucune citation en justice, sans qu'au préalable il n'ait appelé, sans frais, les parties devant lui.

18. — Dans les causes portées devant la justice de paix, aucun huissier ne pourra ni assister comme conseil ni représenter les parties en qualité de procureur fondé, à peine d'une amende de vingt-cinq à cinquante francs, qui sera prononcée sans appel par le juge-de-paix.

Ces dispositions ne seront pas applicables aux huissiers qui se trouveront dans l'un des cas prévus par l'article 86 du Code de procédure civile.

19. — En cas d'infraction aux dispositions des articles 16, 17 et 18, le juge-de-paix pourra défendre aux huissiers du canton de citer devant lui, pendant un délai de quinze jours à trois mois, sans appel et sans préjudice de l'action disciplinaire des tribunaux et des dommages-intérêts des parties, s'il y a lieu.

20. — Les actions concernant les brevets d'invention seront portées, s'il s'agit de nullité ou de déchéance des brevets, devant les tribunaux civils de première instance; s'il s'agit de contrefaçon, devant les tribunaux correctionnels.

21. — Toutes les dispositions des lois antérieures contraires à cette présente loi sont abrogées.

22. — Les dispositions de la présente loi ne s'appliqueront pas aux demandes introduites avant sa promulgation.

Loi portant suppression des droits et vacations accordés aux juges-de-paix, et fixation du traitement de ces magistrats et de leurs greffiers.

21-24 *Juin* 1845.

Art. 1er. — Les droits et vacations accordées aux juges-de-paix sont supprimées. — Il ne leur sera alloué d'indemnité de transport que quand ils se rendront à plus de cinq kilomètres du chef-lieu de canton.

2. — Dans les villes où siégent les tribunaux de première instance, le traitement des juges-de-paix sera le même que celui des juges de ces tribunaux. — A Paris, les juges-de-paix recevront, en outre, une somme de quinze cents francs par an, à titre d'indemnité pour un secrétaire. — Dans les cantons composant les arrondissements de Saint-Denis et de Sceaux, le traitement sera de trois mille francs. Dans les villes de 20,000 âmes

et au-dessus, et à Mézières, chef-lieu du département des Ardennes, le traitement des juges-de-paix sera de 1,800 francs. — Dans les chefs-lieux d'arrondissement où ne siége pas de tribunal de première instance, et dans les villes ou communes de 3,000 ames et au-dessus de population agglomérée, le traitement des juges-de-paix sera de 1,500 francs.—Il sera de 1,200 fr. dans les autres communes du royaume.

3. — Le traitement annuel des greffiers des juges-de-paix est porté à cinq cents francs dans les cantons où il est inférieur à cette somme ; il est maintenu dans les autres cantons.

4. — La présente loi sera exécutée à partir du 1er janvier 1846. Avant cette époque, une ordonnance royale, portant règlement d'administration publique, déterminera le montant de l'indemnité de transport établie par l'article 1er.

Circulaire de M. Barthe, garde-des-sceaux, ministre de la justice et des cultes, aux procureurs-généraux, contenant des instructions pour l'exécution de la loi relative aux justices-de-paix. (6 *juin* 1838.)

Monsieur le procureur-général, l'exécution de la loi sur les justices-de-paix, récemment promulguée, exige une surveillance particulière. J'appelle sur ce point toute votre sollicitude.

Les attributions nouvellement conférées aux juges-de-paix témoignent de la confiance qui a été accordée à ces magistrats. En se pénétrant du sens de la loi, ils devront apporter un soin scrupuleux à exercer leur compétence entière, sans la dépasser. Dans la décision des contestations plus nombreuses et plus importantes qui leur seront soumises, il faut que, toujours consciencieux, ils s'éclairent par un examen plus attentif encore, s'il se peut, des droits des parties. De bons jugements préviendront des appels fréquents. Des réformations multipliées, si elles avaient lieu, ne manqueraient pas d'attirer le crédit moral du magistrat. Les bons effets de la loi dépendent de la saine intelligence de ses dispositions et de l'application qui en sera faite. L'expérience prononcera bientôt sur le mérite des innovations que cette loi renferme. C'est aux juges-de-paix à faire en sorte que cette expérience réponde aux vœux des justiciables et à l'espérance du législateur.

Je ne crois pas devoir exposer ici le sens des divers articles de la loi qui remplacent les articles 9 et 10, titre III de la loi du 24 août 1790. Outre que ces dispositions sont claires par elles-mêmes, c'est au droit commun, c'est à la jurisprudence qui s'établira que devra être empruntée la solution des difficultés qui pourront se présenter.

Mais la nouvelle loi renferme quelques dispositions relatives à la discipline et au ministère des huissiers. La haute surveillance des officiers ministériels, étant attribuée au chef de la justice, j'ai cru qu'il était utile d'entrer dans quelques explications au sujet des articles 16, 17, 18 et 19.

I. — Vous reconnaîtrez que la première de ces dispositions déroge à l'article 28 du décret du 14 juin 1805. L'accroissement de la compétence des juges-de-paix doit produire ce résultat que plus d'assignations seront données devant cette juridiction. C'est en considération de ce nouvel état de choses que tous les huissiers dont la résidence est fixée dans le même canton acquièrent le droit d'exploiter auprès de la justice de paix, droit qui n'appartenait qu'aux seuls audienciers.

La loi a dû dire comment cette règle s'appliquerait aux villes divisées en plusieurs justices de paix. Quoique les tribunaux de première instance puissent, en exécution de l'article 19 du même décret, distribuer les huissiers par quartiers, il est d'usage qu'ils n'ont pas recours à cette mesure, parce que l'intérêt de ces officiers ministériels suffit pour les déterminer à fixer la demeure là où elle doit être le plus à la portée des justiciables. Une telle distribution entraînerait d'ailleurs l'inconvénient, si elle devait être prise en considération, dans l'exécution de la loi nouvelle, de créer des défauts de qualités et de donner lieu à des moyens de nullité qu'il est essentiel de prévenir.

Ainsi tous les huissiers qui résident dans ces villes auront le droit d'y exploiter concurremment auprès des divers juges-de-paix. Telle serait, au reste, la conséquence de l'absence seule des règlements suivant lesquels ces officiers seraient répartis par quartiers. Dans ces résidences, les juges-de-paix trouveront auprès du procureur du roi du tribunal d'arrondissement, et souvent même auprès des magistrats supérieurs, tout l'appui que les circonstances peuvent rendre nécessaire, afin que leur autorité soit toujours respectée, et que le nombre des huissiers qui auront droit d'instrumenter devant eux ne trompent jamais leurs intentions conciliatrices.

Le même article 16 réserve au juge-de-paix le pouvoir de choisir des huissiers audienciers. Si ces huissiers perdent le privilége exclusif qui leur appartenait, la confiance des juges-de-paix les désignera toujours d'une manière spéciale à la confiance du public, et la signification des jugements par défaut leur appartiendra, en exécution de l'article 20 du Code de procédure. Ces avantages continueront probablement à assurer au magistrat l'assistance habituelle et nécessaire d'un ou plusieurs de ces officiers ministériels.

II. — Beaucoup de juges-de-paix ont introduit dans leurs cantons l'usage des avertissements antérieurs aux citations en justice. Je ne vois que de l'avantage à ce que cet usage soit maintenu là où il existe, et à ce qu'il soit introduit dans les cantons où il n'a pas encore été établi. C'est afin de laisser à cet égard aux juges-de-paix tout le mérite de l'initiation, et de leur permettre d'apprécier les circonstances dans lesquelles la remise de ces avis serait utile ou superflue, que la loi n'en fait pas une obligation générale. Il était toutefois indispensable de leur conférer le pouvoir de défendre aux huissiers qu'aucune assignation ne fût donnée sans ce préalable, et telle est la disposition de l'article 17.

Lorsqu'une pareille défense aura été faite, deux exceptions seulement dispenseront de l'observer : la loi a dû encore s'en expliquer. C'est d'abord l'éloignement du domicile du défendeur, afin de lui épargner les dépenses du déplacement ; ce sont ensuite les cas d'*urgence*. Tantôt le magistrat lui-même en sera juge, si l'huissier a eu le temps de le consulter : tantôt, si ce temps lui a manqué, sa justification sera dans les faits mêmes qui caractériseront l'urgence. Ce sera à lui de les bien apprécier et de n'engager qu'avec discernement sa responsabilité.

III. — L'article 18 est relatif à la comparution devant le magistrat. Il est dans l'esprit de l'institution des juges-de-paix que les parties se présentent, autant que possible, elles-mêmes. Les lois de l'Assemblée constituante voulaient même que les plaideurs ne fussent ni représentés ni assistés par des personnes *attachées à l'ordre judiciaire*. Le Code de procédure a prononcé, il est vrai, par son article 9, l'abrogation de cette exclusion, souvent aussi gênante que mal fondée, et la loi nouvelle ne l'exprime qu'à l'égard des huissiers dont le ministère consiste à servir d'intermédiaire aux deux parties, ce qui ne permet pas qu'ils se constituent les défenseurs de l'une d'elles. Il est néanmoins bien essentiel de remarquer que, si le procureur fondé qu'elles ont choisi ne paraît pas digne de la mission qui lui a été confiée, le juge conserve toujours le droit d'écarter cette entremise, alors inutile, au contraire, à l'intérêt de ceux qui réclament justice devant lui. Le droit commun veut qu'il puisse recourir à tous les moyens légaux d'éclairer sa décision. La comparution personnelle des parties constitue l'un de ces moyens. L'efficacité en est fréquemment décisive, soit pour discerner plus sûrement la vérité, soit afin d'arriver à une conciliation. Il ne tiendra donc qu'au juge d'ordonner, s'il le croit convenable, cette comparution pour le jour qu'il indiquera ; comme il peut prescrire la même mesure, lorsqu'il n'est appelé à connaître de l'affaire qu'à titre de conciliateur, puisque l'article 53 (Code de procédure) n'autorise la présence d'un fondé de pouvoir qu'en cas d'*empêchement* de la partie. C'est encore au magistrat qu'il appartient de décider s'il y a réellement empêchement, si l'excuse est justifiée, si la partie elle-même ne doit pas, sur son ordre, venir exposer ses raisons.

IV. — La sanction des articles 16, 17 et 18 se trouve dans l'article 19. Elle est de deux natures : l'interdiction de donner des assignations devant le juge-de-paix, et l'exercice ordinaire du pouvoir disciplinaire. Sous ce dernier rapport, la loi se réfère de plein droit, et sans qu'il ait été nécessaire de le déclarer, aux articles 102 et 103 du décret du 30 mars 1808. Quant à la première sanction, la durée de l'interdiction ne peut être moindre de 15 jours, ni se prolonger au-delà de trois mois. Le juge-de-paix statue à cet égard sans appel. Plus cette dérogation à la loi générale, qui veut que les décisions disciplinaires ne soient pas définitives, sans mon approbation, est grave, plus les juges-de-paix comprendront qu'ils ne doivent en user qu'avec une juste réserve. Mais aussi ce droit a besoin d'exister avec l'étendue nécessaire pour qu'il ait une efficacité réelle. Lorsqu'une ville est divisée en plusieurs justices-de-paix, l'interdiction ne pouvant s'appliquer à toutes les juridictions de cette nature qui sont établies dans la même résidence, la peine qui aura été prononcée produira toujours l'effet moral qui est attaché à de telles décisions; si la répression ne paraissait pas suffisante, ce serait le cas alors de recourir au pouvoir plus rigoureux qui est réservé, c'est-à-dire à l'action en discipline, telle qu'elle est réglée par le droit commun.

L.

LAIS et RELAIS. — On entend par *lais* les alluvions que forment la mer, les fleuves et les rivières, aux propriétés riveraines, et par *relais* les terrains que la mer, les fleuves et les rivières abandonnent en se retirant d'une rive pour se porter sur l'autre.

Les lais et relais des fleuves ou rivières, de toute espèce, appartiennent aux propriétaires riverains, à la charge, lorsqu'il s'agit d'un fleuve ou d'une rivière navigable ou flottable, de laisser le marche-pied ou chemin de halage, conformément aux règlements. (C. Civ. 556 et 557.) Voyez *mer*.

Les lais et relais de la mer, au contraire, font partie du domaine public. (Ibid 538.)

Voir *alluvion*, *atterrissement*, *accession*.

LATRINES. — Voyez *fosse d'aisance*.

LAVOIR-ABREUVOIR. — Lieu destiné soit à laver du linge, des laines ou autres objets, soit à faire abreuver les bestiaux.

Il arrive quelquefois que le lavoir et l'abreuvoir ne font qu'un; mais d'autres fois aussi le lavage est l'unique objet de l'établissement.

Les lavoirs et abreuvoirs peuvent être établis sur des cours d'eaux non navigables ni flottables, sur des rivières navigables et flottables, sur des mares, etc.

Les lavoirs établis sur des mares ne sont que de pure tolérance. La possession par une commune ou par un hameau de venir laver à une mare ne saurait leur en attribuer la propriété. (Vaudoré, *droit rural*.)

On ne peut établir de lavoirs ni abreuvoirs sur les cours d'eaux non navigables ni flottables, sans la permission des propriétaires des terrains riverains.

Enfin, il est libre à chacun d'établir des lavoirs ou abreuvoirs sur les rivières navigables ou flottables. Toutefois s'ils donnaient lieu à des constructions d'une certaine importance, l'autorisation devrait en être demandée à l'autorité locale. (Voir *cours d'eau.*)

Toutefois il est de ces cas où le droit qu'a le propriétaire riverain d'établir un lavoir sur l'eau courante qui borde son héritage, peut lui être contesté. Par exemple, si l'établissement du lavoir pouvait rendre l'eau sale ou insalubre et pouvait priver les propriétaires des fonds inférieurs de s'en servir suivant leur usage habituel. En effet, le propriétaire supérieur ne peut envoyer à l'héritage inférieur des eaux infectes ou corrompues.

Les établissements des lavoirs à laine doivent être placés sur les rivières et ruisseaux au-dessous des villes et villages.

Il est expressément défendu à ceux qui ont des droits aux abreuvoirs, et à plus forte raison à des tiers, d'y envoyer des bestiaux infectés de maladies contagieuses. (Voir *abreuvoir.*)

Quant aux lavoirs ou *patouillets* qui servent à l'exploitation des mines de fer, il entre dans les attributions de l'autorité administrative de déterminer leurs prises d'eau et de fixer leur hauteur, conformément à la loi du 26 juillet 1791 sur les mines, et à celle du 6 octobre même année, sur la police rurale. (Voir *cours d'eau.*)

LIMITES. — Ce sont en général des choses qui servent à séparer une propriété, un terroir, un état d'avec un autre. (Voir *borne.*)

LITS des cours d'eaux. — Ils font partie du domaine public. (Voyez *cours d'eau.*)

M.

MANUFACTURE. — Établissement où l'on fabrique certains ouvrages.

Il ne peut être établi dans l'étendue du territoire formant la ligne des douanes, à l'exception des villes, aucune grande manufacture ou fabrique, sans une autorisation spéciale du gouvernement. — Cette défense a pour objet d'empêcher que des établissements considérables ne deviennent des entrepôts frauduleux de marchandises prohibées. (L. du 22 avril 1791, 21 vent. an 11 et 28 avril 1816.)

Certaines manufactures, qui, à raison de leur voisinage incommode et insalubre, sont de nature à nuire à la santé des habitants, à incommoder ou à mettre en péril les propriétés voisines, ne peuvent être établies sans une autorisation et un examen préalables. (Voir à cet égard *établissements dangereux*.)

La violation des règlements d'administration publique relatifs aux produits des manufactures françaises, et en général tous les faits par lesquels on aurait cherché à nuire à l'industrie, sont punis par les articles 413 et suivants du Code pénal. (Voyez *usine*.)

MARCHE-PIED. — Chemin de trente-trois décimètres de largeur ménagé sur la rive opposée au chemin de halage, pour que les bateliers puissent mettre pied à terre pour pratiquer leurs manœuvres.

Ce que nous avons dit pour le *chemin de halage* étant

en général relatif au marche-pied, nous renvoyons le lecteur à ce mot.

MARE D'EAU. — Grande fosse creusée pour servir de réservoir aux eaux pluviales.

Le propriétaire d'un fonds où est une mare peut en faire tel usage qu'il veut. Il peut en refuser l'usage à ses voisins, et, quelque longue possession qu'ils aient d'y tirer de l'eau, cette possession est une servitude qui ne peut faire un titre. La possession, en ce cas, pouvant tout aussi bien dériver d'une tolérance que d'un droit, est douteuse, et, dans le doute, on doit se déterminer en faveur de la libération. (HOUARD, *dict. de droit normand.*) Voyez *servitudes.*

Un pareil propriétaire doit avoir, à plus forte raison, le droit de refuser l'usage d'y faire abreuver les bestiaux.

Pour que l'on puisse prétendre à la propriété d'une mare, il faut pouvoir invoquer la jouissance corporelle du terrain qui environne la mare; prouver que l'on a l'habitude d'en faire le curage, d'employer la vase à son profit, et d'en réparer les abords à ses frais, etc.

Toutefois, il faut consulter les circonstances pour reconnaître si ceux qui ont opéré le curage de la mare et disposé des vases, l'ont fait comme propriétaires, ou seulement par autorisation du véritable propriétaire, ou enfin comme habitants agissant dans l'intérêt de tous.

La cour de cassation a jugé (21 novembre 1807) que les établissements de lavoirs et d'esculiers sur des mares ne sont pas non plus des actes attributifs de possession.

La possession par une commune du droit pour ses habitants de faire abreuver les bestiaux, de passer ou de laver à la mare d'un particulier, ne lui en attribue pas la propriété. Cette possession n'est regardée que comme étant de pure tolérance. (VAUDORÉ ; *droit rural.*)

Mais les habitants en général, ou autrement la commune, pourraient obtenir le droit de s'en servir en payant l'indemnité, selon la règle établie par l'article 643 du C. Civ. (Ibid.)

L'autorité municipale a sous sa surveillance les mares et abreuvoirs, pour prévenir les accidents et empêcher la corruption des eaux. Elle doit les faire nettoyer, et faire, par exemple, enlever le frai des crapauds et des grenouilles qui s'y réfugient. (Ibid.) — (Voir *abreuvoir.*)

MARNIÈRE. — (Voir *mines, carrière.*)

MATÉRIAUX. — C'est tout ce qui est propre à la construction des bâtiments, comme pierres, bois, fer, chaux, terre, briques, ardoises, tuiles, etc. (Voir *démolition.*)

MÉLANGE. — On entend par mélange, en droit, le résultat de plusieurs matières appartenant à divers propriétaires et qui ont formé une seule chose. (Voir *accession.*)

MER. — C'est la vaste étendue des eaux qui entourent la terre.

La mer, dit M. Proudhon, est en même temps le principe et la fin de tout ce qui touche au jeu qu'exercent les eaux dans le règne de la nature. C'est des évaporations exercées sur sa surface par l'action du soleil que se forment les nuages, qui, poussés par les vents sur le continent, viennent y donner naissance à toutes les sources et les fleuves par lesquels se reportent dans la mer, et en grandes masses, les eaux qui n'en avaient été pompées qu'en molécules aériennes.

La mer est restée dans la communauté universelle du genre humain. Elle est nécessairement libre, parce qu'elle ne peut être soumise à une occupation réelle et permanente, que l'usage en est inépuisable et suffit au besoin de tous les hommes, quoi qu'il reste en commun. Ainsi la pêche en pleine mer ne peut être soumise à des mesures prohibitives ou restrictives. (*Rép. de la jur. du Not.*)

Les bords et rivages de la mer sont susceptibles, d'après leur nature, de propriété privée. On peut y construire, récolter le varech, enlever les sables et galets, établir des salines. Mais ce ne sont là que de simples facultés, soumises à une concession formelle du gouvernement, et inaliénables et imprescriptibles, comme faisant partie du domaine public.

Les *lais et relais* de la mer qui, aux termes de l'article 538 du Code civil, font partie du domaine public, ne doivent pas être confondus avec les terrains situés le long des rivières qui ont leur embouchure dans la mer. Les premiers, ainsi que nous venons de le dire, appartiennent à l'État, les seconds aux propriétaires riverains. (Cass. 23 juin 1830.)

MINES. — Endroits profonds de la terre d'où l'on tire les métaux, les minéraux et quelques pierres précieuses.

La loi du 21 avril 1810 relative aux *mines*, *minières* et *carrières* étant très complète et indispensable à MM. les industriels, nous nous empressons d'en rapporter ici le texte.

LOI

CONCERNANT LES MINES, LES MINIÈRES ET LES CARRIÈRES.

Du 21 avril 1810.

DÉCRET.

TITRE 1er. — *Des mines, minières et carrières.*

ARTICLE 1er. — Les masses de substances minérales ou fossiles renfermées dans le sein de la terre ou existantes à la surface, sont classées, relativement aux règles de l'exploitation de chacune d'elles, sous les trois qualifications de mines, minières et carrières.

2. — Seront considérées comme mines celles connues pour contenir en filons, en couches ou en amas, de l'or, de l'argent, du platine, du mercure, du plomb, du fer en filons ou couches, du cuivre, de l'étain, du zinc, de la calamine, du bismuth, du cobalt, de l'arsenic, du manganèse, de l'antimoine, du molybdène, de la plombagine, ou autres matières métalliques, du soufre, du charbon de terre ou de pierre, du bois fossile, des bitumes, de l'alun et des sulfates à base métallique.

3. — Les minières comprennent les minerais de fer dits d'alluvion, les terres pyriteuses propres à être converties en sulfate de fer, les terres alumineuses et les tourbes.

4. — Les carrières renferment les ardoises, les grès, pierres à bâtir et autres, les marbres, granits, pierres à chaux, pierres à plâtre, les pouzolanes, le trass, les basaltes, les laves, les marnes, craies, sables, pierres à fusil, argiles, kaolin, terres à foulon, terres à poterie, les substances terreuses et les cailloux de toute nature, les terres pyriteuses regardées comme engrais, le tout exploité à ciel ouvert ou avec des galeries souterraines.

Titre II. — *De la propriété des mines.*

5. — Les mines ne peuvent être exploitées qu'en vertu d'un acte de concession délibéré en conseil d'État.

6. — Cet acte règle les droits des propriétaires de la surface sur le produit des mines concédées.

7. — Il donne la propriété perpétuelle de la mine, laquelle est dès-lors disponible et transmissible comme tous autres biens, et dont on ne peut être exproprié que dans les cas et selon les formes prescrites par les autres propriétés, conformément au Code Napoléon et au Code de procédure civile. Toutefois une mine ne peut être vendue par lots ou partagée, sans une autorisation préalable du gouvernement donnée dans les mêmes formes que la concession.

8. — Les mines sont immeubles.

Sont aussi immeubles, les bâtiments, machines, puits, galeries et autres travaux établis à demeure, conformément à l'art. 524 du Code Napoléon.

Sont aussi immeubles par destination, les chevaux, agrès, outils et ustensiles servant à l'exploitation.

Ne seront considérés comme chevaux attachés à l'exploitation, que ceux qui sont exclusivement attachés aux travaux intérieurs des mines.

Néanmoins les actions ou intérêts dans une société ou entreprise pour l'exploitation des mines, seront réputés meubles, conformément à l'article 529 du Code Napoléon.

9. — Sont meubles, les matières extraites, les approvisionnements et autres objets mobiliers.

TITRE III. — *Des actes qui précèdent la demande en concession de mines.*

SECTION 1re. — *De la recherche et de la découverte des mines.*

10. — Nul ne peut faire des recherches pour découvrir des mines, enfoncer des sondes ou tarières sur un terrain qui ne lui appartient pas, que du consentement du propriétaire de la surface, ou avec l'autorisation du gouvernement, donnée après avoir consulté l'administration des mines, à la charge d'une préalable indemnité envers le propriétaire et après qu'il aura été entendu.

11. — Nulle permission de recherches ni concession de mines ne pourra, sans le consentement formel du propriétaire de la surface, donner le droit de faire des sondes et d'ouvrir des puits ou galeries, ni celui d'établir des machines ou magasins dans les enclos murés, cours ou jardins, ni dans les terrains attenant aux habitations ou clôtures murées, dans la distance de cent mètres desdites clôtures ou des habitations.

12. — Le propriétaire pourra faire des recherches, sans formalité préalable, dans les lieux réservés par le précédent article, comme dans les autres parties de sa propriété; mais il sera obligé d'obtenir une concession avant d'y établir une exploitation. Dans aucun cas, les recherches ne pourront être autorisées dans un terrain déjà concédé.

SECTION II. — *De la préférence à accorder pour les concessions.*

13. — Tout français, ou tout étranger naturalisé ou non en France, agissant isolément ou en société, a le droit de demander et peut obtenir, s'il y a lieu, une concession de mines.

14. — L'individu ou la société doit justifier des facultés nécessaires pour entreprendre et conduire les travaux, et des

moyens de satisfaire aux redevances, indemnités, qui lui seront imposées par l'acte de concession.

15. — Il doit aussi, le cas arrivant de travaux à faire sous des maisons ou lieux d'habitation, sous d'autres exploitations ou dans leur voisinage immédiat, donner caution de payer toute indemnité, en cas d'accident : les demandes ou oppositions des intéressés seront, en ce cas, portées devant nos tribunaux et cours.

16. — Le gouvernement juge des motifs ou considérations d'après lesquels la préférence doit être accordée aux divers demandeurs en concession, qu'ils soient propriétaires de la surface, inventeurs ou autres.

En cas que l'inventeur n'obtienne pas la concession d'une mine, il aura droit à une indemnité de la part du concessionnaire. Elle sera réglée par l'acte de concession.

17. — L'acte de concession fait après l'accomplissement des formalités prescrites, purge, en faveur du concessionnaire, tous les droits des propriétaires, de la surface et des inventeurs, ou de leurs ayants droits, chacun dans leur ordre, après qu'ils ont été entendus ou appelés légalement, ainsi qu'il sera ci-après réglé.

18. — La valeur des droits résultant en faveur du propriétaire de la surface, en vertu de l'art. 6 de la présente loi, demeurera réunie à la valeur de ladite surface, et sera affectée avec elle aux hypothèques prises par les créanciers du propriétaire.

19. — Du moment où une mine sera concédée, même au propriétaire de la surface, cette propriété sera distinguée de celle de la surface, et désormais considérée comme propriété nouvelle, sur laquelle de nouvelles hypothèques pourront être assises, sans préjudice de celles qui auraient été ou seraient prises sur la surface et la redevance, comme il est dit à l'article précédent.

Si la concession est faite au propriétaire de la surface, ladite redevance sera évaluée pour l'exécution dudit article.

20. — Une mine concédée pourra être affectée, par privilége, en faveur de ceux qui, par acte public et sans fraude, justifieraient avoir fourni des fonds pour les recherches de la mine, ainsi que pour les travaux de construction ou confection de machines nécessaires à son exploitation, à la charge de se conformer aux articles 2103 et autres du Code Napoléon, relatifs aux priviléges.

21. — Les autres droits de privilége et d'hypothèque pourront être acquis sur la propriété de la mine, aux termes et en conformité du Code Napoléon, comme sur les autres propriétés immobilières.

Titre IV. — *Des concessions.*

Section 1re. — *De l'obtention des concessions.*

22. — La demande en concession sera faite par voie de simple pétition adressée au préfet, qui sera tenu de la faire enregistrer à sa date sur un registre particulier, et d'ordonner les publications et affiches dans les dix jours.

23. — Les affiches auront lieu pendant quatre mois, dans le chef-lieu du département, dans celui de l'arrondissement où la mine est située, dans le lieu du domicile du demandeur, et dans toutes les communes dans le territoire desquelles la concession peut s'étendre. Elles seront insérées dans les journaux du département.

24. — Les publications des demandes en concession de mines auront lieu devant la porte de la maison commune et des églises paroissiales et consistoriales, à la diligence des maires, à l'issue de l'office, un jour de dimanche, et au moins une fois par mois pendant la durée des affiches. Les maires seront tenus de certifier ces publications.

25. — Le secrétaire général de la préfecture délivrera au re-

quérant un extrait certifié de l'enregistrement de la demande en concession.

26. — Les demandes en concurrence et les oppositions qui y seront formées, seront admises devant le préfet jusqu'au dernier jour du quatrième mois, à compter de la date de l'affiche; elles seront notifiées par actes extrajudiciaires à la préfecture du département, où elles seront enregistrées sur le registre indiqué à l'art. 22. Les oppositions seront notifiées aux parties intéressées; et le registre sera ouvert à tous ceux qui en demanderont communication.

27. — A l'expiration du délai des affiches et publications, et sur la preuve de l'accomplissement des formalités portées aux articles précédents, dans le mois qui suivra, au plus tard, le préfet du département, sur l'avis de l'ingénieur des mines et après avoir pris des informations sur les droits et les facultés des demandeurs, donnera son avis, et le transmettra au ministre de l'intérieur.

28. — Il sera définitivement statué sur la demande en concession, par un décret impérial délibéré en conseil d'État.

Jusqu'à l'émission du décret, toute opposition sera admissible devant le ministre de l'intérieur ou le secrétaire général du conseil d'État : dans ce dernier cas, elle aura lieu par une requête signée et présentée par un avocat au conseil, comme il est pratiqué pour les affaires contentieuses; et, dans tous les cas, elle sera notifiée aux parties intéressées.

Si l'opposition est motivée sur la propriété de la mine acquise par concession ou autrement, les parties seront renvoyées devant les tribunaux et cours.

29. — L'étendue de la concession sera déterminée par l'acte de concession; elle sera limitée par des points fixes, pris à la surface du sol, et passant par des plans verticaux menés de cette surface dans l'intérieur de la terre à une profondeur indéfinie, à moins que les circonstances et les localités ne nécessitent un autre mode de limitation.

30. — Un plan régulier de la surface, en triple expédition, et sur une échelle de dix millimètres pour cent mètres, sera annexé à la demande.

Ce plan devra être dressé ou vérifié par l'ingénieur des mines, et certifié par le préfet du département.

31. — Plusieurs concessions pourront être réunies entre les mains du même concessionnaire, soit comme individu, soit comme représentant une compagnie, mais à la charge de tenir en activité l'exploitation de chaque concession.

SECTION 2. — *Des obligations des propriétaires de mines.*

32.—L'exploitation des mines n'est pas considérée comme un commerce, et n'est pas sujette à patente.

33. — Les propriétaires de mines sont tenus de payer à l'État une redevance fixe, et une redevance proportionnée au produit de l'extraction.

34. — La redevance fixe sera annuelle, et réglée d'après l'étendue de celle-ci : elle sera de 10 francs par kilomètre carré.

La redevance proportionnelle sera une contribution annuelle à laquelle les mines seront assujetties sur leurs produits.

35. — La redevance proportionnelle sera réglée, chaque année, par le budget de l'État, comme les autres contributions publiques : toutefois, elle ne pourra jamais s'élever au-dessus de cinq pour cent du produit net. Il pourra être fait un abonnement pour ceux des propriétaires des mines qui le demanderont.

36. — Il sera imposé en sus un décime pour franc, lequel formera un fonds de non-valeur, à la disposition du ministre de l'intérieur, pour dégrèvement en faveur des propriétaires des mines qui éprouveront des pertes ou accidents.

37. — La redevance proportionnelle sera imposée et perçue comme la contribution foncière.

Les réclamations à fin de dégrèvement ou de rappel à l'égalité proportionnelle seront jugées par les conseils de préfecture. Le dégrèvement sera de droit, quand l'exploitant justifiera que sa redevance excède cinq pour cent du produit net de son exploitation.

38. — Le gouvernement accordera, s'il y a lieu, pour les exploitations qu'il en jugera susceptibles, et par un article de l'acte de concession ou par un décret spécial délibéré en conseil d'État pour les mines déjà concédées, la remise en tout ou partie du paiement de la redevance proportionnelle, pour le temps qui sera jugé convenable; et ce, comme encouragement, en raison de la difficulté des travaux. Semblable remise pourra aussi être accordée comme dédommagement en cas d'accident de force majeure qui surviendrait pendant l'exploitation.

39. — Le produit de la redevance fixe et de la redevance proportionnelle formera un fonds spécial dont il sera tenu un compte particulier au trésor public, et qui sera appliqué aux dépenses de l'administration des mines, et à celles des recherches, ouvertures et mises en activité des mines nouvelles ou rétablissement des mines anciennes.

40. — Les anciennes redevances dues à l'État, soit en vertu de lois, ordonnances ou règlements, soit d'après les conditions énoncées en l'acte de concession, soit d'après les baux et adjudications au profit de la régie du domaine, cesseront d'avoir cours à compter du jour où les redevances nouvelles seront établies.

41. — Ne sont point comprises dans l'abrogation des anciennes redevances, celles dues à titre de rentes, droits et prestations quelconques, pour cession de fonds ou autres causes semblables, sans déroger toutefois à l'application des lois qui ont supprimé les droits féodaux.

42. — Le droit attribué par l'art. 6 de la présente loi aux propriétaires de la surface, sera réglé à une somme déterminée par l'acte de concession.

43. — Les propriétaires de mines sont tenus de payer les

indemnités dues au propriétaire de la surface sur le terrain duquel ils établiront leurs travaux.

Si les travaux entrepris par les explorateurs ou par les propriétaires de mines ne sont que passagers, et si le sol où ils ont été faits peut être mis en culture au bout d'un an comme il l'était auparavant, l'indemnité sera réglée au double de ce qu'aurait produit net le terrain endommagé.

44. — Lorsque l'occupation des terrains pour la recherche ou les travaux des mines, prive les propriétaires du sol de la jouissance du revenu au-delà du temps d'une année, ou lorsqu'après les travaux, les terrains ne sont plus propres à la culture, on peut exiger des propriétaires des mines l'acquisition des terrains à l'usage de l'exploitation. Si le propriétaire de la surface le requiert, les pièces de terres trop endommagées ou dégradées sur une trop grande partie de leur surface, devront être achetées en totalité par le propriétaire de la mine.

L'évaluation du prix sera faite, quant au mode, suivant les règles établies par la loi du 16 septembre 1807, sur le dessèchement des marais, etc., titre XI; mais le terrain à acquérir sera toujours estimé au double de la valeur qu'il avait avant l'exploitation de la mine.

45. — Lorsque, par l'effet du voisinage ou pour toute autre cause, les travaux d'exploitation d'une mine occasionnent des dommages à l'exploitation d'une autre mine, à raison des eaux qui pénètrent dans cette dernière en plus grande quantité; lorsque, d'un autre côté, ces mêmes travaux produisent un effet contraire et tendent à évacuer tout ou partie des eaux d'une autre mine, il y aura lieu à indemnité d'une mine en faveur de l'autre : le règlement s'en fera par experts.

46. — Toutes les questions d'indemnités à payer par les propriétaires de mines, à raison des recherches ou travaux antérieurs à l'acte de concession, seront décidées conformément à l'art. 4 de la loi du 28 pluviôse an VIII.

Titre V. — *De l'exercice de la surveillance sur les mines par l'administration.*

47. — Les ingénieurs des mines exerceront, sous les ordres du ministre de l'intérieur et des préfets, une surveillance de police pour la conservation des édifices et la sûreté du sol.

48. — Ils observeront la manière dont l'exploitation sera faite, soit pour éclairer les propriétaires sur ses inconvénients ou son amélioration, soit pour avertir l'administration, des vices, abus ou dangers qui s'y trouveraient.

49. — Si l'exploitation est restreinte ou suspendue, de manière à inquiéter la sûreté publique ou les besoins des consommateurs, les préfets, après avoir entendu les propriétaires, en rendront compte au ministre de l'intérieur pour y être pourvu ainsi qu'il appartiendra.

50. — Si l'exploitation compromet la sûreté publique, la conservation des puits, la solidité des travaux, la sûreté des ouvriers mineurs ou des habitations de la surface, il y sera pourvu par le préfet, ainsi qu'il est pratiqué en matière de grande voirie et selon les lois.

Titre VI. — *Des concessions ou jouissances des mines, antérieures à la présente loi.*

§ 1er — *Des anciennes concessions en général.*

51. — Les concessionnaires antérieurs à la présente loi deviendront, du jour de sa publication, propriétaires incommutables, sans aucune formalité préalable d'affiches, vérifications de terrain ou autres préliminaires, à la charge seulement d'exécuter, s'il y en a, les conventions faites avec les propriétaires de la surface, et sans que ceux-ci puissent se prévaloir des articles 6 et 42.

52. — Les anciens concessionnaires seront, en conséquence, soumis au paiement des contributions, comme il est dit à la section 2 du titre IV, art. 33 et 34, à compter de l'année 1811.

---

§ 2. — *Des exploitations pour lesquelles on n'a pas exécuté la loi de* 1791.

53. — Quant aux exploitants de mines qui n'ont pas exécuté la loi de 1791, et qui n'ont pas fait fixer conformément à cette loi les limites de leurs concessions, ils obtiendront les concessions de leurs exploitations actuelles conformément à la présente loi; à l'effet de quoi les limites de leurs concessions seront fixées sur leurs demandes ou à la diligence des préfets, à la charge seulement d'exécuter les conventions faites avec les propriétaires de la surface, et sans que ceux-ci puissent se prévaloir des articles 6 et 42 de la présente loi.

54. — Ils paieront en conséquence les redevances, comme il est dit à l'art. 52.

55. — En cas d'usages locaux ou d'anciennes lois qui donneraient lieu à la décision de cas extraordinaires, les cas qui se présenteront seront décidés par les actes de concession ou par les jugements de nos cours et tribunaux, selon les droits résultant pour les parties, des usages établis, des prescriptions légalement acquises, ou des conventions réciproques.

56. — Les difficultés qui s'élèveraient entre l'administration et les exploitants, relativement à la limitation des mines, seront décidées par l'acte de concession.

A l'égard des contestations qui auraient lieu entre des exploitants voisins, elles seront jugées par les tribunaux et cours.

TITRE VII. — *Règlements sur la propriété et l'exploitation des minières, et sur l'établissement des forges, fourneaux et usines.*

SECTION 1re. — *Des minières.*

57. — L'exploitation des minières est assujettie à des règles spéciales.

Elle ne peut avoir lieu sans permission.

58. — La permission détermine les limites de l'exploitation et les règles sous les rapports de sûreté et de salubrité publiques.

SECTION 2. — *De la propriété et de l'exploitation des minerais de fer d'alluvion.*

59. — Le propriétaire du fonds sur lequel il y a du minerai de fer d'alluvion, est tenu d'exploiter en quantité suffisante pour fournir, autant que faire se pourra, aux besoins des usines établies dans le voisinage avec autorisation légale ; en ce cas, il ne sera assujetti qu'à en faire la déclaration au préfet du département; elle contiendra la désignation des lieux : le préfet donnera acte de cette déclaration, ce qui vaudra permission pour le propriétaire, et l'exploitation aura lieu par lui sans autre formalité.

60. — Si le propriétaire n'exploite pas, les maîtres de forges auront la faculté d'exploiter à sa place, à la charge, 1° d'en prévenir le propriétaire, qui, dans un mois, à compter de la notification, pourra déclarer qu'il entend exploiter lui-même; 2° d'obtenir du préfet la permission, sur l'avis de l'ingénieur des mines, après avoir entendu le propriétaire.

61. — Si, après l'expiration du délai d'un mois, le propriétaire ne déclare pas qu'il entend exploiter, il sera censé renoncer à l'exploitation ; le maître de forges pourra, après la permission obtenue, faire les fouilles immédiatement dans les terres incultes et en jachères, et, après la récolte, dans toutes les autres terres.

62. — Lorsque le propriétaire n'exploitera pas en quantité suffisante, ou suspendra ses travaux d'extraction pendant plus d'un mois sans cause légitime, les maîtres de forges se pourvoiront auprès du préfet pour obtenir la permission d'exploiter à sa place.

Si le maître de forges laisse écouler un mois sans faire usage de cette permission, elle sera regardée comme non avenue, et le propriétaire de terrain rentrera dans tous ses droits.

63. — Quand un maître de forges cessera d'exploiter un terrain, il sera tenu de le rendre propre à la culture, ou d'indemniser le propriétaire.

64. — En cas de concurrence entre plusieurs maîtres de forges pour l'exploitation dans un même fonds, le préfet déterminera, sur l'avis de l'ingénieur des mines, les proportions dans lesquelles chacun d'eux pourra exploiter, sauf le recours au conseil d'État.

Le préfet règlera de même les proportions dans lesquelles chaque maître de forges aura droit à l'achat du minerai, s'il est exploité par le propriétaire.

65. — Lorsque les propriétaires feront l'extraction du minerai pour le vendre aux maîtres de forges, le prix en sera réglé entre eux de gré à gré, ou par des experts choisis ou nommés d'office, qui auront égard à la situation des lieux, aux frais d'extraction et aux dégâts qu'elle aura occasionnés.

66. — Lorsque les maîtres de forges auront fait extraire le minerai, il sera dû au propriétaire du fonds, et avant l'enlèvement du minerai, une indemnité qui sera aussi réglée par experts, lesquels auront égard à la situation des lieux, aux dommages causés, à la valeur du minerai, distraction faite des frais d'exploitation.

67. — Si les minerais se trouvent dans les forêts impériales, dans celles des établissements publics, ou des communes, la permission de les exploiter ne pourra être accordée qu'après avoir entendu l'administration forestière. L'acte de permission

déterminera l'étendue des terrains dans lesquels les fouilles pourront être faites : ils seront tenus en outre, de payer les dégâts occasionnés par l'exploitation, et de repiquer en glands ou plants les places qu'elle aurait endommagées, ou une autre étendue proportionnelle déterminée par la permission.

68. — Les propriétaires ou maîtres de forges ou d'usines exploitant les minerais de fer d'alluvion, ne pourront, dans cette exploitation, pousser des travaux réguliers par des galeries souterraines, sans avoir obtenu une concession, avec les formalités et sous les conditions exigées par les articles de la section 1re du titre III et les dispositions du titre IV.

69. — Il ne pourra être accordé aucune concession pour minerai d'alluvion ou pour des mines en filons ou couches, que dans les cas suivants :

1° Si l'exploitation à ciel ouvert cesse d'être possible, et si l'établissement de puits, galeries et travaux d'art est nécessaire;

2° Si l'exploitation, quoique possible encore, doit durer peu d'années, et rendre ensuite impossible l'exploitation avec puits et galeries.

70. — En cas de concession, le concessionnaire sera tenu toujours : 1° de fournir aux usines qui s'approvisionnaient de minerai sur les lieux compris en la concession, la quantité nécessaire à leur exploitation, au prix qui sera porté au cahier des charges ou qui sera fixé par l'administration; 2° d'indemniser les propriétaires au profit desquels l'exploitation avait lieu, dans la proportion du revenu qu'ils en tiraient.

—

Section 3. — *Des terres pyriteuses et alumineuses.*

71. — L'exploitation des terres pyriteuses et alumineuses sera assujettie aux formalités prescrites par les articles 57 et 58, soit qu'elle ait lieu par les propriétaires des fonds, soit par d'autres individus qui, à défaut par ceux-ci d'exploiter, en auraient obtenu la permission.

72. — Si l'exploitation a lieu par des non-propriétaires, ils seront assujettis, en faveur des propriétaires, à une indemnité qui sera réglée de gré à gré ou par experts.

—

Section 4. — *Des permissions pour l'établissement des fourneaux, forges et usines.*

73. — Les fourneaux à fondre les minerais de fer et autres substances métalliques, les forges et martinets pour ouvrer le fer et le cuivre, les usines servant de patouillets et bocards, celles pour le traitement des substances salibres et pyriteuses, dans lesquelles on consomme des combustibles, ne pourront être établis que sur une permission accordée par un règlement d'administration publique.

74. — La demande en permission sera adressée au préfet, enregistrée le jour de la remise sur un registre spécial à ce destiné, et affichée pendant quatre mois dans le chef-lieu du département, dans celui de l'arrondissement, dans la commune où sera situé l'établissement projeté, et dans le lieu du domicile du demandeur.

Le préfet, dans le délai d'un mois, donnera son avis tant sur la demande que sur les oppositions et les demandes en préférence qui seraient survenues; l'administration des mines donnera le sien sur la quotité du minerai à traiter ; l'administration des forêts, sur l'établissement des bouches à feu en ce qui concerne les bois; et l'administration des ponts et chaussées, sur ce qui concerne les cours d'eau navigables ou flottables.

75. — Les impétrants des permissions pour les usines, supporteront une taxe une fois payée, laquelle ne pourra être au-dessous de cinquante francs, ni excéder trois cents francs.

—

Section 5. — *Dispositions générales sur les permissions.*

76. — Les permissions seront données à la charge d'en faire

usage dans un délai déterminé; elles auront une durée indéfinie, à moins qu'elles n'en contiennent la limitation.

77. — En cas de contraventions, le procès-verbal dressé par les autorités compétentes sera remis au procureur impérial, lequel poursuivra la révocation de la permission, s'il y a lieu, et l'application des lois pénales qui y sont relatives.

78. — Les établissements actuellement existants sont maintenus dans leur jouissance, à la charge par ceux qui n'ont jamais eu de permission, ou qui ne pourraient représenter la permission obtenue précédemment, d'en obtenir une avant le 1er janvier 1813, sous peine de payer un triple droit de permission pour chaque année pendant laquelle ils auront négligé de s'en pourvoir et continué de s'en servir.

79. — L'acte de permission d'établir des usines à traiter le fer, autorise les impétrants à faire des fouilles même hors de leurs propriétés, et à exploiter les minerais par eux découverts, ou ceux antérieurement connus, à la charge de se conformer aux dispositions de la section 2.

80. — Les impétrants sont aussi autorisés à établir des patouillets, lavoirs et chemins de charroi, sur les terrains qui ne leur appartiennent pas, mais sous les restrictions portées en l'article 11; le tout à charge d'indemnité envers les propriétaires du sol, et en les prévenant un mois d'avance.

TITRE VIII.

SECTION 1re. — *Des carrières.*

81. — L'exploitation des carrières à ciel ouvert a lieu sans permission, sous la simple surveillance de la police, et avec l'observation des lois ou règlements généraux ou locaux.

82. — Quand l'exploitation a lieu par galeries souterraines, elle est soumise à la surveillance de l'administration, comme il est dit au titre V.

Section 2. — *Des tourbières.*

83. — Les tourbes ne peuvent être exploitées que par le propriétaire du terrain, ou de son consentement.

84. — Tout propriétaire actuellement exploitant, ou qui voudra commencer à exploiter des tourbes dans son terrain, ne pourra continuer ou commencer son exploitation, à peine de 100 francs d'amende, sans en avoir préalablement fait la déclaration à la sous-préfecture et obtenu l'autorisation.

85. — Un règlement d'administration publique déterminera la direction générale des travaux d'extraction dans le terrain où sont situées les tourbes, celles des rigoles de dessèchement, enfin toutes les mesures propres à faciliter l'écoulement des eaux dans les vallées, et l'atterrissement des entailles tourbées.

86. — Les propriétaires exploitants, soit particuliers, soit communautés d'habitants, soit établissements publics, sont tenus de s'y conformer, à peine d'être contraints à cesser leurs travaux.

Titre IX. — *Des expertises.*

87. — Dans tous les cas prévus par la présente loi et autres naissant des circonstances, où il y aura lieu à expertise, les dispositions du titre XIV du Code de procédure civile, articles 303 à 323, seront exécutés.

88. — Les experts seront pris parmi les ingénieurs des mines, ou parmi les hommes notables et expérimentés dans le fait des mines et de leurs travaux.

89. — Le procureur impérial sera toujours entendu, et donnera ses conclusions sur le rapport des experts.

90. — Nul plan ne sera admis comme pièce probante dans une contestation, s'il n'a été levé ou vérifié par un ingénieur des mines. La vérification des plans sera toujours gratuite.

91. — Les frais et vacations des experts seront réglés et arrêtés, selon les cas, par les tribunaux : il en sera de même des

honoraires qui pourront appartenir aux ingénieurs des mines; le tout suivant le tarif qui sera fait par un règlement d'administration publique.

Toutefois il n'y aura pas lieu à honoraires pour les ingénieurs des mines, lorsque leurs opérations auront été faites soit dans l'intérêt de l'administration, soit à raison de la surveillance et de la police publiques.

92. — La consignation des sommes jugées nécessaires pour subvenir aux frais d'expertise, pourra être ordonnée par le tribunal contre celui qui poursuivra l'expertise.

TITRE X. — *De la police et de la juridiction relatives aux mines.*

93. — Les contraventions des propriétaires de mines exploitants non encore concessionnaires ou autres personnes, aux lois et règlements, seront dénoncées et constatées, comme les contraventions en matière de voierie et de police.

94. — Les procès-verbaux contre les contrevenants seront affirmés dans les formes et délais prescrits par les lois.

95. — Ils seront adressés en originaux à nos procureurs impériaux, qui seront tenus de poursuivre d'office les contrevenants devant les tribunaux de police correctionnelle, ainsi qu'il est réglé et usité pour les délits forestiers, et sans préjudice des dommages-intérêts des parties.

96. — Les peines seront d'une amende de 500 francs au plus et de 100 francs au moins, double en cas de récidive, et d'une détention qui ne pourra excéder la durée fixée par le Code de police correctionnelle.

MOULIN. — Voyez *usines.*

MUR. — On entend par mur toute construction en pierres, briques, etc., liées par du mortier de terre, de chaux ou de plâtre.

Ainsi l'on ne pourrait considérer comme mur, de

simples pièces de bois, des haies, des palissades, ou même des pierres sèches, c'est-à-dire des pierres entassées en forme de muraille, et qui ne seraient liées par aucun mortier de terre ou de chaux.

Certaines précautions doivent être prises avant de construire ou de démolir un mur sur la limite de l'héritage voisin. A cet égard, voyez *alignement*, *démolition*, *dénonciation de nouvel œuvre*, *construction*.

Les règles du voisinage exigent aussi que pour certaines constructions il soit fait un *contre-mur*. — Voyez ce mot.

Les murs de clôtures et les murs mitoyens étant l'objet de règles particulières, nous en avons parlé sous leurs titres respectifs. Voyez donc *clôtures* et *murs mitoyens*.

MURS MITOYENS. — On appelle mur mitoyen, celui qui sépare deux héritages contigus et qui appartient en commun aux propriétaires des deux héritages.

DIVISION.

---

§ 1er. — *Des murs mitoyens par construction faite en commun.*

Dans les campagnes, et par conséquent dans les bourgs, villages, hameaux, en un mot, dans tous les lieux qui ne sont point compris dans les limites des villes ou de leurs faubourgs, chacun est maître d'enclore sa propriété, ou de la laisser accessible.

De là, il suit que si l'un des propriétaires veut avoir une clôture, il la peut faire sur son propre terrain, soit en laissant un espace entre le mur qu'il construit et l'héritage contigu, soit en plaçant son mur sur l'extrême limite, de manière qu'il touche sans moyen la propriété voisine. Ce mur appartient exclusivement à la personne qui en a fait la dépense; et s'il y a un espace entre ce mur et l'héritage du voisin, celui-ci ne peut jamais avoir droit au mur, car le terrain ainsi laissé entre le mur et le terrain du voisin s'oppose à l'acquisition de la mitoyenneté.

Au contraire, si le mur touche sans moyen la propriété du voisin, celui-ci a la faculté d'en jouir en commun, après avoir remboursé la moitié de la valeur du mur qu'il s'agit de rendre mitoyen, et la moitié du terrain qui porte les fondations.

Dans les villes et faubourgs, un propriétaire peut aussi acquérir la mitoyenneté d'un mur qui touche sans moyen son héritage; mais ce qui est particulier, c'est que l'art. 663 du Code permet à chacun de contraindre son voisin à contribuer pour moitié à la construction du mur de séparation. (Lepage; *lois des bâtiments*).

Cette obligation, quoique pouvant paraître quelquefois onéreuse à un propriétaire peu riche, est fondée sur la présomption naturelle de l'intérêt de chacun à être clos : on ne serait pas admis à s'y refuser sous prétexte d'inutilité, ni même à offrir d'abandonner gratuitement au voisin le terrain nécessaire pour construire le mur à ses frais. (Pardessus.)

Il importe peu, ajoute cet auteur, qu'elle soit la nature de la propriété qu'il s'agit d'enclore. Les termes de l'art. 663 comprennent toutes sortes d'objets fonciers, dans les expressions, *maisons, jardins et cours,* parce qu'il ne peut guère exister d'autre espèce de propriété dans l'enceinte d'une ville ou de ses faubourgs. Nul ne pourrait donc se refuser à cette clôture, sous prétexte que sa propriété, quoique située dans l'enceinte d'une ville ou de ses faubourgs, ne serait pas précisément de l'espèce de celles que nomme cet article. Mais ce qu'il faut remarquer avec soin, c'est que les deux propriétés doivent être situées dans l'enceinte de la ville ou des faubourgs. Celui qui serait à l'extrémité d'un faubourg n'aurait point de droit contre le voisin dont la propriété n'en ferait pas partie.

Le terrain du mur mitoyen doit être pris également sur chaque propriété.

L'emploi et la qualité des matériaux dépendent de l'usage des lieux. Mais il ne serait pas libre à l'un des voisins de construire ou d'exiger que l'on construisît ce mur en matériaux plus chers et sur un espace de terrain plus large qu'on ne le fait ordinairement pour un simple mur de clôture.

S'il lui plaît que la séparation soit une maçonnerie plus considérable, il supportera seul la dépense de ce qui excèdera le prix d'une clôture ordinaire, et il prendra sur son héritage le terrain nécessaire à la plus grande épaisseur qu'il voudra donner au mur. Ce mur ne pourra alors servir en commun que comme clôture, et jusqu'à la hauteur de clôture; la jouissance plus étendue qu'on ne pourra faire appartiendra exclusivement à celui qui aura construit.

Par une conséquence toute naturelle de ce principe, le voisin qui a contribué seulement jusqu'à concurrence de clôture, n'est tenu des réparations et de la reconstruction que dans la même proportion, et comme si le mur n'était qu'une simple clôture.

Qu'est-ce qu'un mur de clôture? Qu'est-ce qu'un mur de séparation?

Un mur qui touche sans moyen deux héritages qu'il sépare, dit M. Lepage, se nomme mur de *clôture*, quand, ni d'un côté ni de l'autre, il ne supporte aucun bâtiment. Si l'un des voisins y a placé des constructions, c'est pour lui un mur de séparation servant de clôture à l'autre. Enfin si, de part et d'autre, on se sert du mur mitoyen pour recevoir des bâtiments, c'est pour les deux voisins un mur de séparation. Nous indiquons ici ces dénominations qui sont en usage dans la pratique des constructeurs, afin de faire mieux sentir en quoi consiste le mur de clôture auquel on a droit de faire contribuer le propriétaire voisin.

Remarquons que le droit qu'a, dans les villes et faubourgs, un propriétaire de faire contribuer son voisin pour moitié à la construction d'un mur de séparation, ne peut s'étendre au-delà des simples murs de clôture.

La hauteur de ces murs doit être fixée suivant les règlements particuliers ou les usages constants et reconnus; et, à défaut d'usages et de règlements, il doivent avoir au moins trente-deux décimètres de hauteur, compris le chaperon, dans les villes de 50,000 âmes et au-dessus, et vingt-six décimètres dans les autres.

Il fut reconnu dans la discussion au conseil d'État, que les voisins peuvent, s'ils sont d'accord sur ce point, élever leur clôture à une moindre hauteur.

Lorsque deux héritages limitrophes, qu'il s'agit de séparer par un mur de clôture, sont de hauteur inégale, comment peut-on satisfaire à la loi pour donner vingt-six ou trente-deux décimètres de haut au mur de séparation? Ces hauteurs doivent-elles se compter à partir du terrain le plus bas ou à partir du plus élevé?

Desgodets et son annotateur Goupy pensent que pour atteindre le but de la loi, il faut que le mur de clôture ait la hauteur légale, à partir du terrain le plus élevé.

Mais en prenant ce parti, le mur ne peut monter à la hauteur prescrite du côté le plus élevé, sans excéder la mesure nécessaire du côté opposé; qui donc supportera la dépense de cet excédant?

Tous les auteurs répondent que c'est le propriétaire du terrain le plus élevé. On en donne pour raison que celui qui a un terrain élevé, doit supporter les charges auxquelles cette circonstance donne lieu. Le voisin n'est tenu de contribuer que jusqu'à la hauteur prescrite, en mesurant de son côté; en outre, il a droit d'exiger qu'en mesurant de l'autre côté, il y ait une semblable hauteur de clôture. Si donc, à cause de l'élévation du terrain voisin, cette hauteur ne se trouve pas, c'est au propriétaire de ce terrain à supporter la dépense qu'il faut faire pour que, de son côté, le mur ait la hauteur nécessaire.

---

§ 2. — *Des murs mitoyens par acquisition.*

Tout propriétaire d'un mur qui n'est pas mitoyen peut en céder la mitoyenneté à son voisin, dans l'étendue et aux conditions qu'il juge à propos. Les conventions des parties deviennent leur loi à cet égard. (PARDESSUS.)

Tout propriétaire joignant un mur a la faculté de le rendre mitoyen en tout ou en partie, en remboursant au maître du mur la moitié de la valeur, ou la moitié de la valeur de la portion qu'il veut rendre mitoyenne, et moitié de la valeur du sol sur lequel le mur est bâti. (C. Civ. 661.)

Remarquez que la loi dit *joignant un mur*. Si donc celui qui veut acquérir la mitoyenneté d'un mur ne joignait pas immédiatement ce mur, il ne pourrait forcer son voisin à la lui vendre. Or, un cours d'eau, un chemin, un sentier, seraient autant d'obstacles à la prétention de celui qui voudrait acquérir la mitoyenneté.

On ne peut donc, dit M. Pardessus, obliger à vendre la mitoyenneté, que celui qui a construit sur l'extrémité de son terrain; et si, nonobstant la présomption que chacun est censé avoir bâti à l'extrémité de son terrain, il prouvait qu'il a laissé un espace au-delà de son mur, il ne pourrait plus être contraint à vendre la mitoyenneté; ce mur ne séparerait pas *immédiatement* les deux héritages.

Pour empêcher le voisin d'acheter la mitoyenneté

d'un mur, il suffit donc de laisser une portion de terrain entre ce mur et la propriété du voisin.

Toutefois, si cette portion de terrain était si peu considérable qu'il ne pût évidemment en tirer aucune espèce d'utilité ; par exemple, si ce terrain n'a pas une étendue suffisante pour que des échelles soient aisément appliquées au mur lors des réparations qu'il y faudra faire, pour qu'un ouvrier puisse y passer commodément, ou pour que l'égoût d'un toit qu'on dirigerait de ce côté puisse y tomber, il n'y a véritablement aucune possibilité que celui qui l'a ainsi resserré en tire utilité. On ne doit voir dans sa conduite qu'une malice qui ne mérite aucune faveur, qu'un projet de se soustraire à la *servitude légale* imposée à celui qui a construit à l'extrémité de sa propriété. Il est donc conforme à l'esprit de la loi que, dans une telle circonstance, celui qui a voulu ainsi en éluder la disposition précise, puisse être condamné à abandonner, à dire d'experts, à son voisin, la mitoyenneté de son mur et la propriété du terrain qu'il a laissé au-delà ; à moins qu'il ne préfère bâtir un mur à frais communs à l'extrémité des deux héritages, en fournissant la moitié de l'emplacement. (PARDESSUS.)

La mitoyenneté peut être acquise seulement pour la partie du mur dont on a besoin. Alors l'étendue de cette partie doit être déterminée par la nature de l'emploi que projette celui qui veut acquérir. Ainsi, celui qui demande la mitoyenneté d'un mur dans une étendue suffisante pour adosser des cheminées, doit payer, indépendamment de l'espace en hauteur et en largeur qu'auront les tuyaux adossés, une augmentation de largeur, que l'usage a fixée à 33 centimètres, parce qu'on ne peut quelquefois appuyer solidement des cheminées, sans faire à droite et à gauche des *arrachis* et de la maçonnerie nouvelle. (Ibid.)

De même, si ce qui doit être adossé au mur ne l'était pas à partir du sol, telle que serait une galerie élevée, il faudrait toujours acquérir la mitoyenneté à partir de terre, parce que c'est le sol qui porte le dessus. (Ibid.)

Celui qui est contraint de vendre en tout ou en partie la mitoyenneté d'un mur, peut exiger que le prix lui soit payé préalablement à toutes entreprises.

---

§ 3. — *Des murs qui sont réputés mitoyens par la présomption de la loi.*

Dans les villes et les campagnes, tout mur servant de séparation entre bâtiments jusqu'à l'héberge, ou entre cours et jardins et même entre enclos dans les champs, est présumé mitoyen, s'il n'y a titre ou marque du contraire. (C. Civ. 653.)

Il faut entendre par héberge, le point où un bâtiment en rencontre un autre plus grand : en sorte que la partie du mur qui excède le bâtiment le moins élevé appartient en totalité au propriétaire du bâtiment le plus haut.

Cet article déclare mitoyen le mur entre bâtiments, entre cours et jardins et même entre clos, parce que les jurisconsultes ont facilement présumé que des voisins prendraient des arrangements pour construire à frais communs le mur qui sépare leurs cours, jardins ou enclos. Mais pour que cette présomption existe, il faut que les propriétés ainsi séparées soient de la nature de celles qu'indique la seconde disposition de l'article précité : un mur qui séparerait un jardin ou une cour, d'un pré, d'un bois, d'une terre labourable, serait présumé appartenir au propriétaire du jardin. (POTHIER, BOURJON, MERLIN, CAPPEAU, DURANTON, PARDESSUS, LEPAGE.)

Il faut donc que l'autre propriété soit également ou un jardin, ou une cour, ou un terrain entouré des autres parts, soit par des murs, soit par des clôtures telles qu'on puisse lui donner la qualification d'*enclos*.

On voit aussi que cette présomption légale de mitoyenneté, dans tous les lieux indistinctement, ne s'étend pas aux murs d'un bâtiment qui donnerait sur le jardin ou la cour d'un autre propriétaire, car dans ce cas le mur n'est pas présumé servir de séparation au jardin; il est, au contraire, partie intégrante du bâtiment, qui ne peut exister sans les murs qui le composent. (PARDESSUS.)

Toutefois il ne faut pas appliquer ce que nous venons de dire dans les villes et faubourgs, où un voisin peut contraindre l'autre à construire une clôture entre les deux propriétés. Dans ces lieux, tous murs, même ceux des bâtiments, doivent être déclarés mitoyens depuis la fondation jusqu'à la hauteur déterminée pour la clôture par l'art. 663 précité. Ils ne sont présumés appartenir à celui des voisins dont ils soutiennent les bâtiments, que pour le surplus. (Ibid.)

Telles sont les présomptions qui font regarder comme mitoyen le mur joignant immédiatement deux héritages.

Nous avons vu que ces présomptions cessent lorsque le contraire est attesté par des titres. Maintenant nous allons parler des marques qui, à défaut de titres, peuvent prouver la non-mitoyenneté.

Il y a marque de non-mitoyenneté lorsque la sommité du mur est droite et aplomb de son parement d'un côté, et présente de l'autre un plan incliné ; lors encore qu'il n'y a que d'un côté, ou un *chaperon* ou des *filets* et *corbeaux* de pierres qui y auraient été mis en bâtissant le mur. — Dans ce cas le mur est censé appartenir exclusivement au propriétaire du côté duquel sont l'égoût ou les corbeaux et filets de pierre. (C. Civ. 654.)

On entend par *corbeaux*, des pierres saillantes, ordinairement destinées à supporter une poutre ou autre fardeau dans le cas où on voudrait bâtir. Celui qui s'est ainsi réservé de bâtir sur ce mur doit en être seul propriétaire.

Le *chaperon* est le sommet du mur présentant un plan incliné, que l'on forme ordinairement avec de la chaux et du plâtre, ou que l'on couvre avec des ardoises ou des tuiles.

Le *filet* ou *larmier* est la partie du chaperon qui déborde le mur, afin que l'eau pluviale, tombant au-delà du parement du mur, ne le dégrade pas.

Si le chaperon et le filet existent des deux côtés, le mur est censé mitoyen ; s'ils n'existent que d'un côté, le mur appartient au propriétaire de l'héritage du côté duquel ils sont tournés.

Lorsqu'un mur sépare deux terrains d'inégale hauteur, la partie basse du mur jusqu'au niveau du terrain supérieur est la propriété particulière du maître de ce terrain. La mitoyenneté, si toutefois il y a mitoyenneté, ne commence qu'à partir du niveau du sol le plus élevé et ne finit qu'à la hauteur des murs de clôture, laquelle, ainsi que nous l'avons dit précédemment, doit être calculée à partir du terrain le plus élevé.

§ 4. — *Charges de la mitoyenneté.*

Lorsque par vétusté ou par quelqu'accident qui ne provient de la faute d'aucun des copropriétaires, la réparation ou la reconstruction devient indispensable, elle doit être supportée proportionnellement à leurs droits. (Art. 655 C. Civ.)

Il n'est pas besoin, pour contraindre le voisin à la construction ou à la réparation du mur mitoyen, qu'il soit en ruine ; il suffit que son état soit jugé tel que la réfection en paraisse nécessaire. Lorsque les parties ne sont pas d'accord sur la nécessité de cette reconstruction, l'état du mur doit être vérifié par experts. (PARDESSUS.)

Le voisin, ajoute cet auteur, peut quelquefois prétendre que la nécessité de construire le mur mitoyen provient de ce que l'autre voisin en a causé la dégradation par sa faute, ou de ce qu'il a, sur ou contre ce mur, une construction qui en occasionne la ruine. Cette présomption peut exister principalement si le voisin n'avait pas payé la surcharge occasionnée par son bâtiment, ou n'avait pas fait un contre-mur dans les cas dont nous parlerons ci-après ; ce serait aux experts à examiner attentivement l'état du mur, ainsi que les causes qui ont pu le détruire.

Tout copropriétaire d'un mur mitoyen peut se dispenser de contribuer aux réparations et reconstructions en abandonnant le droit de mitoyenneté, pourvu que le mur mitoyen ne soutienne pas un bâtiment qui lui appartienne.

Notez qu'il ne suffit pas d'abandonner le mur, mais encore le terrain sur lequel il est assis.

L'abandon de mitoyenneté ne décharge le copropriétaire que des réparations qu'a pu causer la vétusté et généralement de toutes celles qui ne proviennent pas de son fait, et non de celles auxquelles aurait donné lieu son fait ou celui des personnes dont il est responsable. (Arg. C. Civ. 1384.)

En renonçant à la communauté d'un mur, on renonce donc à tout ce qui le compose ; c'est-à-dire, non-seulement aux matériaux dont il est formé, mais encore à la terre sur laquelle il est fondé, puisque, sans cette terre qui le soutient, le mur ne subsisterait pas.

Ici se présente une question : Si pour ne pas contribuer aux réparations d'un mur, j'en abandonne la mitoyenneté à mon copropriétaire qui, au lieu de le réparer, le laisse tomber en ruine et ne juge pas à propos de le reconstruire, aurais-je le droit de reprendre la portion de terrain qui portait la moitié de l'épaisseur de ce mur et que j'avais abandonné avec le mur lui-même ?

Les auteurs disent avec raison que le prix de l'abandon n'est pas seulement la portion des réparations qui étaient dues quand il a eu lieu, mais encore toutes les réparations qui devaient se faire à l'avenir. Si donc le mur vient à tomber, et qu'il ne soit pas relevé, la condition de l'abandon cesse d'être remplie, et par conséquent cet abandon cesse lui-même d'avoir son effet. On conclut de là que le voisin qui avait renoncé à la communauté du mur sous une condition qui n'est pas exécutée, n'est plus obligé par une convention que l'autre partie méconnaît; il peut donc reprendre non-seulement la portion du terrain qu'il avait cédée, mais encore la moitié des matériaux du mur démoli; en un mot il rentre dans le droit qu'il avait avant l'abandon.

Avant de terminer ce paragraphe nous ferons remarquer que l'abandon de la mitoyenneté d'un mur n'ôte pas à celui qui le fait la faculté de le recouvrer par la suite, de la même manière que s'il n'en avait jamais été copropriétaire.

---

§ 5. — *Effets de la mitoyenneté.*

Tout copropriétaire peut faire bâtir contre un mur mitoyen, et y faire placer des poutres ou solives dans toute l'épaisseur du mur, à cinquante millimètres près, sans préjudice du droit qu'a le voisin de faire réduire à l'*ébauchoir* la poutre jusqu'à la moitié du mur, dans le cas où il voudrait lui-même asseoir des poutres dans le même lieu, ou y adosser une cheminée. (C. Civ. 658.)

L'*ébauchoir* est un outil de charpentier au moyen duquel on peut enlever des portions de poutres sans être obligé de les déplacer.

Tout copropriétaire peut faire exhausser le mur mitoyen ; mais il doit payer seul la dépense de l'exhaussement, les réparations d'entretien au-dessus de la hauteur de la clôture commune, et en outre, l'indemnité de la charge, en raison de l'exhaussement et suivant la valeur.

Si le mur mitoyen n'est pas en état de supporter l'exhaussement, celui qui veut l'exhausser doit le faire construire en entier à ses frais, et l'excédant d'épaisseur doit se prendre tout entier de son côté. (C. Civ. 659.)

Alors il n'est plus dû d'indemnité pour la surcharge, puisque le mur qui était trop faible pour supporter l'exhaussement, a été refait en entier, sur des bases plus larges, afin que l'exhaussement ne nuisît en rien à sa solidité.

Le voisin qui n'a pas contribué à l'exhaussement, peut en acquérir la mitoyenneté en payant la moitié de la dépense qu'il a coûté, et la valeur de la moitié du sol fourni pour l'excédant d'épaisseur, s'il y en a. (C. Civ. 660.)

L'un des voisins ne peut pratiquer dans le corps d'un mur mitoyen aucun *enfoncement*, ni y appliquer ou appuyer aucun ouvrage sans le consentement de l'autre, ou sans avoir, à son refus, fait régler par experts, les moyens nécessaires pour que le nouvel ouvrage ne soit pas nuisible aux droits de l'autre. (Ibid. 662.)

L'expression *enfoncement*, employée par cet article, doit-elle s'entendre en ce sens qu'un voisin puisse pratiquer une armoire, une niche, un tuyau, un foyer de cheminée dans le mur mitoyen ?

Nous ne le pensons pas, répond M. Pardessus. Il faut coordonner l'exercice de ce droit avec celui qu'a l'autre voisin d'en faire autant de son côté; et si ce voisin usait de son droit, il ne resterait entre eux aucune séparation, ou du moins, il n'en resterait qu'une insuffisante. C'est par le même motif qu'il n'est pas permis (voyez *vue*) d'ouvrir des croisées, ou même de simples jours, dans le mur mitoyen, et que l'article 674 prescrit des ouvrages et des précautions particulières lorsqu'il s'agit d'y adosser une cheminée. (Voyez *contre-mur, cheminée, âtre, fourneaux.*)

P.

PASSAGE. — C'est le droit de passer sur le fonds d'autrui.

DIVISION.

§ 1er. — *Du passage nécessaire à cause d'enclave.*
§ 2. — *De l'indemnité due pour le passage nécessaire.*
§ 3. — *Du passage dans diverses circonstances accidentelles.*
§ 4. — *Du droit conventionnel de passage.*

---

§ 1er. — *Du passage nécessaire à cause d'enclave.*

Le gouvernement ou l'administration locale ne pouvant procurer des chemins à tous ceux qui en ont besoin, et se prêter à toutes les convenances, les conventions particulières ont donné lieu, soit à l'établissement de *chemins privés*, dont le fonds est la propriété, et dont l'entretien est à la charge de ceux qui en usent, soit à des *servitudes de passage*, qui, comme on le verra plus bas, sont entretenues par le propriétaire du fonds grevé. (Pardessus.)

Ces deux choses doivent d'autant moins être confondues, que, dans le premier cas, un titre n'est pas nécessaire, la copropriété pouvant être acquise par la prescription. Dans un grand nombre de pays, il existe des enclos, de vastes étendues de terres, prés, bois, etc., qui probablement, dans l'origine, formaient une seule propriété, mais qui maintenant, et depuis longtemps, appartiennent à divers particuliers. Ces enclos et ces terres sont coupés par divers sentiers servant à l'exploitation des portions particulières : ces sentiers, qui ne sont pas des voies publiques, sont communs; en sorte que celui qui aurait des vignes ou des terres des deux côtés d'un sentier semblable, ne serait pas admis à en défendre le passage aux autres, sous prétexte qu'ils n'en rapporteraient point de titres. (Ibid.)

Au reste, les questions qui s'élèvent sur la nature de ces espèces de passages sont jugées par les tribunaux, qui doivent, suivant les circonstances, observer les principes sur la propriété indivise ou sur les servitudes conventionnelles. (Ibid.)

Mais des arrangements judiciaires ne prouvent pas un accord bien parfait entre voisins. Aussi, persuadé qu'il ne faut pas que des fonds soient mis hors du domaine des hommes, et par suite condamnés à la stérilité, faute de passage pour pouvoir y arriver, les rédacteurs du Code ont été portés à la rédaction des art. 682 et suivants. Nous allons les examiner.

L'article 682 porte que le propriétaire dont les fonds sont enclavés, et qui n'a aucune issue sur la voie publique, peut réclamer un passage sur le fonds de ses voisins pour l'exploitation de son héritage, à la charge d'une indemnité proportionnée au dommage que ce passage peut occasionner.

La loi n'accorde ici un secours que pour le cas de nécessité obsolue ; elle ne veut pas, comme nous venons de le dire, qu'un fonds soit inutile à son propriétaire, comme cela arriverait s'il ne pouvait y aborder.

Or, le but est de pourvoir à l'exploitation de l'héritage enclavé. En conséquence, dit M. Lepage, s'il s'agit d'un terrain en culture, il faut que le passage soit suffisant pour y conduire les hommes et les animaux avec les instruments aratoires, selon l'usage du pays. Si l'immeuble est un bâtiment, le passage doit être proportionné à l'usage auquel sert ce bâtiment. Cependant, s'il est environné de tous côtés par des constructions, le passage sera tel que la localité le permettra. Par la même raison que cette sorte de passage nécessaire n'est autorisée que pour l'exploitation de l'héritage enclavé, celui qui le réclame ne peut pas exiger qu'on lui en donne un d'une largeur plus grande qu'il n'est besoin strictement ; ainsi il n'a pas le droit de demander un chemin de charrette, quand celui d'une bête de somme peut suffire.

Nous venons de dire que, pour que le passage puisse être réclamé, il faut non-seulement que le fonds soit enclavé, mais encore qu'il n'ait aucune issue sur la voie publique. (C. Civ. 682.) Dans ce cas, il y a nécessité absolue, et il est naturel que celui contre qui la demande est formée ne puisse contester cette nécessité.

Toutefois, il lui serait permis de repousser l'action, en articulant qu'il existe, ou a existé autrefois, un chemin dont celui qui prétend sa propriété enclavée peut encore user. (PARDESSUS.)

Remarquons que si un héritage se trouvait enclavé de trois côtés et aboutissait du quatrième côté à un chemin public impraticable qui ne pourrait être mis en bon état qu'avec des frais considérables, le propriétaire de cet héritage serait fondé à réclamer un passage sur les propriétés voisines ; car le chemin devrait être considéré comme n'existant jusqu'à sa réparation. (PARDESSUS, FOURNEL, GARNIER ; Cour de Colmar, 26 mars 1816.)

Cette obligation de fournir passage étant imposée par la loi à tous les voisins d'un héritage enclavé et sans issue, nul ne peut s'y soustraire, même sous prétexte que son héritage est enclos. (Ibid.)

Cependant, comme celui qui a besoin du passage n'a pas le droit de choisir indistinctement, et qu'aux termes de l'article 683 C. Civ., ce passage doit régulièrement être pris du côté où le trajet est le plus court du fonds enclavé à la voie publique, il faut conclure qu'un des voisins, contre lequel une telle demande serait dirigée, pourrait s'y refuser, en prouvant que l'héritage d'un autre voisin présente un trajet moins long.

En second lieu, dit M. Pardessus, l'équité et la position des lieux doivent être singulièrement considérées : car, si l'héritage qui offrirait un trajet plus court était un clos, un jardin, un bâtiment, il ne serait pas juste de s'adresser au propriétaire de ce lieu par préférence ; et si l'on s'adressait à un autre voisin, dont le terrain ouvert ou moins précieux offrirait un trajet plus long, ce dernier ne serait pas admis à invoquer le texte rigoureux de l'article 683, dont nous venons de rapporter les termes.

D'un autre côté, si l'usage du plus court trajet obligeait le demandeur à des dépenses considérables, par exemple, à la construction d'un pont sur quelque fossé, ruisseau ou ravin, il pourrait s'adresser à un autre voisin dont la propriété offrirait un trajet plus long, mais plus commode. (Toullier, Pardessus; Cass. 1er mai 1811.)

La largeur du passage, le lieu où il sera pris, ainsi que les autres conditions, doivent être déterminés entre les parties; ou si elles ne s'accordent pas, par les tribunaux, sur un rapport d'*experts*.

Le passage doit être fixé dans l'endroit le moins dommageable à celui sur le fonds duquel il est accordé. (C. Civ. 684.)

Si, par exemple, le trajet le plus court traverse une cour, un jardin, un verger, on pourra forcer le voisin à prendre le passage autre part, quoique ce soit plus long ou plus incommode pour lui; car ce passage n'est point accordé pour sa commodité, mais seulement parce qu'il lui est nécessaire. (Rogron, Toullier, Pardessus.)

Jugé que le simple passage à pied dû à un fonds enclavé peut être converti en un passage avec voitures et chevaux, si cela devient nécessaire, par suite du changement d'exploitation du fonds, sauf toutefois l'indemnité due à raison de ce surcroît de servitude.

Il arrive souvent que le seul objet du passage demandé est de cultiver une propriété enclavée, ou d'en enlever les fruits. Dans ce cas, celui qui est tenu de fournir le passage, peut se refuser à ce qu'il soit permanent et indéfini ; il peut ne le consentir que pour l'objet et le temps nécessaires. C'est une conséquence de l'article 684 précité, qui veut que le passage soit le moins dommageable possible. (PARDESSUS ; Parl. de Paris, 19 mai 1778.)

Par suite, celui à qui un simple sentier serait suffisant, ne pourrait exiger un chemin ; c'est assez qu'il lui soit accordé de quoi exploiter son héritage. (Ibid.)

---

§ 2. — *De l'indemnité due pour le passage nécessaire.*

Une indemnité proportionnée au dommage qu'il éprouve est due à celui qui est obligé de fournir le passage. Tel est le principe posé par l'article 682 du C. Civ.

Forcé par l'intérêt de la société d'accorder un passage pour l'exploitation d'un héritage enclavé, le Code civil n'oblige à cette servitude qu'avec les restrictions qui en rendent le service moins pénible. Le propriétaire du fonds servant n'est pas tenu de vendre au propriétaire du fonds enclavé le terrain sur lequel est établi le passage ; car la servitude n'attribue pas la propriété de l'objet qui y est consacré ; elle donne seulement la faculté de s'en servir. (LEPAGE.)

Le dommage, ajoute cet auteur, consiste donc dans l'impossibilité de tirer un produit du terrain destiné au passage ; par conséquent, c'est ce produit perdu qu'il faut évaluer et faire payer par le propriétaire du fonds enclavé.

Mais s'il n'y a point de dommages, il n'y a point lieu à indemnité.

Ainsi, dit M. Pardessus, on ne doit pas obtenir de dédommagement dans tous les cas : il est d'usage que les possesseurs de prés ou de terres, situés au milieu d'une prairie ou d'une plaine, passent sur les prés, sur les terres qui les environnent, sans que cela serve de fondement aux réclamations des voisins qui n'éprouvent point de perte réelle. En général, tout ce qui tient au caprice ne peut être accueilli; et, par ce motif, si quelqu'un laisse un terrain vague devant sa maison, ce n'est pas un tort réel, qui puisse fonder une action de sa part, que d'y passer et de s'y reposer.

Toutefois, si le propriétaire veut disposer de son fonds, d'une manière qui ne permettra plus d'user de cette faculté, par exemple, s'il veut l'enclore, alors les choses rentrent dans l'ordre, et celui qui usait de la faculté de passer, ne peut la conserver que suivant les règles données ci-dessus, relativement au passage forcé.

Il est convenable que l'indemnité soit payée avant que celui qui demande le passage en use.

Celui-ci peut se faire autoriser par le tribunal à en jouir pendant les opérations de l'expertise.

Remarquons que la servitude de passage dont nous parlons, étant légale, c'est-à-dire fondée sur la loi qui l'accorde à la nécessité, il s'en suit que, quoique discontinue, elle n'a besoin à la rigueur d'être consentie par aucun titre. Si donc celui qui exerce un passage sur l'héritage d'autrui, est troublé dans cet usage, il peut faire valoir qu'il n'a aucun moyen d'exploiter son héritage, sans le passage contesté.

Celui sur qui s'exercerait depuis plus de trente ans, un passage fondé sur la nécessité, ne pourrait prétendre à une indemnité, ou exiger qu'on lui justifiât qu'elle a été acquittée. Son action est prescrite. (C. Civ. 685. TOULLIER, DURANTON, PARDESSUS, etc.)

La prescription court du premier jour que le passage a commencé, parce que dès ce jour la loi l'a donné à celui qui n'en avait point, et a ouvert à celui sur l'héritage duquel il était exercé une action en indemnité, à moins que le passage ait d'abord été exercé par simple tolérance, sans nécessité absolue, et qu'ensuite des évènements particuliers l'aient rendu nécessaire. (Ibid.)

---

§ 3. — *Du passage dans diverses circonstances accidentelles.*

L'obligation d'accorder un passage à travers sa propriété n'est pas borné au seul cas que nous venons d'envisager; elle est établie encore pour d'autres cas.

Ainsi, les lois particulières sur les mines (L. 16 juil. 1791), et le dessèchement des marais (L. 16 sep. 1807), accordent aux concessionnaires, à leur exploitation, non-seulement sur le fonds de ceux dans le terrain desquels est la mine ou le marais, mais encore sur celui des voisins, lorsque cela est nécessaire, sauf indemnité. C'est une servitude légale de passage qu'impose l'intérêt public.

Lorsque la voie publique est devenue momentanément impraticable par quelque cause que ce soit, le propriétaire riverain doit donner provisoirement un passage sur son fonds; sauf l'indemnité, qui doit être payée par la commune, si c'est un chemin vicinal ; ou par tous ceux qui doivent contribuer à la réparation du chemin, si l'entretien est à la charge des particuliers (L. 6 oct. 1791.)

Par une analogie qui n'a pas eu besoin d'être expressément indiquée dans le code, si un débordement entraîne des matériaux ou des meubles dans quelque héritage, le propriétaire de cet héritage est obligé d'en permettre l'entrée, et de souffrir qu'on enlève ceux que les eaux y auraient laissé. Toutefois une juste indemnité est due à celui qui souffre ce passage ou ce dépôt, à moins que l'autorité administrative n'ait prescrit ces mesures, dont l'exécution serait alors commandée par suite de l'obligation imposée à chacun de sacrifier à l'intérêt général, ou qu'il n'en résulte aucun tort pour ce propriétaire. (Pardessus, Toullier.)

Ce que nous venons de dire conduit naturellement à parler de la faculté de passer sur l'héritage d'autrui, pour faire des réparations au bâtiment ou au mur contigu (voir *tour d'échelle*), et du droit qu'a le propriétaire d'un arbre dont les fruits sont tombés sur le fonds du voisin, d'obtenir de celui-ci le passage pour venir les ramasser dans un bref délai. (Voyez *arbres*.) Toutefois, en payant, s'il y a lieu, de justes indemnités.

Ceux qui, n'étant ni propriétaires, ni usufruitiers, ni locataires, ni fermiers, ni jouissant d'un terrain ou d'un droit de passage, ou qui n'étant agents ni préposés d'aucune de ces personnes, seront entrés et auront passé sur ce terrain ou sur partie de ce terrain, s'il est préparé ou ensemencé, seront punis d'amende, depuis 1 franc jusqu'à 5 francs inclusivement (C. Pén. 471.)

Seront punis de la même peine ceux qui auront laissé passer leurs bestiaux ou leurs bêtes de trait, de charge ou de monture, sur le terrain d'autrui, avant l'enlèvement de la récolte. (Ibid.)

Ceux qui, n'étant propriétaires, usufruitiers, ni jouissant d'un terrain ni d'un droit de passage, y sont entrés et y ont passé dans le temps où ce terrain était chargé de grains en tuyau, de raisins ou autres fruits mûrs ou voisins de la maturité; et ceux qui auraient fait ou laissé passer des bestiaux, animaux de trait, de charge ou de monture, sur le terrain d'autrui, ensemencé ou chargé d'une récolte, en quelque saison que ce soit, ou dans un bois taillis, appartenant à autrui, seront punis d'amende, depuis 6 francs jusqu'à 10 francs inclusivement. (Ibid. 475.)

§ 4. — *Du droit conventionnel de passage.*

La servitude de passage est une servitude *discontinue*, c'est-à-dire qu'elle ne peut être exercée sans avoir besoin du fait actuel de l'homme. (C. Civ. 688.)

Ainsi elle ne peut s'acquérir que par titre. (Ibid. 671.)

On ne peut donc pas acquérir un droit de passage par la prescription.

Il est essentiel qu'un titre qui constitue un droit de passage s'explique clairement sur tous les points, qu'il désigne surtout l'endroit où le passage doit s'exercer, comment, avec quoi et en quel temps il peut l'être.

Remarquez surtout la différence qui existe entre une servitude *ordinaire* et une servitude *personnelle* : la servitude personnelle ne transmet pas le droit de passage aux héritiers ou ayants-cause de celui à qui il a été accordé. Exemple : je vous lègue par pure affection le droit de passer dans mon jardin et de vous y promener : ce ne sera là qu'une servitude personnelle qui s'éteindra à votre mort.

Lorsque le titre s'exprime formellement et qu'il a tout prévu, il ne reste qu'à l'exécuter suivant sa teneur. Et en cas d'abus de la part de celui qui jouit du droit de passage, le propriétaire assujetti peut le rappeler aux dispositions de ce titre.

L'endroit du passage désigné dans l'acte ne peut être changé.

Cependant l'art. 701 du Code civil apporte une modification à ce principe. Dans toutes les circonstances on doit chercher à concilier l'avantage du fonds dominant et la moindre incommodité du fonds servant.

Par exemple, dit M. Pardessus, le propriétaire d'une maison a droit de passer dans celle de son voisin, à pied seulement; et lorsque la servitude a été constituée, ce passage s'effectuait par la porte qui existait alors. Pour opérer des améliorations avantageuses, le propriétaire de la maison veut convertir sa porte en une croisée, et placer cette porte dans un autre point qui ouvre également sur la rue à laquelle le passage doit conduire; un pareil changement doit être autorisé sans difficulté, parce que le passage ne sera pas moins commode dans le nouvel emplacement que dans l'ancien, et l'on n'aura pas même égard à ce qu'il faudra faire quelques pas de plus. Toutefois, si le passage s'effectuait par une allée couverte, et que le nouveau dût s'exercer à travers une cour et à découvert, celui à qui est due la servitude ne serait pas tenu de consentir au changement, parce qu'il lui deviendrait évidemment moins commode.

La permission consentie par titre d'aller puiser de l'eau à un puits situé sur votre héritage, entraîne l'exercice du droit de passage; car autrement la concession serait illusoire.

Le droit de passage doit alors s'exercer dans l'endroit le moins dommageable, à celui sur le fonds duquel il est accordé.

Celui qui doit un passage n'est pas tenu de le réparer; c'est à celui qui en use de faire les travaux nécessaires pour entretenir la chose dont il jouit.

Et lors même que le passage s'exercerait par une allée bordée de murs, celui à qui il est dû doit contribuer, avec le propriétaire du bâtiment, à la réparation des murs, sans lesquels l'allée n'existerait pas. (Pardessus.)

Toutefois, lorsque le propriétaire du fonds sur lequel s'exerce le droit de passage, fait également usage de ce passage, les frais de réparations doivent être supportés en commun. (Ibid.)

Le droit de passage comprend les accessoires, sans lesquels on ne peut en user, pourvu qu'on emploie la manière la moins incommode à celui qui le doit. Remarquons, toutefois, que nous n'entendons parler que d'ouvrages nécessaires.

Par exemple, celui qui jouit d'un passage à travers un jardin, ne peut faire paver le point par lequel il exerce cette servitude, sous prétexte d'en rendre l'usage plus commode; le propriétaire du jardin peut s'y opposer, parce que le passage n'ayant pas été désigné comme un chemin pavé, ce changement peut nuire à l'agrément de sa propriété. (Ibid.)

Cependant, comme il est juste qu'un tel refus ait au moins une clause plausible, si le propriétaire du fonds auquel est due la servitude de passage, voulait y faire une amélioration évidemment utile, ou du moins agréable; par exemple, le faire sabler, l'opposition du propriétaire du fonds grevé serait une malice, à laquelle les tribunaux ne devraient pas avoir égard.

Nous terminerons en faisant remarquer, ainsi que nous l'avons déjà dit, que quand on stipule un droit de passage, il est prudent d'en établir clairement les conditions. Ainsi, on doit non-seulement régler dans quel endroit il s'exercera, mais encore si ce sera un passage de pied ou de voiture, et dans tous les cas quelle sera sa largeur.

A ce dernier égard, c'est-à-dire de largeur du passage, si elle n'avait pas été fixée dans le titre, elle devrait être suffisante pour que le droit de passage puisse s'exercer convenablement.

Au surplus, lorsque l'acte constitutif du passage se tait sur plusieurs points, c'est aux tribunaux à décider d'après les circonstances.

L'action possessoire n'est pas recevable pour se faire maintenir dans un droit de passage, à défaut de titre. (Cass. 8 juill. 1812.)

PATENTE. — Impôt auquel sont soumis ceux qui font un commerce ou qui exercent une industrie quelconque.

LOI

SUR LES PATENTES.

Du 7 mai 1844.

—

Article 1er. — Tout individu, français ou étranger, qui exerce en France un commerce, une industrie, une profession non compris dans les exceptions déterminées par la présente loi, est assujetti à la contribution des patentés.

2. — La contribution des patentes se compose d'un droit fixe et d'un droit proportionnel.

3. — Le droit fixe est réglé conformément aux tableaux A, B, C, annexés à la présente loi.

Il est établi :

Eu égard à la population et d'après un tarif général, pour les industries et professions énumérées dans le tableau A ;

Eu égard à la population et d'après un tarif exceptionnel, pour les industries et professions portées dans le tableau B ;

Sans égard à la population pour celles qui font l'objet du tableau C.

4. — Les commerces, industries et professions non dénommés dans ces tableaux n'en sont pas moins assujettis à la patente. Le droit fixe auquel ils doivent être soumis est réglé, d'après l'analogie des opérations ou des objets de commerce, par un arrêté spécial du préfet, rendu sur la proposition du directeur des contributions directes et après avoir pris l'avis du maire.

Tous les cinq ans, des tableaux additionnels contenant la nomenclature des commerces, industries et professions classés par voie d'assimilation, depuis trois années au moins, seront soumis à la sanction législative.

5. — Pour les professions dont le droit fixe varie en raison de la population du lieu où elles sont exercées, les tarifs seront

appliqués d'après la population qui aura été déterminée par la dernière ordonnance de dénombrement.

Néanmoins, lorsque ce dénombrement fera passer une commune dans une catégorie supérieure à celle dont elle faisait précédemment partie, l'augmentation du droit fixe ne sera appliquée que pour moitié pendant les cinq premières années.

6. — Dans les communes dont la population totale est de 5,000 âmes et au-dessus, les patentables exerçant dans la banlieue des professions imposées eu égard à la population paieront le droit fixe d'après le tarif applicable à la population non agglomérée.

Les patentables exerçant lesdites professions dans la partie agglomérée paieront le droit fixe d'après le tarif applicable à la population totale.

7. — Le patentable qui exerce plusieurs commerces, industries ou professions, même dans plusieurs communes différentes, ne peut être soumis qu'à un seul droit fixe.

Ce droit est toujours le plus élevé de ceux qu'il aurait à payer s'il était assujetti à autant de droits fixes qu'il exerce de professions.

8. — Le droit proportionnel est fixé au vingtième de la valeur locative pour toutes les professions imposables, sauf les exceptions énumérées au tableau D annexé à la présente loi.

9. — Le droit proportionnel est établi sur la valeur locative, tant de la maison d'habitation que des magasins, boutiques, usines, ateliers, hangars, remises, chantiers et autres locaux servant à l'exercice des professions imposables.

Il est dû, lors même que le logement et les locaux occupés sont concédés à titre gratuit.

La valeur locative est déterminée, soit au moyen de baux authentiques, soit par comparaison avec d'autres locaux dont le loyer aura été régulièrement constaté, ou sera notoirement connu, et, à défaut de ces bases, par voie d'appréciation.

Le droit proportionnel pour les usines et les établissements industriels est calculé sur la valeur locative de ces établissements, pris dans leur ensemble et munis de tous leurs moyens matériels de production.

10. — Le droit proportionnel est payé dans toutes les communes où sont situés les magasins, boutiques, usines, ateliers, hangars, remises, chantiers et autres locaux servant à l'exercice des professions imposables.

Si, indépendamment de la maison où il fait sa résidence habituelle et principale, et qui, dans tous les cas, sauf l'exception ci-après, doit être soumise au droit proportionnel, le patentable possède, soit dans la même commune, soit dans des communes différentes, une ou plusieurs maisons d'habitation; il ne paie le droit proportionnel que pour celles de ces maisons qui servent à l'exercice de sa profession.

Si l'industrie pour laquelle il est assujetti à la patente ne constitue pas sa profession principale, et s'il ne l'exerce pas par lui-même, il ne paie le droit proportionnel que sur la maison d'habitation de l'agent préposé à l'exploitation.

11. — Le patentable qui exerce dans un même local, ou dans des locaux non distincts, plusieurs industries ou professions passibles d'un droit proportionnel différent, paie ce droit d'après le taux applicable à la profession pour laquelle il est assujetti au droit fixe.

Dans le cas où les locaux sont distincts, il ne paie pour chaque local que le droit proportionnel attribué à l'industrie ou à la profession qui y est spécialement exercée.

Dans ce dernier cas, le droit proportionnel n'en demeure pas moins établi sur la maison d'habitation, d'après le taux applicable à la profession pour laquelle le patentable est imposé au droit fixe.

12. — Dans les communes dont la population est inférieure à 20,000 âmes, mais qui, en vertu d'un nouveau dénombrement, passent dans la catégorie des communes de 20,000 âmes et au-dessus, les patentables des septième et huitième classes ne seront soumis au droit proportionnel que dans le cas où une

seconde ordonnance de dénombrement aura maintenu lesdites communes dans la même catégorie.

13. — Ne sont pas assujettis à la patente :

1° Les fonctionnaires et employés salariés, soit par l'État, soit par les administrations départementales ou communales, en ce qui concerne seulement l'exercice de leurs fonctions ;

2° Les notaires, les avoués, les avocats au Conseil, les greffiers, les commissaires-priseurs, les huissiers ;

3° Les avocats ;

Les docteurs en médecine ou en chirurgie, les officiers de santé, les sages-femmes et les vétérinaires ;

Les peintres, sculpteurs, graveurs et dessinateurs considérés comme artistes, et ne vendant que le produit de leur art ;

Les architectes considérés comme artistes, ne se livrant pas, même accidentellement à des entreprises de construction ;

Les professeurs de belles-lettres, sciences et arts d'agrément ; les chefs d'institution, les maîtres de pension, les instituteurs primaires ;

Les éditeurs de feuilles périodiques ;

Les artistes dramatiques ;

4° Les laboureurs et cultivateurs, seulement pour la vente et la manipulation des récoltes et fruits provenant des terrains qui leur appartiennent ou par eux exploités, et pour le bétail qu'ils y élèvent, qu'ils y entretiennent ou qu'ils y engraissent ;

Les concessionnaires de mines pour le seul fait de l'extraction et de la vente des matières par eux extraites ;

Les propriétaires ou fermiers des marais salants ;

Les propriétaires ou locataires louant accidentellement une partie de leur habitation personnelle ;

Les pêcheurs, même lorsque la barque qu'ils montent leur appartient ;

5° Les associés en commandite, les caisses d'épargne et de prévoyance administrées gratuitement, les assurances mutuelles régulièrement autorisées ;

6° Les capitaines de navire de commerce ne naviguant pas pour leur compte;

Les cantiniers attachés à l'armée;

Les écrivains publics;

Les commis et toutes les personnes travaillant à gages, à façon et à la journée, dans les maisons, ateliers et boutiques des personnes de leur profession, ainsi que les ouvriers travaillant chez eux ou chez les particuliers, sans compagnons, apprentis, enseigne ni boutique. Ne sont point considérés comme compagnons ou apprentis, la femme travaillant avec son mari, ni les enfants non mariés travaillant avec leurs père et mère, ni le simple manœuvre dont le concours est indispensable à l'exercice de la profession;

Les personnes qui vendent en ambulance dans les rues, dans les lieux de passage et dans les marchés, soit des fleurs, de l'amadou, des balais, des statues et figures en plâtre, soit des fruits, des légumes, des poissons, du beurre, des œufs, du fromage et autres menus comestibles;

Les savetiers, les chiffonniers au crochet, les porteurs d'eau à la bretelle ou avec voiture à bras, les remouleurs ambulants, les gardes-malades.

14. — Tous ceux qui vendent en ambulance des objets non compris dans les exemptions déterminées par l'article précédent, et tous marchands sous échoppe ou en étalage, sont passibles de la moitié des droits que paient les marchands qui vendent les mêmes objets en boutique. Toutefois cette disposition n'est pas applicable aux bouchers, épiciers et autres marchands ayant un état permanent ou occupant des places fixes dans les halles et marchés.

15. — Les mari et femme séparés de biens ne doivent qu'une patente, à moins qu'ils n'aient des établissements distincts, auquel cas chacun d'eux doit avoir sa patente et payer séparément les droits fixes et proportionnels.

16. Les patentes sont personnelles et ne peuvent servir qu'à

ceux à qui elles sont délivrées. En conséquence, les associés en nom collectif sont tous assujettis à la patente.

Toutefois l'associé principal paie seul le droit fixe en entier : les autres associés ne sont imposés qu'à la moitié de ce droit, même quand ils ne résident pas tous dans la même commune que l'associé principal.

Le droit proportionnel est établi sur la maison d'habitation de l'associé principal, et sur tous les locaux qui servent à la société pour l'exercice de son industrie.

La maison d'habitation de chacun des autres associés est affranchie du droit proportionnel, à moins qu'elle ne serve à l'exercice de l'industrie sociale.

17. — Les sociétés ou compagnies anonymes ayant pour but une entreprise industrielle ou commerciale, sont imposées à un seul droit fixe sous la désignation de l'objet de l'entreprise, sans préjudice du droit proportionnel.

La patente assignée à ces associés ou compagnies ne dispense aucun des sociétaires ou actionnaires du paiement des droits de patente auxquels ils pourraient être personnellement assujettis pour l'exercice d'une industrie particulière.

18. — Tout individu transportant des marchandises de commune en commune, lors même qu'il vend pour le compte de marchands ou fabricants, est tenu d'avoir une patente personnelle, qui est, selon les cas, celle de colporteur avec balle, avec bête de somme ou avec voiture.

19. — Les commis-voyageurs des nations étrangères seront traités, relativement à la patente, sur le même pied que les commis-voyageurs français chez ces mêmes nations.

20. — Les contrôleurs des contributions directes procèderont annuellement au recensement des imposables et à la formation des matrices de patentes.

Le maire sera prévenu de l'époque de l'opération du recensement, et pourra assister le contrôleur dans cette opération, ou se faire représenter, à cet effet, par un délégué.

En cas de dissentiment entre les contrôleurs et les maires ou leurs délégués, les observations contradictoires de ces derniers seront consignées dans une colonne spéciale.

La matrice, dressée par le contrôleur, sera déposée, pendant dix jours, au secrétariat de la mairie, afin que les intéressés puissent en prendre connaissance, et remettre au maire leurs observations. A l'expiration d'un second délai de dix jours, le maire, après avoir consigné ses observations sur la matrice, l'adressera au sous-préfet.

Le sous-préfet portera également ses observations sur la matrice, et la transmettra au directeur des contributions directes, qui établira les taxes conformément à la loi, pour tous les articles non contestés. A l'égard des articles sur lesquels le maire ou le sous-préfet ne sera pas d'accord avec le contrôleur, le directeur soumettra les contestations au préfet avec son avis motivé. Si le préfet ne croit pas devoir adopter les propositions du directeur, il en sera référé au ministre des finances.

Le préfet arrête les rôles et les rend exécutoires.

A Paris, l'examen de la matrice des patentes aura lieu, pour chaque arrondissement municipal, par le maire, assisté soit de l'un des membres de la commission des contributions, soit de l'un des agents attachés à cette commission, délégué à cet effet par le préfet.

21. — Les patentés qui réclameront contre la fixation de leurs taxes seront admis à prouver la justice de leurs réclamations, par la représentation d'actes de société légalement publiés, de journaux et livres de commerce régulièrement tenus, et par tous autres documents.

22. — Les réclamations en décharge ou réduction, et les demandes en remise ou modération, seront communiquées aux maires : elles seront d'ailleurs présentées, instruites et jugées dans les formes et délais prescrits pour les autres contributions directes.

23. — La contribution des patentes est due pour l'année entière, par tous les individus exerçant au mois de janvier une profession imposable.

En cas de cession d'établissement, la patente sera, sur la demande du cédant, transférée à son successeur; la mutation de cote sera réglée par arrêté du préfet.

En cas de fermeture des magasins, boutiques et ateliers, par suite de décès ou de faillite déclarée, les droits ne seront dus que pour le passé et le mois courant. Sur la réclamation des parties intéressées, il sera accordé décharge du surplus de la taxe.

Ceux qui entreprennent, après le mois de janvier, une profession sujette à patente, ne doivent la contribution qu'à partir du 1er du mois dans lequel ils ont commencé d'exercer, à moins que, par sa nature, la profession ne puisse pas être exercée pendant toute l'année. Dans ce cas, la contribution sera due pour l'année entière, quelle que soit l'époque à laquelle la profession aura été entreprise.

Les patentés qui, dans le cours de l'année, entreprennent une profession d'une classe supérieure à celle qu'ils exerçaient d'abord, ou qui transportent leur établissement dans une commune d'une plus forte population, sont tenus de payer au prorata un supplément de droit fixe.

Il est également dû un supplément de droit proportionnel par les patentables qui prennent des maisons ou locaux d'une valeur locative supérieure à celle des maisons ou locaux pour lesquels ils ont été primitivement imposés, et par ceux qui entreprennent une profession passible d'un droit proportionnel plus élevé.

Les suppléments seront dus à compter du 1er du mois dans lequel les changements prévus par les deux derniers paragraphes auront été opérés.

24. — La contribution des patentes est payable par douzième, et le recouvrement en est poursuivi comme celui des contributions directes : néanmoins les marchands forains, les colporteurs, les directeurs de troupes ambulantes, les entrepreneurs d'amusements et jeux publics non sédentaires, et tous autres patentables dont la profession n'est pas exercée à demeure

fixe, sont tenus d'acquitter le montant total de leur cote, au moment où la patente leur est délivrée.

Dans le cas où le rôle n'est émis que postérieurement au 1er mars, les douzièmes échus ne sont pas immédiatement exigibles : le recouvrement en est fait par portions égales, en même temps que celui des douzièmes non échus.

25. — En cas de déménagement hors du ressort de la perception, comme en cas de vente volontaire ou forcée, la contribution des patentes sera immédiatement exigible en totalité.

Les propriétaires, et, à leur place, les principaux locataires, qui n'auront pas, un mois avant le terme fixé par le bail ou par les conventions verbales, donné avis au percepteur du déménagement de leurs locataires, seront responsables des sommes dues par ceux-ci pour la contribution des patentes.

Dans le cas de déménagements furtifs, les propriétaires, et, à leur place, les principaux locataires, deviendront responsables de la contribution de leurs locataires, s'ils n'ont pas, dans les trois jours, donné avis du déménagement au percepteur.

La part de la contribution laissée à la charge des propriétaires ou principaux locataires par les paragraphes précédents, comprendra seulement le dernier douzième échu et le douzième courant, dus par le patentable.

26. — Les formules de patentes sont expédiées par le directeur des contributions directes, sur des feuilles timbrées de un franc vingt-cinq centimes. Le prix du timbre est acquitté en même temps que le premier douzième des droits de patente.

Les formules de patentes sont visées par le maire et revêtues du sceau de la commune.

27. — Tout patentable est tenu d'exhiber sa patente lorsqu'il en est requis par les maires, adjoints, juges-de-paix, et tous autres officiers ou agents de police judiciaire.

28. — Les marchandises mises en vente par les individus non munis de patentes, et vendant hors de leur domicile, seront saisies ou séquestrées aux frais du vendeur, à moins qu'il ne donne caution suffisante jusqu'à la représentation de la patente

ou la production de la preuve que la patente a été délivrée. Si l'individu non muni de patente exerce au lieu de son domicile, il sera dressé un procès-verbal qui sera transmis immédiatement aux agents des contributions directes.

29. — Nul ne pourra former de demande, fournir aucune exception ou défense en justice, ni faire aucun acte ou signification extra-judiciaire pour tout ce qui sera relatif à son commerce, sa profession ou son industrie, sans qu'il soit fait mention, en tête des actes, de sa patente, avec désignation de la date, du numéro et de la commune où elle aura été délivrée, à peine d'une amende de vingt-cinq francs, tant contre les particuliers sujets à la patente, que contre les officiers ministériels qui auraient fait et reçu lesdits actes sans mention de la patente. La condamnation à cette amende sera poursuivie, à la requête du procureur du roi, devant le tribunal civil de l'arrondissement.

Le rapport de la patente ne pourra suppléer au défaut de l'énonciation, ni dispenser de l'amende prononcée.

30. — Les agents des contributions directes peuvent, sur la demande qui leur en est faite, délivrer des patentes avant l'émission du rôle, après toutefois que les requérants ont acquitté entre les mains du percepteur les douzièmes échus, s'il s'agit d'individus domiciliés dans le ressort de la perception, ou la totalité des droits, s'il s'agit des patentables désignés en l'article 24 ci-dessus, ou d'individus étrangers au ressort de la perception.

31. — Le patenté qui aura égaré sa patente ou qui sera dans le cas d'en justifier hors de son domicile, pourra se faire délivrer un certificat par le directeur ou par le contrôleur des contributions directes. Ce certificat fera mention des motifs qui obligent le patenté à le réclamer, et devra être sur papier timbré.

32. — Il est ajouté au principal de la contribution des patentes cinq centimes par franc, dont le produit est destiné à couvrir les décharges, réductions, remises et modérations, ainsi que les frais d'impression et d'expédition des formules des patentes.

En cas d'insuffisance des cinq centimes, le montant du déficit est prélevé sur le principal des rôles.

Il est en outre prélevé sur le principal huit centimes, dont le produit est versé dans la caisse municipale.

33. — Les contributions spéciales destinées à subvenir aux dépenses des bourses et chambres de commerce, et dont la perception est autorisée par l'article 11 de la loi du 23 juillet 1820, seront réparties sur les patentables des trois premières classes du tableau A annexé à la présente loi, et sur ceux désignés dans les tableaux B et C, comme passibles d'un droit fixe égal ou supérieur à celui desdites classes.

Les associés des établissements compris dans les classes et tableaux sus-désignés, contribueront aux frais des bourses et chambres de commerce.

34. — La contribution des patentes sera établie conformément à la présente loi, à partir du 1er janvier 1845.

35. — Toutes les dispositions contraires à la présente loi seront et demeureront abrogées, à partir de la même époque, sans préjudice des lois et des règlements de police qui sont ou pourront être faits.

TABLEAU A.

Tarif général des professions imposées eu égard à la population.

CLASSES.	DE 100000 âmes et au-dessus.	DE 50000 à 100000	DE 30000 à 50000	DE 20000 à 30000	DE 10000 à 20000	DE 5000 à 10000	DE 2000 à 5000	DE 2000 âmes et au-dessous
1re. . . .	500 f.	240 f.	180 f.	120 f.	80 f.	60 f.	45 f.	55 f.
2e. . . .	150	120	90	60	45	40	30	25
3e. . . .	100	80	60	40	50	25	22	18
4e. . . .	75	60	45	30	25	20	18	12
5e. . . .	50	40	30	20	15	12	9	7
6e. . . .	40	32	24	16	10	8	6	4
7e. . . .	20	16	12	8	*8	*5	4	*5
8e. . . .	12	10	8	6	*5	*4	*3	*2

Le signe * veut dire : exemption du droit proportionnel.

Sont réputés :

Marchands en gros, ceux qui vendent habituellement aux marchands en demi-gros et aux marchands en détail;

Marchands en demi-gros, ceux qui vendent habituellement aux détaillants et aux consommateurs ;

Marchands en détail, ceux qui ne vendent habituellement qu'aux consommateurs.

PREMIÈRE CLASSE.

Aiguilles à coudre et à tricoter (marchand d') en gros
Bas et bonneterie (marchand de) en gros.
Beurre frais ou salé (marchand de) en gros.
Blondes (marchand de) en gros.
Bois à brûler (marchand de). — Celui qui, ayant chantier ou magasin, vend au stère, ou par quantité équivalente ou supérieure.
Bois de marine ou de construction (marchand de).
Bois merrain (marchand de) en gros.— S'il vend par bateau ou charrette.
Bois de sciage (marchand de) en gros.
Bronzes, dorures et argentures sur métaux (marchand de) en gros.
Cachemires de l'Inde (marchand de).
Caisse d'escompte (tenant).
Caisse ou comptoir d'avances ou de prêts (tenant).
Caisse ou comptoir de recette et de paiement (tenant).
Châles (marchand de) en gros.
Changeur de monnaies.
Chapeaux de paille (marchand de) en gros.
Chapellerie (marchand de matières premières pour la).
Charbon de bois (marchand de) en gros.
Chiffonnier en gros.
Cloutier (marchand) en gros.
Coton en laine (marchand de) en gros.
Coton filé (marchand de) en gros.
Crin frisé (marchand de) en gros.
Cristaux (marchand de) en gros.
Cuirs en vert étrangers (marchand de) en gros.
Cuirs tannés, corroyés, lissés, vernissés (marchand de) en gros.
Denrées coloniales (marchand de) en gros.
Dentelles (marchand de) en gros.
Diamants et pierres fines (marchand de).
Droguiste (marchand) en gros.
Eau-de-vie (marchand d') en gros.
Epicerie (marchand d') en gros.
Escompteur.
Fanons ou barbes de baleine (marchand de) en gros.
Fer en barres (marchand de) en gros. — Celui qui vend habituellement par parties d'au moins cinq cents kilogrammes.
Fleurets et filoselle (marchand de) en gros.
Fromages secs (marchand de) en gros.
Fruits secs (marchand de) en gros.
Graines fourragères, oléagineuses et autres (marchand de) en gros.
Horlogerie (marchand en gros de pièces d').
Huiles (marchand d') en gros.
Inhumations et pompes funèbres (entreprise des) dans les villes autres que Paris.
Laine brute ou lavée (marchand de) en gros.
Laine filée ou peignée (marchand de) en gros.
Liége brut (marchand de) en gros.
Lin ou chanvre brut ou filé (marchand de) en gros.
Liqueurs (marchand de) en gros.
Merceries (marchand de) en gros.

Métaux (marchand de) en gros, autres que l'or, l'argent, le fer en barres et la fonte.
Miel et cire brute (marchand expéditeur de).
Mine de plomb (marchand de) en gros.
Octroi (adjudicataire des droits d').
OEufs (marchand expéditeur d').
Os pour la fabrication du noir animal marchand d') en gros.
Papetier (marchand) en gros.
Parfumeur (marchand) en gros.
Pastel (marchand de) en gros.
Peaussier (marchand) en gros.
Pelleteries et fourrures (marchand de) en gros. — S'il tire habituellement des pelleteries de l'étranger, ou s'il en envoie.
Pendules et bronzes (marchand de) en gros.
Pierres fines (marchand de).
Planches (marchand de) en gros.
Plume et duvet (marchand de) en gros.
Poisson salé, mariné, sec et fumé (marchand de) en gros.
Porcelaine (marchand de) en gros.
Quincailleries (marchand de) en gros.
Résines et autres matières analogues (marchand de) en gros.
Rogues ou œufs de morue (marchand de) en gros.
Rubans pour modes (marchand de) en gros.
Safran (marchand de) en gros.
Sangsues (marchand de) en gros.
Sel (marchand de) en gros.
Soie (marchand de) en gros.
Soies de porc ou de sanglier (marchand de) en gros.
Sucre brut et raffiné (marchand de) en gros.
Suif fondu (marchand de) en gros.
Tabac (marchand de) dans le département de la Corse, en gros.
Tabac en feuilles (marchand de).
Teinture (marchand en gros de matières premières pour la).
Thé (marchand de) en gros.
Tissus de laine, de fil, de coton ou de soie (marchand de) en gros.
Ventes à l'encan (directeur d'un établissement de).
Verres blancs et cristaux (marchand de) en gros.
Vinaigre (marchand de) en gros.
Vins (marchand de) en gros. — Vendant habituellement des vins par pièces ou paniers de vins fins, soit aux marchands en détail et aux cabaretiers, soit aux consommateurs.

DEUXIÈME CLASSE.

Abattoir public (concessionnaire ou fermier d').
Aiguilles à coudre et à tricoter (marchand d') en demi-gros.
Bas et bonneterie (marchand de) en demi-gros.
Bijoutier (marchand fabricant) ayant atelier et magasin.
Blondes (marchand de) en demi-gros.
Bois à brûler (marchand de). — Celui qui, n'ayant ni chantier ni magasin, vend sur bateau ou sur les ports, au stère ou par quantité équivalente ou supérieure.
Bois de teinture (marchand de) en demi-gros).
Carrossier (fabricant).
Chapeaux de paille (marchand de) en demi-gros).
Charbon de terre épuré ou non (marchand de) en gros.
Cloutier (marchand) en demi-gros.
Condition pour les soies (entrepreneur ou fermier d'une).
Crin frisé (marchand de) en demi-gros.
Cristaux (marchand de) en demi-gros.
Dentelles (marchand de) en demi-gros.

Diorama, Panorama, Néorama, Géorama (directeur de).
Droguiste (marchand) en demi-gros.
Eau-de-vie (marchand d') en demi-gros.
Entrepôt (concessionnaire, exploitant ou fermier des droits d'emmagasinage dans un).
Entreprise générale du balayage, de l'arrosage ou de l'enlèvement des boues.
Épiceries (marchand d') en demi-gros.
Fanons ou barbes de baleine (marchand de) en demi-gros.
Fleurets et filoselle (marchand de) en demi-gros.
Huiles (marchand d') en demi-gros.
Joaillier (fabricant et marchand) ayant atelier et magasin.
Laine filée ou peignée (marchand de) en demi-gros.
Lin ou chanvre brut ou filé (marchand de) en demi-gros.
Merceries (marchand de) en demi-gros.
Métaux (marchand en demi-gros de) autres que l'or, l'argent, le fer en barres, la fonte.
Nouveautés (marchand de).
Omnibus ou autres voitures semblables (entreprise d').
Or et argent (marchand d').
Orfèvre (marchand fabricant) avec atelier et magasin.
Quincaillier en demi-gros.
Rubans pour modes (marchand de) en demi-gros.
Sel (marchand de) en demi-gros.
Serrurerie (marchand expéditeur d'objets de).
Soie (marchand de) en demi-gros.
Soies de porc ou de sanglier (marchand de) en demi-gros.
Sucre brut et raffiné (marchand de) en demi-gros.
Suif fondu (marchand de) en demi-gros.
Thé (marchand de) en demi-gros.
Tissus de laine, de fil, de coton ou de soie (marchand de) en demi-gros.
Verres blancs et cristaux (marchand de) en demi-gros.
Verroterie et gobeleterie (marchand de) en demi-gros.

TROISIÈME CLASSE.

Affineur d'or, d'argent ou de platine.
Agréeur.
Ardoises (marchand d') en gros. — Celui qui expédie par bateaux ou voitures.
Bâtiments (entrepreneur de).
Bazar de voitures (tenant).
Bijoutier (marchand) n'ayant point d'atelier.
Bimbelotier (marchand) en gros.
Bœufs (marchand de).
Bois de sciage (marchand de). — Si, ayant chantier ou magasin, il ne vend qu'aux menuisiers, ébénistes, charpentiers et aux particuliers.
Bois d'ébénisterie (marchand de).
Bois en grume ou de charronnage (marchand de).
Bouchons (marchand de) en gros.
Broderies (fabricant et marchand de) en gros.
Caractères d'imprimerie (fondeur de).
Carton ou carton-pierre (marchand fabricant d'ornements en pâte de).
Châles (marchands de) en détail.
Chocolat (marchand de) en gros.
Cidre (marchand de) en gros.
Comestibles (marchand de).
Confiseur.
Conserves alimentaires (marchand de).
Coraux (préparateur de).
Coraux bruts (marchand de)
Cuirs en vert du pays (marchand de) en gros.

Déménagements (entrepreneur de), s'il a plusieurs voitures.
Distillateur-liquoriste.
Droguiste (marchand) en détail.
Eau filtrée ou clarifiée et dépurée (entrepreneur d'un établissement d').
Encre à écrire (fabricant marchand en gros d').
Éponges (marchand d') en gros.
Équipements militaires (marchand d'objets d').
Essayeur pour le commerce.
Fer en meubles (marchand de).
Fondeur d'or et d'argent.
Fruits secs (marchand de) en demi-gros.
Gantier (marchand fabricant).
Glacier-limonadier.
Halles, marchés et emplacements sur les places publiques (fermier ou adjudicataire des droits de).
Harpes (facteur et marchand de), ayant boutique ou magasin.
Horloger.
Hôtel garni (maître d'), tenant un restaurant à la carte.
Houblon (marchand de) en gros).
Hydromel (fabricant et marchand d').
Imprimeur-libraire.
Imprimeur-typographe.
Jambons (marchand expéditeur de).
Joaillier (marchand), n'ayant point d'atelier.
Lattes (marchand de) en gros.
Libraire-éditeur.
Linger (fournisseur).
Liqueurs (fabricant de).
Marbre (marchand de) en gros.
Modes (marchand de).
Nacre brute (marchand de).
Navires (constructeur de).
Orfèvre (marchand) sans atelier.
Pâtissier expéditeur.
Pavage des villes (entrepreneur de).
Pendules et bronzes (marchand de) en détail.
Pharmacien.
Pianos et clavecins (facteurs et marchands en boutique ou magasin de).
Plaqué ou doublé d'or et d'argent (fabricant et marchand d'objets en).
Plume et duvet (marchand de) en détail.
Plumes à écrire (marchand expéditeur de).
Poisson salé, mariné, sec et fumé (marchand de) en demi-gros.
Restaurateur à la carte.
Saleur de viandes.
Sarraux ou blouses (marchand de) en gros.
Sellier-carrossier.
Soie (marchand de) en détail.
Soudes végétales indigènes (marchand en gros de).
Tabletterie (marchand de matières premières pour la).
Tailleur (marchand) avec magasin d'étoffe.
Tapis de laine et tapisseries (marchand de).
Tissus de laine, de fil, de coton ou de soie (marchand en détail de).
Tournerie de Saint-Claude (marchand expéditeur d'articles de).
Tourteaux (marchand de).
Voilier (pour son compte).

QUATRIÈME CLASSE.

Agence ou bureau d'affaires (directeur d').
Aiguilles à coudre et à tricoter (marchand d') en détail.
Alambics et autres grands vaisseaux en cuivre (fabricant ou marchand d').
Anchois (saleur d').
Apparaux (maître d').
Appréciateur au mont-de-piété.
Aubergiste.

Bacs (fermiers de) pour un fermage de mille francs et au-dessus.
Baleines (marchand de brins de).
Bas et bonneteries (marchand de) en détail.
Billards (fabricant de) ayant magasin.
Blondes (marchand de) en détail.
Bois de teinture (marchand de) en détail.
Boisselier (marchand) en gros.
Bottier (marchand).
Boucher (marchand).
Boules à teinture (fabricant de).
Brodeurs sur étoffes, en or et en argent.
Bronzes, dorures et argentures sur métaux (marchand de) en détail.
Cafetier.
Caoutchouc (fabricant ou marchand d'objets confectionnés ou d'étoffes garnies en).
Carlier (fabricant de cartes à jouer).
Chapeaux de feutre et de soie (fabricant de).
Charcutier.
Charpentier (entrepreneur-fournisseur).
Chasublier (marchand).
Chaudières en cuivre (fabricant de).
Chevaux (marchand de).
Cire à cacheter (fabricant de).
Cire (blanchisseur de) employant moins de six ouvriers.
Cirier (marchand).
Cochons (marchand de).
Commissionnaire au mont-de-piété.
Cordier (fabricant de câbles et cordages pour la marine ou la navigation intérieure).
Cordonnier (marchand).
Corroyeur (marchand).
Coton filé (marchand de) en détail.
Cotrets sur bateaux (marchand de).
Couleurs et vernis (fabricant et marchand de).
Couverts et autres objets en fer battu ou étamé (fabricant et marchand de) en gros, par procédés ordinaires.
Couvertures de soie, bourre, laine et coton, etc., (marchand de).
Couvreur (entrepreneur).
Crin frisé (marchand de).
Cuirs tannés, corroyés, lissés, vernissés (marchand de) en détail.
Décors et ornements d'architecture (marchand de).
Dentelles (marchand de).
Dorures et argentures sur métaux (fabricant ou marchand de) en détail.
Dorures pour passementeries (marchand de).
Eaux minérales factices (marchand de).
Écorces de bois pour tan (marchand d').
Estaminet (maître d').
Estampeur en or et en argent.
Facteur de denrées et marchandises (partout ailleurs qu'à Paris).
Farines (marchand de) en gros.
Fer en barres (marchand de) en détail. — Celui qui vend habituellement par quantité inférieure à cinq cents kilogrammes.
Fils de chanvre ou de lin (marchand de) en détail.
Fleurets et filoselle (marchand de) en détail.
Fonte ouvragée (marchand de).
Fosses mobiles inodores (entrepreneur de).
Fourreur.
Fromages de pâte grasse (marchand de) en gros.
Fromages secs (marchand de) en demi-gros.
Garde du commerce.
Graines fourragères, oléagineuses et autres (marchand de) en demi-gros.

Grainetier-fleuriste (expéditeur).
Grains (marchand de) en gros.
Graveur sur cylindres.
Herboriste expéditeur.
Hongroyeur ou hongrieur.
Horlogerie (marchand de fournitures d').
Hôtel garni (maître d').
Houblon (marchand de) en demi-gros.
Huiles (marchand d') en détail.
Instruments pour les sciences (facteurs et marchand d') ayant boutique ou magasin.
Jardin public (tenant un).
Jeaugage des liquides (adjudicataire des droits de).
Laine brute ou lavée (marchand de) en détail.
Laine filée (marchand de) en détail.
Laineur.
Légumes secs (marchand de) en gros.
Limonadier non glacier.
Liqueurs (marchand de) en détail.
Lustres (fabricant et marchand de).
Maçonnerie (entrepreneur de).
Manége d'équitation (tenant un).
Mâts (constructeur de).
Mécanicien.
Menuisier (entrepreneur).
Merceries (marchand de) en détail.
Métaux (marchand de) (autres que l'or, l'argent, le fer en barres et la fonte) en détail.
Meules de moulins (fabricant de).
Miel et cire brute (marchand non expéditeur de).
Moutardier (marchand) en gros.
Moutons et agneaux (marchand de).
Mulets et mules (marchand de).
Nécessaires (marchand de).
Nougat (fabricant expéditeur de).
Oranges, citrons (marchand d') expéditeur.
Orgues d'église (facteur d').
Ornemaniste.
Papetier (marchand) en détail.
Pastel (marchand de) en détail.
Pâtissier non expéditeur.
Peaussier (marchand) en détail.
Peaux en vert ou crues (marchand de).
Peinture (entrepreneur de) en bâtiments.
Pelleteries et fourrures (marchand de) en détail.
Pesage et mesurage (fermier des droits de).
Pierre artificielle ou factice (fabricant d'objets en).
Plieur d'étoffes.
Polytypage (fabricant de).
Pompes à incendie (fabricant de).
Presseur de poisson de mer.
Presseur de sardines.
Pruneaux et prunes sèches (marchand de) en gros.
Quincaillier en détail.
Receveur de rentes.
Registres (fabricant de).
Restaurateur et traiteur à la carte et à prix fixe.
Rubans pour modes (marchand de) en détail.
Sabots (marchand de) en gros.
Safran (marchand de) en demi-gros.
Serrurier (entrepreneur).
Serrurier (mécanicien).
Serrurier en voitures suspendues.
Sondes (fabricant de grandes).
Suif en branches (marchand de).
Suif fondu (marchand de) en détail.
Tapissier (marchand).
Thé (marchand de) en détail.
Tôle vernie (fabricant d'ouvrage en).
Tourbe (marchand de) en gros.
Truffes (marchand de).
Tulles (marchand de) en détail.
Tuyaux en fil de chanvre pour les pompes à incendie et les arrosements (fabricant de).
Vaches ou veaux (marchand de).

Vanneries (marchand expéditeur de).
Verres à vitre (marchand de).
Vinaigrier en détail.
Vins (marchand de) en détail. — Vendant habituellement, pour être consommés hors de chez lui, des vins au panier ou à la bouteille.
Vins (voiturier marchand de).
Volailles truffées (marchand de).

CINQUIÈME CLASSE.

Accouchement (chef de maison d').
Acier poli (fabricant d'objets en), pour son compte,
Affineur de métaux autres que l'or, l'argent et le platine.
Agraffes (fabricant d') par les procédés ordinaires (pour son compte).
Albâtre (fabricant ou marchand d'objets en).
Almanachs ou annuaires (éditeur propriétaire d').
Appareils et ustensiles pour l'éclairage au gaz (fabricant d').
Appareils de chapeaux de paille.
Apprêteurs d'étoffes pour les particuliers.
Armurier.
Aubergiste ne logeant qu'à cheval.
Bains publics (entrepreneur de).
Balancier (marchand).
Bals publics (entrepreneur de).
Bijoutier (fabricant) pour son compte, sans magasin.
Bijoux en faux (marchand de).
Blanchisseur de toiles et fils pour les particuliers.
Blatier avec voiture.
Bois à brûler (marchand de). — Celui qui, n'ayant ni chantier, ni magasin, ni bateau, vend par voiture au domicile des consommateurs.
Bois de bateaux (marchand de).
Bois de boissellerie (marchand de).
Bois de volige (marchand de).
Bois feuillard (marchand de).
Boîtes et bijoux à musique (fabricant de mécaniques pour), pour son compte.
Boucher en détail.
Bouclerie (fabricant de), pour son compte.
Bougies (marchand de).
Boulanger.
Bouteilles de verre (marchand de.)
Boutons de métal, corne, cuir bouilli, etc. (fabricant de), pour son compte.
Brocanteur en boutique ou magasin.
Broches et cannelets pour la filature (fabricant de), pour son compte.
Broderies (fabricant et marchand de) en détail.
Bureau de distribution d'imprimés, de cartes de visites, annonces, etc. (entrepreneur d'un).
Bureau d'indication et de placement (tenant un).
Cabaretier ayant billard.
Cabriolet sur place ou sous remise (loueur de), s'il a plusieurs cabriolets.
Calandreur d'étoffes neuves.
Caractères mobiles en métal (fabricant de).
Carossier raccommodeur.
Cartonnage fin (fabricant et marchand de).
Cercles ou sociétés (fournisseur des objets de consommation dans les).
Chapeaux de paille (marchand de) en détail.
Chapellerie en fin.
Chapellerie (marchand de fournitures pour la).
Charbon de bois (marchand de) en demi-gros.
Charbon de terre épuré ou non (marchand de) en demi-gros.
Chasse (marchand d'ustensiles de).
Chaudronnier (marchand).

Cheminées dites *économiques* (fabricant et marchand de).
Chevaux (loueur de).
Chevaux (tenant pension de).
Cheveux (marchand de).
Chocolat (marchand de) en détail.
Cloches de toutes dimensions (marchand de).
Cloutier (marchand) en détail.
Coffretier-malletier, en cuir.
Colle pour la clarification des liqueurs (fabricant de).
Colleur d'étoffes.
Cornes brutes (marchand de).
Coutelier (marchand et fabricant).
Crêmier-glacier.
Crics (fabricant et marchand de).
Crin frisé (apprêteur de).
Cristaux (marchand de) en détail.
Culottier en peau (marchand).
Curiosité (marchand en boutiques d'objets de).
Décatisseur.
Déchireur ou dépeceur de bateaux.
Dés à coudre en métal autre que l'or et l'argent (fabricant de), pour son compte.
Distillateur d'essences et eaux parfumées et médicinales.
Eau-de-vie (marchand d') en détail.
Ébéniste (marchand), ayant boutique ou magasin.
Éclairage à l'huile pour le compte des particuliers (entrepreneur d').
Éperonnier, pour son compte.
Épicier en détail.
Éponges (marchand d') en détail.
Équipage (maître d').
Étain (fabricant de feuilles d').
Étriers (fabricant d'), pour son compte.
Étrilles (fabricant d'), pour son compte.
Ferblantier lampiste.
Ferronnier.
Fiacre (loueur de), s'il a plusieurs voitures.
Fleurs artificielles (fabricant et marchand de).
Fondeur en fer, en bronze ou en cuivre (avec des creusets ordinaires).
Forges (fabricant de), pour son compte.
Forgeron de petites pièces (canons, platines).
Foulonnier.
Fourrages (marchand de), par bateaux, charrettes ou voitures.
Frangier marchand).
Galonnier (marchand).
Gantier (marchand).
Glaces (marchand de) (Miroitier).
Glacier.
Instruments de chirurgie en métal (fabricant et marchand d').
Ivoire (marchand d'objets en).
Jaugeur juré pour les liquides.
Jeu de paume (maître de).
Joaillier (fabricant), pour son compte.
Lampiste.
Lapidaire en pierres fausses (fabricant ou marchand), ayant boutique ou magasin.
Laveur de laines.
Layetier-emballeur.
Libraire.
Liége brut (marchand de) en détail.
Loueur de voitures suspendues.
Lunetier (marchand).
Lutherie (marchand de fournitures de).
Luthier (fabricant), pour son compte.
Magasinier.
Maître ou patron de barque ou bateau naviguant pour son propre compte sur les fleuves, rivières ou canaux, soit que la barque ou le bateau lui appartienne, soit qu'il l'ait loué. Si le conducteur n'est qu'un homme à gages, la patente est due par le propriétaire de la barque ou du bateau.
Maréchal expert.
Maroquinier, pour son compte.

Marrons et châtaignes (marchand expéditeur de).
Mégissier, pour son compte.
Menuisier-mécanicien.
Métiers à bas (forgeur de), pour son compte.
Meubles (marchand de).
Meules à aiguiser (fabricant et marchand de).
Mine de plomb (marchand de) en détail.
Minerai de fer (marchand de), ayant magasin.
Miroitier.
Modiste.
Monuments funèbres (entrepreneur de).
Moulures (fabricant de), pour son compte.
Moulures (marchand de) en boutique.
Musique (marchand de).
Nacre de perles (fabricant d'objets en), pour son compte.
Nacre de perles (marchand d'objets en).
Natation (tenant une école de).
Orfévre (fabricant), pour son compte.
Orgues portatives (facteur d') pour son compte.
Papier peint pour tentures (marchand de).
Parc aux charrettes (tenant un).
Parfumeur (marchand) en détail.
Passementier (marchand).
Pavés (marchand de).
Peignes de soie (marchand de).
Peintre-vernisseur en voitures ou équipages.
Perles fausses (marchand de).
Pierres brutes (marchand de).
Pierres lithographiques (marchand de).
Planches (marchand de) en détail.
Plombier.
Plumassier (fabricant et marchand).
Plumes à écrire (marchand de), non expéditeur.
Poisson frais (marchand de), vendant par forte partie aux détaillants.
Pompes de métal (fabricant de).
Porcelaine (marchand de) en détail.
Poudrette (marchand de).
Relais (entrepreneur de), même lorsqu'il est maître de poste.
Résines et autres matières analogues (marchand de) en détail.
Rogues ou œufs de morue (marchand de) en détail.
Restaurateur et traiteur à prix fixe seulement.
Rôtisseur.
Saleur d'olives.
Seaux à incendie (fabricant de).
Sellier harnacheur.
Serrurier non entrepreneur.
Soies de porc ou de sanglier (marchand de) en détail.
Soufflets (fabricant et marchand de gros) pour les forgerons, bouchers, etc.
Sparterie pour modes (fabricant de).
Sucre brut et raffiné (marchand de en détail.
Tableaux (marchand de).
Taffetas gommés ou cirés (marchand de).
Taillandier.
Tailleur (marchand d'habits neufs).
Tailleur (marchand), sans magasin d'étoffes, fournissant sur échantillons.
Tapis peints ou vernis (marchand de).
Toiles cirées et vernies (marchand de).
Toiles métalliques (fabricant de), pour son compte.
Tôle vernie (marchand d'ouvrages en).
Traçons (maître de).
Ustensiles de chasse et de pêche (marchand d').

Vannier-emballeur pour les vins.
Verres blancs et cristaux (marchand de) en détail.
Vidange (entrepreneur de).
Vins (marchand de) en détail, donnant à boire chez lui et tenant billard.

SIXIÈME CLASSE.

Affiches (entrepreneur de la pose et de la conservation des).
Agaric (marchand d').
Agent dramatique.
Aiguilles, clefs et autres petits objets pour montres ou pendules (fabricant d'), pour son compte.
Allumettes chimiques (fabricant et marchand d').
Anatomie (fabricant de pièces d').
Anatomie (tenant un cabinet d').
Anes (marchand d').
Annonces et avis divers (entrepreneur d'insertions d').
Appréciateur d'objets d'art.
Apprêteur de peaux.
Apprêteur de plumes, laines, duvet et autres objets de literie.
Ardoises (marchand d'). Celui qui vend par millier aux maçons et aux entrepreneurs de bâtiments.
Arrosage (entreprise particulière d').
Arrimeur.
Artificier.

Bacs (fermier de) pour un prix de fermage au-dessous de mille francs.
Baies de genièvre (marchand de).
Bains de rivière en pleine eau (entrepreneur de).
Balancier (fabricant), pour son compte.
Balançons (marchand de).
Balayage (entreprise partielle de).
Bandagiste.
Bardeaux (marchand de).
Baromètres (fabricant ou marchand de).
Barques, bateaux ou canots (constructeur de).
Bateaux à laver (exploitant de).
Battendier.
Batteur de bois de teinture.
Batteur d'écorce.
Batteur de graine de trèfle.
Batteur d'or et d'argent.
Baudruche (apprêteur de).
Beurre frais ou salé (marchand de) en détail.
Bière (marchand ou débitant de).
Bijoutier en faux (fabricant), pour son compte.
Billards (fabricant de), sans magasins.
Bisette (fabricant et marchand de).
Blanc de craie (fabricant et marchand de).
Blatier avec bêtes de somme.
Bluteaux ou blutoirs (fabricant et marchand de).
Bois merrains (marchand de), s'il ne vend qu'aux tonneliers et aux particuliers.
Boiseries (marchand de vieilles).
Boisselier (marchand) en détail.
Bombagiste.
Bombeur de verres.
Bossetier.
Bouchonnier.
Bouchons (marchand de) en détail.
Boues (entreprise partielle de l'enlèvement des).
Bouilleur ou brûleur d'eau-de-vie.
Bouillon et bœuf cuit (marchand de).
Bourre de soie (marchand de).
Bourrelier.
Boyaudier.
Brasseur à façon.
Bretelles et jarretières (fabricant de), pour son compte.
Bretelles et jarretières (marchand de).
Briou (fabricant de).
Briques (marchand de).

Briquets phosphoriques et autres (fabricant de).
Brocanteur d'habits en boutique.
Brossier (fabricant), pour son compte.
Brossier (marchand).
Buffletier (marchand).
Bois ou racine de buis (marchand de).
Bustes en plâtre (mouleur de).
Cabaretier.
Cabinet de lecture (tenant un). Où l'on donne à lire les journaux et les nouveautés littéraires.
Cabinets d'aisances publics (tenant).
Cadrans de montres et de pendules (fabricant de), pour son compte.
Cadres pour glaces et tableaux (marchand de).
Café de chicorée en poudre marchand de).
Cafetières du Levant ou marabouts (fabricant de), pour son compte.
Caisses de tambour (facteur de).
Calfat (radoubeur de navires.
Cannelles et robinets en cuivre (fabricant de), pour son compte.
Cannes (marchand de) en boutique.
Cantinier dans les prisons, hospices et autres établissements publics.
Caparaçonnier, pour son compte.
Capsules métalliques (fabricant de) pour boucher les bouteilles.
Cardes (fabricant de) par les procédés ordinaires, pour son compte.
Carreaux à carreler (marchand de).
Carrés de montres (fabricant de), pour son compte.
Cartes de géographie (marchand de).
Cartons pour bureaux et autres (fabricant de), pour son compte.
Casquettes (fabricant de), pour son compte.
Cendres (laveur de).
Cercles ou cerceaux (marchand de).
Chaînes de fil, laine ou coton, préparées pour la fabrication des tissus (marchand de).
Chaises fines (marchand et fabricant de).
Chaises (loueur de) pour un prix de ferme de deux mille francs et au-dessus.
Chamoiseur, pour son compte.
Chandeliers en fer et en cuivre (fabricant de), pour son compte.
Chanvre (marchand de) en détail.
Chapelier en grosse chapellerie.
Charcutier revendeur.
Charpentier.
Charrée (marchand de).
Charron.
Châsses de lunettes (fabricant de), pour son compte.
Chaux (marchand de).
Chef de ponts et pertuis.
Cidre (marchand et débitant de) en détail.
Cimentier, employant moins de cinq ouvriers.
Ciseleur.
Clinquant (fabricant de), pour son compte.
Clochettes (fondeur de).
Cloches (fondeur de), sans boutique ni magasin.
Coffretier-malletier en bois.
Coiffeur.
Cols (fabricant de), pour son compte.
Cols (marchand de).
Combustibles (marchand de), en boutique.
Commissionnaires, porteurs pour les fabricants de tissus.
Coquetier avec voiture.
Cordes harmoniques (fabricant de), pour son compte.
Cordes métalliques (fabricant de), pour son compte.
Cordier (marchand).
Corne (apprêteur de), pour son compte.
Corne (fabricant de feuilles transparentes de), pour son compte.
Corsets (fabricant et marchand de).

Cosmorama (directeur de).
Costumier.
Coupeur de poils (marchand), pour son compte.
Courtier-gourmet-piqueur de vins.
Couturière (marchande).
Couverts et autres objets en fer battu ou étamé (fabricant et marchand de) en détail.
Couvreur (maître).
Crayons (marchand de).
Crépins (marchand de).
Crinières (fabricant de), pour son compte.
Crins plats (marchand de).
Cuir bouilli et verni (fabricant ou marchand d'objets en).
Cuirs et pierres à rasoirs (fabricant et marchand de).
Cuivre de navires (marchand de vieux).
Dalles (marchand de).
Damasquineur.
Découpoirs (fabricant de), pour son compte.
Déménagements (entrepreneur de), s'il a une seule voiture.
Dentelles (facteur de).
Dépeceur de voitures.
Dessinateur pour fabrique.
Doreur et argenteur.
Doreur sur bois.
Ébéniste (fabricant), pour son compte, sans magasin.
Écrans (fabricant d'), pour son compte.
Émailleur, pour son compte.
Emballeur non layetier.
Encre à écrire (fabricant et marchand d') en détail.
Enduit contre l'oxydation (applicateur d').
Enjoliveur (marchand).
Épingles (fabricant d'), par les procédés ordinaires.
Essayeur de soie.
Estampes et gravures (marchand d').
Étameur de glaces.
Éventailliste (marchand fabricant), ayant boutique ou magasin.
Facteur de fabrique.
Fagots et bourrées (marchand de), vendant par voiture.
Faïence (marchand de).
Farines (marchand de) en détail.
Ferblantier.
Feutre (fabricant et marchand de), pour la papeterie, le doublage des navires, plateaux, vernis, etc.
Filagraniste.
Filasse de nerfs (fabricant de), pour son compte.
Filets pour la pêche, la chasse, etc. (fabricant de).
Fileur (entrepreneur).
Filotier.
Fleurs artificielles (marchand d'apprêts et papier pour).
Fleurs d'oranger (machand de).
Fondeur d'étain, de plomb ou fonte de chasse.
Fontaines publiques (fermier de).
Fontaines à filtrer (fabricant et marchand de).
Formaire (pour la fabrication du papier), pour son compte.
Fouleur de bas et autres articles de bonneterie.
Fouleur de feutre pour les chapeliers.
Fourbisseur (marchand).
Fournaliste.
Fourneaux potagers (fabricant et marchand de).
Fourrage (débitant de), à la botte ou en petite partie au poids.
Fripier.
Fromages de pâte grasse (marchand de) en détail.
Fruitier oranger.
Fruits secs (marchand de) en détail.
Fruits secs pour boissons (marchand de).

Fumiste.
Gardes-robes inodores (fabricant et marchand de).
Gibernes (fabricant de), pour son compte.
Glace, eau congelée (marchand de).
Globes terrestres et célestes (fabricant et marchand de).
Gommeur d'étoffes.
Graine de moutarde blanche (marchand de).
Graines (marchand de) en détail.
Grainetier-fleuriste en détail.
Graveur sur métaux (fabricant les timbres secs et gravant sur bijoux).
Grue (maître de).
Harpes (facteur de), n'ayant ni boutique ni magasin.
Herboriste-droguiste.
Histoire naturelle (marchand d'objets d').
Horlogerie (fabricant de pièces d'), pour son compte.
Horloger-rhabilleur (marchand).
Huîtres (marchand d').
Images (fabricant ou marchand d').
Imprimeur-lithographe éditeur.
Instruments aratoires (fabricant d').
Instruments de chirurgie en gomme élastique (fabricant d').
Instruments de musique à vent, en bois ou en cuivre (facteur d').
Instruments pour les sciences (facteur d'), sans boutique ni magasin.
Ivoire (fabricant d'objets en), pour son compte.
Jais ou jaïet (fabricant ou marchand d'objets en).
Kaolin et pétunzé (marchand de).
Lamineur par les procédés ordinaires.
Lanternier.
Lattes (marchand de) en détail.
Lavoir public (tenant un).
Layetier.
Levure ou levain (marchand de).
Lin (marchand de) en détail.
Linge de table et de ménage (loueur de).
Linger.
Lithochrome, imprimeur.
Lithocromies (marchand de).
Lithographies (marchand de).
Lithophanies pour stores (fabricant et marchand de).
Loueur de tableaux et dessins.
Loueur en garni.
Lunetier (fabricant).
Lustreur de fourrures.
Maçon (maître).
Maison particulière de retraite (tenant une).
Marbre factice (fabricant et marchand d'objets en).
Marbrier.
Maréchal-ferrant.
Masques (fabricant et marchand de).
Matériaux (marchand de vieux).
Menuisier.
Mercerie (marchand de menue).
Metteur en œuvre, pour son compte.
Meubles d'occasion (marchand de).
Moireur d'étoffes, pour son compte.
Monteurs de métiers.
Mosaïques (marchand de).
Mulquinier. Celui qui prépare le fil pour les chaînes servant à la fabrication des tissus.
Naturaliste (marchand).
Nécessaires (fabricant de), pour son compte.
Nourrisseur de vaches et de chèvres pour le commerce du lait.
Oranges et citrons (marchand d'), en boutique et en détail.
Os (fabricant d'objets en), pour son compte.
Outres (fabricant d'), pour son compte.
Outres (marchand d').
Paille (fabricant de tissus pour les chapeaux de), pour son compte.

Paillettes et paillons (fabricant de), pour son compte.
Pains à cacheter et à chanter (fabricant et marchand de).
Pain d'épices (fabricant ou marchand en boutique de).
Papiers de fantaisie (fabricant de), pour son compte).
Parapluies (fabricant et marchand de).
Parcheminier, pour son compte.
Parqueteur (menuisier).
Pâtes alimentaires (marchand de).
Paveur.
Peaux de lièvres et de lapins (marchand de), en boutique.
Pêche (adjudicataire ou fermier de), pour un prix de deux mille francs ou au-dessus.
Peignes à sérancer (fabricant de), pour son compte.
Peignes d'écaille (fabricant de), pour son compte.
Peignes (marchand de), en boutique.
Peintre en bâtiments non entrepreneur.
Pension bourgeoise (tenant).
Pension particulière de vieillards (tenant).
Perles fausses (fabricant de), pour son compte.
Peseur et mesureur juré.
Pianos et clavecins (facteur de), n'ayant ni boutique ni magasin.
Pierres à brunir (fabricant et marchand de).
Pierres fausses (fabricant de).
Pierres bleues (marchand de), pour le blanchissage du linge.
Pierres taillées (marchand de).
Pinceaux (fabricant de), pour son compte.
Pipes (marchand de).
Plafonneur.
Plâtre (marchand de).
Plâtrier (maçon).
Plomb de chasse (fabricant ou marchand de).
Plumes métalliques (marchand fabricant de).
Poêlier en faïence, fonte, etc.
Polisseur d'objets en or, argent, cuivre, acier, écaille, os, corne, etc.
Porces pour les papetiers (fabricant de).
Portefeuilles (fabricant de), pour son compte.
Portefeuilles (marchand de).
Potier d'étain.
Poudre d'or (fabricant et marchand de).
Poulieur (fabricant).
Pressoir (maître de) à manége.
Queues de billard (fabricant de), pour son compte.
Ramonage (entrepreneur de).
Rampiste.
Ressorts de bandage pour les hernies (fabricant de), pour son compte.
Ressorts de montre et de pendules (fabricant de), pour son compte.
Sacs de toile (fabricant et marchand de).
Salpêtrier.
Sarreaux ou blouses (marchand de) en détail.
Sculpteur en bois, pour son compte.
Son, recoupe et remoulage (marchand de).
Sparterie (fabricant et marchand d'objets en).
Sphères (fabricant de).
Stucateur.
Sumac (marchand de).
Tabac (marchand de) en détail dans le département de la Corse.
Table d'hôte (tenant une).
Tabletier (marchand).
Tabletterie (fabricant d'objets en), pour son compte.

Tambours, grosses caisses, tambourins (fabricant de).
Tamisier (fabricant et marchand).
Tan (marchand de).
Tapissier à façon.
Teinturier dégraisseur pour les particuliers.
Teinturier en peaux.
Tireur d'or et d'argent.
Tôlier.
Tourneur sur métaux.
Tourteaux (marchand de) en détail.
Tréfileur, par les procédés ordinaires.
Tuiles (marchand de).
Vannerie (marchand de) en détail.
Vannier (fabricant de vannerie fine).
Vérificateur de bâtiments.
Vernisseur sur cuivre, feutre, carton et métaux.
Verres bombés (marchand de).
Verroterie et gobeleterie (marchand de) en détail.
Vignettes et caractères à jour (fabricant de), pour son compte.
Vignettes et caractères à jour (marchand en boutique de).
Vins (marchand de) en détail, donnant à boire chez lui, et ne tenant pas billard.
Vis (fabricant de) par procédés ordinaires, pour son compte.
Vitrier en boutique.
Voilier à façon.
Volaille ou gibier (marchand de).

SEPTIÈME CLASSE.

Accordeur de pianos, harpes et autres instruments.
Acheveur en métaux.
Acier poli (fabricant d'objets en) à façon.
Allevin (marchand d').
Allèges (maître d').
Ânes (loueur d').
Apprêteur de barbes ou fanons de baleine.
Apprêteur de bas et autres objets de bonneterie.
Archets (fabricant d')
Armurier rhabilleur.
Armurier à façon.
Arpenteur.
Attelles pour colliers de bêtes de trait (fabricant et marchand d).
Avironnier.
Badigeonneur.
Balancier (fabricant) à façon.
Ballons pour lampes (fabricant de), pour son compte.
Bandagiste à façon.
Bardeaux (fabricant de), pour son compte.
Bâtier.
Battoirs de peaume, (fabricant de).
Baugeur.
Bijoutier à façon.
Bijoutier en faux (fabricant), à façon.
Bimbeloterie (fabricant d'objets de), sans boutique ni magasin.
Bimbelotier (marchand) en détail.
Blanchisseur de chapeaux de paille.
Blanchisseur de fin.
Blanchisseur de linge, ayant un établissement de buanderie.
Blanchisseur sur pré.
Boisselier.
Boîtes et bijoux à musique (fabricant de mécanique pour), à façon.
Bottes remontées (marchand de).
Bottier et cordonnier en chambre.
Boules vulnéraires dites d'*acier* ou *de Nancy* (fabricant de).
Bouquetière (marchande) en boutique.
Bouquiniste.
Bourrelets d'enfants (fabricant et marchand de).
Boursier.
Boutons de soie (fabricant de), pour son compte.

Briquets phosphoriques et autres (marchand de).
Broches pour la filature (rechargeur de).
Broderies (blanchisseur et apprêteur de).
Broderies (dessinateur imprimeur de).
Broderies (fabricant à façon de).
Brunisseur.
Buffletier (fabricant), pour son compte.
Bustes en cire pour les coiffeurs (fabricant de).
Cabinet de figures en cire (tenant un).
Cabinet de lecture où l'on donne à lire les journaux seulement (tenant un).
Cabinet particulier de tableaux, d'objets d'histoire naturelle ou d'antiquités (tenant un).
Cabriolets sur place ou sous remise (loueur de), s'il n'a qu'un cabriolet.
Calandreur de vieilles étoffes.
Cambreur de tiges de bottes.
Camées faux ou moulés (fabricant de).
Cannelles et robinets en cuivre (fabricant de), à façon.
Cannes (fabricant de), pour son compte.
Cannetille (fabricant de).
Caractères d'imprimerie (fondeur de), à façon.
Caractères d'imprimerie (graveur en).
Caractères mobiles en bois ou en terre cuite (fabricant et marchand de).
Carcasses ou montures de parapluies (fabricant de), pour son compte.
Cardeur de laine, de coton, de bourre de soie, filoselle, etc.
Carreleur.
Carrioles (loueur de).
Ceinturonnier, pour son compte.
Cendres ordinaires (marchand de).
Chaises (loueur de), pour un prix de ferme de cinq cents francs à deux mille francs.
Chapelets (fabricant et marchand de).
Charnières en fer, cuivre ou ferblanc (fabricant de), par les procédés ordinaires, pour son compte.
Chasublier à façon.
Chaudronnier rhabilleur.
Chaussons en lisière et autres (marchand de).
Chenille en soie (fabricant de), pour son compte.
Chevaux (courtier de).
Chèvres et chevreaux (marchand de).
Chiffonnier en détail.
Chineur.
Cirage ou encaustique (marchand fabricant de).
Cloutier au marteau, pour son compte.
Coiffes de femmes (faiseuse et marchande de).
Colle de pâte et de peau (fabricant de).
Colleur de chaînes pour fabrication de tissus.
Coquetier avec bêtes de somme.
Cordes harmoniques (fabricant de), à façon.
Cordes métalliques (fabricant de), à façon.
Cordier (fabricant de menus cordages, tels que cordes, ficelles, longes, traits, etc).
Cordons en fil, soie, laine, etc. (fabricant de), pour son compte.
Corroyeur à façon.
Cosmétiques (marchand de).
Coton cardé ou gommé (marchand de).
Coupeur de poils à façon.
Courroies (apprêteur de), pour son compte.
Courtier de bestiaux.
Coutelier à façon.
Couturière en corsets, en robes ou en linge.
Couvreur en paille ou en chaume.
Crémier ou laitier.
Crépin en bois (fabricant d'articles de), pour son compte.

Criblier.
Cristaux (tailleur de).
Crochets pour les fabriques d'étoffes (fabricant de), pour son compte.
Cuivre vieux (marchand de).
Cuves, foudres, barriques et tonneaux (fabricant de).
Déchets de coton (marchand de).
Décrueur de fil.
Dégraisseur.
Denteleur de scies.
Doreur sur tranches.
Ébéniste (fabricant) à façon.
Écailles d'ables ou ablettes (marchand d').
Échalas (marchand d').
Écorcheur ou équarisseur d'animaux.
Embauchoirs (faiseur d').
Émailleur à façon.
Enjoliveur (fabricant), pour son compte.
Éperonnier à façon.
Épicier-regrattier. S'il ne vend qu'au petit poids et à la petite mesure quelques articles d'épiceries et joint à ce commerce la vente de quelques autres objets, comme poterie de terre, charbon en détail, bois à la falourde, etc.
Épinglier-grillageur.
Équarisseur de bois.
Équipeur-monteur.
Essence d'Orient (fabricant d').
Estampeur en métaux, autres que l'or et l'argent.
Étriers (fabricant d') à façon.
Étrilles (fabricant d') à façon.
Éventailliste (fabricant), pour son compte.
Expert pour le partage et l'estimation des propriétés.
Ferblantier en chambre.
Ferrailleur.
Fiacre (loueur de), s'il n'a qu'une seule voiture.
Finisseur en horlogerie.
Fleuriste travaillant pour le compte des marchands.
Fendeurs de brins de baleine.
Fontaines en grès, à sable (marchand de).
Forces (fabricant de) à façon.
Forets (fabricant de).
Formier.
Fouets, cravaches (fabricant ou marchand de), pour son compte.
Fournier.
Fourreaux pour sabres, épées, baïonnettes (fabricant de), pour son compte.
Frangier (fabricant), pour son compte.
Fretin (marchand de).
Friseur de drap et autres étoffes de laine.
Friteur ou friturier en boutique.
Fruitier.
Gabarre (maître de) ou gabarier.
Galettes, gaufres, brioches et gâteaux (marchand de), en boutique.
Galochier.
Galonnier (fabricant), pour son compte.
Gainier (fabricant), pour son compte.
Gargotier.
Gaufreur d'étoffes, de rubans, etc.
Gaules et perches (marchand de).
Graines fourragères, oléagineuses et autres (marchand de) en détail.
Grainier ou grainetier.
Gravatier.
Graveur en caractères d'imprimerie.
Graveur sur métaux. Se bornant à graver des cachets ou des planches pour factures et autres objets dits *de ville*.
Grueur.
Guêtrier.
Guillocheur.
Guimpier.
Halage (loueur de chevaux pour le).
Hameçons (fabricant d').

Herboriste. Ne vendant que des plantes médicinales fraîches ou sèches.
Hongreur.
Horlogerie (fabricant de pièces d') à façon.
Horloger-repasseur.
Horloger-rhabilleur (non marchand).
Horloges en bois (fabricant ou marchand d').
Imprimeur en taille douce pour objets dits *de ville*.
Imprimeur lithographe (non éditeur).
Imprimeur sur porcelaine, faïence, verre, cristaux, émail, etc.
Ivoire (fabricant d'objets en) à façon.
Joaillier à façon.
Lait d'ânesse (marchand de).
Lamier-rotier, pour son compte.
Lapidaire à façon.
Layettes d'enfant (marchand de).
Légumes secs (marchand de) en détail.
Lie de vin (marchand de).
Lin (fabricant de).
Linge (marchand de vieux).
Liqueurs et eaux-de-vie (débitant de).
Logeur.
Loueur de livres.
Lunettes (fabricant de verres de).
Luthier (fabricant) à façon.
Marbreur sur tranches.
Marchande à la toilette.
Maroquinier à façon.
Mégissier à façon.
Mesures linéaires, règles et équerres (fabricant de), pour son compte.
Métiers à bas (forgeur de) à façon.
Metteur en œuvre à façon.
Monteur en bronze.
Moulures (fabricant de) à façon.
Moutardier (marchand) en détail.
Muletier.
Nacre de perle (fabricant d'objets en) à façon.
Navetier (fabricant).
Oiselier.
Orfèvre à façon.
Orge (exploitant un moulin à perler l').
Orgues portatives (facteur d') à façon.
Ouate (fabricant et marchand d').
Outres (fabricant d') à façon.
Ovaliste.
Paille (fabricant de tissus pour chapeaux de) à façon.
Paille (fabricant de tresses, cordonnets, etc., en).
Paille teinte (fabricant et marchand de).
Pain (marchand de) en boutique.
Papier de fantaisie (fabricant de) à façon.
Passementier (fabricant), pour son compte.
Patachier.
Pâtissier-brioleur.
Pêche (adjudicataire ou fermier de), pour un prix de ferme de cinq cents francs à deux mille francs.
Pédicure.
Peigneur de chanvre, de lin ou de laine.
Peintre en armoiries, attributs et décors.
Peintre ou doreur, soit sur verre ou cristal, soit sur porcelaine, etc., pour son compte.
Perruquier.
Pierre de touche (marchand de).
Piquonnier.
Planches ou ifs à bouteilles (fabricant de).
Planeur en métaux.
Plaqueur.
Plumeaux (marchand fabricant de), pour son compte.
Poires à poudre (fabricant de), pour son compte.
Poisson (marchand en détail de).
Pompes de bois (fabricant de).
Poterie de terre (marchand de).
Présurier.

Queues de billard (fabricant de) à façon.
Raquettes (fabricant de), pour son compte.
Regrattier.
Relieur de livres.
Rentrayeur de couvertures de laine et de coton.
Ressorts de bandages pour les hernies (fabricant de) à façon.
Ressorts de montres et de pendules (fabricant de) à façon.
Revendeuse à la toilette, pour son compte.
Roseaux (marchand de).
Rouettes ou harts pour lier les trains de bois (marchand de).
Ruches pour les abeilles (fabricant de), pour son compte.
Scieur de long.
Sculpteur en bois à façon.
Seaux ou baquets en sapin (fabricant de), pour son compte.
Sel (marchand de) en détail.
Sellier à façon.
Socques (fabricant et marchand de) en bois.
Soufflets ordinaires (fabricant et marchand de).
Tableaux (restaurateur de).
Tabletterie (fabricant d'objets en) à façon.
Tailleur d'habits à façon.
Toiles grasses (fabricant de) pour emballage.
Toiles métalliques (fabricant de) à façon.
Toiseur de bâtiments.
Toiseur de bois.
Tondeur de draps et autres étoffes de laine.
Tonneaux (marchand de).
Tonnelier.
Torcher.
Tourneur en bois (marchand), vendant en boutique divers objets en bois faits au tour.
Treillageur.
Tripier.
Ustensiles de ménage (marchand de vieux).
Vaisselles et ustensiles de bois (fabricant et marchand de).

HUITIÈME CLASSE.

Accoutreur.
Affiloirs (marchand d').
Agraffes (fabricant d'), par procédés ordinaires, à façon.
Aiguilles, clefs et autres petits objets pour montres et pendules (fabricant d') à façon.
Aiguilles (fabricant d') à coudre ou à faire des bas, par procédés ordinaires, à façon.
Aiguilles pour les métiers à faire des bas (monteur d').
Allumettes et amadou (fabricant et marchand d').
Appeaux pour la chasse (fabricant d').
Apprêteur de chapeaux de feutre.
Approprieur de chapeaux.
Arçonneur.
Artiste en cheveux.
Assembleur.
Balais de bouleau, de bruyères, et de grand millet (marchand de), avec voiture ou bêtes de somme.
Ballons pour lampes (fabricant de) à façon.
Barbier.
Bardeaux (fabricant de) à façon.
Batelier.
Bâtonnier.
Baudelier.
Blanchisseur de linge, sans établissement de buanderie.
Bobines pour les manufactures (fabricant de).

Bois à brûler (marchand de), qui vend à la falourde, en fagot et au cotret.
Bois de galoches et de socques (faiseur de).
Boisselier (fabricant) à façon.
Bouchons de flacons (ajusteur de).
Bouclerie (fabricant de) à façon.
Boutons de métal, corne, cuir bouilli (fabricant de) à façon.
Boutons de soie (fabricant de) à façon.
Bretelles et jarretières (fabricant de) à façon.
Brioleur avec bêtes de somme.
Briquetier.
Brocanteur d'habits sans boutique.
Broches et cannelets pour la filature (fabricant de) à façon.
Brosses (fabricant de bois pour).
Brossier (fabricant) à façon.
Buches et briquettes factices (marchand de).
Buffletier (fabricant) à façon.
Cabas (faiseur de).
Cadrans de montres et de pendules (fabricant de) à façon.
Café tout préparé (débitant de).
Cafetières du Levant ou marabouts (fabricant de) à façon.
Cages, souricières et tournettes (fabricant de).
Canevas (dessinateur de).
Cannes (fabricant de) à façon.
Caparaçonnier à façon.
Carcasses ou montures de parapluies (fabricant de) à façon.
Carcasses pour modes (fabricant de).
Cardes (fabricant de) à façon, par les procédés ordinaires.
Carrés de montre (fabricant de) à façon.
Cartons pour les bureaux et autres (fabricant de) à façon.
Casquettes (fabricant de) à façon.
Castine (marchand de).
Ceinturonnier à façon.
Cerclier.
Chaises communes (fabricant et marchand de).
Chaises (loueur de) pour un prix de ferme au-dessous de cinq cents francs.
Chamoiseur à façon.
Chandeliers en fer ou en cuivre (fabricant de) à façon.
Chapeaux (marchand de vieux) en boutique ou en magasin.
Charbon de bois (marchand de) en détail.
Charbon de terre épuré ou non (marchand de) en détail.
Charbonnier-voiturier.
Charnières en fer, cuivre ou ferblanc (fabricant de), par procédés ordinaires, à façon.
Charrettes (loueur de).
Châsses de lunettes (fabricant de) à façon.
Chaussons en lisière (fabricant de).
Chenille en soie (fabricant de) à façon.
Chevilleur.
Clinquant (fabricant de) à façon.
Cloutier au marteau, à façon.
Colleur de papiers peints.
Cols (fabricant de) à façon.
Cordes de puits et liens d'écorces (fabricant de).
Cordons en fil, soie, laine, etc. (fabricant de) à façon.
Corne (apprêteur de) à façon.
Corne (fabricant de feuilles transparentes de) à façon.
Cotrets (débitants de).
Courroies (apprêteur de) à façon.
Couverts et autres objets en fer battu ou étamé (fabricant de) à façon.
Crépin en buis (fabricant d'articles de) à façon.
Crin (apprêteur, crêpeur ou friseur de) à façon.

Crinières (fabricant de) à façon.
Crochets pour les fabriques d'étoffes (fabricant de) à façon.
Cuillers d'étain (fondeur ambulant de).
Découpeur d'étoffes ou de papiers.
Découpoirs (fabricant de) à façon.
Décrotteur en boutique.
Dés à coudre, en métal autre que l'or et l'argent (fabricant de) à façon.
Écrans (fabricant d') à façon.
Élastiques pour bretelles, jarretières, etc. (fabricant d').
Émeri et rouge à polir (marchand d').
Enjoliveur (fabricant) à façon.
Étameur ambulant d'ustensiles de cuisine.
Étoupes (marchand d').
Éventailliste (fabricant) à façon.
Fagots et bourrées (marchand de) en détail, vendant au fagot.
Falourdes (débitant de).
Faines (marchand de).
Feuilles de blé de Turquie (marchand de).
Figures en cire (mouleur de) à façon.
Filasse de nerfs (fabricant de) à façon.
Formaire pour la fabrication du papier, à façon.
Fouets et cravaches (fabricant de) à façon.
Fourreaux pour sabres, épées, baïonnettes (fabricant de) à façon.
Frangier à façon.
Frappeur de gaze.
Fuseaux (fabricant de).
Gaînier à façon.
Galonnier à façon.
Garnisseur d'étuis pour instruments de musique.
Garnitures de parapluies et cannes, telles que bouts, anneaux, cannes, manches, etc. (fabricant de).
Gibernes (fabricant de) à façon.
Graveur de musique.
Graveur sur bois.
Harmonicas (facteur d').
Lamier-rotier à façon.
Langueyeur de porcs.
Limailles (marchand de).
Limes (tailleur de).
Livrets (fabricant de) pour les batteurs d'or et d'argent.
Loueur en garni (s'il ne loue qu'une chambre).
Marrons (marchand de) en détail.
Matelassier.
Mèches et veilleuses (marchand et fabricant de).
Mesures linéaires, règles et équerres (fabricant de) à façon.
Modiste à façon.
Moireur d'étoffes à façon.
Moules de boutons (fabricant de).
Nattier.
Nécessaires (fabricant de) à façon.
Nerfs (batteur de).
OEillets métalliques (fabricant d').
Oribus (faiseur et marchand d').
Os (fabricant d'objets en) à façon.
Osier (marchand d').
Ourdisseur de fils.
Paillassons (fabricant de).
Paillettes et paillons (fabricant de) à façon.
Papiers verrés ou émérisés (fabricant de).
Parcheminier à façon.
Passementier (fabricant) à façon.
Pâte de rose (fabricant de bijoux en).
Pêche (adjudicataire ou fermier de) pour un prix de fermage au-dessous de cinq cents francs.
Peignes à sérancer (fabricant de) à façon.
Peignes d'écaille (fabricant de) à façon.
Peignes en cannes ou roseaux pour le tissage (fabricant et marchand de).
Peintre ou doreur, soit sur verre ou cristal, soit sur porcelaine, etc., à façon.

Pelles de bois (fabricant et marchand de).
Perceur de perles.
Perles fausses (fabricant de), à façon.
Pinceaux (fabricant de) à façon.
Piqueur de cartes à dentelles.
Piqueur de grés.
Plieur de fils de soie à façon.
Plumassier à façon.
Plumeaux (fabricant de) à façon.
Plumes à écrire (apprêteur de).
Poires à poudre (fabricant de) à façon.
Pois d'iris (fabricant de).
Portefeuilles (fabricant de) à façon.
Porteur d'eau filtrée ou non filtrée, avec cheval et voiture.
Potier de terre ayant moins de cinq ouvriers.
Pressoir (maître de) à bras.
Puits (maître de cureur de).
Raquettes (fabricant de) à façon.
Régleur de papier.
Rémouleur ou repasseur de couteaux.
Reperceur.
Rognures de peaux (marchand de).
Rouleaux (tourneur de) pour la filature.
Ruches pour les abeilles (fabricant de) à façon.
Sable (marchand de).
Sabotier (fabricant).
Sabots (marchand de) en détail.
Seaux ou baquets en sapin (fabricant de) à façon.
Souliers vieux (marchand de).
Tisserand.
Têtes en carton servant aux marchandes de modes (fabricant de).
Tourbe (marchand de) en détail.
Tourneur en bois (fabricant), sans boutique.
Vannier (fabricant de vannerie commune).
Vignettes et caractères à jour (fabricant de) à façon.
Vis (fabricant de) par procédés ordinaires, à façon.
Voiturier.

TABLEAU B.

Professions imposées, eu égard à la population, d'après un tarif exceptionnel.

Agent de change : — A Paris. 1,000
Dans les villes de cent mille âmes et au-dessus........ 250
De cinquante mille à cent mille âmes.................. 200
De trente mille à cinquante mille, et dans les villes de quinze mille à trente mille âmes qui ont un entrepôt réel.................... 150
Dans les villes de quinze mille à trente mille âmes, et dans les villes d'une population inférieure à quinze mille âmes qui ont un entrepôt réel.................... 100
Dans toutes les autres communes................ 75
Banquier : — A Paris...... 1,000
Dans les villes d'une population de cinquante mille âmes et au-dessus.............. 500
Dans les villes de trente mille à cinquante mille âmes, et dans celles de quinze mille à trente mille âmes qui ont un entrepôt réel.............. 400
Dans les villes de quinze mille à trente mille âmes, et dans les villes d'une population inférieure à quinze mille âmes qui ont un entrepôt réel.................... 300
Dans toutes les autres communes.................... 200
Commissionnaire en marchan-

dises : — A Paris......... 400

Dans les ville d'une population de cinquante mille âmes et au-dessus................ 300

Dans les villes de trente mille à cinquante mille âmes, et dans celles de quinze mille à trente mille âmes qui ont un entrepôt réel.......... 200

Dans les villes de quinze mille à trente mille âmes, et dans les villes d'une population inférieure à quinze mille âmes qui ont un entrepôt réel.................... 150

Dans toutes les autres communes.................. 75

Commissionnaire entrepositaire ; — Commissionnaire de transports par terre et par eau;—Courtier d'assurances; — Courtier de navires; — Courtier de marchandises : — A Paris............... 250

Dans les villes de cinquante mille âmes et au-dessus.... 200

Dans les villes de trente mille à cinquante mille âmes, et dans celles de quinze mille à trente mille âmes qui ont un entrepôt réel.......... 150

Dans les villes de quinze mille à trente mille âmes, et dans les villes d'une population inférieure à quinze mille âmes qui ont un entrepôt réel.................... 100

Dans toutes les autres communes................. 50

Entrepreneur d'éclairage à l'huile : — A Paris........ 300

Dans les villes de cinquante mille âmes et au-dessus.... 150

Dans les villes de trente mille à cinquante mille âmes.... 100

Dans les villes de quinze mille à trente mille âmes........ 50

Dans toutes les autres communes.................. 25

Facteur aux halles de Paris : — Pour les farines, le beurre, les œufs, les fromages et le poisson salé.............. 150

Pour les grains, graines et grenailles, la marée, les huîtres et les cuirs............... 100

Pour le poisson d'eau douce, la volaille, le gibier, les agneaux, cochons de lait, veaux de rivière et de Pré-salé, les veaux, les charbons de bois arrivés par eau, les draps, les toiles, les fourrages............ 75

Pour le charbon de bois arrivé par terre ou pour le charbon de terre................. 50

Pour les fruits et légumes.... 25

Gaz pour l'éclairage (fabrique de) : — Pour les fabriques qui fournissent l'éclairage de tout ou partie de la ville de Paris.................. 600

Des villes de cinquante mille âmes et au-dessus......... 400

Des villes de trente mille âmes et au-dessus............. 200

Des villes de quinze mille à trente mille âmes......... 150

Des villes au-dessous de quinze mille âmes.............. 75

Inhumations et pompes funèbres de Paris (entreprise des). 1,000

Monnaies (directeur des) : — A Paris.................. 1,000

Dans toutes les autres villes... 500

Négociant : — A Paris....... 400

Dans les villes de cinquante mille âmes et au-dessus.... 300

Dans les villes de trente mille à cinquante mille âmes, et

dans celles de quinze à trente mille âmes qui ont un entrepôt réel.............. 200

Dans les villes de quinze mille à trente mille âmes, et dans les villes d'une population inférieure à quinze mille âmes qui ont un entrepôt réel.................... 150

Dans toutes les autres communes................. 100

Pont (concessionnaires ou fermiers de péage sur un) : — Dans l'intérieur de Paris... 200

Dans l'intérieur d'une ville de cinquante mille âmes et au-dessus.................. 100

Dans l'intérieur d'une ville de vingt mille à trente mille âmes................... 75

Dans les autres communes d'une population inférieure à vingt mille âmes, lorsque le pont réunit deux parties d'une route royale............. 75

D'une route départementale.. 50

D'un chemin vicinal de grande communication.......... 25

D'un chemin vicinal........ 15

Roulage (entrepreneur de) : — A Paris................. 300

Dans les villes de cinquante mille âmes et au-dessus... 200

Dans les villes de trente mille à cinquante mille âmes, et dans celles de quinze mille à trente mille âmes qui ont un entrepôt réel......... 150

Dans les villes de quinze mille à trente mille âmes, et dans les villes d'une population inférieure à quinze mille âmes qui ont un entrepôt réel.................... 100

Dans toutes les autres communes................. 75

TABLEAU C.

Professions imposées sans égard à la population.

PREMIÈRE PARTIE.

DROIT PROPORTIONNEL AU QUINZIÈME.

Armateur pour le long cours : — Quarante centimes par chaque tonneau, jusqu'au maximum de quatre cents francs.

Armateur pour le grand et le petit cabotage, la pêche de la baleine et celle de la morue : — Vingt-cinq centimes par chaque tonneau, jusqu'au maximum de quatre cents francs.

Assurances, non mutuelles, dont les opérations s'étendent à plus de vingt départements................ 1,000

De six à vingt départements.. 500

A moins de six départements.. 300

Banque de France, y compris ses comptoirs............ 10,000

Banque dans les départements : — Ayant un capital de deux millions et au-dessous..... 1,000

Par chaque million de capital en sus, deux cents francs, jusqu'au maximum de deux mille francs.

Bateaux et paquebots à vapeur pour le transport des voyageurs (entreprise de).

Pour voyages de long cours... 300

Sur fleuves, rivières et le long des côtes............... 200

Bateaux et paquebots à vapeur pour le transport des marchandises (entreprise de)... 200

Bateaux à vapeur remorqueurs (entreprise de)........... 150

Canaux navigables avec péage

(concessionnaire de)....... 200

Plus vingt francs par myriamètre complet, en sus du premier, jusqu'au maximum de mille francs.

Coches d'eau (entreprise de). 100

Défrichement ou dessèchement (compagnie de)........... 300

Fournisseurs généraux : — D'objets concernant l'habillement, l'armement, la remonte, le harnachement et l'équipement des troupes, etc. 1,000

De subsistance aux armées.... 1,000

De bois et lumière aux troupes. 1,000

Fournisseur des objets ci-dessus indiqués, par division militaire.................. 150

Fournisseur de fourrages aux troupes dans les garnisons.. 100

Fournisseur de vivres et fourrages dans un gîte d'étape.. 25

Fournisseur de bois et de lumière aux troupes dans les garnisons................ 25

Magasin de plusieurs espèces de marchandises (tenant un), lorsqu'il occupe habituellement au moins vingt-cinq personnes préposées à la vente.................. 1,000

Marchand forain : — Avec voiture à un seul collier...... 60

A deux colliers............. 120

A trois colliers et au-dessus ou ayant plus d'une voiture... 200

Avec bête de somme......... 40

Avec balle................. 15

(Les droits ci-dessus sont réduits de moitié lorsque le marchand forain ne vend que de la boissellerie, de la poterie, de la vannerie ou des balais).

Tontine (société de)......... 300

DEUXIÈME PARTIE.

Droit proportionnel — Au vingtième : 1° sur la maison d'habitation ;

2° Sur les magasins de vente complétement séparés de l'établissement.

Au vingt-cinquième : sur l'établissement industriel.

Aiguilles à coudre ou à faire des bas par procédés ordinaires (fabricant d'), pour son compte.............. 25

Amidon (fabrique d'). — Ayant dix ouvriers et au-dessous.. 25

Et trois francs par chaque ouvrier en sus, jusqu'au maximum de deux cents francs.

Ardoisières (exploitant d'). — Ayant dix ouvriers et au-dessous.................. 25

Et trois francs par chaque ouvrier en sus, jusqu'au maximum de quatre cents francs.

Blanc de baleine (raffinerie de). — Ayant cinq ouvriers et au-dessous............... 25

Et trois francs par chaque ouvrier en sus, jusqu'au maximum de deux cents francs.

Bougies, cierges, etc. (fabrique de). — Ayant cinq ouvriers et au-dessous............. 25

Et trois francs par chaque ouvrier en sus, jusqu'au maximum de trois cents francs.

Brais, goudrons, poix résines et autres matières analogues (fabrique de)............. 25

Briques (fabrique de). — Ayant cinq ouvriers et au-dessous. 15

Et deux francs par chaque ouvrier en sus, jusqu'au maximum de cent francs.

Café de chicorée (fabrique de). 50

Capsules ou amorces de chasse (fabricant de)............ 50

Cendres gravelées (fabrique de). 25

Chandelles (fabrique de). — Ayant cinq ouvriers et au-dessous................ 10

Et trois francs par chaque ouvrier en sus, jusqu'au maximum de cent francs.

Chaux naturelle (fabrique de):

Pour un four............ 15

Pour deux............... 30

Et pour trois fours et au-dessus.................. 50

Chaux artificielle (fabrique de):

Pour un four........... 20

Pour deux.............. 50

Et pour trois fours et au-dessus................ 80

Cire (blanchisserie de). — Ayant cinq ouvriers et au-dessous. 25

Et trois francs par chaque ouvrier en sus, jusqu'au maximum de deux cents francs.

Colle-forte (fabrique de). — Ayant cinq ouvriers et au-dessous................. 25

Et trois francs par chaque ouvrier en sus, jusqu'au maximum de cent francs.......

Crayons (fabrique de). — Ayant cinq ouvriers et au-dessous................... 25

Et trois francs par chaque ouvrier en sus, jusqu'au maximum de trois cents francs.

Creusets (fabrique de)....... 25

Encre d'impression (fabricant d'). — Ayant cinq ouvriers et au-dessous............... 25

Et trois francs par chaque ouvrier en sus, jusqu'au maximum de deux cents francs.

Engrais (marchand d')...... 25

Esprit ou eau-de-vie de vin (fabrique de)............... 50

Esprit ou eau-de-vie de marc de raisin, cidre, poiré, fécules et autres substances analogues (fabrique d')........ 25

Étain (fabrique d') pour glaces. — Ayant dix ouvriers et au-dessous.................. 50

Et trois francs par chaque ouvrier, jusqu'au maximum de trois cents francs.

Fécules de pommes de terre (fabrique de). — Ayant dix ouvriers et au-dessous....... 25

Et trois francs par chaque ouvrier, jusqu'au maximum de deux cents francs.

Fontainier, sondeur et foreur de puits artésiens......... 50

Formes à sucre (fabrique de). — Vingt-cinq francs pour cinq ouvriers et au-dessous, et trois francs par chaque ouvrier en sus, jusqu'au maximum de cent francs.

Gélatine (fabrique de). — Ayant cinq ouvriers et au-dessous. 25

Et trois francs par chaque ouvrier, jusqu'au maximum de deux cents francs.

Glacières (maître de)........ 50

Mastics et ciments (fabrique de)..................... 50

Noir animal (fabrique de).... 50

Pâtes alimentaires (fabrique de). — Ayant cinq ouvriers et au-dessous........... 25

Et trois francs par chaque ouvrier, jusqu'au maximum de deux cents francs.

Pierres à feu (fabricant, expéditeur de).............. 25

Pipes (fabrique de) : vingt-cinq francs par four, jusqu'au

maximum de cent cinquante francs.

Plâtre (fabrique de) :

Pour un four............ 15

Pour deux fours.......... 30

Pour trois fours et au-dessus. 50

Pointes (fabrique de), par procédés ordinaires. — Ayant dix ouvriers et au-dessous.. 25

Plus trois francs par chaque ouvrier en sus, jusqu'au maximum de trois cents francs.

Poterie (fabrique de). — Trois francs par chaque ouvrier, jusqu'au maximum de trois cents francs.

Réglisse (fabrique de).—Ayant cinq ouvriers et au-dessous. 25

Et trois francs par chaque ouvrier en sus, jusqu'au maximum de deux cents francs..

Savon (fabrique de). — Trente francs pour une ou plusieurs chaudières ayant une capacité minimum de trente hectolitres.

Un franc en plus par chaque hectolitre excédant le chiffre de trente, jusqu'au maximum de quatre cents francs.

Sel (raffinerie de).......... 100

Suif (fondeur de).—Ayant cinq ouvriers et au-dessous..... 10

Et trois francs par chaque ouvrier en sus, jusqu'au maximum de cent francs.

Taffetas gommés ou cirés (fabricant de)............. 50

Tapis peints ou vernis (fabricant de)............... 50

Toiles cirées ou vernies (fabricant de)............... 50

Tourbes carbonisées (fabrique de).

Tuiles (fabrique de). — Ayant cinq ouvriers et au-dessous. 15

Et deux francs par chaque ouvrier en sus, jusqu'au maximum de cent francs.

TROISIÈME PARTIE.

Droit proportionnel—Au vingtième : 1° sur la maison d'habitation ;

2° Sur les magasins de vente complétement séparés de l'établissement.

Au quarantième : sur l'établissement industriel.

Acier fondu ou acier de cémentation (fabrique d'). —Ayant trois ouvriers et au-dessous. 15

Et trois francs par chaque ouvrier en sus, jusqu'au maximum de trois cents francs.

(Ce droit sera réduit de moitié pour les fabriques qui sont forcées de chômer, par crue ou par manque d'eau, pendant une partie de l'année équivalente au moins à quatre mois).

Acier naturel (fabrique d'), imposable comme les forges et hauts-fourneaux.

Agrafes (fabrique d'), par procédés mécaniques........ 50

Aiguilles à coudre ou à tricoter, ou pour métiers à faire des bas par procédés mécaniques (manufacture d'). — Ayant cinq ouvriers et au-dessous. 25

Plus trois francs par chaque ouvrier en sus, jusqu'au maximum de trois cents francs.

Armes blanches (fabrique d'). 100

Armes (manufacture d') de

guerre.................. 400

Biscuit de mer (fabrique de).. 50

Blanchisserie de toiles et fils pour le commerce, par procédés mécaniques :

Ayant cinq ouvriers et au-dessous.................... 25

Et trois francs par chaque ouvrier en sus, jusqu'au maximum de trois cents francs.

Boccard, patouillet ou lavoir de minerai. — Pour chaque usine.................. 15

jusqu'au maximum de 100 f.

(Ce droit sera réduit de moitié pour les boccards, patouillets, lavoirs, qui sont forcés de chômer, par crue ou par manque d'eau, pendant une partie de l'année équivalente au moins à quatre mois).

Brasserie :

Pour chaque chaudière contenant moins de dix hectolitres.................... 10

Pour chaque chaudière de dix à vingt hectolitres......... 20

Pour chaque chaudière de vingt à trente hectolitres........ 30

Pour chaque chaudière de trente à quarante hectolitres...... 40

Pour chaque chaudière de quarante à soixante hectolitres. 60

Pour chaque chaudière au-dessus de soixante hectolitres.. 100

Jusqu'au maximum de quatre cents francs.

(Ce droit sera réduit de moitié pour les brasseries qui ne brassent que quatre fois au plus par an).

Cartonnage (fabrique de). — Trente francs par cuve, jusqu'au maximum de cent cinquante francs.

(Ce droit sera réduit de moitié pour les fabriques qui sont forcées de chômer, par manque ou par crue d'eau, pendant une partie de l'année équivalente au moins à quatre mois).

Chaudronnerie pour les appareils à vapeur, à distiller, concentrer, etc. (fabrique de). 200

Chemin de fer avec péage. Concessionnaire de)......... 200

Plus vingt francs par myriamètre en sus du premier, jusqu'au maximum de mille francs.

Clous et pointes (fabrique de), par procédés mécaniques. — Pour dix métiers et au-dessous.................. 50

Plus, cinq francs par chaque métier en sus de dix, jusqu'au maximum de quatre cents francs.

Convois militaires (entreprise générale des)............. 1000

Convois militaires (entreprise particulière des), pour une division militaire......... 100

Convois militaires (entreprise particulière pour gîtes d'étape).................... 25

Cotons (filerie de), un franc cinquante centimes par bassine ou tour, jusqu'au maximum de quatre cents francs.

Cristaux (manufacture de).... 300

Diligences partant à jours et heures fixes (entrepreneur de), parcourant une distance de deux myriamètres et au-dessous 25

Pour chaque myriamètre complet en sus des deux premiers, cinq francs, jusqu'au maximum de mille francs.

Eaux minérales et thermales (exploitation d')........... 150

Enclumes, essieux et gros étaux (manufacture d'), par feu... 25
jusqu'au maximum de cent cinquante francs.

Épingles (manufacture d'), par procédés mécaniques. — Ayant dix ouvriers et au-dessous................ 25
Plus trois francs par chaque ouvrier en sus, jusqu'au maximum de trois cents francs.

Faïence (manufacture de). — Par four................ 25
jusqu'au maximum de cent cinquante francs.

Faux et faucilles (fabrique de). — Ayant dix ouvriers et au-dessous................ 25
Et trois francs par chaque ouvrier en sus de ce nombre, jusqu'au maximum de trois cents francs.

Ferblanc (fabrique de). — Jusqu'à vingt ouvriers.... 100
Plus trois francs par chaque ouvrier en sus, jusqu'au maximum de quatre cents fr.

Ferronnerie, serrurerie et clous forgés (fabricant de). — Ayant dix ouvriers et au-dessous................ 25
Et trois francs par chaque ouvrier en sus, jusqu'au maximum de trois cents francs.

Forges et hauts-fourneaux (maître de). — Ayant au moins trois hauts-fourneaux au coke................. 500
Plusieurs hauts-fourneaux au coke, avec fonderies, forges et laminoirs............ 500
Deux hauts-fourneaux au coke. 400
Un haut-fourneau au coke, avec forges et laminoirs... 400
Un haut-fourneau au coke, avec une fonderie........ 300
Un haut-fourneau au coke... 250
Trois hauts-fourneaux au bois et plus................. 400
Un établissement ou un ensemble d'établissement réunissant à plus de quatre feux d'affinerie ou quatre fours à pudler une fabrication de tôle, ou deux autres systèmes au moins de sous-fabrication de métaux, soit fonderie, tréfilerie, ferblanterie, métiers à clous à pointe.................. 400
Un haut-fourneau au bois, avec plusieurs forges, ou deux hauts-fourneaux au bois, avec une seule forge. 300
Plus de deux hauts-fourneaux au bois, avec une ou plusieurs forges............ 400
Deux hauts-fourneaux au bois. 250
Un haut-fourneau au bois, avec une fonderie........ 250
Un haut-fourneau au bois, avec une forge........... 200

Forges et hauts-fourneaux (maître de). — Une ou plusieurs forges, avec laminoirs, tréfilerie, et tout autre système de sous-fabrication métallurgique...... 200
Un haut fourneau au bois.... 150
Une forge à trois marteaux et plus................... 100
Trois forges à la catalane et plus................... 100
Une forge où l'action des marteaux est remplacée par celle d'un laminoir cingleur.... 100

Une forge à deux marteaux... 50
Deux forges à la catalane.... 50
Une forge à un seul marteau.. 25
Une forge dite *catalane*...... 25
(Ces droits seront réduits de moitié pour les forges dites *catalanes* et pour les forges à un ou deux marteaux, lorsqu'elles seront forcées, par manque ou par crue d'eau, de chômer pendant une partie de l'année équivalente au moins à quatre mois).

Fonderie de cuivre (entrepreneur de). — Ayant plusieurs laminoirs.............. 300
Un laminoir ou plusieurs martinets................... 200
Se bornant à convertir le cuivre rouge en cuivre jaune.. 100

Fonderie de cuivre et bronze (entrepreneur de).—Fondant des objets de grande dimension, tels que cylindres ou rouleaux d'impression pour les manufactures, ou grandes pièces de mécanique, etc. 200
Ne fondant que des objets d'art ou d'ornementation, ou des pièces de mécanique de petite dimension........... 100
Ne fondant que des objets d'un usage commun et de petite dimension, comme robinets, clochettes, anneaux, etc... 50

Fonderie en fer de seconde fusion (entrepreneur de). — Fabriquant des objets de grande dimension, tels que cylindres, grilles, colonnes, pilastres, bornes et grandes pièces de mécanique, etc.. 200
Ne fabriquant que des objets de petite dimension pour l'ornementation, ou de petites pièces de mécanique...... 200

Glaces (manufacture de)..... 400

Gobeleterie (manufacture de). — Cinquante francs par four de fusion, jusqu'au maximum de trois cents francs.

Huitres (marchand expéditeur d') avec voitures servies par des relais................ 100

Kaolin (exploitant une usine à pulvériser le). Par chaque usine.................. 15
jusqu'au maximum de cent francs.
(Ce droit sera réduit de moitié pour les usines qui sont forcées, par manque ou par crue d'eau, de chômer pendant une partie de l'année équivalente au moins à quatre mois).

Laminerie (entrepreneur de). — Ayant trois paires de cylindres et au-dessus....... 300
Ayant deux paires de cylindres de grande dimension...... 250
Ayant une seule paire de cylindres de grande dimension, ou deux paires de cylindres de petite dimension, au-dessous d'un mètre de longueur................ 200
Ayant une seule paire de cylindres de petite dimension, au-dessous d'un mètre de longueur................ 100

Lamier-rotier par procédés mécaniques............. 50

Limes (fabrique de). — Ayant dix ouvriers et au-dessous.. 25
Trois francs pour chaque ouvrier en sus, jusqu'au maximum de trois cents francs.

Lits militaires (entreprise générale des)............... 1000

Messageur, expéditeur avec voitures servies par des relais.. 100

Maison particulière de santé (tenant une)............. 100

Maroquin (fabrique de), avec machine à vapeur ou moteur hydraulique............. 100

Martinets, par arbre de camage. 15
jusqu'au maximum de deux cents francs.
(Ce droit sera réduit de moitié pour les fabriques qui sont forcées, par manque ou par crue d'eau, de chômer pendant une partie de l'année, équivalente au moins à quatre mois).

Moulin à blé, à huile, à garance, à tan, etc. :
Six francs pour une seule paire de meules ou de cylindres.
Quinze francs pour deux paires de meules ou de cylindres.
Vingt-cinq francs pour trois paires de meules ou de cylindres.
Quarante francs pour quatre paires de meules ou de cylindres.
Et vingt francs par paire de meules ou de cylindres en sus, jusqu'au maximum de trois cents francs.
(Le droit sera réduit de moitié pour les moulins à vent et pour les moulins à eau qui, par manque ou par crue d'eau, sont forcés de chômer pendant une partie de l'année, équivalente au moins à quatre mois).

Moulinier en soie. — Par cent tavelles................. 10
jusqu'au maximum de deux cents francs.

Orthopédie (tenant un établissement d')............... 100

Papeterie à la cuve.—Par cuve. 15
jusqu'au maximum de cent francs.
(Ce droit sera réduit de moitié pour les papeteries à la cuve qui sont forcées, par manque ou par crue d'eau, de chômer pendant une partie de l'année, équivalente au moins à quatre mois).

Papeterie à la mécanique :
La première machine....... 150
Plus cinquante francs par machine, jusqu'au maximum de quatre cents francs.

Papiers peints pour tenture (fabrique de). — Pour quinze tables et au-dessous........ 40
Et trois francs par table en sus, jusqu'au maximum de trois cents francs.
Un cylindre sera compté pour vingt-cinq tables.

Porcelaines (manufacture de).
Trente francs par four, jusqu'au maximum de trois cents francs.

Produits chimiques (manufacture de). — Ayant cinq ouvriers et au-dessous........ 25
Et trois francs par chaque ouvrier en sus, jusqu'au maximum de trois cents francs.

Quincaillerie (fabrique de). — Ayant dix ouvriers et au-dessous.................. 25
Plus trois francs par chaque ouvrier en sus, jusqu'au maximum de trois cents francs.

Scierie mécanique. — Par chaque cadre.............. 5

Jusqu'au maximum de cent cinquante francs.

(Ce droit sera réduit de moitié pour les fabriques qui sont forcées, par manque ou par crue d'eau, de chômer pendant au moins quatre mois de l'année).

Scies (fabrique de). — Ayant dix ouvriers et au-dessous.. 25

Plus trois francs par ouvrier en sus, jusqu'au maximum de trois cents francs.

Sucre (raffinerie de)......... 300

Sucre de betterave (fabrique de) : — Pour chaque chaudière à déféquer, contenant moins de dix hectolitres.... 40

Pour chaque chaudière à déféquer contenant dix hectolitres et au-dessus.............. 60

jusqu'au maximum de quatre cents francs.

Tannerie de cuirs forts et mous, par mètre cube de fosses ou de cuves, vingt-cinq centimes jusqu'au maximum de trois cents francs.

Teinturier pour les fabricants et les marchands, trois francs par ouvrier, jusqu'au maximum de trois cents francs.

Transport de la guerre (entreprise générale du)......... 1,000

Transport de la guerre (entreprise particulière de), pour une division militaire...... 100

Transport de la guerre (entreprise particulière pour gîtes d'étape)................. 25

Transports militaires (entreprise générale des)........ 1,000

Transports des tabacs (entreprise générale de)......... 1,000

Tréfilerie en fer ou laiton. —

Dix bobines et au-dessous.. 25

Vingt bobines.............. 50

Et quatre francs par chaque bobine en gros numéro, et un franc par bobine d'un numéro fin, jusqu'au maximum de quatre cents francs.

Verrerie, cinquante francs par four de fusion, jusqu'au maximum de trois cents francs.

Vis (manufacture de), par procédés mécaniques. — Ayant dix ouvriers et au-dessous.. 15

Plus trois francs par chaque ouvrier en sus, jusqu'au maximum de trois cents francs.

QUATRIÈME PARTIE.

Droit proportionnel. — Au vingtième : 1° sur la maison d'habitation ;

2° Sur les magasins de vente complétement séparés de l'établissement.

Au cinquantième : sur l'établissement industriel.

Apprêteur d'étoffes pour les fabriques. — Ayant cinq ouvriers et au-dessous....... 25

Et trois francs par chaque ouvrier en sus, jusqu'au maximum de cent cinquante fr.

Cardes (manufacture de) par procédés mécaniques...... 500

Filature de laine, de chanvre ou de lin, au-dessous de cinq cents broches........... 15

(Non compris les métiers préparatoires).

Par chaque centaine de broches au-dessus de cinq cents.... 5

jusqu'au maximum de quatre cents francs.

Filature de coton au-dessous de cinq cents broches......... 10

(Non compris les métiers préparatoires).

Pour chaque centaine de broches au-dessus de cinq cents, un franc cinquante centimes, jusqu'au maximum de quatre cents francs.

Fil de coton, chanvre, lin (fabrique de). — Pour un ou deux moulins, quinze fr.; plus dix francs par chaque moulin en sus, jusqu'au maximum de quatre cents fr.

Imprimeur d'étoffes. — Pour vingt-cinq tables et au-dessous................... 50

Plus trois francs par table en sus, jusqu'au maximum de quatre cents francs.

Un rouleau comptera pour vingt-cinq tables, et quatre pérotines pour un rouleau.

Machines à vapeur. — Presses pour l'imprimerie, métiers mécaniques pour la filature et pour le tissage, et autres grandes machines (constructeur de).—Employant moins de vingt-cinq ouvriers..... 100

De cinquante ouvriers....... 200

Plus de cinquante ouvriers... 300

Métiers (fabrique à).—Pour les métiers réunis dans un corps de fabrique. — Jusqu'à cinq métiers................. 10

Et deux francs cinquante centimes en sus par métier, jusqu'au maximum de quatre cents francs.

Pour les métiers non réunis dans un corps de fabrique.— Deux francs cinquante centimes par chaque métier, jusqu'au maximum de trois cents francs.

(Ces droits seront réduits de moitié pour les fabricants à façon).

Tissage mécanique, par chaque métier deux francs cinquante centimes, jusqu'au maximum de quatre cents fr.

CINQUIÈME PARTIE.

Droit proportionnel au quinzième sur la maison d'habitation seulement.

Carrières souterraines ou à ciel ouvert (exploitant de), ayant moins de dix ouvriers...... 25

Plus trois francs par chaque ouvrier en sus, jusqu'au maximum de deux cents francs.

Cendres noires (extracteur de), ayant moins de dix ouvriers. 25

Plus trois francs par chaque ouvrier en sus, jusqu'au maximum de deux cents fr.

Chaussées et routes (entrepreneur de l'entretien des). 25

Desséchement (entrepreneur de travaux de)........... 50

Dragueur entrepreneur...... 50

Fabrication dans les prisons, etc. (entrepreneur de), pour un atelier de vingt-cinq détenus et au-dessous........ 25

Par chaque détenu en sus, cinquante centimes, jusqu'au maximum de cinq cents fr.

Fabrication dans les dépôts de mendicité (entrepreneur de), moitié du droit ci-dessus fixé pour les entrepreneurs de fabrication dans les prisons.

Fournisseur général dans les prisons et dépôts de mendicité.

A forfait et par tête de détenu, pour une population de trois cents détenus et au-dessous. 150

Par cent détenus en sus, vingt-cinq francs, jusqu'au maximum de cinq cents francs.

Flottage (entrepreneur de).... 25

Fruits sur bateaux (marchand de).................... 50

Gare (entrepreneur de)...... 100

Minières non concessibles (exploitant de), ayant moins de dix ouvriers.............. 25

Plus trois francs par chaque ouvrier en sus, jusqu'au maximum de deux cents francs.

Restaurateurs sur coches et bateaux à vapeur........... 50

Spectacles (directeur de) :

1° Le quart d'une représentation complète dans les théâtres où l'on joue tous les jours;

2° Le huitième si l'on ne joue pas tous les jours, et si la troupe est sédentaire;

3° Si la troupe n'est pas sédentaire, c'est-à-dire si elle ne réside pas quatre mois consécutifs dans la même ville. 50

Tourbières (exploitant de), ayant moins de dix ouvriers. 25

Plus trois francs par chaque ouvrier en sus, jusqu'au maximum de deux cents francs.

Travaux publics (entrepreneur de)................. 50

Madragues (fermier de)...... 25

TABLEAU D.

Exceptions à la règle générale qui fixe le droit proportionnel au vingtième de la valeur locative.

Le droit proportionnel est fixé au quinzième :

1° Pour les patentables compris dans la première classe du tableau A;

2° Pour les patentables compris dans le tableau B;

3° Pour les patentables compris dans la première partie du tableau C.

Il est également fixé au quinzième mais sur la maison d'habitation seulement, pour les patentables compris dans la cinquième partie du tableau C.

Le droit proportionnel est fixé au vingt-cinquième de la valeur locative des établissements industriels compris dans la deuxième partie du tableau C.

Au trentième de la valeur locative des locaux servant à l'exercice des professions ci-après désignées :

Marchands de bois en gros compris dans la première classe du tableau A; marchands de charbon de bois et de charbon de terre, compris dans la première et deuxième classes du tableau A;

Marchands de vins en gros;

Commissionnaires entrepositaires de vins;

Marchands d'huiles en gros;

Au quarantième de la valeur locative :

1° De tous les locaux occupés par les patentables des septième et huitième classes du tableau A, mais seulement dans les communes d'une population de vingt mille âmes et au-dessus;

2° Des établissements industriels compris dans la troisième partie du tableau C;

3° Des locaux servant à l'exercice des professions ci-après désignées :

Fabricant de gaz pour l'éclairage;

Imprimeur-typographe employant des presses mécaniques;

Maître d'hôtel garni;

Loueurs en garni;

Individu tenant des maisons particulières :

d'accouchement,

de santé,
de retraite,
des établissements d'orthopédie;
Magasinières;
Entrepreneurs de roulage,
de bains publics,
de bains de rivière en pleine eau;
Maîtres de jeu de paume.
Individus tenant un manége d'équitation,
une école de natation,
un jardin public,
un parc à charrettes.

Au cinquantième de la valeur locative des établissements industriels compris dans la quatrième partie du tableau C.

Payent le droit proportionnel au vingtième, sur les maisons d'habitation seulement :

Les concessionnaires, exploitants ou fermiers des droits d'emmagasinage dans un entrepôt;

Les adjudicataires ou fermiers des droits de halles ou marchés;

Les adjudicataires des droits de jaugeage des liquides;

Les fermiers des droits de pesage et de mesurage;

Les fournisseurs d'objets de consommation, dans les cercles ou sociétés;

Les directeurs de diorama, panorama, géorama, néorama;

Les fermiers de fontaines publiques;

Les adjudicataires des droits d'octroi;

Les concessionnaires, exploitants ou fermiers de pesage sur un pont;

Les fermiers de bacs;

Les concessionnaires ou fermiers d'abattoir public;

Les directeurs des monnaies.

Sont exempts de tout droit proportionnel :

Les patentables des septième et huitième classes, résidant dans les communes d'une population inférieure à vingt mille âmes;

Et les fabricants à métiers ayant moins de dix métiers, et ne travaillant qu'à façon.

PÊCHE. — Action de s'emparer des poissons.

Les propriétaires riverains ont seuls le droit de pêcher dans les cours d'eaux non navigables ni flottables; la prétention des communes de les en exclure est mal fondée. (PARDESSUS.)

Les lois qui confient à l'administration la connaissance des contraventions relatives aux rivières navigables et flottables, ne sont point applicables aux autres cours d'eaux.

Le propriétaire de l'héritage riverain d'un cours d'eau peut concéder le droit qu'il a de pêcher.

Toutefois ce droit ne peut être concédé à perpétuité, à moins que ce ne soit à titre de servitude réelle au profit d'une maison ou d'un fonds voisin. (Voyez *servitudes.*)

Remarquez que cette servitude étant discontinue, c'est-à-dire qu'elle ne peut s'exercer sans avoir besoin du fait actuel de l'homme, elle ne pourrait s'acquérir par prescription ; il faut un titre.

Les fermiers des fonds riverains des cours d'eaux ont-ils le droit de pêcher à l'exclusion des bailleurs?

La question est des plus controversée; mais nous nous prononçons pour l'affirmative avec M. Vaudoré.

Il n'en est pas ainsi du fermier d'un moulin : il n'a pas le droit de pêcher dans les étangs ni dans le canal de ce moulin ; ce droit reste au propriétaire.

Quant à la pêche dans un cours d'eau qui traverse des biens communaux, elle ne peut être exercée par les habitants individuellement ; elle appartient à la communauté, et doit être affermée. (MERLIN.)

La jouissance du droit de pêche s'exerce par les propriétaires riverains des eaux non dépendantes du domaine public, chacun de leur côté, jusqu'au milieu du cours de l'eau, sans préjudice des droits contraires établis par possession ou titres. (L. 15 avril 1829, art. 2.)

C'est là une sorte de mitoyenneté qui existe entre les propriétaires des deux rives.

Dans les canaux des particuliers qui tirent leurs eaux des rivières navigables ou flottables, la pêche appartient exclusivement aux propriétaires de ces canaux : les riverains ne peuvent y prétendre. (Ibid., art. 1 et 2 combinés.)

A *fortiori*, s'il s'agissait d'un canal construit de main

d'homme, pour conduire les eaux à un moulin, c'est au propriétaire de ce moulin qu'appartiendrait exclusivement le droit de pêche sur le canal, et non aux propriétaires des héritages riverains. (MERLIN, PROUDHON; Cass. 3 mai 1830.)

On ne peut exercer le droit de pêche dans les *cours d'eaux quelconques* qu'en se conformant aux dispositions de police prescrites par les art. 24 et suivants de la loi du 15 avril 1829.

Ceux qui possèdent en commun des pièces d'eau ne doivent y pêcher que de concert, ou, en cas de désaccord, d'après la décision des tribunaux. (VAUDORÉ.)

Il est défendu de faire *rouir* du chanvre ou du lin dans les rivières ou ruisseaux où il se trouve du poisson. (Ibid., arrêt. du conseil d'État.)

PEINTURE. — Le propriétaire d'un mur pourrait-il le peindre de manière à absorber le jour de la propriété voisine, ou à produire un reflet désagréable?

A cet égard écoutons M. Pardessus :

« L'état des hommes en société leur impose l'obligation de se faire réciproquement du bien, et c'est de là que dérivent les servitudes légales. Elles sont fondées sur cette double maxime qu'on ne peut refuser de permettre sur sa propre chose ce qui peut être utile aux autres lorsqu'on n'en éprouve aucune incommodité, et qu'on ne peut également user de son droit sans profit pour soi-même, si cet usage est nuisible à autrui. Ainsi, le *propriétaire d'un mur* qui borde une rue, un chemin, ne pourrait refuser à celui dont la maison est située vis-à-vis, la faculté de le blanchir pour se procurer plus de jour ; ainsi, le droit de peindre, à son gré, le devant de sa maison, ne pourrait être exercé d'une manière qui absorbât le jour de la maison voisine, ou produisît un reflet capable de nuire à celui qui l'occupe. »

PÉPINIÈRE. — Plants de jeunes arbres destinés à être transplantés ailleurs.

Voyez *arbres*, *haies*.

PÉTITOIRE. — Action par laquelle on réclame la propriété d'un immeuble.

Ce mot ne s'emploie que par opposition à *possessoire*. Voyez *possession*.

PIEDS-CORNIERS. — Arbres laissés comme témoins de la limite sur laquelle ils se trouvent.

Les pieds-corniers ne dispensent point du bornage lorsqu'il est requis par le voisin, à moins qu'ils ne soient constatés par des procès-verbaux.

Quiconque aura déplacé ou supprimé des bornes, ou pieds-corniers, ou autres arbres plantés ou reconnus pour établir les limites entre les différents héritages, pourra, en outre du paiement du dommage et des frais de replacement des bornes, être condamné à une amende de la valeur de douze journées de travail, et sera puni par une détention dont la durée, proportionnée à la gravité des circonstances, n'excèdera pas une année : la détention cependant pourra être de deux années, s'il y a transposition de bornes à fin d'usurpation (L. 6 oct. 1791.)

PIGEONS. — Les maires doivent, dans la séance annuelle des conseils municipaux, avertir les membres de ces conseils qu'ils ont à fixer, par une délibération particulière, les époques où les pigeons devront être enfermés, lesquelles époques sont celles des semences et des récoltes.

Lorsque les pigeons des communes limitrophes jouissent d'une liberté nuisible à la sienne, le maire doit provoquer du sous-préfet de l'arrondissement un arrêté pour faire cesser cet abus.

Voyez *colombier*.

PLACES DE GUERRE. — Voyez *forteresse*.

PLAFONDS. — Dans le cas où les étages d'une maison appartiendraient à des propriétaires différents, à la charge de qui serait la réparation des plafonds? (Voyez *étages*.)

PLANCHER. — Voyez *étages*.

PLANTATION. — Voyez *arbres*.

POIDS et MESURES. — Les poids sont des corps d'une pesanteur déterminée par la loi, qui servent à faire connaître la pesanteur d'autres corps. — Les mesures sont des longueurs aussi déterminées par la loi, qui servent à faire connaître soit la longueur et le volume d'autres corps, soit la surface des plans.

LOI

Du 4 juillet 1837.

ART. 1er. — Le décret du 12 février 1812, concernant les poids et mesures, est et demeure abrogé.

2. — Néanmoins, l'usage des instruments de pesage et de mesurage confectionnés en exécution des articles 2 et 3 du décret précité, sera permis jusqu'au 1er janvier 1840.

3. — A partir du 1er janvier 1840, tous poids et mesures autres que les poids et mesures établis par les lois des 18 germinal an III et 10 frimaire an VIII, constitutifs du système métrique décimal, seront interdits sous les peines portées par l'art. 479 du code pénal. (Voyez *délits ruraux*, *page* 140.)

4. — Ceux qui auront des poids et mesures autres que les poids et mesures ci-dessus reconnus, dans leurs magasins, boutiques, ateliers ou maisons de commerce, ou dans les halles, foires ou marchés, seront punis, comme ceux qui les emploieront, conformément à l'art. 479 du code pénal.

5. — A compter de la même époque, toutes dénominations de poids et mesures autres que celles portées dans le tableau annexé à la présente loi, et établies par la loi du 18 germinal an III, sont interdites dans les actes publics, ainsi que dans les affiches et les annonces.

Elles sont également interdites dans les actes sous seings-privés, les registres de commerce et autres écritures privées produites en justice.

Les officiers publics contrevenants seront passibles d'une amende de 20 francs, qui sera recouvrée sur contrainte, comme en matière d'enregistrement.

L'amende sera de 10 francs pour les autres contrevenants; elle sera perçue pour chaque acte ou écriture sans signature privée; quant aux registres de commerce, ils ne donneront lieu qu'à une seule amende pour chaque contestation dans laquelle ils seront produits.

6. — Il est défendu aux juges et arbitres de rendre aucun jugement ou décision en faveur des particuliers, sur des actes, registres ou écrits dans lesquels les dénominations interdites par l'art. précédent auraient été insérées, avant que les amendes encourues aux termes dudit article aient été payées.

7. — Les vérificateurs des poids et mesures constateront les contraventions prévues par les lois et règlements concernant le système métrique des poids et mesures.

Ils pourront procéder à la saisie des instruments de pesage et de mesurage dont l'usage est interdit par lesdites lois et règlements.

Leurs procès-verbaux feront foi en justice jusqu'à preuve contraire.

Les vérificateurs prêteront serment devant le tribunal d'arrondissement.

8. — Une ordonnance royale règlera la manière dont s'effectuera la vérification des poids et mesures.

TABLEAU synoptique du système décimal des poids et mesures tel qu'il a été établi par les lois des 18 germinal an III et 19 frimaire an VIII.

GENRE DES MESURES.	NOMS SYSTÉMATIQUES.	VALEURS.	*OBSERVATIONS.*
Mesures de longueur.	Myriamètre.	10,000 mètres.	Mesures itinéraires.
	Kilomètre.	1,000 »	
	Hectomètre.	100 »	
	Décamètre.	10 »	Chaîne d'arpenteur.
	MÈTRE.	Unité fondamentale.	Dix-millionième partie du quart du méridien terrestre.
	Décimètre.	10e du mètre.	
	Centimètre.	100e »	
	Millimètre.	1,000e »	
Mesures agraires	Hectare.	100 ares.	Hectom. carré (10000 m. c.)
	ARE.	Unité.	Décam. carré (100 mèt. c.)
	Centiare.	100e de l'are.	Mètre carré.
Mesures de capacité, pour les liquides et les matières sèches	Kilolitre.	1,000 litres.	Mètre cube.
	Hectolitre.	100 »	
	Décalitre.	10 »	
	LITRE.	Unité.	Décimètre cube.
	Décilitre.	10e du litre.	
	Centilitre.	100e »	
	Millilitre.	1,000e »	
Mesures de solidité pour les bois,	Décastère.	10 stères.	
	STÈRE.	Unité.	Mètre cube.
	Décistère.	10e du stère.	
Poids.	Millier.	1,000 kilogrammes.	Poids d'un mètre cube d'eau distillée, et du tonneau de mer.
	Quintal.	100 »	
	Myriagramme.	10 »	
	KILOGRAMME.	1,000 grammes	Poids d'un décimètre cube d'eau distillée, ou d'un litre.
	Hectogramme.	100 »	
	Décagramme.	10 »	
	GRAMME.	Unité.	Poids d'un centimèt. cube d'eau distillée.
	Décigramme.	10e du gramme.	
	Centigramme.	100e »	
	Milligramme.	1,000e »	Poids d'un millimèt. cube d'eau distillée.
Monnaies.	FRANC.		5 Grammes d'argent au titre de neuf dixièmes de fin.
	Décime.	10e du franc.	
	Centime.	100e »	

ORDONNANCE DU ROI

RELATIVE A LA VÉRIFICATION DES POIDS ET MESURES.

TITRE 1er. — *Des vérificateurs.*

ART. 1er. — La vérification des poids et mesures destinés et servant au commerce est faite, sous la surveillance des préfets et sous-préfets, par des agens nommés et révocables par notre ministre des travaux publics, de l'agriculture et du commerce.

2. — Un vérificateur est nommé par chaque arrondissement communal; son bureau est établi, autant que possible, au chef-lieu.

Néanmoins, si les besoins du service exigent qu'il y ait plusieurs bureaux dans un arrondissement, le préfet peut proposer cette disposition à notre ministre des travaux publics, de l'agriculture et du commerce, qui l'arrête définitivement s'il le juge convenable.

Il peut, en outre, être nommé par notre ministre des vérificateurs adjoints, soumis aux mêmes conditions et ayant les mêmes attributions que les vérificateurs.

3. — Nul ne peut exercer l'emploi de vérificateur s'il n'est âgé de vingt-cinq ans accomplis et s'il n'a subi des examens spéciaux d'après un programme arrêté par notre ministre des travaux publics, de l'agriculture et du commerce.

4. — L'emploi de vérificateur est incompatible avec toutes autres fonctions publiques et toute profession assujettie à la vérification.

5. — Les vérificateurs ne peuvent entrer en fonctions qu'après avoir prêté, devant le tribunal de première instance de l'arrondissement pour lequel ils sont commissionnés, le serment prescrit par la loi du 31 août 1830.

Dans le cas d'un changement de résidence ou de mission temporaire, ils sont tenus seulement de faire viser leur commission et leur acte de serment au greffe du tribunal dans le ressort duquel ils sont envoyés.

6. — Chaque bureau de vérification sera pourvu de l'assortiment nécessaire d'étalons vérifiés et poinçonnés au dépôt des prototypes établi près du ministère des travaux publics, de l'agriculture et du commerce ; ces étalons devront être vérifiés de nouveau au même dépôt au moins une fois en dix ans.

Les poinçons nécessaires aux vérifications dans les départements seront fabriqués sur les ordres de notre ministre des travaux publics, de l'agriculture et du commerce; ils porteront des marques distinctes pour chaque année d'exercice.

Les poinçons destinés à la vérification des poids et mesures nouvellement fabriqués ou rajustés seront différents de ceux qui sont destinés à constater les vérifications périodiques successives.

7. — Les étalons et les poinçons des bureaux de vérification sont conservés par les vérificateurs, sous leur responsabilité et sous la surveillance des préfets et sous-préfets.

8. — Le traitement des vérificateurs est réglé par notre ministre des travaux publics, de l'agriculture et du commerce; il comprend par abonnement les frais de tournées ordinaires, ceux de bureaux, ceux d'entretien et de transport des instruments de vérification, et les frais de confection de matrices de rôles.

Les étalons seront conservés, et les opérations seront faites dans le local à ce destiné par l'administration.

Les étalons, les poinçons, les registres et l'ameublement des bureaux sont fournis aux vérificateurs par l'administration.

Les frais de tournée extraordinaires hors de leur arrondissement leur sont remboursés.

9. — Les vérificateurs peuvent être suspendus par les préfets; il est immédiatement rendu compte de cette mesure à notre ministre des travaux publics, de l'agriculture et du commerce.

TITRE II. — *De la vérification.*

10. — Les poids et mesures nouvellement fabriqués ou rajustés seront présentés au bureau du vérificateur, vérifiés et poinçonnés avant d'être livrés au commerce.

11. — Aucun poids ou aucune mesure ne peut être soumis à la vérification, mis en vente ou employé dans le commerce, s'il ne porte d'une manière distincte et lisible le nom qui lui est affecté par le système métrique.

Notre ministre du commerce pourra excepter de l'exécution du présent article les poids ou mesures dont la dimension ne s'y prêterait pas.

12. — La forme des poids et mesures servant à peser ou mesurer les matières de commerce sera déterminée par des règlements d'administration publique, ainsi que les matières avec lesquelles ces poids et mesures seront fabriqués.

13. — Indépendamment de la vérification primitive dont il est question dans l'article 10, les poids et mesures dont les commerçants compris dans le tableau indiqué à l'art. 15, font usage ou qu'ils ont en leur possession, sont soumis à une vérification périodique, pour reconnaître si la conformité avec les étalons n'a pas été altérée.

Chacune de ces vérifications est constatée par l'apposition d'un poinçon nouveau.

14. — Les fabricants et marchands de poids et mesures ne sont assujettis à la vérification périodique que pour ceux dont ils font usage dans leur commerce.

Les poids, mesures et instruments de pesage et mesurage, neufs ou rajustés, qu'ils destinent à être vendus, doivent seulement être marqués du poinçon de la vérification primitive.

15. — Les préfets dressent, pour chaque département, le tableau des professions qui doivent être assujetties à la vérification.

Ce tableau indique l'assortiment des poids et mesures dont chaque profession est tenue de se pourvoir.

16. — L'assujetti qui se livre à plusieurs genres de commerce doit être pourvu de l'assortiment de poids et mesures fixé pour chacun d'eux, à moins que l'assortiment exigé pour l'une des branches de son commerce ne se trouve déjà compris dans l'une des autres branches des industries qu'il exerce.

17. — L'assujetti qui, dans une même ville, ouvre au public plusieurs magasins, boutiques ou ateliers distincts ou placés dans des maisons différentes et non contiguës, doit pourvoir chacun de ces magasins, boutiques ou ateliers, de l'assortiment exigé pour la profession qu'il y exerce.

18. — La vérification périodique se fait tous les ans dans les chefs-lieux d'arrondissement et dans les communes désignées par le préfet, et tous les deux ans dans les autres lieux ; toutefois, en 1840, elle aura lieu dans toutes les communes indistinctement.

Le préfet règle l'ordre dans lequel les diverses communes du département sont vérifiées.

19. — Le vérificateur est tenu d'accomplir la visite qui lui a été assignée pour chaque année, et de se transporter au domicile de chacun des assujettis inscrits au rôle qui sera dressé conformément à l'art. 50.

Il vérifie et poinçonne les poids, mesures et instruments qui lui sont exhibés, tant ceux qui composent l'assortiment obligatoire au minimum, que ceux que le commerçant possèderait de surplus.

Il fait note de tout sur un registre portatif qu'il fait émarger par l'assujetti, et si celui-ci ne sait ou ne veut signer, il le constate.

20. — La vérification périodique pourra être faite aux siéges des mairies dans les localités où, conformément aux usages du commerce et sur la proposition des préfets, notre ministre des travaux publics, de l'agriculture et du commerce jugerait cette opération d'une plus facile exécution, sans, toutefois, que cette mesure puisse être obligatoire pour les assujettis, et sauf le droit d'exercice à domicile.

Les vérificateurs peuvent toujours faire, soit d'office, soit sur la réquisition des maires et du procureur du roi, soit sur l'ordre du préfet et des sous-préfets, des visites extraordinaires et inopinées chez les assujettis.

21. — Les marchands ambulants qui font usage de poids et mesures sont tenus de les présenter dans les trois premiers mois de chaque année ou de l'exercice de leur profession, à l'un des bureaux de vérification dans le ressort desquels ils colportent leurs marchandises.

22. — Les balances, romaines ou autres instruments de pesage sont soumis à la vérification primitive, et poinçonnés avant d'être exposés en vente ou livrés au public.

Ils sont, en outre, inspectés dans leur usage et soumis sur place à la vérification périodique.

23. — Les membrures du stère et double stère destinées au commerce du bois de chauffage sont, avant qu'il en soit fait usage, vérifiées et poinçonnées dans les chantiers où elles doivent être employées.

Elles y sont également soumises à la vérification périodique.

24. — Les poids et mesures des bureaux d'octroi, bureaux de poids publics, ponts à bascule, hospices et hôpitaux, prisons et établissements de bienfaisance, et tous les autres établissements publics, sont soumis à la vérification périodique.

25. — Les poids et mesures employés dans les halles, foires et marchés, dans les étalages mobiles, par les marchands forains et ambulants, sont soumis à l'exercice des vérificateurs.

26. — Les visites et exercices que les vérificateurs sont autorisés à faire chez les assujettis ne peuvent avoir lieu que pendant le jour.

Néanmoins, ils peuvent avoir lieu chez les marchands et débitants pendant tout le temps que les lieux de vente sont ouverts au public.

27. — Les préfets fixent par des arrêtés, pour chaque commune, l'époque où la vérification de l'année commence et celle où elle doit être terminée.

A l'expiration du dernier délai ci-dessus et après que la vérification aura eu lieu dans la commune, il est interdit aux commerçants, entrepreneurs et industriels d'employer et de garder en leur possession des poids, mesures et instruments de pesage qui n'auraient pas été soumis à la vérification périodique et au poinçon de l'année.

TITRE III. — *De l'inspection sur le débit des marchandises qui se vendent au poids et à la mesure.*

28. — L'inspection du débit des marchandises qui se vendent au poids ou à la mesure est confiée spécialement à la vigilance et à l'autorité des préfets, sous-préfets, maires, adjoints et commissaires de police.

29. — Les maires, adjoints, commissaires et inspecteurs de police feront, dans leurs arrondissements respectifs, et plusieurs fois dans l'année, des visites dans les boutiques et magasins, dans les places publiques, foires et marchés, à l'effet de s'assurer de l'exactitude et du fidèle usage des poids et mesures.

Ils surveilleront les bureaux publics de pesage et de mesurage dépendant de l'administration municipale.

Ils s'assureront que les poids et mesures portent les marques et poinçons de vérification, et que, depuis la vérification constatée par ces marques, ces instruments n'ont point souffert de variations, soit accidentelles, soit frauduleuses.

30. — Ils visiteront fréquemment les romaines, les balances et tous les autres instruments de pesage; ils s'assureront de leur justesse et de la liberté de leurs mouvements, et constateront les infractions.

31. — Les maires et officiers de police veilleront à la fidélité dans le débit des marchandises qui, étant fabriquées au moule ou à la forme, se vendent à la pièce ou au paquet comme correspondant à un poids déterminé. Néanmoins, les formes ou moules propres aux fabrications de ce genre ne seront jamais réputés instruments de pesage ni assujettis à la vérification.

32. — Les vases ou futailles servant de récipient aux boissons, liquides ou autres matières, ne seront pas réputés mesures de capacité ou de pesanteur.

Il sera pourvu à ce que, dans le débit en détail, les boissons et autres liquides ne soient pas vendus à raison d'une certaine mesure présumée, sans avoir été mesurés effectivement.

33. — Les arrêtés pris par les préfets, en matière de poids et mesures, à l'exception de ceux qui sont pris en exécution de l'article 18, ne seront exécutoires qu'après l'approbation de notre ministre du commerce.

TITRE IV. — *Des infractions et du mode de les constater.*

34. — Indépendamment du droit conféré aux officiers de police judiciaire par le Code d'instruction criminelle, les vérificateurs constatent les contraventions prévues par les lois et règlements concernant les poids et mesures dans l'étendue de l'arrondissement pour lequel ils sont commissionnés et assermentés.

Ils sont tenus de justifier de leur commission aux assujettis qui le requièrent.

Leurs procès-verbaux font foi en justice jusqu'à preuve contraire, conformément à l'article 7 de la loi du 4 juillet 1837.

35. — Les vérificateurs saisissent tous les poids et mesures autres que ceux maintenus par la loi du 4 juillet 1837.

Ils saisissent également tous les poids, mesures, instruments de pesage et mesurage altérés ou défectueux, ou qui ne seraient pas revêtus des marques légales de la vérification.

Ils déposent à la mairie les objets saisis, toutes les fois que cela est possible.

36. — Ils doivent recueillir et relater les circonstances qui ont accompagné, soit la possession, soit l'usage des poids ou mesures dont l'emploi est interdit.

37. — S'ils trouvent des mesures qui, par leur état d'oxi-

dation, puissent nuire à la santé des citoyens, ils en donnent avis aux maires et aux commissaires de police.

38. — Les assujettis sont tenus d'ouvrir leurs magasins, boutiques et ateliers, et de ne pas quitter leur domicile, après que, par un ban publié dans la forme ordinaire, le maire aura fait connaître, au moins deux jours à l'avance, le jour de la vérification.

Ils sont tenus de se prêter aux exercices toutes les fois qu'ont lieu les visites prévues par les articles 19 et 20.

39. — Dans le cas de refus d'exercice, et toutes les fois que les vérificateurs procèdent chez les débitants avant le lever et après le coucher du soleil, aux visites autorisées par l'article 26, ils ne peuvent s'introduire dans les maisons, bâtiments ou magasins, qu'en présence, soit du juge-de-paix ou de son suppléant, soit du maire, de l'adjoint ou du commissaire de police.

40. — Les fonctionnaires dénommés en l'article précédent ne peuvent se refuser à accompagner, sur-le-champ, les vérificateurs, lorsqu'ils en sont requis par eux, et les procès-verbaux qui sont dressés, s'il y a lieu, sont signés par l'officier en présence duquel ils ont été faits, sauf aux vérificateurs, en cas de refus, d'en faire mention auxdits procès-verbaux.

41. — Les vérificateurs dressent leurs procès-verbaux dans les vingt-quatre heures de la contravention par eux constatée; ils les écrivent eux-mêmes, ils les signent, affirment au plus tard le lendemain de la clôture desdits procès-verbaux, pardevant le maire ou l'adjoint, soit de la commune de leur résidence, soit de celle où l'infraction a été commise : l'affirmation est signée tant par les maires et adjoints que par les vérificateurs.

42. — Leurs procès-verbaux sont enregistrés dans les quinze jours qui suivent celui de l'affirmation, et, conformément à l'article 74 de la loi du 25 mars 1817, ils sont visés pour timbre et enregistrés en débet, sauf à suivre le recouvrement des droits contre le condamné.

43. — Dans le même délai, les procès-verbaux sont remis au juge-de-paix, qui se conforme aux règles établies par les articles 20, 21 et 139 du Code d'instruction criminelle.

44. — Les vérificateurs des poids et mesures sont sous la surveillance des procureurs du roi, sans préjudice de leur subordination à l'égard de leurs supérieurs dans l'administration.

45. — Si des affiches ou annonces contiennent des dénominations de poids et mesures autres que celles portées dans le tableau annexé à la loi du 4 juillet 1837, les maires, adjoints et commissaires de police sont tenus de constater cette contravention, et d'envoyer immédiatement leurs procès-verbaux au receveur de l'enregistrement.

Les vérificateurs et tous autres agents de l'autorité publique sont tenus également de signaler au même fonctionnaire toutes les contraventions de ce genre qu'ils pourront découvrir.

Les receveurs d'enregistrement, soit d'office, soit d'après ces dénonciations, soit sur la transmission qui leur est faite des procès-verbaux ou rapports, dirigent, contre les contrevenants, les poursuites prescrites par l'article 5 de la loi précitée.

TITRE V. — *Des droits de vérification.*

46. — La vérification première des poids, mesures et instruments de pesage, est faite gratuitement.

Il en est de même pour les poids, mesures et instruments de pesage rajustés, qui sont soumis à une nouvelle vérification.

47. — Les droits de la vérification périodique seront provisoirement perçus, conformément au tarif annexé à l'ordonnance du 18 décembre 1825, modifié par celles du 21 décembre 1832 et du 18 mai 1838.

48. — La vérification périodique des poids, mesures et instruments de pesage, appartenant aux établissements publics désignés par l'article 24, est faite gratuitement.

Il en est de même pour les poids, mesures et instruments de pesage présentés volontairement à la vérification par des individus non assujettis.

49. — Les droits de la vérification périodique sont payés

pour les poids et mesures formant l'assortiment obligatoire de chaque assujetti, et pour les instruments de pesage sujets à la vérification.

Les poids et mesures excédant l'assortiment obligatoire sont vérifiés et poinçonnés gratuitement.

50. — Les états-matrices des rôles sont dressés par les vérificateurs des poids et mesures, d'après le résultat des opérations qui doivent être consommées avant le 1er août.

Ces états sont remis aux directeurs des contributions directes, à mesure que les opérations sont terminées dans les communes dépendant de la même perception, et, au plus tard, le 1er août de chaque année.

51. — Les directeurs des contributions directes, après avoir vérifié et arrêté les états-matrices mentionnés à l'article précédent, procèdent à la confection des rôles, lesquels sont rendus exécutoires par le préfet, pour être mis immédiatement en recouvrement par les mêmes voies et avec les mêmes termes de recours en cas de réclamation, que pour les contributions directes.

52. — Avant la fin de chaque année il sera dressé et publié des rôles supplémentaires pour les opérations qui, à raison de circonstances particulières, n'auraient pu être faites que postérieurement au délai fixé par l'article 50.

53. — La perception des droits de vérification est faite par les agents du trésor public.

Le montant intégral des rôles est exigible dans la quinzaine de leur publication.

L'article 3 de l'ordonnance du 21 décembre 1832 continuera à être exécuté.

54. — Les remises auxquelles ont droit les agents du trésor, pour le recouvrement des contributions, ainsi que les allocations revenant aux directeurs des contributions directes pour les frais de confection des rôles, sont réglées par notre ministre des finances.

Titre VI. — *Dispositions générales.*

55. — Les contraventions aux arrêtés des préfets, à ceux des maires et à la présente ordonnance, sont poursuivies conformément aux lois.

56. — Sont abrogées, les proclamations et arrêtés des 27 pluviôse an VI, 19 germinal, 28 messidor et 11 thermidor an VII, l'arrêté du 7 floréal an VIII, les arrêtés des 13 brumaire et 29 prairial an IX, et les ordonnances royales des 18 décembre 1825, 7 juin 1826, 21 décembre 1832 et 18 mai 1838, sauf les dispositions des ordonnances des 18 décembre 1825, 21 décembre 1832, et 18 mai 1838, rappelées aux articles 47 et 53 de la présente ordonnance.

Tous arrêtés ministériels, pris en vertu du décret du 12 février 1812, cesseront de recevoir leur exécution au 1er janvier 1840.

57. — Nos ministres des travaux publics, de l'agriculture et du commerce, et des finances, sont chargés, etc.

ORDONNANCE DU ROI

RELATIVE AUX POIDS[1], MESURES ET INSTRUMENTS DE PESAGE ET DE MESURAGE.

16—23 juin 1839.

Art. 1er. — A dater du 1er janvier 1840, les poids, mesures et instruments de pesage et de mesurage ne seront reçus à la vérification première qu'autant qu'ils réuniront les conditions d'admission indiquées dans les tableaux annexés à la présente ordonnance.

2. — Les poids, mesures et instruments de pesage portant la marque de vérification première, et qui réuniront d'ailleurs

les conditions exigées jusqu'ici, seront admis à la vérification périodique, savoir :

Les mesures décimales de longueur, après qu'on aura fait disparaître les divisions et les noms relatifs aux anciennes dénominations ;

Les mesures décimales pour les matières sèches, quelle que soit l'espèce de bois dont elles seront construites ;

Les mesures décimales en étain, quel que soit leur poids ;

Les poids décimaux, en fer et en cuivre, quelle que soit leur forme, après qu'on aura fait disparaître l'indication relative aux anciennes dénominations, et pourvu qu'ils portent sur la surface supérieure les noms qui leur sont propres ;

Les poids décimaux, en fer et en cuivre, portant uniquement leurs noms exprimés en myriagrammes, kilogrammes, hectogrammes ou décagrammes ;

Les poids décimaux à l'usage des balances-bascules, pourvu qu'ils ne portent pas d'autre indication que celle de leur valeur réelle ;

Enfin, les romaines dont on aura fait disparaître les anciennes divisions et dénominations, pourvu qu'elles soient graduées en divisions décimales et reconnues oscillantes.

Les poids et mesures décimaux placés dans une des catégories qui précèdent ne pourront être conservés par les assujettis qu'autant qu'ils auront subi, avant l'époque de la vérification périodique de l'année 1840, les modifications exigées. Ces poids et mesures pourront être rajustés, mais ils ne pourront être remontés à neuf.

3. — Tous les poids et mesures autres que ceux qui sont provisoirement permis par l'art. 2 de la présente ordonnance seront mis hors de service, à partir du 1er janvier 1840.

4. — Il sera déposé dans tous les bureaux de vérification, des modèles ou des dessins des poids et mesures légalement au-

torisés, pour être communiqués à tous ceux qui voudront en prendre connaissance.

5. — Notre ministre du commerce et de l'agriculture est chargé, etc.

N° 1. — *Mesures de longueur.*

NOMS DES MESURES.	NOMS DES MESURES.
Double décamètre. Décamètre. Demi-décamètre. Double mètre.	Mètre. Demi-mètre. Double décimètre. Décimètre.

Ces mesures devront être construites en métal, en bois ou autre matière solide.

Elles pourront être établies dans la forme qui conviendra le mieux aux usages auxquels elles sont destinées.

Indépendamment des mesures d'une seule pièce, il est permis de faire des mesures brisées, pourvu que le nombre de leurs parties soit deux, cinq ou dix.

Les mesures devront être construites avec solidité.

Des garnitures en métal devront être adaptées aux extrémités des mesures en bois, du mètre, de son double et de sa moitié.

Les divisions en centimètres ou millimètres devront être exactes, déliées et d'équerre avec la longueur de la mesure.

Le nom propre à chaque mesure sera gravé sur la face supérieure de la mesure, qui devra porter aussi le nom ou la marque du fabricant.

Le décamètre, son double et sa moitié, construits en forme de chaîne, devront avoir des chaînons d'une force suffisante et de la longueur de deux ou de cinq décimètres; les anneaux, à chaque mètre, seront exécutés avec un métal d'une couleur différente de celui employé pour les autres anneaux.

N° 2. — *Mesures de capacité pour les matières sèches.*

NOMS DES MESURES.	NOMS DES MESURES.
Hectolitre. Demi-hectolitre. Double décalitre. Décalitre. Demi-décalitre. Double litre.	Litre. Demi-litre. Double décilitre. Décilitre. Demi-décilitre.

Les mesures de capacité pour les matières sèches devront être construites dans la forme cylindrique, et auront intérieurement le diamètre égal à la hauteur.

Les mesures en bois ne pourront être faites qu'en bois de chêne; elles devront être établies avec solidité dans toutes leurs parties.

Pour les mesures qui seront garnies intérieurement de potences ou autres corps saillants, la hauteur sera augmentée proportionnellement au volume de ces objets.

Les mesures en bois devront être formées d'une éclisse ou feuille courbée sur elle même et fixée par des clous.

Toutes les mesures en bois devront être garnies à la partie supérieure d'une bordure en tôle rabattue.

Les mesures depuis et compris le double décalitre jusqu'à l'hectolitre devront, en outre, être ferrées; on pourra, suivant l'usage auquel elles sont destinées, y adapter des pieds fixés avec boulons et écrous.

Les mesures en bois de plus petite dimension pourront être garnies de bandes latérales en tôle.

On pourra fabriquer des mesures pour les matières sèches, en cuivre ou en tôle, pourvu qu'elles soient établies avec solidité, et dans la forme ci-dessus prescrite.

Chaque mesure doit porter le nom qui lui est propre; le nom ou la marque du fabricant sera appliqué sur le fond de la mesure.

N° 3. — *Mesures de capacité pour les liquides.*

Les noms et la forme affectés aux mesures de capacité pour les matières sèches, dans le tableau n° 2, serviront de règle pour la construction des mêmes mesures employées pour les liquides, depuis l'hectolitre jusqu'au demi-décalitre inclusivement; elles pourront être établies en cuivre, tôle ou fonte, mais sous la réserve expresse de prévenir, par l'étamage ou un autre procédé analogue, toute altération ou oxydation de nature à présenter des dangers dans l'usage de ces sortes de mesures.

Les mesures du double litre et au-dessous devront être construites exclusivement en étain, et auront intérieurement la hauteur double du diamètre; elles auront le poids déterminé ci-après comme minimum obligatoire pour chacune des espèces de mesures.

NOMS DES MESURES.	POIDS ET MESURES (en grammes),		
	sans anses ni couvercle.	avec anses sans couvercle.	avec anses et couvercle.
Double litre	1,350 gram.	1,700 gram.	2,200 gram.
Litre	900	1,100	1,350
Demi-litre	525	650	820
Double décilitre	280	335	420
Décilitre	145	180	240
Demi-décilitre	85	110	140
Double centilitre	45	60	85
Centilitre	25	35	50

Le titre de l'étain employé pour la fabrication des mesures reste fixé à quatre-vingt-trois centièmes cinq millièmes, avec une tolérance d'un centième cinq millièmes; ainsi le métal dont les mesures seront fabriquées ne doit pas contenir moins de quatre-vingt-deux centièmes d'étain pur, et plus de dix-huit centièmes d'alliage.

Ces mesures devront conserver intérieurement, et sur le bord supérieur, la venue du moule; elles devront être sans soufflures ni autres imperfections.

Le nom propre à chaque mesure devra être inscrit sur le corps de la mesure. Le nom ou la marque du fabricant devra être apposé sur le fond.

On pourra construire des mesures en ferblanc, depuis le double litre jusqu'au décilitre ; mais ces sortes de mesures, exclusivement réservées *pour le lait*, devront être établies dans la forme cylindrique, ayant le diamètre égal à la hauteur, conformément à ce qui est prescrit dans le tableau n° 2 pour les mesures destinées aux matières sèches ; elles seront garnies d'une anse ou d'un crochet également en ferblanc, et porteront le nom qui leur est propre sur le cercle supérieur, rabattu et servant de bordure. On aura soin de placer, pour recevoir les marques de vérification, deux gouttes d'étain applaties, l'une au bord supérieur, l'autre à la jonction du fond de chaque mesure, qui devra porter aussi le nom ou la marque du fabricant.

N° 4. — *Poids en fer.*

Les poids devront être construits en fonte de fer; leurs noms sont indiqués ci-après, ainsi que la dénomination abréviative qui devra être inscrite sur chacun d'eux, en caractères lisibles.

NOMS DES POIDS.	ABRÉVIATIONS qui devront être indiquées sur la surface supérieure.
Cinquante kilogrammes	50 kilog.
Vingt kilogrammes	20 kilog.
Dix kilogrammes	10 kilog.
Cinq kilogrammes	5 kilog.
Double kilogramme	2 kilog.
Kilogramme	1 kilog.
Demi-kilogramme	demi-kilog. 5 hectog.
Double hectogramme	2 hectog.
Hectogramme	1 hectog.
Demi-hectogramme	1/2 hectog.

Les poids en fer de cinquante et de vingt kilogrammes devront être établis en forme de pyramide tronquée, arrondie sur les angles, et ayant pour base un parallélogramme.

Les autres poids en fer, depuis celui de dix kilogrammes jusqu'au demi-hectogramme inclusivement, devront être établis en forme de pyramide tronquée, ayant pour base un hexagone régulier.

Les anneaux dont les poids sont garnis devront être placés de manière à ne pas dépasser l'arête des poids.

Chaque anneau devra être en fer forgé rond et soudé à chaud.

Chaque anneau, attaché par un lacet, devra entrer sans difficulté dans la rainure pratiquée sur le poids pour le recevoir.

Chaque lacet devra être en fer forgé et construit solidement, tant au sommet qui embrasse l'anneau qu'aux extrémités de ses branches, lesquelles doivent être rabattues et enroulées par-dessous, pour retenir le plomb nécessaire à l'ajustage.

Les poids en fer ne doivent présenter à leur surface ni bavures, ni soufflures, et la fonte ne doit être ni aigre ni cassante.

Chaque poids doit être garni aux extrémités du lacet d'une quantité suffisante de plomb coulé d'un seul jet, destiné à recevoir les empreintes des poinçons de vérification première et périodique, ainsi que la marque du fabricant, qui doit y être apposée.

N° 5. — *Poids en cuivre.*

Les poids en cuivre sont indiqués ci-après, ainsi que la dénomination qui devra être inscrite sur chacun d'eux.

NOMS DES POIDS.	DÉNOMINATIONS qui doivent être appliquées sur la surface supérieure.
Vingt kilogrammes	20 kilogrammes.
Dix kilogrammes	10 kilogrammes.
Cinq kilogrammes	5 kilogrammes.
Double kilogramme	2 kilogrammes.
Kilogramme	1 kilogramme.
Demi-kilogramme	500 grammes.
Double hectogramme	200 grammes.
Hectogramme	100 grammes.
Demi-hectogramme	50 grammes.
Double décagramme	20 grammes.
Décagramme	10 grammes.
Demi-décagramme	5 grammes.
Double gramme	2 grammes.
Gramme	1 gramme.
Demi-gramme	5 décigrammes.
Double décigramme	2 décigrammes.
Décigramme	1 décigramme.
Demi-décigramme	5 centigrammes.
Double centigramme	2 C. G.
Centigramme	1 C. G.
Demi-centigramme	5 M. G.
Double milligramme	2 M.
Milligramme	1 M.

La forme des poids en cuivre, depuis et compris celui de vingt kilogrammes jusqu'au gramme, sera celle d'un cylindre surmonté d'un bouton. La hauteur du cylindre sera égale à son diamètre pour tous les poids, jusqu'à celui de cinq grammes inclusivement; la hauteur de chaque bouton sera égale à la moitié du diamètre du cylindre qui le supporte. Ces dispositions ne seront pas applicables aux poids d'un et de deux grammes qui auront le diamètre plus fort que la hauteur.

Les poids, depuis et compris le cinq décigrammes jusqu'au milligramme, se feront avec des lames de laiton mince, coupées carrément.

Les poids en cuivre cylindriques et à bouton pourront être massifs ou contenir dans leur intérieur une certaine quantité de plomb; mais ils devront toujours présenter le même volume. Ces poids peuvent être faits d'un seul jet ou formés de deux pièces seulement, savoir, le cylindre et le bouton; mais, dans ce dernier cas, le bouton devra être monté à vis sur le corps du poids et fixé invariablement par une cheville ou petite vis à fleur de la surface. Cette cheville sera en cuivre rouge, afin de la distinguer facilement.

On pourra aussi construire des poids en cuivre d'un kilogramme ou d'un de ses sous-multiples dans la forme de godets coniques qui s'empilent les uns dans les autres, et se trouvent ainsi renfermés dans une boîte qui est elle-même un poids légal.

La surface des poids en cuivre devra être nette et ne laisser apercevoir aucun corps étranger qu'on aurait chassé dans le cuivre, ni aucune soufflure qui permettrait d'en introduire.

Les dénominations seront inscrites en creux et en caractères lisibles sur la surface supérieure des poids. Chaque poids devra porter le nom ou la marque du fabricant.

N° 6. — *Instruments de pesage.*

Les instruments de pesage sont :

1° Les balances à bras égaux ;

2° Les balances-bascules ;

3° Les romaines.

Les balances à bras égaux, désignées sous le nom de balances de magasins ou de comptoir, devront être solidement établies. Les fléaux devront être plus larges qu'épais, principalement au centre occupé par les couteaux ou pivots qui les traversent perpendiculairement, et dont les arrêtes devront former une ligne droite. Les points extrêmes de suspension devront être placés à égale distance de ces couteaux. Les fléaux ne devront pas vaciller dans les chapes. Les balances devront être oscillantes. Leur sensibilité demeure fixée à un deux millième du poids d'une portée.

Les balances-bascules devront être oscillantes et établies de manière à donner, quel que soit le poids dont on charge le tablier, un rapport exact de un à dix. Ces instruments, dont la portée ne peut être moindre que cent kilogrammes, devront être solidement construits. Il ne pourra être employé à leur usage que des poids fabriqués suivant les formes et dénominations prescrites dans le tableau n° 4.

L'indication de la force de chaque balance-bascule sera exprimée en kilogrammes, sur une plaque de cuivre incrustée dans le montant en bois. La sensibilité pour ces sortes d'instruments demeure fixée à un millième du poids d'une portée.

Les romaines devront être solidement construites. Les couteaux auxquels elles sont supendues devront avoir une arrête assez fine pour faciliter les mouvements du fléau ; les leviers devront être assez forts pour ne pas fléchir sous le poids curseur qui les accompagne. L'aiguille dont chaque levier est traversé par le haut ne devra pas frotter dans la chape.

Les romaines devront être oscillantes. Toute autre espèce est prohibée.

La sensibilité pour ces instruments demeure fixée à un cinq centième du poids d'une portée.

Les romaines porteront seulement les divisions décimales représentant les poids légaux. Toute autre division est interdite.

Leur portée sera exprimée en kilogrammes sur chacune des faces divisées.

Tout instrument de pesage devra porter le nom ou la marque du fabricant.

N° 7. — *Instruments de mesurage pour le bois de chauffage.*

Les membrures qui représentent des mesures de solidité, du demi-décastère, du double stère, du stère, et destinées à mesurer le bois de chauffage, seront construites en bon bois; les pièces qui les composent devront être bien dressées et assemblées solidement.

Chaque membrure sera fermée d'une sole, de deux montants et de deux contrefiches; elle doit avoir de plus deux sous-traits.

La longueur de la sole entre les montants est fixée ainsi qu'il suit, savoir :

Demi-décastère.	3 mètres.
Double stère.	2
Stère.	1

Pour les bois coupés à un mètre de longueur, la hauteur des montants sera :

Demi-décastère.	1 mètre 667 millimètres.
Double stère et stère.	1 »

Cette hauteur variera suivant la longueur des bois, de manière à toujours reproduire un solide de un, deux ou cinq mètres cubes.

On pourra construire aussi des membrures en fer du double stère et du stère, pourvu qu'elles réunissent les conditions de justesse et de solidité nécessaires, et qu'elles soient garnies de rondelles adhérentes en étain ou en plomb, pour faciliter l'application des marques de vérification.

POLICE RURALE. — C'est celle qui se rapporte le plus particulièrement aux campagnes.

La loi des 26 septembre et 6 octobre 1791 renferme, sur les biens et les usages ruraux, des dispositions qu'il importe de reconnaître. Voici l'extrait du premier livre :

SECTION Ire. — *Des principes généraux sur la propriété territoriale.*

ART. 1er. — Le territoire de la France, dans toute son étendue, est libre comme les personnes qui l'habitent : ainsi toute propriété territoriale ne peut être sujette envers les particuliers qu'aux redevances et aux charges dont la convention n'est pas défendue par la loi ; et envers la nation, qu'aux contributions publiques établies par le corps législatif et aux sacrifices que peut exiger le bien général, sous la condition d'une juste et préalable indemnité.

2. — Les propriétaires sont libres de varier à leur gré la culture et l'exploitation de leurs terres, de conserver à leur gré leurs récoltes, et de disposer de toutes les productions de leur propriété dans l'intérieur de la France et au-dehors, sans préjudicier aux droits d'autrui et en se conformant aux lois.

3. — Tout propriétaire peut obliger son voisin au bornage de leurs propriétés contiguës, à moitié frais. (Voyez *bornage*.)

4. — Nul ne peut se prétendre propriétaire exclusif des eaux d'un fleuve ou d'une rivière navigable ou flottable : en conséquence tout propriétaire riverain peut, en vertu du droit commun, y faire des prises d'eau, sans néanmoins en détourner ni embarrasser le cours d'une manière nuisible au bien général et à la navigation établie. (Voyez *rivière*).

SECTION III. — *Des diverses propriétés rurales.*

ART. 1er. — Nul agent de l'agriculture, employé avec des bestiaux au labourage ou à quelque travail que ce soit, ou occupé à la garde des troupeaux, ne pourra être arrêté, sinon pour crime, avant qu'il n'ait été pourvu à la sûreté desdits animaux ; et en cas de poursuite criminelle, il y sera également pourvu immédiatement après l'arrestation et sous la responsabilité de ceux qui l'auront exercé.

2. — Aucun engrais ni ustensile, ni autre meuble utile à l'exploitation des terres, et aucuns bestiaux servant au labourage, ne pourront être saisis ni vendus par contributions publiques, et ils ne pourront l'être pour aucune cause de dettes, si ce n'est au profit de la personne qui aura fourni lesdits effets ou bestiaux, ou pour l'acquittement de la créance du propriétaire envers son fermier; et ce seront toujours les derniers objets saisis, en cas d'insuffisance d'autres objets mobiliers.

3. — La même règle aura lieu pour les ruches; et pour aucune raison il ne sera permis de troubler les abeilles dans leurs courses et leurs travaux; en conséquence, même en cas de saisie légitime, une ruche ne pourra être déplacée que dans les mois de décembre, janvier et février.

4. — Les vers à soie sont de même insaisissables pendant leur travail, ainsi que la feuille de mûrier qui leur est nécessaire pendant leur éducation.

6. — Le propriétaire d'un essaim a le droit de le réclamer et de s'en ressaisir tant qu'il n'a pas cessé de le suivre; autrement l'essaim appartient au propriétaire du terrain sur lequel il s'est fixé. (Voyez *abeilles*.)

SECTION IV. — *Des troupeaux, des clôtures, du parcours, et de la vaine pâture.*

ART. 1er. — Tout propriétaire est libre d'avoir chez lui telle quantité, telle espèce de troupeaux qu'il croit utiles à la culture et à l'exploitation de ses terres, et de les y faire pâturer exclusivement, sauf ce qui sera réglé ci-après relativement au parcours et à la vaine pâture.

2. — La servitude réciproque de commune à commune, connue sous le nom de parcours, et qui entraîne avec elle le droit de vaine pâture, continuera provisoirement d'avoir lieu avec les restrictions déterminées en la présente section, lorsque cette servitude sera fondée sur un titre ou sur une possession autorisée par les lois et coutumes. A tous les autres égards, elle est abolie.

3. — Le droit de vaine pâture dans une commune, accompagné ou non de la servitude du parcours, ne pourra exister que dans les lieux où il est fondé sur un titre particulier, ou autorisé par la loi ou par un usage local immémorial, et à la charge que la vaine pâture n'y sera exercée que conformément aux règles et usages locaux qui ne contrarieront point les réserves portées dans les articles suivants de la présente section.

4. — Le droit de clore et de déclore ses héritages résulte essentiellement de celui de propriété, et ne peut être contesté à aucun propriétaire. L'assemblée nationale abroge toutes lois et coutumes qui peuvent contrarier ce droit.

5. — Le droit de parcours et le droit simple (1) de vaine pâture ne pourront, en aucun cas, empêcher les propriétaires de clore leurs héritages; et tout le temps qu'un héritage sera clos de la manière qui sera déterminée par l'article suivant, il ne pourra être assujetti ni à l'un ni à l'autre droit ci-après.

6. — L'héritage sera réputé clos lorsqu'il sera entouré d'un mur de quatre pieds de hauteur avec barrière ou porte, ou lorsqu'il sera exactement fermé ou entouré de palissades ou de treillage, ou d'une haie vive, ou d'une haie sèche faite avec des pieux ou cordelée avec des branches ou de toute autre manière de faire les haies en usage dans chaque localité, ou enfin d'un fossé de quatre pieds de large au moins à l'ouverture, et de deux pieds de profondeur.

7. — La clôture affranchira de même du droit de vaine pâture réciproque ou non réciproque entre particuliers, si ce droit n'est pas fondé sur un titre. Toutes lois et tous usages contraires sont abolis (2).

9. — Dans aucun cas et dans aucun temps le droit de par-

(1) Sans titre.

(2) Or la simple vaine pâture (*non celle du parcours réciproque d'une commune*), ne peut, lorsqu'elle est fondée en titre, se détruire autrement que par le rachat de cette servitude.

Mais le propriétaire d'un fonds asservi au parcours réciproque d'une commune, même *par titre*, peut s'en affranchir par la clôture de son héritage.

cours ni celui de vaine pâture ne pourront s'exercer sur les prairies artificielles, et ne pourront avoir lieu sur aucune terre ensemencée ou couverte de quelques productions que ce soit qu'après la récolte.

10. — Partout où les prairies naturelles sont sujettes au parcours ou à la vaine pâture, ils n'auront lieu provisoirement que dans le temps autorisé par les lois et coutumes, et jamais tant que la première herbe ne sera pas récoltée.

13. — La quantité de bétail, proportionnellement à l'étendue du terrain, sera fixée dans chaque commune à tant de bêtes par arpent (1), d'après les règlements et usages locaux; et à défaut de documents positifs à cet égard, il y sera pourvu par le conseil général de la commune (2).

19. — Aussitôt qu'un propriétaire aura un troupeau malade, il sera tenu d'en faire la déclaration à la municipalité; elle assignera sur le terrain du parcours ou de la vaine pâture, si l'un ou l'autre existe dans la commune, un espace où le troupeau malade pourra pâturer exclusivement, et le chemin qu'il devra suivre pour se rendre au pâturage. Si ce n'est point un pays de

(1) La règle à peu près générale est d'une bête à laine par arpent. — (CARPEAU, MERLIN, VAUDORÉ, FOURNEL.)

La fixation a lieu, non en raison de tous les biens que l'on possède, mais seulement de ceux susceptibles du parcours, c'est-à-dire que les bois, les prairies artificielles, les vignes, etc. et les terrains clos, n'entrent pour rien dans cette fixation.

Mais celui qui veut clore sa propriété pourra, en renonçant au droit de vaine pâture sur les terres voisines, mener en vaine pâture sur sa propriété tel nombre de bestiaux qu'il jugera convenable. (Cass. 24 juin 1813.)

(2) C'est aux conseils municipaux qu'appartient de droit, non-seulement de déterminer le nombre et l'espèce des bestiaux que les usages peuvent envoyer sur les terres de vaine pâture, mais encore d'établir les règles relatives à l'exercice du parcours.

Néanmoins les avis des conseils municipaux en cette matière ne sont mis à exécution qu'après qu'ils ont été adoptés par arrêté du préfet, sur la proposition du maire et celle du sous-préfet. (FOURNEL.)

parcours ou de vaine pâture, le propriétaire sera tenu de ne point faire sortir de ses héritages son troupeau malade.

20. Les corps administratifs emploieront constamment les moyens de protection et d'encouragement qui sont en leur pouvoir pour la multiplication des chevaux, des troupeaux et de tous bestiaux de race étrangère qui seront utiles à l'amélioration de nos espèces, et pour le soutien de tous les établissements de ce genre.

Ils encourageront les habitants des campagnes par des récompenses, et suivant les localités, à la destruction des animaux malfaisants qui peuvent ravager les troupeaux, ainsi qu'à la destruction des animaux et des insectes qui peuvent nuire aux récoltes.

Ils emploiront particulièrement tous les moyens de prévenir et d'arrêter les épizooties et la contagion de la morve des chevaux. (Voyez *délits ruraux*, pages 151 et suivantes, art. 18, 22, 23, 24 et 25.)

SECTION V. — *Des récoltes.*

ART. 1er. — La municipalité pourvoira à faire serrer la récolte d'un cultivateur absent, infirme, ou accidentellement hors d'état de la faire lui-même, et qui réclamera ce secours; elle aura soin que cet acte de fraternité et de protection de la loi soit exécuté aux moindres frais. Les ouvriers seront payés sur la récolte de ce cultivateur.

2. — Chaque propriétaire sera libre de faire sa récolte, de quelque nature qu'elle soit, avec tout instrument et au moment qu'il lui conviendra, pourvu qu'il ne cause aucun dommage aux propriétaires voisins.

Cependant dans le pays où le ban de vendange est en usage, il pourra être fait à cet égard un règlement chaque année par le conseil général de la commune, mais seulement pour les vignes non closes; les réclamations qui pourraient être faites contre le règlement seront portées au directoire du département, qui y statuera sur l'avis du directoire de district.

3. — Nulle autorité ne pourra suspendre ou intervertir les travaux de campagne dans les opérations de la semence et des récoltes.

SECTION VI. — *Des chemins.*

ART. 1er. — Les agents de l'administration ne pourront fouiller dans un champ pour y chercher des pierres, de la terre ou du sable, nécessaires à l'entretien des grandes routes ou autres ouvrages publics, qu'au préalable ils n'aient averti le propriétaire, et qu'il ne soit justement indemnisé à l'amiable ou à dire d'experts, conformément à l'art. 1er du présent décret.

2. — Les chemins reconnus par le directoire de district pour être nécessaires à la communication, seront rendus praticables et entretenus aux dépens des communautés sur le territoire desquelles ils sont établis; il pourra y avoir à cet effet une imposition au marc la livre de la contribution foncière.

3. — Sur la réclamation d'une des communautés, ou sur celle des particuliers, le directoire du département, après avoir pris l'avis de celui du district, ordonnera l'amélioration d'un mauvais chemin, afin que la communication ne soit interrompue dans aucune saison, et il en déterminera la largeur.

POSSESSION. — La possession est la détention ou la jouissance d'une chose ou d'un droit que nous tenons ou que nous exerçons par nous-mêmes, ou par un autre qui le tient ou qui l'exerce en notre nom. (C. Civ. 2228.)

« La nature diverse des choses établit une différence dans le mode de leur possession. Celle des meubles a lieu par la détention de la chose même : ainsi, on possède des meubles en s'en servant ou en les ayant à sa disposition; on possède des immeubles en recueillant leurs produits ou leurs fruits. A l'égard des *servitudes*, on ne peut les posséder que par l'usage et l'exercice : on jouit, par exemple, d'une conduite d'eau, par le passage sur le fonds assujetti, des eaux qui arrosent l'héritage à qui elle est due. Cette possession est, comme l'on voit, différente de la détention effective qui a lieu à l'égard des objets corporels ; aussi les jurisconsultes la qualifient-ils de *quasi-possession*. Ainsi, posséder un droit de servitude, c'est en tirer le profit, et faire tous les actes qui y sont propres. » (PARDESSUS.)

Pour pouvoir prescrire, il faut une possession *continue et non interrompue, paisible, publique, non équivoque, et à titre de propriétaire*. (C. Civ. 2229.)

Nous allons expliquer successivement chacun de ces caractères de la possession.

En premier lieu, la possession doit être *continue*, c'est-à-dire ne pas se borner à un fait isolé, quelque ancien qu'il soit, qui n'aurait été suivi d'aucun autre. Ainsi pour juger si une servitude d'acqueduc, par exemple, a été acquise par prescription, ce ne serait pas assez qu'on eût vu s'établir un canal, si jamais ce canal n'avait conduit les eaux. (PARDESSUS.)

La possession, comme on le voit, ne se considère pas dans le premier acte par lequel on a usé, mais dans la jouissance qui l'a suivi.

Il en est de même si la possession a été *interrompue*, par une citation en justice, un commandement ou une saisie, par exemple.

La possession qui n'a éprouvé aucune de ces deux

sortes d'obstacles, est ce qu'on appelle *paisible*, et suffit pour opérer la prescription. (Ibid.)

La jouissance doit être *publique*, afin qu'elle puisse être connue de celui contre qui on prescrit, pour qu'il soit supposé avoir reconnu la juste détention du possesseur.

« Ainsi, dit M. Pardessus, lorsqu'un homme aura, pendant l'absence de son voisin, ouvert des jours, construit une croisée, et après en avoir placé l'entablement et les autres signes extérieurs, l'aura fermée en maçonnerie du côté de ce voisin, il opposera vainement que la servitude de vue lui est acquise par prescription. Il sera réputé possesseur clandestin, parce que ses actes ont été obscurs; qu'il a évidemment agi dans l'espoir que ce qu'il faisait ne parviendrait pas à la connaissance de la partie intéressée; il s'est caché pour jouir; il a espéré que le voisin s'en apercevrait difficilement; sa possession n'est pas publique. »

En cinquième lieu la possession ne doit point être *équivoque*, c'est-à-dire, qu'il ne doit point exister de doute, soit sur sa nature, soit sur les effets qu'entend y attacher celui qui l'exerce.

Par exemple, si quelqu'un avait ouvert une croisée, ou dirigé un égout sur le terrain d'autrui, qu'une opinion générale ou même son erreur particulière lui faisait considérer comme terrain public, il ne serait pas fondé à invoquer ces actes pour prétendre la vue ou l'égout sur ce terrain. Il ne pouvait pas avoir intention d'exercer une servitude, puisqu'il croyait n'user que de ce qui appartenait à tous. C'était, dans son opinion, un acte de pure faculté ; il ne croyait pas agir comme un particulier qui acquiert un droit sur autrui, mais comme un citoyen jouissant à ce titre de ce qui est permis à tous sur une chose consacrée à l'usage de tous. (Pardessus.)

Enfin en sixième lieu la possession doit être à titre de *propriétaire,* parce que, aux termes de l'art. 2236, ceux qui possèdent pour autrui ne peuvent prescrire.

On est toujours présumé posséder pour soi, et à titre de propriétaire, s'il n'est prouvé qu'on a commencé à posséder pour un autre. (C. Civ. 2230.)

Ainsi tant qu'on n'apporte pas la preuve que je ne suis pas propriétaire, ce titre de propriétaire est supposé m'appartenir.

Quand on a commencé à posséder pour autrui, on est toujours présumé posséder au même titre, s'il n'y a preuve du contraire.

Les actes de pure faculté et ceux de simple tolérance ne peuvent fonder ni possession ni prescription. (C. Civ. 2232.)

Par exemple, je laisse couler les eaux de ma source sur le fonds de mon voisin pendant plus de trente ans sans qu'il fasse d'ouvrages extérieurs, ainsi qu'il a été dit au mot *cours d'eau :* c'est là un acte de tolérance qui ne peut fonder une prescription.

J'ai acquis par titre le droit d'ouvrir des jours sur votre héritage, et je reste trente ans sans les établir, vous ne pourrez cependant pas m'en empêcher en prétendant que vous avez prescrit ce droit : car ouvrir ces jours ou ne pas les ouvrir, c'est un acte de *pure faculté.*

Les actes de violences ne peuvent fonder non plus une possession capable d'opérer la prescription. La possession utile ne commence que lorsque la violence a cessé.

Le possesseur actuel qui prouve avoir possédé anciennement, est présumé avoir possédé dans le temps intermédiaire, sauf la preuve contraire.

Pour compléter la prescription, on peut joindre à sa possession celle de son auteur, de quelque manière qu'on lui ait succédé, soit à titre universel ou particulier, soit à titre lucratif ou onéreux.

POSSESSOIRE. — L'action *possessoire* que l'on nomme *complainte*, a pour seul et unique objet la possession.

L'article 23 du Code de procédure l'accorde à quiconque, ayant eu, pendant plus d'un an, à titre non précaire, la possession paisible d'un droit immobilier susceptible d'être acquis par prescription, veut s'y faire maintenir lorsqu'il est troublé.

Par sa valeur elle offre une valeur indéterminée, et par conséquent, elle ne peut jamais être jugée en dernier ressort par le juge-de-paix à qui la connaissance en est attribuée.

Le demandeur au *pétitoire* ne sera plus recevable à agir au possessoire. (C. Proc. 26.)

Le défendeur au *possessoire* ne pourra se pourvoir au pétitoire qu'après que l'instance sur le possessoire aura été terminée ; il ne pourra, s'il a succombé, se pourvoir qu'après qu'il aura pleinement satisfait aux condamnations prononcées contre lui.

Si, néanmoins, la partie qui les a obtenues était en retard de les faire liquider, le juge du pétitoire pourra fixer pour cette liquidation un délai après lequel l'action au pétitoire sera reçue. (Ibid. 27.)

POUTRE. — Grosse pièce de bois carrée, qui sert à soutenir les solives ou les planches d'un plancher.

Tout copropriétaire peut faire bâtir contre un mur mitoyen, et y faire placer des poutres ou solives dans toute l'épaisseur du mur, à cinquante-quatre millimètres près, sans préjudice du droit qu'a le voisin de faire réduire à l'ébauchoir la poutre jusqu'à la moitié du mur, dans le cas où il voudrait lui-même asseoir des poutres dans le même lieu, ou y adosser une cheminée. (Voyez *mur mitoyen.*)

POUTRELLE. — Voyez *poutre.*

PROSPECT (vue de). — Voyez *vue.*

PRÉCARITÉ. — Voyez *tolérance.*

PUISAGE. — C'est le droit de puiser de l'eau à la fontaine, à la citerne, au puits, à la source ou à la mare d'autrui.

La servitude de puisage étant discontinue puisqu'elle ne peut s'exercer sans le fait de l'homme, elle ne peut s'acquérir par prescription. On ne peut l'exercer qu'en vertu d'un titre.

Celui qui consent une servitude de puisage doit fournir un chemin.

L'entretien de ce chemin est à la charge de celui qui s'en sert.

La servitude de puisage peut s'éteindre par le non usage pendant trente ans.

Le droit de puisage serait-il conservé si l'on n'avait usé que du droit de passage, qui en est la conséquence nécessaire? En serait-il de même, si devant avoir lieu la nuit, on l'a exercé le jour? Si on a puisé dans une source autre que celle déterminée?

Pour répondre à ces trois questions, nous ne pouvons mieux faire que de rapporter ici la discussion qu'en a faite M. Pardessus, discussion adoptée par tous les auteurs:

« On pourrait dire que celui qui, ayant un droit de puisage, s'est borné au passage qui en est l'accessoire, n'a pu exercer ce dernier qu'en vertu du premier, dont il était la suite nécessaire; qu'ainsi, chaque fait de passage était réellement un fait d'exercice de la servitude de puisage; que celui qui a un droit de puisage à *telle* fontaine de l'héritage de son voisin, et qui, pendant trente ans, aurait puisé à telle autre du même héritage, ne doit pas perdre son droit, parce que c'est moins l'eau de telle fontaine qui a pu être envisagée, que l'utilité du puisage en faveur du fonds à qui la servitude est due, et que l'héritage grevé est toujours le même; que celui qui, ayant droit de puisage pendant la nuit, en a usé pendant trente ans, le jour seulement, a converti le mode d'exercice de cette servitude trop dure en un moins onéreux, cas prévu par l'art. 708 du Code civil, portant que le mode de la servitude se prescrit; que, dans toutes ces hypothèses, le changement opéré n'est point dans le droit, mais seulement dans le mode d'exercice; que le principe opposé pourrait tout au plus être appliqué dans le cas où l'effet de l'intervention d'heure ou de mode d'exercice accroîtrait évidemment la servitude, celui qui la doit n'étant point présumé avoir tacitement consenti qu'elle devînt plus onéreuse.

» Cependant il est plus conforme aux vrais principes de reconnaître que, dans ces cas, ce qui a été fait est autre chose que ce qu'on avait droit de faire; et la différence est grande entre faire *autre chose*, et faire *plus ou moins*.

» En faisant moins ou plus, on conserve son droit; seulement il est réduit si l'on a fait moins, et augmenté si l'on a fait plus, sauf la validité de l'acquisition de l'excédant, selon la nature de la servitude. Au contraire, si l'on fait autre chose, la servitude qu'on avait est éteinte par le non usage, puisque dans la réalité on ne l'a pas exercée; et l'on n'acquiert celle que l'on a exercée en sa place, qu'autant que la prescription peut la faire acquérir. »

Ainsi, lorsque celui qui avait droit de passer sur une partie déterminée d'un fonds, a passé sur une autre partie pendant trente ans, il a perdu la première servitude, et n'a pas acquis la nouvelle; la servitude de passage étant discontinue. (Voyez *servitudes*.)

Il n'en serait pas ainsi des servitudes apparentes et continues. Par exemple, si celui qui avait droit de prendre des vues sur une partie déterminée d'un fonds, les a prises, pendant trente ans, sur une autre partie, il aura perdu la servitude primitive, mais il en aura acquis une nouvelle.

PUITS. — Trou profond creusé de main d'homme pour avoir de l'eau.

De ce principe que la propriété du sol entraîne la propriété du dessous, il résulte que tout propriétaire peut creuser un puits dans telle place de son terrain qu'il lui plaît de choisir, et le faire aussi large et aussi profond que bon lui semble.

Il n'a pas besoin de s'inquiéter, dit M. Lepage, s'il y a sur l'héritage voisin un puits moins profond que le sien, parce que les divers propriétaires ne sont pas obligés de tenir leurs puits au même degré de largeur et de profondeur.

Si en creusant un puits sur ma propriété, je taris le vôtre, suis-je tenu de vous indemniser et de faire cesser le tort que je vous cause?

La question doit être décidée négativement.

En effet, dit M. Lepage, votre puits manquant d'eau dès que le mien est ouvert, c'est une preuve que j'ai rencontré la même source que vous, que cette source passe sur mon terrain avant d'arriver sur le vôtre, et qu'elle n'est pas suffisante pour alimenter l'un et l'autre puits. Cet évènement est une conséquence des lois de la nature, et ne vient pas du fait de l'homme, qui ne peut y remédier. En conséquence, chacun doit jouir de l'avantage naturel de sa situation; et comme en creusant mon puits, j'ai usé de mon droit de propriété, sans qu'il me soit donné aucun moyen d'empêcher le préjudice que vous en recevez, je n'en suis pas responsable. Le seul remède à l'inconvénient que vous éprouvez, consiste à faire creuser votre puits plus profondément, afin de trouver une autre source dont les conduits n'aboutissent pas au mien.

Quelles sont les précautions et les distances à observer pour construire un puits ?

L'article 674 du C. Civ. dit que celui qui fait creuser un puits près d'un mur, est obligé de laisser la distance prescrite par les règlements et usages particuliers, ou à faire les ouvrages prescrits par les mêmes règlements et usages, pour éviter de nuire au voisin.

Voici ce que portait l'art. 191 de la coutume de Paris: « Celui qui veut faire un puits contre un mur mitoyen doit faire un contre-mur d'un pied d'épaisseur. S'il y avait des lieux d'aisances d'un côté et puits de l'autre, il suffit qu'il y ait quatre pieds de maçonnerie d'épaisseur entre deux, comprenant les épaisseurs des murs d'une part et d'autre; mais entre deux puits, suffisent trois pieds pour le moins. »

Remarquons que lors même qu'un puits aurait été creusé à la distance et avec les précautions voulues par la loi, s'il en résulte quelque dommage par la suite pour les voisins, le propriétaire du puits en doit la réparation. (Arg. C. Civ. 1382.)

Comment doit s'établir la propriété d'un puits ?

A ce sujet, écoutons M. Garnier :

« Lorsque les actes n'expliquent pas à quel titre un voisin a droit au puits, il faut consulter les localités. Si le terrain qui l'entoure est la propriété d'un seul, l'autre n'a qu'un droit de servitude ; mais si le terrain est commun ou situé entre les héritages respectifs, sans que les titres ou la possession et la prescription en confèrent la propriété exclusive à l'un des deux, le puits est en copropriété. »

Tous ceux qui ont droit de puisage à un puits doivent contribuer à ses réparations. Toutefois le fermier n'est point obligé ni aux grosses réparations, ni au curage du puits.

Ceux qui causent des préjudices aux eaux d'un puits, soit par des infiltrations, soit par toute autre cause, sont responsables du dommage.

R.

RACINES. — Partie d'un végétal par où il tient à la terre et en tire sa nourriture.

Lorsque les racines d'un arbre s'étendent et s'avancent jusque dans l'héritage du voisin, celui-ci n'a pas simplement une action contre son voisin pour les faire couper, il peut les couper lui-même.

Cela n'empêche pas, dit M. Pardessus, que si avant qu'il les eût coupées, elles avaient causé quelque dégradation aux fondations de son bâtiment, le propriétaire de l'arbre ne fût tenu de le réparer. (Voyez *arbre*.)

RAGE. — Aux époques où des signes de rage se manifestent, l'autorité administrative doit prendre toutes les mesures de prudence que les circonstances exigent, et défendre strictement la sortie des chiens.

Voici une instruction publiée par le gouvernement sur le traitement à employer contre la morsure des animaux enragés, et l'hydrophobie qui en est la suite.

Le signe caractéristique de la rage est l'horreur de l'eau, ce qui lui a mérité le nom d'hydrophobie; l'animal qui en est atteint est plus ou moins baveux et écumant.

Cette bave, produit de la salive, est virulente, et en s'introduisant dans le corps par la morsure, elle occasionne la maladie.

On commence le traitement par bien laver les environs des plaies avec de l'eau tiède, pour emporter la bave qui pourrait s'y être attachée.

On emporte ensuite sur-le-champ les chairs mordues avec un instrument tranchant, ou on les cautérise avec un fer ardent, ou avec de l'esprit de nitre ou de vitriol, vulgairement connu sous le nom d'eau forte et d'huile de vitriol.

Une fausse pitié ne doit ni intimider ni arrêter l'opérateur : il s'agit de soustraire le sujet à une maladie affreuse, à une mort certaine.

On hâte la suppuration ; on épargne des douleurs au malade, en couvrant et en remplissant la plaie d'un cataplasme de mie de pain avec le lait, appliqué tiède, et renouvelé toutes les quatre heures.

On frictionne ensuite les environs des plaies avec l'onguent mercuriel fait au tiers ou à moitié.

Ces frictions se multiplient, se rapprochent, et la dose de l'onguent est proportionnée aux forces et au danger.

Si le péril est imminent, si les morsures ont été nombreuses, si le malade a été sans secours, il faut agir de manière à exciter promptement la salivation ; on peut employer 15, 30 grammes et même plus de cet onguent, surtout s'il ne contient qu'un tiers de mercure. L'on a vu cette méthode rigoureuse réchapper des individus chez lesquels la maladie était déjà déclarée. Il n'est pas moins urgent, dans cette extrémité, d'emporter, de brûler ou de cautériser les chairs qui ont été mordues, quand même la cicatrice serait parfaite. Il est constant que toutes les plaies se rouvrent lorsque l'hydrophobie se manifeste.

RATELAGE. — Voyez *glanage.*

RAVINS. — Lieux creusés par les eaux.

Quand les eaux n'ont point un lieu d'écoulement déterminé, chacun a le droit de faire ce qui lui paraît utile pour défendre son fonds contre les ravages, et cela lors même qu'il en résulterait des dommages pour ses voisins. Ainsi il peut combler les ravins qui se sont formés et faire les ouvrages nécessaires pour en prévenir de nouveaux, pourvu toutefois que ces ouvrages n'aient point pour but de repousser les eaux sur l'héritage supérieur. (Voyez *cours d'eau.*)

RÉCOLTES. — C'est ce qu'on recueille des fruits de la terre.

Voyez *délits ruraux* et *grains.*

RÉDHIBITOIRES (vices.) — On appelle vices rédhibitoires les défauts cachés qu'avait une chose au moment de la vente, et qui donnent lieu de la part de l'acheteur à une action pour faire annuler la vente de cette chose.

Voici les dispositions de la loi du 20 mai 1838, concernant les vices rédhibitoires dans les ventes et les échanges des animaux domestiques.

Art. 1er. — Sont réputés vices rédhibitoires et donnent seuls ouverture à l'action résultant de l'art. 1641, C. Civ., dans les ventes ou échanges des animaux domestiques ci-dessous dénommés, sans distinction des localités où les ventes ou échanges auront lieu, les maladies ou défauts ci-après, savoir :

Pour le cheval, l'âne ou le mulet, la fluxion périodique des yeux, l'épilepsie ou le mal caduc, la morve, le farcin, les maladies anciennes de poitrine ou vieilles courbatures, l'immobilité, la pousse, le cornage chronique, le tic sans usure des dents, les hernies inguinales intermittentes, la boiterie intermittente pour cause de vieux mal.

Pour l'espèce bovine, la phthisie pulmonaire ou pommelière.

L'épilepsie ou mal caduc.

Les suites de la non-délivrance. Le renversement du vagin ou de l'utérus. } après le part chez le vendeur.

Pour l'espèce ovine, la clavelée : cette maladie reconnue chez un seul animal entraînera la rédhibition de tout le troupeau.

La rédhibition n'aura lieu que si le troupeau porte la marque du vendeur

Le sang de rate : cette maladie n'entraînera la rédhibition du troupeau qu'autant que dans le délai de la garantie, sa perte constatée s'élèvera au quinzième au moins des animaux achetés. Dans ce dernier cas, la rédhibition n'aura lieu également que si le troupeau porte la marque du vendeur.

2. — L'action en réduction du prix, autorisée par l'art. 1644 du Code civil, ne pourra être exercée dans les ventes et échanges d'animaux énoncés dans l'art. 1er ci-dessus.

3. — Le délai pour intenter l'action rédhibitoire sera, non compris le jour fixé pour la livraison, de trente jours pour le cas de fluxion périodique des yeux et d'épilepsie ou mal caduc; de neuf jours pour tous les autres cas.

4. — Si la livraison de l'animal a été effectuée ou s'il a été conduit, dans les délais ci-dessus, hors du lieu du domicile du vendeur, les délais seront augmentés d'un jour par cinq myria-

mètres de distance du domicile du vendeur au lieu ou l'animal se trouve.

5. — Dans tous les cas, l'acheteur, à peine d'être non recevable, sera tenu de provoquer, dans les délais de l'art. 3, la nomination d'experts chargés de dresser procès-verbal; la requête sera présentée au juge-de-paix du lieu où se trouvera l'animal. Ce juge nommera immédiatement, suivant l'exigence des cas, un, ou trois experts, qui devront opérer dans le plus bref délai.

6. — La demande sera dispensée du préliminaire de conciliation, et l'affaire instruite et jugée comme matière sommaire.

7. — Si pendant la durée des délais fixés par l'art. 3, l'animal vient à périr, le vendeur ne sera pas tenu de la garantie, à moins que l'acheteur ne prouve que la perte de l'animal provient de l'une des maladies spécifiées dans l'art. 1er.

8. — Le vendeur sera dispensé de la garantie résultant de la morve et du farcin pour le cheval, l'âne ou le mulet, et de la première clavelée pour l'espèce ovine, s'il prouve que l'animal, depuis la livraison, a été mis en contact avec des animaux atteints de ces maladies.

Remarquons que pour que l'action rédhibitoire soit recevable, il ne suffit pas que l'acheteur ait fait constater le vice rédhibitoire par des gens de l'art avant l'expiration du délai fixé par la loi sus-rapportée, mais il faut que l'action elle-même ait été intentée avant ce délai. (Cass. 20 mai 1840.)

Quand il y a eu acte de commerce, l'action rédhibitoire doit être portée devant le tribunal de commerce; dans le cas contraire, devant le tribunal de première instance si le prix de la vente est supérieur à 200 francs, ou devant le juge-de-paix si ce prix n'est pas supérieur à cette somme. (Voyez *juges-de-paix*.)

REGARD. — On appelle regard des ouvertures

pratiquées au-dessus des égouts, des aqueducs, etc., pour pouvoir les visiter.

Voyez *cours d'eau*, *égout-cloaque*.

RÉINTÉGRANDE. — C'est l'action par laquelle on demande à être remis en possession d'un héritage dont on a été dépouillé par violence ou voie de fait.

Voyez *juge-de-paix*, *possession*.

RELAIS. — Voyez *mer*, *lais et relais*.

RÉPARATIONS. — Ouvrages qui ont pour but de remettre des choses dégradées en bon état.

Tout propriétaire a le droit de réparer sa propriété, comme bon lui semble, pourvu qu'il ne cause pas de dommages à ses voisins.

Les réparations qui ne sont pas contraires aux lois du voisinage peuvent être exécutées, lors même qu'il en résulterait du dommage à l'héritage contigu. (Lepage.)

Avant de faire des réparations aux bâtiments donnant sur la voie publique, on doit en avertir l'autorité municipale et obtenir les alignements nécessaires.

Voyez, à cet effet, au mot *alignement*.

Pour faire des réparations à son bâtiment, peut-on passer sur l'héritage voisin?

Voyez *tour d'échelle*.

Quand la réparation est à faire à un mur mitoyen, chaque voisin doit fournir le passage. (C. Civ. 655). Voyez *mur*.

S'il fallait, pour réparer un bâtiment, rompre une partie de la couverture du voisin, celui-ci ne pourrait s'y refuser, pourvu que tout fût rétabli promptement, et qu'on l'indemnisât. (Pardessus).

Un voisin peut-il exiger la réparation ou la démolition d'un bâtiment en péril? (Voyez *réparation, démolition.*)

RÉSERVOIR. — Lieu où l'on amasse des eaux, où l'on conserve du poisson.

Voyez *cours d'eau*, *étang*, *lac.*

REZ-DE-CHAUSSÉE. — Niveau du sol.

Voyez *étages.*

RIDEAU. — Petite élévation de terre en pente, ou escarpée, plus vulgairement connue sous le nom de *tertre* ou *terme.*

Les rideaux font généralement partie des terrains qu'ils entourent.

Le propriétaire de la partie inférieure d'un tertre ne pourrait le couper à pic, ni le défricher ou le cultiver d'une manière qui puisse porter préjudice à la partie supérieure; il devrait, au contraire, en laisser quelque portion dans un état tel, que cette partie ne se trouvât exposée à aucun éboulement. (PARDESSUS, LEPAGE.)

RIGOLE. — Petite tranchée qu'on fait dans la terre pour faire couler les eaux dans un pré, dans un jardin. (Voyez *irrigation.*)

RIVAGE. — C'est la partie de terrain que couvre la mer, ou peut couvrir dans les plus grandes marées.

Les rivages de la mer font partie du domaine public. (C. Civ. 538.) — Voyez *lais et relais*, *mer.*

RIVE. — C'est le bord d'un fleuve, d'un étang, d'un lac. (Voyez tous ces mots.)

RIVIÈRE. — Assemblage d'eaux qui coulent dans un lit d'une étendue considérable.

Les rivières se divisent en rivières *navigables et flot-*

tables, en rivières *flottables* seulement, et en rivières *non navigables ni flottables*. Pour les principes relatifs à cette dernière espèce, voyez *cours d'eau*, § 4.

Les rivières navigables et flottables sont une dépendance du domaine public. (C. Civ. 538.)

Mais le droit du domaine public ne commence qu'à l'endroit où la rivière devient flottable ou navigable ; la partie qui se trouve au-dessus de ce point est la propriété des riverains, sans préjudice toutefois à ce que nous avons dit au mot *cours d'eau*, § 1er, sur la propriété du lit des rivières, et au droit qui appartient à l'administration de défendre aux riverains d'*amont* les prises d'eau qui seraient susceptibles de nuire à la navigabilité de la rivière. (GARNIER.)

La question de savoir si une rivière est navigable ou flottable, et à quel point elle commence à faire partie du domaine public, est une question de haute administration, soumise à l'autorité royale après enquête de *commodo et incommodo* (L. 15 avril 1829), et non susceptible d'être attaquée par la voie contentieuse. (*Rép. de la Juris. du Not.*; ord. 19 juin 1838.)

Les bras des rivières navigables, lors même qu'ils n'auraient pas le caractère de navigabilité, font aussi partie du domaine public, quand la navigation est subordonnée à leur entretien. (DAVIEL, PROUDHON.)

Un cours d'eau devient navigable ou flottable par la déclaration qui en est faite par un arrêté du préfet, rendu sous l'approbation du ministère de l'intérieur. Toutefois il ne peut être déclaré navigable ou flottable que sauf l'indemnité due aux propriétaires riverains, pour la servitude dont leur bien fonds se trouve grevé. (Arg. 545 C. Civ.)

Il n'est dû aucune indemnité pour la privation de la pêche ni pour le *lit des rivières*, conséquence de ce qui a été dit sous le mot *cours d'eau*, § 1er.

Les bords des rivières navigables ou flottables sont la propriété des riverains, mais en supportant les servitudes établies pour le service de la navigation. (GARNIER.) — Voyez *chemin de halage*.

Ils peuvent y abreuver les bestiaux, y laver, y puiser de l'eau même. (Ibid.)

Pour faire dans des rivières navigables ou flottables des prises d'eau ou saignées pour l'irrigation des terres ou des prés, l'autorisation du préfet est nécessaire. (Arrêt 19 vent. an 6.) Cette autorisation doit être demandée dans la même forme que celle pour l'établissement d'un moulin ou d'une usine.

Les contestations sur un cours d'eau, qui ont pour objet l'*intérêt privé* de ceux entre lesquels elles s'élèvent, doivent être jugées par les tribunaux ; quand au contraire elles ont pour objet la *police* ou l'*utilité commune*, c'est à l'autorité administrative qu'il appartient de les juger.

Les contraventions aux dispositions ci-dessus retracées, telles que anticipations et toutes espèces de détériorations commises sur les rivières navigables ou flottables, leurs chemins de halage, francs-bords, etc., doivent être constatées, poursuivies et réprimées par voie administrative : les procès-verbaux en sont adressés au sous-préfet, qui prononce par provision, et il est statué définitivement par le conseil de préfecture. (L. 29 flor. an 10.)

Voyez *cours d'eau*, *accession*, *alluvion*, *atterrissement*.

ROUTE. — Les routes se divisent en *routes royales* et *routes départementales*.

Les routes *royales* se subdivisent en trois classes : la première classe comprend celles qui conduisent de la capitale aux frontières, aux ports et entrepôts de commerce ; la seconde classe comprend celles qui conduisent à des villes moins considérables ; la troisième classe comprend celles qui établissent des communications entre les principales villes de l'intérieur, sans partir de la capitale.

Les routes *départementales* sont celles qui établissent des communications entre les villes d'un département ou des départements voisins.

Les routes doivent avoir une largeur de 14 mètres, 12 mètres ou 10 mètres, selon qu'elles appartiennent à la première, à la seconde ou à la troisième classe.

Quant aux routes traversant les bois, elles doivent avoir une largeur de 20 mètres.

Les routes départementales sont de 8 à 10 mètres.

Il est défendu de construire sur le bord d'une grande route, même en pleine campagne, sans avoir préalablement obtenu un alignement. (Voyez ce mot.)

On ne peut ouvrir des carrières de pierres, moëllons, etc., ou faire aucune fouille pour tirer de la marne, de la glaise ou du sable, qu'au moins à la distance de 58 mètres du bord d'une route.

RUCHES. — Voyez *abeilles*.

RUELLE. — Voyez *mur, vue.*

RUISSEAUX. — Voyez *cours d'eau.*

RURALE (police). — Voyez *police.*

RURAUX (délits). — Voyez *délits ruraux.*

S.

SAILLIES. — On nomme saillies les constructions qui sortent de la ligne verticale d'un bâtiment et qui projettent sur la voie publique ou sur le voisin.

Il y a deux sortes principales de saillies :

1° Les saillies *fixes*, qui font partie des bâtiments, au nombre desquelles sont, les balcons, corniches, avant-corps, etc. ;

2° Et les saillies *mobiles*, qui ne font pas partie des constructions, qui n'y sont qu'attachées, comme les échoppes, les enseignes, les auvents, etc.

Outre cela il faut distinguer deux autres classes de saillies :

Celles qui projettent sur le voisin,

Et celles qui projettent sur la voie publique.

Relativement à la première de ces deux casses, nous dirons que, du principe posé par l'art. 552 du C. Civ., que la propriété du sol emporte la propriété du dessus, il résulte qu'on ne peut établir aucune saillie sur un mur élevé sur la ligne de séparation de deux héritages appartenant à des propriétaires différents.

Mais le propriétaire d'un mur qui nest pas limitrophe peut établir des saillies jusqu'à la ligne perpendiculaire élevée sur la limite des deux propriétés.

Toutefois s'il s'agissait de balcons ou autres semblables saillies sur lesquels on peut se promener, ils ne pourraient être établis qu'à la distance de 19 décimètres de l'héritage voisin. (Voyez *vue*.)

Cette distance se compte depuis la ligne extérieure du balcon ou de toutes autres semblables saillies, jusqu'à la ligne de séparation des deux propriétés.

Il n'est pas permis aux propriétaires de faire construire sur rue, le long des murs de leurs maisons, des bancs de pierre ou de bois, des escaliers, marches ou seuils de porte.

Un règlement du 14 décembre 1725, fait défense à tous marchands et artisans de pratiquer à leurs maisons aucune espèce de saillies fixes de plus de 22 centimètres. Pour avoir des avances d'une plus grande étendue, il faut la permission de l'autorité locale.

Il a été rendu, en date du 24 décembre 1823, une ordonnance royale, portant règlement sur les saillies, auvents et constructions semblables à permettre dans la ville de Paris. Ce règlement pouvant être pris pour exemple ailleurs, on ne fera pas mal de le consulter au besoin, ainsi que l'ordonnance de police du 9 juin 1824, qui prescrit les mesures à observer pour l'établissement de ces saillies.

Dans les villes autres que Paris, les maires peuvent permettre ou défendre l'établissement ou la réparation des saillies.

SALINES. — Lieux ou établissements ou se fabrique le sel. (Voyez *mines*.)

SALPÊTRE. — Le titre 1er de la loi du 13 fructidor an 5 renferme, sur l'exploitation du salpêtre, les dispositions suivantes :

1° L'exploitation des salpêtres continuera d'être faite pour le compte de l'État, et ne pourra l'être que sous l'inspection et avec l'autorisation du gouvernement.

2° Les salpêtriers commissionnés en vertu des lois précédentes, ou qui le seront à l'avenir, continueront d'enlever, dans les arrondissements qui leur sont ou seront déterminés, les matériaux de démolitions salpêtrés. A cet effet, les propriétaires qui voudront faire démolir, ou ceux qui en seront chargés par eux, ne le pourront qu'après en avoir prévenu leur municipalité ou l'agent municipal de leur commune, afin que le salpêtrier puisse en prendre connaissance.

3° Si celui chez lequel on aura fouillé a quelque plainte à porter contre le salpêtrier, pour cause de dégradation ou autres abus, il s'adressera au juge-de-paix, qui connaîtra des contestations, et ordonnera les réparations et indemnités convenables, sauf le recours du droit aux tribunaux supérieurs.

Aucun salpêtrier ne peut faire de fouilles chez qui que ce soit sans en avoir préalablement obtenu l'exprès consentement.

SALUBRITÉ. — Voyez *égout, établissement dangereux, mare.*

SÉPULTURE. — Les règles à observer pour les sépultures sont contenues dans un décret du 23 prairial an 12, dont voici le texte :

TITRE 1er. — *Des sépultures et des lieux qui leur sont consacrés.*

ART. 1er. — Aucune inhumation n'aura lieu dans les églises, temples, synagogues, hôpitaux, chapelles publiques, et généralement dans aucun des édifices clos et fermés où les citoyens se réunissent pour la célébration de leur culte, ni dans l'enceinte des villes et bourgs.

2. — Il y aura, hors de chacune de ces villes ou bourgs, à la distance de trente-cinq à quarante mètres au moins de leur enceinte, des terrains spécialement consacrés à l'inhumation des morts.

3. — Les terrains les plus élevés et exposés au nord seront choisis de préférence; ils y seront clos de murs de deux mètres au moins d'élévation. On y fera des plantations, en prenant les précautions convenables pour ne point gêner la circulation de l'air.

4. — Chaque inhumation aura lieu dans une fosse séparée; chaque fosse qui sera ouverte aura un mètre cinq décimètres à deux mètres de profondeur, sur huit décimètres de largeur, et sera ensuite remplie de terre bien foulée.

5. — Les fosses seront distantes les unes des autres de trois à quatre décimètres sur les côtés, et de trois à cinq décimètres à la tête et aux pieds.

6. — Pour éviter le danger qu'entraîne le renouvellement trop rapproché des fosses, l'ouverture des fosses pour de nouvelles sépultures n'aura lieu que de cinq années en cinq années : en conséquence, les terrains destinés à former les lieux de sépulture seront cinq fois plus étendus que l'espace nécessaire pour y déposer le nombre présumé des morts qui peuvent y être enterrés chaque année.

TITRE II. — *De l'établissement des nouveaux cimetières.*

7. — Les communes qui seront obligées, en vertu des articles 1 et 2 du titre 1er, d'abandonner les cimetières actuels, et de

s'en procurer de nouveaux hors de l'enceinte de leurs habitations, pourront, sans autre autorisation que celle qui leur est accordée par la déclaration du 10 mars 1776, acquérir les terrains qui leur seront nécessaires, en remplissant les formes voulues par l'arrêté du 5 germinal an 9.

8. — Aussitôt que les nouveaux emplacements seront disposés à recevoir les inhumations, les cimetières existants seront fermés, et resteront dans l'état où ils se trouveront, sans que l'on en puisse faire usage pendant cinq ans.

9. — A partir de cette époque, les terrains servant maintenant de cimetières pourront être affermés par les communes auxquelles ils appartiennent; mais à condition qu'ils ne seront qu'ensemencés ou plantés, sans qu'il puisse y être fait aucune fouille ou fondation pour des constructions de bâtiments, jusqu'à ce qu'il en soit autrement ordonné.

TITRE II. — *Des concessions de terrains dans les cimetières.*

10. — Lorsque l'étendue des lieux consacrés aux inhumations le permettra, il pourra y être fait des concessions de terrains aux personnes qui désireront y posséder une place distincte et séparée, pour y fonder leur sépulture et celle de leurs parents ou successeurs, et y construire des caveaux, monuments ou tombeaux.

11. — Les concessions ne seront néanmoins accordées qu'à ceux qui offriront de faire des fondations ou donations en faveur des pauvres et des hôpitaux; indépendamment d'une somme qui sera donnée à la commune, et lorsque ces fondations ou donations auront été autorisées par le gouvernement dans les formes accoutumées, sur l'avis des conseils municipaux et la proposition des préfets.

12. — Il n'est point dérogé, par les deux articles précédents, au droit qu'a chaque particulier, sans besoin d'autorisation, de faire placer sur la fosse de son parent ou de son ami, une pierre

sépulcrale ou autre signe indicatif de sépulture, ainsi qu'il a été pratiqué jusqu'à présent.

13. — Les maires pourront également, sur l'avis des administrations des hôpitaux, permettre que l'on construise dans l'enceinte de ces hôpitaux des monuments pour les fondateurs et bienfaiteurs de ces établissements, lorsqu'ils en auront déposé le désir dans leurs actes de donation, de fondation ou de dernière volonté.

14. — Toute personne pourra être enterrée sur sa propriété, pourvu que la propriété soit hors et à la distance prescrite de l'enceinte des villes et bourgs.

TITRE IV. — *De la police des lieux de sépulture.*

15. — Dans les communes où l'on professe plusieurs cultes, chaque culte doit avoir un lieu d'inhumation particulier; et, dans le cas où il n'y aurait qu'un seul cimetière, on le partagera par des murs, haies ou fossés, en autant de parties qu'il y a de cultes différents, avec une entrée particulière pour chacune, et en proportionnant cet espace au nombre d'habitants de chaque culte.

16. — Les lieux de sépulture, soit qu'ils appartiennent aux communes, soit qu'ils appartiennent à des particuliers, seront soumis à l'autorité, police et surveillance des administrations municipales.

17. — Les autorités locales sont spécialement chargées de maintenir l'exécution des lois et règlements qui prohibent les exhumations non autorisées, et d'empêcher qu'il ne se commette dans les lieux de sépulture aucun désordre ou qu'on s'y permette aucun acte contraire au respect dû à la mémoire des morts.

SENTE, SENTIER. — Chemin étroit à travers les champs ou les bois. (Voyez *chemin privé*, *passage*.)

SERVITUDE. — Une servitude est une charge

imposée sur un héritage pour l'usage et l'*utilité d'un héritage* appartenant à un autre propriétaire.

Un des caractères le plus essentielle des servitudes, c'est qu'elles ont pour objet l'*utilité d'un héritage*, et par cette raison, ne peuvent être établies en faveur des personnes. Par exemple, je vous cède le droit de vous promener, de pêcher, de chasser sur mon héritage, ou je vous accorde la faculté d'aller prendre vos repas dans ma maison, dans mon jardin, de pareils droits ne dureraient que pendant le temps déterminé, ou pendant la vie de celui à qui on les aurait accordés. Ils ne pourraient point être attachés à la *propriété d'un fonds* quelconque, de manière que chaque *acquéreur* l'exerçât de plein droit en vertu de son acquisition ; les effets de la concession, si le terme de sa durée dépassait celui de la vie de l'individu à qui elle aurait été faite, ne pourraient être réclamés que par les *héritiers* de cet individu, et, par tous ces motifs, elle ne serait pas une *servitude*. (Pardessus.)

Les servitudes dérivent ou de la situation naturelle des lieux, ou des obligations imposées par la loi, ou des conventions entre les propriétaires.

Des servitudes qui dérivent de la situation des lieux.

La situation respective de deux héritages voisins rend nécessaires certains assujettissements de l'un envers l'autre, sans qu'il soit besoin d'aucun titre. Ces assujettissements sont des servitudes naturelles, puisqu'elles dérivent du fait seul de la nature, c'est-à-dire, de la manière dont elle a disposé le terrain des deux héritages. (Lepage ; *lois des bâtiments*.)

Le code distingue trois sortes de servitudes dérivant de la situation des lieux : 1° les obligations qui concernent les eaux ; 2° le droit des propriétaires voisins de se contraindre réciproquement au bornage de leurs propriétés contiguës ; 3° la faculté de clore un héritage pour le soustraire à la vaine pâture et au parcours.

Nous avons parlé de ces trois sortes de servitudes sous les mots *cours d'eau, bornage et clôture.*

Des servitudes établies par la loi.

Les servitudes établies par la loi ont pour objet l'utilité publique ou communale, ou l'utilité des particuliers.

Tout ce qui concerne celles établies pour l'utilité publique ou communale, est déterminé par des lois ou des règlements particuliers.

Ces servitudes sont :

1° Le marche-pied le long des rivières navigables ou flottables. (Voyez *marche-pied, chemin de halage.*)

2° La construction ou réparation des chemins et autres ouvrages publics ou communaux. (Voyez *alignement, construction, défense de construire, démolition, réparation, forteresse.*)

3° La plantation des routes ou des chemins vicinaux. (Voyez *arbres.*)

4° L'obligation imposée au propriétaire de ne point changer le cours de la source, lorsqu'il fournit aux habitants d'une commune, village ou hameau, l'eau qui leur est nécessaire. (Voyez *cours d'eau, abreuvoir.*)

Quant aux servitudes établies par la loi pour l'utilité

des particuliers, elles sont réglées pour partie par les lois sur la police rurale. (Voyez *police rurale.*)

Les autres sont réglées par le Code civil, et ont pour objet :

1° Les murs et fossés mitoyens. (Voyez *mur*, *haie*, *fossé*, *contre-mur*, etc.)

2° La distance et les ouvrages intermédiaires requis pour certaines constructions et plantations. (Voyez *alignement, arbres, contre-mur.*)

3° Les vues sur la propriété du voisin. (Voyez *vue.*)

4° L'égout des toits. (Voyez *toit.*)

5° Le droit de passage. (Voyez *passage, tour d'échelle.*)

Des servitudes établies par le fait de l'homme.

Il est permis aux propriétaires d'établir sur leurs propriétés, ou en faveur de leurs propriétés, telles servitudes que bon leur semble, pourvu néanmoins que les services établis ne soient imposés ni à la personne, ni en faveur de la personne, mais seulement à un fonds et pour un fonds, et pourvu d'ailleurs que ces services n'aient rien de contraire à l'ordre public.

L'usage et l'étendue des servitudes ainsi établies se règlent par le titre qui les constitue ; à défaut de titre, par les règles ci-après.

Les servitudes sont établies ou pour l'usage des bâtiments, ou pour celui des fonds de terre. Celles de la première espèce s'appellent *urbaines*, soit que les bâtiments auxquels elles sont dues soient situés à la ville ou à la campagne. — Celles de la seconde espèce se nomment *rurales.*

Les servitudes sont *continues* ou *discontinues*.

Les servitudes *continues* sont celles dont l'usage est ou peut être continuel sans avoir besoin du fait actuel de l'homme : tels sont les conduites d'eau, les égouts, les vues et autres de cette espèce.

Les servitudes *discontinues* sont celles qui ont besoin du fait actuel de l'homme pour être exercées : tels sont les droits de passage, puisage, pacage et autres semblables.

Les servitudes sont *apparentes* ou non *apparentes*.

Les servitudes *apparentes* sont celles qui s'annoncent par des ouvrages extérieurs, tels qu'une porte, une fenêtre, un aqueduc.

Les servitudes non *apparentes* sont celles qui n'ont pas de signe extérieur de leur existence, comme, par exemple la prohibition de bâtir sur un fonds, ou de ne bâtir qu'à une hauteur déterminée.

De même le droit de passage, qui est une servitude discontinue, peut être apparent, s'il est manifesté par un chemin, par une porte donnant sur l'héritage voisin; et non apparent, si aucun signe ne l'indique.

Comment s'établissent les servitudes.

Les servitudes continues et apparentes s'acquièrent par titre ou par possession de trente ans. (Voyez *possession*.)

Les servitudes continues non apparentes, et les servitudes discontinues apparentes ou non apparentes ne peuvent s'établir que par titres. La possession même *immémoriale* ne suffit pas pour les établir, sans cependant qu'on puisse attaquer aujourd'hui les servitudes de cette nature déjà acquises par la possession, dans les pays où elles pouvaient s'acquérir de cette manière.

La destination du père de famille vaut titre à l'égard des servitudes continues et apparentes. (Voyez *destination du père de famille.*)

Lorsque le titre constitutif d'une servitude qui ne peut s'acquérir par la prescription n'existe plus, il ne peut être remplacé que par un *titre récognitif* de la servitude, et émané du propriétaire du fonds asservi.

On appelle *titre récognitif* l'acte dans lequel on reconnaît l'existence d'un titre constitutif.

Quand on établit une servitude, on est censé accorder tout ce qui est nécessaire pour en user.

Ainsi la servitude de puiser de l'eau à la fontaine d'autrui, emporte nécessairement le droit de passage.

Des droits du propriétaire du fonds auquel la servitude est due.

Celui auquel est due une servitude, a droit de faire tous les ouvrages nécessaires pour en user et pour la conserver.

Ces ouvrages sont à ses frais, et non à ceux du propriétaire du fonds assujetti, à moins que le titre d'établissement de la servitude ne dise le contraire.

Dans le cas même où le propriétaire du fonds assujetti est chargé par le titre de faire à ses frais les ouvrages nécessaires pour l'usage ou la conservation de la servitude, il peut toujours s'affranchir de la charge, en abandonnant le fonds assujetti au propriétaire du fonds auquel la servitude est due.

Si l'héritage pour lequel la servitude a été établie vient à être divisé, la servitude reste due pour chaque portion, sans néanmoins que la condition du fonds assujetti soit aggravée.

Ainsi, par exemple, s'il s'agit d'un droit de passage, tous les copropriétaires seront obligés de l'exercer par le même endroit.

Le propriétaire du fonds, débiteur de la servitude, ne peut rien faire qui tende à en diminuer l'usage ou à le rendre plus incommode.

Ainsi, il ne peut changer l'état des lieux, ni transporter l'exercice de la servitude dans un endroit différent de celui où elle a été primitivement assignée. Cependant, si cette assignation primitive était devenue plus onéreuse au propriétaire du fonds assujetti, ou si elle l'empêchait d'y faire des réparations avantageuses, il pourrait offrir au propriétaire de l'autre fonds un endroit aussi commode pour l'exercice de ses droits, et celui-ci ne pourrait pas le refuser.

De son côté, celui qui a un droit de servitude, ne peut en user que suivant son titre, sans pouvoir faire, ni dans le fonds qui doit la servitude, ni dans le fonds à qui elle est due, de changement qui aggrave la condition du premier.

Comment les servitudes s'éteignent.

Les servitudes cessent lorsque les choses se trouvent en tel état qu'on ne peut plus en user.

Par exemple, si la source où l'on allait puiser de l'eau vient à tarir; si le champ par lequel on passait est inondé par une rivière voisine ; si le mur sur lequel on avait droit d'ouvrir des jours vient à être abattu.

Elles revivent si les choses sont rétablies de manière qu'on puisse en user ; à moins qu'il ne se soit déjà écoulé un espace de temps suffisant pour faire présumer l'extinction de la servitude, c'est-à-dire trente ans, ainsi que nous allons le voir plus bas.

Ainsi, dans l'exemple précédent, si l'eau revient à la source, si la rivière se retire, si le mur abattu est reconstruit, toutes les servitudes revivent.

Toute servitude est éteinte, lorsque le fonds à qui elle est due, et celui qui la doit, sont réunis dans la même main.

La servitude est encore éteinte par le non usage pendant trente ans.

Les trente ans commencent à courir, selon les diverses espèces de servitudes, ou du jour où l'on a cessé d'en jouir, lorsqu'il s'agit de servitudes discontinues, ou du jour où il a été fait un acte contraire à la servitude, lorsqu'il s'agit de servitudes continues.

Le mode de la servitude peut se prescrire comme la servitude même, et de la même manière.

Par exemple, si ayant le droit d'ouvrir quatre fenêtres dans le mur du voisin ou dans un mur m'appartenant, mais joignant immédiatement le fonds du voisin, j'en ai ouvert cinq, au bout de trente ans j'aurai acquis cette augmentation de la servitude ; si je n'en ai ouvert que trois, au bout de trente ans je ne pourrai plus ouvrir la quatrième.

Si l'héritage en faveur duquel la servitude est établie appartient à plusieurs par indivis, la jouissance de l'un empêche la prescription à l'égard de tous.

Si parmi les copropriétaires il s'en trouve un contre lequel la prescription n'ait pu courir, comme un *mineur*, il aura conservé le droit de tous les autres.

Nota. Nous n'avons pas cru devoir nous étendre davantage sur le chapitre des servitudes, attendu que sous chacun des mots qui forment notre *répertoire*, on trouvera des applications et des notions suffisamment étendues, qu'il eût été beaucoup trop long de rapporter ici. Nous n'avons donc reproduit que le texte de la loi, augmenté de quelques commentaires pour en faciliter l'intelligence.

SEUIL. — Pièce ordinairement de pierre, qui est au bas de l'ouverture d'une porte et qui la traverse.

Les propriétaires qui bâtissent dans une rue non encore pavée sont tenus, avant de poser les seuils des portes, de demander le règlement des pentes du pavé.

Un arrêt du conseil d'État du 22 mai 1725 prononce, pour inexécution de cette formalité, une amende de 50 francs contre le propriétaire, contre l'architecte et les maçons, outre l'injonction de rétablir les seuils selon le niveau, s'ils sont plus hauts ou plus bas. (Voyez *saillies*.)

SOLIVES. — Voyez *poutres*.

SOURCE. — Endroit où l'eau sort extérieurement de la terre. (Voyez *cours d'eau*, *étang*.)

SOUS-ŒUVRE. — De même qu'on peut bâtir en élévation sur le mur mitoyen, on peut aussi bâtir en profondeur sous ce mur. Les mêmes précautions doivent être prises pour que cette construction sous-œuvre ne préjudicie point au voisin, et l'on doit remplir les mêmes obligations que lorsqu'il s'agit d'un exhaussement. Celui qui creusant au pied du mur mitoyen en prolonge ainsi la fondation, doit bâtir de manière que la solidité et la durée de la partie mitoyenne ne courent aucun danger : il ne lui est dû aucune indemnité pour la charge que supporte la partie qu'il construit ainsi ; et tant qu'elle appartient à lui seul, il est tenu de la réparer à ses dépens. (PARDESSUS.) Voyez *mur mitoyen*.

SOUTERRAIN. — Lieu pratiqué sous terre. (Voyez *carrière, mines*.)

T

TANNERIE. — Voyez *établissement dangereux*.

TÈNEMENT. — Vieux mot, synonyme de *possession*. (Voyez ce mot.)

TERTRE. — Voyez *rideaux*.

TOIT. — Couverture d'un bâtiment.

Celui qui construit un bâtiment dont l'égout sera du côté de l'héritage voisin, doit laisser au-delà de son mur un espace de terrain suffisant pour recevoir les eaux de ses toits.

Il ne peut y avoir des règles certaines sur l'étendue de ce terrain. Elle est assez généralement fixée au double de l'avancement du toit, afin que les eaux ne tombent pas immédiatement sur l'héritage limitrophe. (PARDESSUS.)

Mais si le propriétaire du toit y plaçait une gouttière,

alors il pourrait ne laisser aucune portion de terrain au-delà. (Ibid.)

L'espace que laisse celui qui construit, reste toujours sa propriété. Mais il serait prudent qu'il fît constater la réserve de ce terrain par un titre contradictoire avec ses voisins, ou qu'il fît construire un avancement de mur qui déposât sans cesse de la propriété qu'il s'est réservée. Ceux-ci pourraient à la longue lui opposer la présomption ordinaire, qu'on est censé bâtir à l'extrémité de sa propriété; s'ils ne lui disputaient pas la totalité de l'espace laissé au-delà de son mur, ils pourraient lui refuser la portion de terrain au-delà de la ligne d'aplomb de l'avancement de son toit, et le forcer à établir une gouttière qui reporterait les eaux sur son héritage. (Ibid.) Voyez *égout*.

Comment les propriétaires partiels d'un immeuble doivent-ils supporter les réparations de la toiture? (Voyez *étages*.)

TOLÉRANCE. — Les actes de jouissance qui ne seraient fondés que sur le consentement momentané du propriétaire du fonds sur lequel on prétend avoir une servitude, ne sont pas suffisants pour établir la prescription. C'est ce qu'on appelle *tolérance, précarité.*

Toutefois il existe une différence entre la tolérance et la précarité; c'est que, généralement, la possession précaire résulte d'un titre ou d'une convention quelconque, comme un bail, tandis que la tolérance suppose un consentement qui n'est pas exprimé, et qui tient plus à la complaisance et à l'amitié qu'à l'intérêt.

Ce qu'on fait à ce titre ne doit donc acquérir ni droit

ni possession, parce que celui sous le bon plaisir duquel on agit ainsi, demeure toujours le maître de s'y opposer lorsqu'il le juge convenable.

La difficulté la plus sérieuse est de distinguer quand l'exercice a eu lieu par droit ou à titre de familiarité.

A cet égard, écoutons M. Pardessus.

Il y a des choses qu'on souffre, pour ainsi dire, sans conséquence; par exemple, un égout sur un terrain vague et inculte; d'autres que la parenté, l'amitié peuvent faire tolérer entre voisins, comme l'ouverture d'une croisée, son existence sans la garnir de mailles et de barreaux. Le peu de bonne foi d'un grand nombre de personnes, ne permet pas toujours de distinguer si la jouissance alléguée résulte d'un droit véritable, ou d'une familiarité. C'est à la prudence des juges à se déterminer d'après les circonstances.

La précarité existe chaque fois que l'on ne possède pas à titre de propriétaire. Jamais, dans ce cas, on ne peut acquérir de servitude sur la chose dont on jouit. Par exemple, un particulier est propriétaire d'une maison voisine d'une autre, qu'il possède par bail ou comme usufruitier; pendant le temps de cette jouissance, il ouvre une croisée dans le mur qui sépare sa maison de celle dont il est locataire ou usufruitier.

Cette entreprise ne lui confère point de droit, parce que ayant l'usage de la maison à titre précaire, il n'a pu s'y permettre rien à un autre titre. Il est à croire que, si ce particulier n'avait pas été locataire ou usufruitier de la maison voisine de la sienne, il n'aurait pas ouvert ainsi des jours, et établi des signes apparents de la servitude. (Ibid.)

Toutefois, si après l'expiration du bail ou de l'usufruit, le propriétaire de la maison souffre pendant trente ans l'existence de la croisée et l'exercice de la vue, il y a ce que l'article 2238 du Code Civil appelle *interversion de titre*. Les règles, dans ce cas, sont les mêmes que pour toutes autres espèces de propriété.

TOMBEAUX. — Voyez *sépulture*.

TONTE. — Action de tondre. (Voyez *élagage*.)

TORRENT. — Courant d'eau impétueux qui dure peu. (Voyez *cours d'eau, ravin*.)

TOUR DU CHAT. — Voyez *forges*.

TOUR D'ÉCHELLE. — La servitude du tour d'échelle est le droit de placer des échelles sur l'héritage voisin, afin de faciliter les réparations à faire au mur de séparation, ou aux bâtiments que porte ce mur.

Nous allons essayer de donner quelques règles sur ce droit, dont le code ne s'est point occupé.

Et d'abord, existe-t-il une différence entre le cas où le mur qui sépare deux héritages appartient à un seul propriétaire, et le cas où il est mitoyen? Comme il est très important de ne pas confondre ces deux circonstances, nous allons en parler successivement.

Premier cas. Quand le mur n'est pas mitoyen, il faut encore distinguer s'il est situé à la ville ou à la campagne. Dans les villes, où la clôture est forcée, celui à qui appartient le mur dont la réparation est urgente, peut exiger le passage nécessaire pour les faire. L'article 663 lui donne le droit de contraindre son voisin à concourir à la construction d'un mur de clôture, et c'est le cas d'appliquer la règle de droit *que le moins est contenu dans le plus*. (Pardessus.)

S'il s'agit de réparations à faire au toit, il faut considérer si l'héritage du voisin est asservi à l'égout du toit; dans ce cas, il ne peut se refuser au passage pour les réparations, parce que c'est une suite nécessaire de la servitude d'égout. C'est la conséquence du principe général, qui veut que le propriétaire du fonds assujetti laisse faire tout ce qui est nécessaire pour l'établissement ou l'entretien de la servitude, et particulièrement fournisse un passage pour les ouvriers employés à cet effet, lorsqu'il n'y en a pas d'autre. (Ibid.)

La difficulté, ajoute cet auteur, se réduirait donc aux murs de simple clôture dans la campagne, et aux cas où il faudrait réparer la couverture de bâtiments qui n'auraient aucun droit d'égout. Il est évident que, dans ce cas, le propriétaire n'a pas droit de passer sur son voisin : il a dû construire de manière à n'en avoir aucun besoin; il a dû laisser un espace suffisant de terrain pour réparer facilement ses bâtiments ou ses murs.

Cependant, s'il justifiait qu'il n'a aucun moyen de faire ces réparations, il serait fondé, par une induction aussi juste que naturelle de l'article 682 du C. Civ., à exiger de son voisin qu'il lui accorde cette faculté, moyennant une indemnité.

Si même, dit encore M. Pardessus, il était indispensable, pour réparer un bâtiment, de rompre une partie de la couverture du voisin, celui-ci ne pourrait s'y refuser, pourvu que tout fût rétabli promptement, et qu'on l'indemnisât.

Dans ce cas, la faveur de la propriété doit céder à des considérations plus puissantes; mais il est naturel que celui qui est obligé de souffrir ce passage en éprouve le moins d'incommodité possible; ainsi, le voisin ne peut en user que pour le temps nécessaire et que pour cet objet seulement.

Quelques coutumes faisaient du tour d'échelle une servitude légale, qui résultait du seul voisinage, sans qu'il fût besoin de titre pour l'établir.

Aujourd'hui cette servitude n'existe plus, le code ne l'a pas conservée; elle ne peut être réclamée qu'en vertu d'un titre; car, étant discontinue, elle ne s'acquiert pas par prescription. (Voyez *servitudes.*)

Deuxième cas. S'il s'agit de réparations à faire à un mur mitoyen, chaque voisin doit fournir le passage nécessaire : cela résulte tout naturellement des termes de l'article 655 du C. Civ., qui dit que la réparation et la reconstruction du mur mitoyen sont à la charge de tous ceux qui y ont droit, et proportionnellement au droit de chacun.

Mais quelle largeur de son terrain est-on obligé de mettre à la disposition des ouvriers, lorsqu'ils travaillent au mur mitoyen de la part du voisin?

Des dispositions de l'article 662 du Code Civil, qui défend à chacun des copropriétaires d'un mur mitoyen de toucher à ce mur sans le consentement des intéressés, ou, à leur refus, sans autorisation de la justice, il résulte que, soit que les parties s'arrangent à l'amiable, soit qu'elles aient besoin de l'autorité judiciaire, l'ouvrage projeté est connu de chacune d'elles, toutes les circonstances en ont été prévues; en conséquence, le mode de travailler est autorisé, sous la condition qu'il ne sera causé au voisin que l'embarras indispensable. Comme, d'un côté, la nature des réparations peut exiger plus ou moins de terrain pour la circulation des ouvriers, et que, de l'autre, la localité peut bien ne pas permettre une aussi grande facilité qu'il serait à désirer, les détails qui intéressent à cet égard les deux voisins, sont réglés par l'acte ou par le jugement qui, sur un rapport d'experts, permet le travail projeté. (LEPAGE, *lois des bâtiments.*)

Voyez *égout*, *passage*, *toit*, *servitudes*.

TOURBE. — Terre combustible. (Voyez *tourbière.*)

TOURBIÈRE. — Endroit d'où l'on extrait la tourbe.

Les tourbières ne peuvent être exploitées que par le propriétaire du terrain, ou de son consentement. (L. 21 avril 1810.)

Aux termes des articles 84 et 86 de cette loi, les propriétaires de tourbières, soit particuliers, soit communautés d'habitants, ne peuvent, sous peine de 200 francs d'amende, en entreprendre ni continuer l'exploitation, avant d'en avoir fait la déclaration à la sous-préfecture et avoir obtenu l'autorisation nécessaire.

L'article 48 d'un décret du 16 décembre 1811, veut que l'annonce de cette exploitation soit affichée dans la commune où l'exécution doit avoir lieu. (Voyez *mines.*)

TRENTENAIRE (possession). — Voyez *possesion*.

TROUPEAUX. — Voyez *épizootie*.

TUYAUX. — Tube ou canal de métal, de bois, de terre cuite, etc.

Les tuyaux qui conduisent les eaux d'une fontaine, d'un étang, etc., à un moulin, à une manufacture, ou à toute autre usine qui s'exploite par le secours de l'eau, sont, par une présomption naturelle, censé faire partie de ces établissements.

Il ne peut être légalement posé des tuyaux de poële avec saillie sur rue, sans la permission des officiers chargés de la voirie.

U.

URBAINES (servitudes). — On appelle servitudes urbaines, celles qui sont établies pour l'usage des bâtiments, soit que les bâtiments auxquels elles sont dues soient situés à la ville ou à la campagne. (Voyez *servitudes*.)

USINES. — On donne le nom d'usine à tous les établissements de grande fabrication, et particulièrement ceux qui ont pour moteur l'eau, la vapeur, etc., tels que les filatures, les moulins, les fouleries de draps, les fourneaux à fondre les substances métalliques, etc.

DIVISION.

§ 1er. — *De l'établissement des usines sur les rivières navigables et flottables.*

§ 1er. — *De l'établissement des usines sur les rivières navigables et flottables.*

Il ne peut être établi aucun pont, aucune chaussée permanente ou mobile, aucune écluse ou usine, aucun batardeau, moulin, digue ou autre obstacle quelconque au libre cours des eaux dans les rivières navigables ou flottables, dans les canaux d'irrigation ou de dessèchements généraux, sans en avoir préalablement obtenu la permission du préfet, qui ne peut l'accorder que de l'autorisation expresse du roi. (L. 19 vent. an 6.)

Le ministre de l'intérieur a publié, le 19 thermidor même année, une instruction sur les formalités à remplir à cet effet. En voici l'extrait :

Toute personne qui désirera établir un pont, une chaussée permanente ou mobile, une écluse ou usine, un batardeau, moulin, digue ou autre obstacle quelconque au libre cours des eaux dans les rivières navigables ou flottables, dans les canaux d'irrigation ou de dessèchements généraux, devra donner sa demande motivée et circonstanciée au préfet du département du lieu de l'établissement projeté.

Le préfet, après avoir examiné la pétition, en ordonnera le renvoi au maire de la commune, à l'ingénieur ordinaire de l'arrondissement, et à l'inspecteur de la navigation, partout où il y en aura d'établi.

Le maire aura à examiner les convenances locales et l'intérêt des propriétés riveraines, et, afin d'obtenir à cet égard tous les renseignements, et de mettre les intéressés à portée de former leurs réclamations, il ordonnera l'affiche de la pétition à la porte principale de la maison commune ; cette affiche devra demeurer posée pendant l'espace de vingt jours, avec invitation aux personnes qui auraient des observations à proposer, de les faire parvenir à la mairie dans lesdits vingt jours, ou au plus tard dans les trois jours qui suivront l'expiration du délai de l'affiche.

Le maire y ajoutera ensuite ses observations ; et, indépendamment de la précaution ci-dessus indiquée, il ne négligera aucune des connaissances qu'il pourra acquérir par lui-même, soit par transport sur les lieux, soit par la réunion des propriétaires d'héritages riverains et de ceux des usines inférieures et supérieures, soit enfin par le concours des ingénieurs et inspecteurs.

Remarquons que l'autorisation qui émanerait seulement du préfet serait comme non avenue, et le constructeur encourrait l'amende et la démolition de l'usine. (Cons. d'État, 14 juillet 1811.)

La construction des moulins, usines, etc., sur un canal qui dérive d'une rivière navigable ou flottable, est soumise aux règles prescrites pour la construction des usines sur ces rivières.

Une fois que l'autorisation et le consentement, soit formel, soit fondé sur la prescription, ont assuré l'existence d'ouvrages de la nature que nous traitons, si quelques évènements les rendaient nuisibles, sans que le propriétaire y ait fait des changements, ils ne pourraient être détruits qu'avec les formes, et aux conditions établies par la loi du 8 mars 1810, à moins que l'acte par lequel l'établissement a été autorisé ne contînt des réserves.

Toutefois, l'administration reste toujours libre d'apporter à la hauteur des eaux les changements que de nouvelles vérifications peuvent lui faire considérer comme nécessaires.

De leur côté, tous ceux à qui l'établissement occasionnerait du dommage, n'en ont pas moins le droit de réclamer. Le jugement de ces réclamations appartient aux tribunaux. (Voyez *établissements dangereux*.)

L'arrêté du 19 vent. an 6 a prescrit aux administrations départementales de faire la visite des rivières navigables et flottables, et d'ordonner la destruction des usines, moulins ou chaussées qui ne seraient pas fondés en titre. Cette destruction devait être ordonnée dans le mois de la visite ; mais ce délai n'est point fatal, et l'administration peut encore aujourd'hui user du droit que lui attribue l'arrêté, parce qu'il s'agit ici des intérêts du domaine public, contre lequel on ne peut prescrire. (FOUCART.)

Toutefois, ajoute cet auteur, l'administration doit agir dans cette matière avec la plus grande réserve, et n'ordonner la destruction des usines, même non fondées en titre, qu'autant que leur existence aurait de graves inconvénients. Mais les propriétaires d'usines qui n'ont point de titres, mais dont on tolère l'existence, doivent, pour se mettre à l'abri de toute inquiétude, solliciter une autorisation.

---

§ 2. — *De l'établissement des usines sur les cours d'eau non navigables ni flottables.*

Une usine ne peut non plus être établie sur un cours

d'eau non navigable ni flottable, qu'en vertu d'une autorisation. (Favard, Foucart.)

Cette autorisation doit être accordée, comme pour l'établissement des usines sur les rivières navigables, par une ordonnance du roi rendue en conseil d'État. Voyez, pour savoir comment s'obtient cette autorisation, le paragraphe qui précède.

La même autorisation est indispensable pour les ouvrages destinés à élever les eaux au-dessus du niveau ordinaire. (L. 6 oct. 1791.)

La permission d'établir une usine ne donne aucun droit contre le propriétaire de la source ou de l'une des sources qui alimentent le cours d'eau sur lequel l'usine doit être construite. Ce dernier peut toujours en détourner le cours, sauf les exceptions rappelées sous le mot *cours d'eau*. (Voyez ce mot.)

Il ne pourrait le faire s'il n'y avait un grand avantage et surtout si l'usine qu'il arrêterait en détournant les eaux ou une partie des eaux, était nécessaire à l'approvisionnement d'une commune.

Bien que les conditions sous lesquelles l'établissement de l'usine a été consenti soient observées, si cette usine cause un préjudice aux propriétaires voisins, ceux-ci peuvent réclamer des dommages-intérêts devant les tribunaux. (Voyez *établissements dangereux, insalubres ou incommodes.*)

Les usines qui ont été construites sur les rivières, par suite d'autorisations des anciens seigneurs, peuvent-elles être détruites par l'autorité administrative?

Cette question a été développée et discutée par notre

célèbre jurisconsulte M. Pardessus, avec tout le talent et toute la sagesse qui le caractérisent. Comme elle renferme des notions précieuses pour MM. les usiniers, nous nous permettons de la rapporter ici.

« Dans presque toute la France, les rivières non navigables appartenaient aux seigneurs possédant des justices ou des fiefs ; ils y avaient exclusivement le droit de pêche, et leur permission était nécessaire pour y établir des moulins ou des usines. Une rivière était souvent partagée entre deux seigneuries, et le fil de l'eau formait leurs limites. Dans les lieux même où les seigneurs n'avaient pas la propriété de ces rivières, ils en avaient la police. »

« Ces principes n'étaient modifiés que dans les cas où le roi, législateur suprême, croyait devoir s'attribuer et confier à ses agents une surveillance particulière sur les petits cours d'eau affluents dans les rivières navigables ou flottables. Encore cette surveillance ne s'étendait, dans l'usage, que sur les portions de ces petits cours d'eau, dont le barrage aurait nui à la navigation intérieure, et consistait plus à réformer les actes de la police locale qu'à remplacer son action. (Arrêt du conseil, du 23 juillet 1783.) »

« Cela posé, les moulins, les établissements de tout genre sur les eaux peuvent avoir été construits soit par les seigneurs du lieu, soit par de simples particuliers. »

« S'ils l'ont été par des seigneurs à qui la coutume, la loi, l'usage immémorial attribuaient la propriété des cours d'eau, ils n'ont fait qu'user de leur droit ; l'existence de ces établissements repose sur le titre le plus solide. S'ils n'avaient pas la propriété des cours d'eau, le droit de justice leur en attribuait la police et la conservation ; leur permission, ou plutôt celle des juges institués par eux, était nécessaire à leurs justiciables ; mais il n'était pas dans l'ordre qu'ils la demandassent, et, sauf les droits de propriété du terrain sur lequel ces usines étaient construites, droit que la police administrative n'est ni fondée, ni intéressée à vérifier, le silence des propriétaires d'établissements du même genre, qui auraient existé antérieurement, a rendu leur titre également irréfragable. (Cass. 23 vent. an 10.) »

Les lois qui, dans le cours de la Révolution, furent les plus désavantageuses aux seigneurs et aux actes de leur autorité, ont reconnu ces principes. (L. 28 août 1792 et 10 juin 1793.)

Si ces établissements ont été faits par des individus non seigneurs du lieu où les eaux avaient leur cours, les seigneurs, dont on représente la permission, l'ont accordée, ou comme propriétaires du cours d'eau, et alors il y a titre valable de propriété, ou comme ayant la juridiction et la police des eaux, et alors le titre n'est pas moins fort que le serait aujourd'hui l'autorisation administrative. (Cass. 18 juin 1806.)

Il pourrait se faire qu'il n'existât ou qu'on ne pût représenter aucune permission : alors la prescription, usitée dans le lieu pour acquérir la propriété, fait présumer qu'elle a été donnée, parce que, si le seigneur était le propriétaire du cours d'eau, il a perdu cette partie de sa propriété en ne réclamant point ; parce que, s'il en avait simplement la police, son silence a été une ratification et un acte tacite que l'établissement ne nuisait ni au public, ni aux autres établissements du même genre.

A l'avantage d'être puisés dans les règles les plus précises de l'ancienne législation, ces principes réunissent celui d'avoir été consacrés sous l'empire des lois nouvelles par l'autorité supérieure, à toutes celles qui ont maintenant la police des eaux. Voici ce que répondait en 1804 le ministre de l'intérieur, aux questions d'un préfet (1) qui, ayant reconnu la nécessité de supprimer plusieurs moulins existant avant 1790, sur les rivières et cours non navigables de son département, désirait connaître les moyens de concilier l'intérêt public avec les droits de la propriété : « Vous ne pourriez « faire supprimer sur les petits cours d'eau, que ceux « des moulins ou usines reconnus nuisibles, qui ne se« raient pas fondés en titre ; car, pour les autres dont « la propriété est fondée, il n'est intervenu à ce sujet « aucune décision, et tout au plus on doit présumer « que leur destruction pourrait être provoquée, en ob« servant les formalités prescrites, dans le cas où un « particulier est tenu de céder sa propriété pour cause « d'utilité publique. »

« Mais il importe de déterminer ce qu'on entend par « un moulin dont la propriété est *fondée en titre;* et « je suis d'avis qu'on doit regarder comme tels tous « ceux qui existaient avant 1790, en vertu de per« missions légales, ou dont l'existence sans trouble « avait et a acquis le temps de la prescription. »

(1) Le préfet du département de Loir-et-Cher.

Les usines qui, par leur nature, rentrent dans les établissements dangereux, insalubres ou incommodes, ne peuvent être fondées qu'avec les formalités et conditions qu'exige la classe dans laquelle elles sont rangées. (Voyez *établissements dangereux*.

A l'égard des usines destinées à la fonte des minerais de fer et autres substances métalliques, voyez les articles 73 et suivants de la loi du 21 avril 1810, rapportée sous le mot *mines*.

USURPATION. — C'est le fait de celui qui s'empare d'un immeuble qui ne lui appartient pas. (Voyez *anticipation*.

V.

VAINE PATURE. — Voyez, *police rurale*, section IV, page 458.)

VERRE-DORMANT. — Verre placé à demeure dans un mur, c'est-à-dire scellé de manière à ne pouvoir s'ouvrir.

Voyez *vue*.

VICE RÉDHIBITOIRE. — Voyez *rédhibitoire*.

VIDANGE. — Une ordonnance du 18 octobre 1771 a prescrit des mesures de police pour la vidange des fosses d'aisance. Elle a fait défense aux vidangeurs de laisser couler aucune matière ni eau claire provenant des fosses et puisards, dans les ruisseaux, et d'en jeter dans les rues, les égouts et le lit de la rivière, sous peine d'être poursuivis extraordinairement et même d'être envoyés sur-le-champ en prison. La même ordonnance leur enjoint de transporter les matières liquides dans des tonneaux bondonnés, et les autres dans des tonneaux à guichets bien clos, et de ne pas commencer leur travail avant dix heures du soir.

Voyez *établissements dangereux, insalubres ou incommodes* (1re classe.)

VIGNES. — Dans tous les pays où la vigne est cultivée, les propriétaires ne laissent pas, entre leurs plants et ceux de leurs voisins, plus d'espace qu'ils n'en laissent entre leurs propres ceps. L'expérience a prouvé que cette manière de planter était sans inconvénients.

Ces usages sont bien constants et reconnus; en conséquence le propriétaire d'un plant de vigne ne serait pas fondé à empêcher son voisin de planter à cette distance.

VIOLATION de Clôture. — Voyez *bris de clôture.*

VUE. — On entend en général par vue toute espèce d'ouverture ayant pour but de faciliter les moyens de regarder hors d'un édifice et de lui donner du jour.

Néanmoins il faut distinguer les *vues* proprement dites des *jours*. Les vues ont pour objet de procurer les moyens de voir à l'extérieur, tandis que les jours, qui sont des ouvertures moins considérables, ne sont destinés qu'à éclairer, qu'à donner passage à la lumière : on les appelle *jours de souffrance.*

DIVISION.

§ 1er. — *Des vues droites.*
§ 2. — *Des vues de côté ou obliques.*
§ 3. — *Des jours de souffrance.*

§ 1er — *Des vues droites.*

On appelle ainsi les ouvertures faites dans un mur placé en face de l'héritage voisin, et à une certaine distance. En perçant une fenêtre, le propriétaire de ce mur voit directement chez le voisin, sans avoir besoin de tourner les yeux d'un côté ou de l'autre; voilà pourquoi une ouverture de cette espèce est appelée vue droite ou d'aspect. Si cette vue s'étend fort au loin, les architectes la nomment vue de *prospect*.

La vue d'aspect ou de prospect est nécessairement une vue droite. Cette dénomination est en opposition avec celle de vue de côté, dont il sera parlé au paragraphe suivant, et qui consiste en une fenêtre d'où on ne peut voir chez le voisin qu'en tournant la tête d'un côté ou de l'autre. (LEPAGE; *lois des bâtiments.*)

Le droit de regarder hors de la maison qu'on habite est une conséquence de la propriété; mais il faut que le point sur lequel il s'exerce immédiatement soit un objet dont nous soyons propriétaires, ou un lieu désigné par sa nature à l'usage de tous les citoyens, tel qu'une rue, une place publique, etc. Ainsi nul ne peut avoir une vue immédiate sur le terrain de son voisin, si celui-ci n'y a consenti ou n'en a laissé acquérir le droit. (*Rép. de la Jurisp. du Not.*)

Mais il peut arriver que le terrain qui se trouve entre la fenêtre et la propriété du voisin soit si étroit, que la vue s'exerce en majeure partie sur celui-ci. Le code a dû, dans ce cas, modifier le droit de propriété et déterminer quelle largeur doit avoir ce terrain pour que l'exercice de la vue puisse se faire sans limitation, et sans que le voisin puisse s'en plaindre. (PARDESSUS.)

A cet égard, voilà les dispositions du code : On ne peut avoir des vues droites ou fenêtres d'aspect ni balcons ou autres semblables saillies, sur l'héritage clos ou non clos de son voisin, s'il n'y a dix-neuf décimètres de distance entre. (C. Civ. 679.)

Cette distance qui doit être laissée entre le fonds voisin et le mur où on ouvre des fenêtres d'aspect, se compte depuis le parement extérieur du mur où l'ouverture se fait; en sorte que si les croisées sont placées dans l'intérieur du mur, cette distance de dix-neuf décimètres ne se comptera pas depuis le châssis, mais toujours à partir de la face extérieure du mur.

Par suite, l'épaisseur du mur ne doit pas non plus être comprise dans la distance ci-dessus prescrite.

Si la vue droite consiste en un balcon, en une galerie ou autres semblables saillies, la distance à observer ne se mesure plus à partir du parement extérieur du mur sur lesquels ils sont établis, mais depuis la ligne extérieure qui termine leur construction saillante. (C. Civ. 680.)

La distance de dix-neuf décimètres ci-dessus prescrite, doit être observée à la ville comme à la campagne.

Lorsque la distance entre le mur où sont pratiquées les fenêtres et la propriété du voisin est moindre de dix-neuf décimètres, la fenêtre d'aspect doit être supprimée, sauf le cas de titre ou de prescription. On ne pourra alors faire que des *jours de souffrance*, conformément à ce qui sera dit ci-après, § 3.

Observons cependant que si la vue ne pouvait s'exercer sur la propriété du voisin ; par exemple, si le propriétaire du terrain intermédiaire faisait construire un mur assez élevé pour dérober la vue de l'héritage voisin, le propriétaire de celui-ci ne pourrait se plaindre. Cette restriction se fonde, dit M. Pardessus, sur ce que nul ne peut réclamer l'exercice d'une servitude s'il n'y a intérêt. (Cass. 5 décembre 1814.)

Toutefois, la loi redeviendrait applicable si le mur était abaissé de manière à laisser voir pardessus. Les vues devraient être supprimées lors même que leur construction remonterait à plus de trente ans. La prescription ne doit courir que du jour où le changement a été fait.

Mais si le mur intermédiaire appartient au voisin, et non pas à celui qui a fait les fenêtres, le propriétaire du mur ne sera pas recevable à demander la suppression de ces fenêtres tant que le mur existera. (*Opinion de tous les auteurs.*)

Si un propriétaire a établi des vues droites dans un mur qui se trouve à la distance prescrite, et que le voisin vienne à acquérir plus tard une partie du terrain intermédiaire, de façon que les fenêtres d'aspect ne soient plus à six pieds de l'héritage voisin, on demande si l'acquéreur de ce terrain peut faire réduire les vues droites à l'état de *jours de souffrance?* Les auteurs s'accordent sur ce point, que le voisin pourra exiger que les vues soient reculées tant que la prescription n'aura pas été acquise. Cette prescription ne commencera à courir que du jour où la vente aura été faite, et non du jour de la construction des fenêtres.

On ne peut ouvrir un balcon, une terrasse, une galerie, d'où on puisse voir pardessus le mur de séparation, s'ils n'en sont à la distance légale de dix-neuf décimètres. Il en est de même de toute autre construction, telle qu'un belvédère, un pavillon, un kiosque, d'où la vue s'étend sur l'héritage voisin. Si ces objets n'en sont pas également éloignés de dix-neuf décimètres, ils ne peuvent comporter des fenêtres d'aspect; celles qu'on y fait doivent être construites ainsi qu'il sera dit au § 3. (Lepage; *lois des bâtiments.*)

La distance ci-dessus prescrite serait obligatoire si la fenêtre était ouverte sur une rue, un chemin public, ou un ruisseau, dont la largeur n'aurait pas dix-neuf décimètres.

A cet égard, voilà ce que dit M. Lepage, et son opinion est conforme aux meilleurs auteurs :

Les uns disent que la loi ayant exigé une certaine distance entre deux héritages, sans en excepter le cas où ils sont séparés par la voie publique, on ne peut pas se permettre de distinction. Ils s'appuient sur ce que des vues droites qui sont à une trop grande proximité du voisin, lui sont aussi incommodes dans un cas que dans l'autre.

Mais on doit penser avec raison que la loi ne prescrit la distance de dix-neuf décimètres que quand les deux héritages se touchent immédiatement. La manière dont est rédigé l'article 680 du Code civil confirme cette opinion : il dit que la distance fixée se compte depuis le parement extérieur du mur où sont pratiqués les jours, ou depuis la ligne extérieure la plus saillante des balcons *jusqu'à la ligne de séparation des deux propriétés.*

Ces dernières expressions ne conviennent évidemment qu'au seul cas où elles sont séparées par une rue ou un chemin, il y aurait entre elles plus qu'une simple ligne de séparation ; il faudrait alors mesurer jusqu'à l'endroit où commence l'héritage voisin ; et le code ne l'a pas dit.

Au surplus, cette décision est fondée sur ce qu'il est permis à tout propriétaire d'ouvrir des vues droites sur la voie publique, sans examiner si elle a plus ou moins de six pieds de large. Pourquoi en effet empêcher quelqu'un d'établir une vue libre, même quand elle s'étendrait chez le voisin, puisque tous ceux qui passent dans le chemin servant de séparation entre les deux héritages, jouissent de cette même vue? Cette situation d'un fonds placé sur le bord de la voie publique avertit assez des inconvénients qui en résultent ; on peut les prévoir. D'ailleurs, on a la faculté d'ouvrir des jours semblables, sans craindre aucun empêchement de la part du voisin placé de l'autre côté du chemin.

Jugé que la distance exigée entre le mur où des vues sont pratiquées et l'héritage voisin doit être observée, alors même que le terrain intermédiaire serait la propriété des deux parties. Dans ce cas, la ligne de séparation doit être placée au milieu de ce terrain commun. (Cass. 5 mai 1831.)

Lorsque l'on a accordé au voisin un droit de vue sans en avoir indiqué l'étendue, ou lorsque le voisin a acquis ce droit de vue par prescription, la servitude emporte prohibition de construire à une distance moindre de 19 décimètres du fonds voisin. (Cass. 24 juin 1823.)

Peut-on ouvrir des vues droites dans un mur qui touche immédiatement à un cimetière ?

Desgodets rapporte deux arrêts, dont l'un rendu à Paris à l'occasion du cimetière de Saint-Eustache, conformément aux conclusions de M. l'avocat général.

Ce magistrat disait que les vues dont il s'agissait n'étaient pas susceptibles d'être réduites à la hauteur fixée par la coutume, *les trépassés n'ayant pas les mêmes passions et affections que les vivants, qui n'aiment pas que leurs occupations ordinaires soient connues.* Il voulait cependant que ces sortes de vues fussent grillées et fermées par verres-dormants, afin qu'on ne pût ni jeter des immondices dans le cimetière, ni interrompre les prières qui s'y font.

---

§ 2. — *Des vues de côté ou obliques.*

Quand on est à une fenêtre, dit Lepage, et que, pour regarder sur l'héritage d'un voisin, il faut tourner la tête à droite ou à gauche, cette fenêtre est appelée vue de côté, ou oblique, par rapport à cet héritage.

Le cas où il y a lieu à cette sorte de vue arrive, lorsque deux propriétés sont situées de manière que la ligne qui termine l'une, fait un angle avec celle qui termine l'autre. Ainsi de la même croisée on peut avoir une vue droite sur l'héritage qui est en face, et des vues obliques sur les héritages qui sont à droite et à gauche.

Suivant l'art. 679 du Code civil, on ne peut avoir des vues de côté ou obliques sur un héritage voisin clos ou non clos, si depuis la croisée où on tire cette vue, jusqu'à cet héritage, il n'y a une distance d'au moins six décimètres.

Cette distance doit se compter à partir de l'arrête du jambage de la croisée jusqu'à la ligne séparative des deux héritages et non pas des ornements, colonnettes, etc., qui feraient partie de la croisée. Quand la vue oblique est près d'un balcon ou de toutes autres saillies, elle se mesure depuis la ligne extérieure la plus saillante de cette construction.

De même que pour les vues droites, si la distance de six décimètres au moins n'existe pas entre l'héritage voisin sur lequel on voit obliquement et la fenêtre par laquelle on a cette vue, le propriétaire de cet héritage a droit d'exiger que l'ouverture soit fermée, comme celles des *jours de souffrance.*

Il pourrait arriver que les deux lignes qui limitent deux héritages voisins formassent un angle très aigu, et que l'on n'eût pas besoin de tourner les yeux de côté pour voir de l'un sur l'autre. Dans ce cas, ce ne serait plus une vue oblique, mais une vue droite, puisqu'on serait dans le même cas que si les deux héritages étaient en face l'un de l'autre. Pour jouir librement d'une pareille vue, il faudrait, ainsi qu'il a été dit dans le paragraphe précédent, être éloigné de l'héritage voisin de dix-neuf décimètres au moins.

Si la séparation des deux héritages est un mur, haie ou fossé mitoyen, les six décimètres doivent se mesurer jusqu'à la ligne formant la moitié de l'épaisseur du mur, de la haie ou du fossé.

Si au contraire le mur de clôture appartient au propriétaire des vues obliques, les six décimètres peuvent comprendre l'épaisseur entière de ce mur.

Mais si le mur qui n'était pas mitoyen lors de la construction des vues obliques, le devient par le remboursement des charges de la part du voisin, la distance ne se trouvera plus de six décimètres, car la limite de l'héritage voisin sera rapprochée de la moitié de l'épaisseur du mur. Peut-on être obligé alors de reculer les fenêtres à la distance prescrite? La question est controversée. Cependant les auteurs pensent que celui qui vend la mitoyenneté doit faire constater l'existence antérieure de sa vue, mention que les tribunaux ne peuvent équitablement lui refuser; que même, s'il n'y a pas de réserve expresse, le seul fait de l'existence antérieure des vues est suffisant. Ils ajoutent que, si le bâtiment vient à être détruit, le voisin pourra exiger que les vues soient reculées. Toutefois, si les vues ont subsisté pendant plus de trente ans, elles seront acquises par prescription.

Notez qu'il n'est question ici que d'un mur qui ne serait pas assez élevé pour empêcher la vue de passer au-dessus. (Voyez *vues droites*.)

Si le propriétaire a besoin d'ouvrir des vues obliques à une distance moindre de six décimètres de l'héritage voisin, il pourra suivre le moyen qu'indique Desgodets. Il fait un mur en aile de soixante centimètres de saillie, sur la ligne de séparation des deux héritages. On élève ce mur en aile jusqu'aux étages dans lesquels les vues obliques sont nécessaires. Si la séparation des deux héritages était marquée par un mur mitoyen ou appartenant à celui qui construit, ou exhausse ce mur dans une longueur de soixante centimètres, jusqu'aux étages supérieurs où on a besoin de vues obliques très rapprochées; les fenêtres alors, quoique touchant presque le mur en aile, ne peuvent pas nuire au voisin, sur l'héritage du quel il est alors impossible de voir obliquement, si ce n'est au-delà de ce même mur en aile qui s'étend à soixante centimètres.

Avant de terminer ce paragraphe, nous revenons sur ce que nous avons dit plus haut relativement aux balcons, galeries et autres semblables saillies, et nous ferons observer ici qu'une construction saillante telle qu'une terrasse, un perron ou un grand balcon sur lesquels on peut se promener, procure une vue droite non-seulement sur l'héritage qui est en face, mais encore sur les héritages qui sont à droite et à gauche. En effet, dit M. Lepage, on sort du bâtiment pour se promener sur la saillie; on s'y tourne dans tous les sens, et par conséquent on a pour aspect direct tant les héritages qui sont vis-à-vis que ceux qui sont à droite et à gauche, selon le côté où l'on se porte pour regarder. De là il suit qu'une construction saillante de la nature de celle dont il s'agit doit être éloignée de tous les héritages voisins, comme la loi le prescrit pour les vues droites, c'est-à-dire de dix-neuf décimètres. Alors la distance se mesure par rapport à chacun des fonds voisins, depuis la ligne la plus extérieure de la saillie, en la considérant par la face qu'elle lui présente.

A quelque petite distance que l'on soit de l'héritage de son voisin, si on en est séparé par une ruelle on pourra ouvrir des vues obliques de son côté, sans être tenu d'observer la distance de six décimètres.

---

§ 3. — *Des jours de souffrance.*

On entend par jours de souffrance, les jours ou fenêtres à fer maillé et verre dormant, que le propriétaire d'une maison a droit d'ouvrir dans le mur qui le sépare d'avec son voisin.

L'un des voisins ne peut, sans le consentement de l'autre, pratiquer dans le mur *mitoyen* aucune fenêtre ou ouverture, en quelque manière que ce soit, même à verre dormant. (C. Civ. 675.)

Suivant l'art. 662 du Code civil, on ne peut faire aucun percement ni aucun enfoncement dans un mur mitoyen sans le consentement du voisin, ou sans avoir à son refus, fait régler par experts les moyens nécessaires pour que le nouvel ouvrage ne soit pas nuisible aux droits de ce voisin.

Peut-on conclure de cet article que si le voisin refuse, sans motifs, de consentir qu'il soit fait aucune ouverture au mur, on pourra avoir recours à des experts pour indiquer comment le jour désiré pourra être obtenu sans nuire aux droits de ce voisin? Non; en pareil cas, s'il était nommé des experts, ce serait seulement pour vérifier si le mur est ou non mitoyen. S'il appartient exclusivement à celui qui veut ouvrir des jours, les experts pourront décider s'ils peuvent être droits ou obliques, et de quelle manière ils peuvent être établis pour ne pas nuire aux droits du voisin. Mais si la mitoyenneté du mur est reconnue, les experts n'ont plus d'avis à proposer sur la manière de construire l'ouverture, parce qu'elle ne peut avoir lieu sans le consentement du copropriétaire, lequel n'est obligé par aucune loi à le donner.

Cette décision est toute entière dans le texte de l'art. 675, qui vient d'être rappelé ; il ne permet même pas une ouverture à verre dormant et fer maillé dans un mur mitoyen sans le consentement de tous les copropriétaires.

Il suit de là que les vues qui se trouvent pratiquées dans des murs mitoyens sont établies ou par suite de la complaisance du copropriétaire, ou par suite d'un titre.

Si l'ouverture est pratiquée en vertu d'un titre, c'est une servitude volontairement consentie dont le voisin ne peut point empêcher l'exercice.

Si au contraire l'ouverture n'est pratiquée qu'avec la permission du copropriétaire, par complaisance et sans y être obligé par un titre, ce copropriétaire aura le droit de faire boucher les vues que vous auriez ainsi établies

Si le mur n'était mitoyen que jusqu'à hauteur de clôtures, et que l'exhaussement appartînt à un seul, les ouvertures qu'il ferait dans cette portion de mur seraient-elles des vues légales que le voisin ne pourrait faire boucher ?

La loi, répond M. Pardessus, ne défend de pratiquer des jours que dans le mur mitoyen ; or nous avons vu que la partie exhaussée n'est pas mitoyenne, qu'elle est aux seuls risques, aux seules charges de celui qui l'a construite : il peut donc en tirer tous les avantages que, par sa nature, elle est susceptible de lui procurer.

Lorsqu'un mur n'est pas mitoyen et qu'il touche immédiatement l'héritage d'autrui, le droit d'y ouvrir des jours est soumis à des conditions que la sûreté commune a dictées, afin qu'on ne puisse s'en servir pour jeter quelque chose dans la propriété voisine ou pour y porter un œil curieux.

Le propriétaire d'un mur non mitoyen, joignant immédiatement l'héritage d'autrui, peut pratiquer dans ce mur des jours ou fenêtres à fer maillé et verre dormant. Ces fenêtres doivent être garnies d'un treillis de fer, dont les mailles auront un décimètre d'ouverture au plus, et d'un châssis à verre dormant. (C. Civ. 676).

Ces fenêtres ou jours ne peuvent être établies qu'à 26 décimètres au-dessus du plancher du sol de la chambre qu'on veut éclairer, si c'est au rez-de-chaussée, et à dix-neuf décimètres au-dessus du plancher pour les étages supérieurs. (C. Civ. 677.)

Telles sont les dispositions du Code qui forment loi pour toute la France, sans égards aux différentes législations et coutumes locales qui peuvent exister.

Mais le laconisme du Code nous engage à rapporter ici les explications données par les architectes qui ont parlé sur cette matière, et rapportées par M. Lepage dans les lois des bâtiments.

Par fer maillé il faut entendre une grille en fer carillon de 6 lignes d'épaisseur. Cette grille, composée de montans et de traverses, forme des vides carrés qu'on nomme mailles; or, ce sont ces mailles dont chacune doit offrir une ouverture d'un décimètre au plus en hauteur, sur une pareille largeur. Un treillis de fil de fer n'est pas regardé comme suffisant, parce qu'il faut que le voisin, sur lequel on a la vue, soit suffisamment assuré qu'on ne forcera pas la fermeture grillée.

Les grilles de fer maillé doivent être scellées dans l'épaisseur du mur, de manière qu'elles ne fassent pas saillie au-delà de son parement du côté du voisin. Il faut qu'il y ait un scellement aux deux extrémités de chaque montant et de chaque traverse dont la grille est composée, afin qu'elle tienne solidement et qu'on ne puisse pas l'ouvrir.

Les feuillures propres à recevoir le châssis qui porte le verre sont faites aussi près qu'on veut de la grille, mais du côté de celui à qui le mur appartient; et le châssis placé dans les feuillures doit y être scellé, ou attaché avec des pattes qui sont scellées dans le mur.

Les verres que porte ce châssis y sont fixés à demeure, sans qu'on puisse se permettre d'en ajuster un seul qui puisse s'ouvrir ou se fermer à volonté. Dès que les mailles de la grille n'ont que l'ouverture prescrite, les verres attachés au châssis peuvent avoir les dimensions qu'on veut leur donner : on exige seulement qu'ils ne puissent pas s'ouvrir. La raison en est que la grille peut bien assurer qu'on ne passe pas par la fenêtre, et que ceux qui sont dans la chambre ne pourront avancer ni la tête ni le bras du côté du voisin; mais il est encore nécessaire qu'on ne puisse rien jeter sur l'héritage de ce dernier.

Comme la loi ne détermine que l'espace en hauteur qui doit exister depuis le plancher sur lequel on marche jusqu'à l'endroit où l'ouverture peut commencer, (vingt-six décimètres au rez-de-chaussée et dix-neuf décimètres aux étages supérieurs), il s'en suit que ces mesures ne doivent s'entendre que jusqu'au-dessus des appuis des enseuillements des fenêtres que l'on veut faire, et non de la grandeur même des fenêtres ou vues, qui n'est limitée ni en hauteur ni en largeur. Il suffit donc que l'ouverture d'un pareil jour commence à la hauteur prescrite et qu'elle soit fermée tant par un châssis à verre dormant que par une grille de fer; on est maître de faire cette ouverture aussi haute et aussi large qu'on a besoin.

Notez que les hauteurs ci-dessus prescrites doivent toujours se mesurer dans l'intérieur des chambres que l'on veut éclairer et non à l'extérieur, lors même que le sol du voisin serait plus bas que celui du rez-de-chaussée qui a besoin de jour.

On pourrait avoir besoin d'un semblable jour pour éclairer des escaliers dont les marches seraient placées le long du mur dans lequel on veut pratiquer les ouvertures : on devrait alors compter la distance légale à partir de la plus haute marche qui est au-dessous des vues, et leur faire suivre la direction de l'escalier.

Quant aux soupiraux des caves, comme il n'est pas toujours possible de donner aux voûtes qu'ils éclairent la hauteur voulue par la loi, à raison du peu d'intervalle qui est souvent entre le sol et la voûte, l'usage pourrait avoir modifié les règles ci-dessus. Le voisin qui n'éprouverait aucun tort de ces soupiraux ne pourrait pas s'en plaindre. Telle est du moins l'opinion des auteurs.

Bien que les jours dont nous nous sommes occupés dans le présent paragraphe, soient une faculté, une tolérance de la loi à laquelle le propriétaire voisin doit se soumettre, il ne s'en suit pas que ce dernier doive perdre le droit de faire sur son terrain ce qui peut lui convenir. Il peut donc y élever toutes les constructions qu'il juge convenables, dussent-elles obstruer entièrement les jours pratiqués dans le mur ; et cela lors même que ces jours auraient été établis depuis plus de trente ans.

Nous terminerons en faisant remarquer que les jours de souffrance ne sont que précaires ; c'est-à-dire, qu'ils ne subsistent que jusqu'à ce qu'il plaise au voisin d'acquérir la mitoyenneté du mur, ou de la portion du mur dans laquelle ces vues se trouvent établies. Auquel cas l'acquisition de cette mitoyenneté est un titre suffisant pour faire boucher ces jours. (Voir *mur mitoyen*).

FIN DU RÉPERTOIRE DES LOIS DU VOISINAGE.

FORMULAIRE.

UN MOT SUR LES ACTES SOUS SEINGS-PRIVÉS.

En donnant à la suite de notre Répertoire quelques formules d'actes sous seings-privés, nous ne faisons que céder aux nombreuses sollicitations que nous ont faites bien des propriétaires ; mais avant d'entreprendre cette nouvelle tâche, ces Messieurs nous permettront de leur répéter ce que tant de fois déjà nous avons eu l'honneur de leur dire sur l'extrême différence qui subsiste entre cette espèce d'acte et les actes authentiques.

Ces derniers font pleine foi en justice ; il n'est pas permis aux tribunaux d'en suspendre l'exécution, si ce n'est au cas d'inscription de faux.

Les actes sous seings-privés, au contraire, ne peuvent *seuls* et par eux-mêmes faire preuve de la convention qu'ils renferment ; ils n'ont aucune foi en justice ; ils sont même regardés comme n'ayant point de date. La seule date certaine qu'ils puissent avoir est celle du jour de leur enregistrement, ou du jour de leur constatation dans des actes ou procès-verbaux authentiques, ou du décès de l'une des parties.

La loi veut qu'ils ne forment qu'une *apparence de preuve*. Or, que de graves inconvénients peut amener cette confiance si limitée ! Par exemple, la dénégation que peuvent faire un jour, même de bonne foi, les héritiers ou ayants-cause de l'une des parties, de la sincérité de sa signature, n'entraîne-t-elle pas la vérification d'écritures, procédures longues, difficiles et d'un succès toujours incertain? Les signatures ne sont donc considérées comme vraies que du jour qu'elles ont été reconnues en justice, ou par les parties dans un acte authentique.

Généralement loin d'être avantageux, l'usage des actes sous seings-privés peut être regardé comme nuisible et sujet à beaucoup d'inconvénients. Que de procès longs et souvent ruineux ont eu leur source dans des actes de cette espèce! Ce n'est qu'après une longue étude du notariat et après avoir beaucoup pratiqué que l'on peut être regardé comme capable de remplir des fonctions qui exigent une parfaite connaissance des dispositions de nos codes. Et malheureusement trop souvent des personnes étrangères à l'étude du droit se mêlent de rédiger des conventions. Qu'arrive-t-il alors? Que les parties intéressées en sont victimes, et qu'elles paient bien cher une économie mal calculée. Nous ne pouvons donc trop engager ceux qui ont des actes à passer, à s'adresser directement à un notaire : lui seul est capable de discuter et résoudre ces questions souvent obscures et nombreuses, sur lesquelles on a l'habitude de passer si légèrement quand il s'agit de faire des actes sous seings-privés. En un mot le notaire seul peut mettre dans un acte cette clarté, cette lucidité sans laquelle les conventions, quelquefois même les plus simples, deviennent motifs à litige.

Quoiqu'il en soit, nous allons donner les formules promises; rien ne sera épargné pour les rendre telles qu'elles ont été annoncées, c'est-à-dire, complètes et compréhensibles pour tous. Toutefois nous devons dire, qu'à moins de faire des centaines de modèles sur chaque espèce d'acte, il est à peu près impossible de prévoir tous les cas qui peuvent se présenter. Vous aurez donc, Messieurs, à vous servir de nos modèles avec beaucoup de circonspection, et à en bien étudier les termes et le sens avant de les employer.

BAIL.

ENREGISTREMENT.

Les baux à ferme ou à loyer de biens *meubles* ou immeubles, lorsque la durée en est limitée, sont assujettis au droit de 20 cent. par 100 francs sur le prix cumulé de toutes les années et du montant des charges imposées au preneur.

Si le prix est stipulé en une quantité de grains ou de denrées, on l'évalue en argent d'après les mercuriales dont le tableau doit être formé chaque année, conformément à l'art. 75 de la loi du 15 mai 1818.

Quand il s'agit d'objets dont la valeur ne puisse être constatée par les mercuriales, les parties doivent en faire une déclaration estimative.

Un bail fait pour trois, six ou neuf années est considéré, pour la perception des droits d'enregistrement, comme bail de neuf années.

Le bail *d'ouvrage ou d'industrie* est passible des droits fixés pour les baux ordinaires.

FORMULES.

1°. — BAIL D'UNE MAISON.

Entre les soussignés,

M. Victor Bonnot, propriétaire, demeurant à ,

d'une part;

Et M. Jules Perot, architecte, demeurant à ,
d'autre part,

Il a été fait les conventions suivantes :

M. Bonnot a, par ces présentes, donné à loyer pour dix années entières et consécutives, qui commenceront le ,
à M. Perot, qui accepte,

Une maison construite en pierres et couverte en ardoises, sise à , rue , consistant en deux corps de bâtiments, avec cour et environ six ares de jardin clos de murs ; le tout tenant du nord à , du midi à , du levant à , et du couchant à

Ainsi que cette maison et ses dépendances, que M. Perot déclare parfaitement connaître, se trouvent exister, sans aucune exception ni réserve.

Ce bail est fait aux conditions suivantes, que le preneur s'oblige d'exécuter, savoir :

1° De garnir la maison de meubles et effets suffisants pour répondre du loyer;

2° De souffrir que de grosses réparations soient faites par le bailleur pendant la durée du bail;

3° D'entretenir ladite maison, et de la rendre à la fin du bail en bon état de réparations locatives;

4° De payer en l'acquit du bailleur toutes les contributions mises ou à mettre sur ladite maison et dépendances, et cela de manière que le bailleur ne soit aucunement recherché à cet égard;

5° De ne pouvoir céder son droit audit bail, ni sous-louer en tout ou en partie, sans le consentement exprès et par écrit du bailleur, à peine de résiliation, si bon semble à celui-ci, et de tous dommages et intérêts;

6° De payer tous les frais auxquels ces présentes pourront donner ouverture.

Et en outre, le présent bail est fait moyennant un loyer annuel de trois cents francs, que le preneur s'oblige de payer en un seul paiement, le vingt-cinq mars de chaque année, à commencer, pour le premier paiement, par le vingt-cinq mars mil huit cent ; le tout en bonnes espèces d'or ou d'argent ayant cours de monnaie en France et non autrement.

Fait double à , le

2°. — BAIL D'APPARTEMENT.

Entre les soussignés,

M. Jean-Louis Vatout, propriétaire, demeurant à ,

d'une part;

Et M. Charles Raimont, capitaine en retraite, chevalier de la Légion-d'Honneur, demeurant à ,

d'autre part,

Il a été convenu ce qui suit :

M. Vatout a, par ces présentes, donné à loyer pour trois, six ou neuf années consécutives, au choix respectif des parties, qui devront, dans le cas où elles voudraient faire cesser le bail, s'avertir six mois avant l'expiration des trois ou six premières années du présent bail, qui commencera le , à M. Raimont, qui accepte,

Les lieux ci-après désignés, dépendant d'une maison sise à , rue , savoir :

Au premier étage, à gauche du corridor, un appartement composé de cinq pièces, salle à manger, deux chambres à coucher, cuisine et chambre de domestique;

Au troisième étage, grenier à droite sur le devant;

Berceau de cave, le premier à gauche.

Ainsi que ces lieux se trouvent exister, sans aucune exception ni réserve; le preneur déclarant les connaître parfaitement et n'en désirer une plus ample désignation.

Ce bail est fait aux charges et conditions suivantes, que le preneur s'oblige d'exécuter, savoir :

1° De garnir les lieux loués de meubles et effets suffisants pour répondre des loyers;

2° De les entretenir et de les rendre à la fin du bail en bon état de réparations locatives ;

3° De souffrir les grosses réparations qu'il serait nécessaire de faire pendant la durée du bail ;

4° De payer exactement les contributions mobilières et personnelles, et de satisfaire à toutes les charges de ville et de police dont les locataires sont ordinairement tenus, et cela de manière que le bailleur ne puisse être recherché ni inquiété à cet égard ;

5° De ne pouvoir céder son droit au présent bail, ni sous-louer en tout ou en partie sans le consentement exprès et par écrit du bailleur, à peine de résiliation si bon semble à celui-ci, et de tous dommages-intérêts ;

6° De payer les frais auxquels ces présentes donneront ouverture.

Et en outre, le présent bail est fait moyennant un loyer annuel de six cents francs, que le preneur s'oblige de payer au bailleur et en son domicile, en quatre paiemens égaux, de trois mois en trois mois, dont le premier aura lieu le , le second le ; pour ainsi continuer de terme en terme et d'année en année jusqu'à l'expiration du présent bail.

Fait double à , le

3°. — LOUAGE D'OUVRAGE.

Entre les soussignés,

M. Adolphe Compas, entrepreneur de maçonnerie, demeurant à , patenté à , pour la présente année, le , sous le n°

d'une part ;

Et M. Jacques Mortier, ouvrier maçon, demeurant à ,

d'autre part,

A été faite la convention suivante :

M. Mortier s'oblige, à titre de louage, de travailler de son état pendant deux années, qui commenceront le , et finiront le , sous la direction et les ordres et pour le compte de M. Compas qui accepte,

Ce louage est fait aux conditions suivantes :

1° Que la durée de la journée qui pourra être exigée du sieur Mortier sera celle d'usage de la profession dans le pays;

2° Que le sieur Mortier sera dispensé de tous travaux, même de ceux à faire dans des lieux non publics, pendant les jours fériés;

3° etc.

Et en outre ce louange est fait moyennant douze cents francs pour toute sa durée, que M. Compas s'oblige de payer à M. Mortier, etc.

Fait double à , le

4°. — BAIL DE TERRES.

Entre les soussignés,

M. Narcisse Petit, propriétaire, demeurant à ,

d'une part;

Et M. Victor Reynier, cultivateur, demeurant à

d'autre part,

Il a été convenu et arrêté ce qui suit :

M. Petit a, par ces présentes, donné à ferme pour six ou neuf années et six ou neuf récoltes consécutives, au choix respectif des parties qui devront, dans le cas où ils voudraient faire cesser le bail au bout des six premières années, s'avertir au moins six mois avant l'expiration desdites six premières années dudit bail, qui commencera par la récolte de , et finira par celle de , pour entrer en exploitation par les jachères de , et faire les premières semailles en , à M. Reynier, qui accepte :

1° Vingt-cinq ares trente centiares de terre, sis en lieudit

, terroir de , tenant du levant à , du couchant à , du nord à , et du midi à ;

2° *(Désigner toutes les pièces de terre louées.)*

Ainsi que toutes ces pièces de terre que le preneur déclare parfaitement connaître, se trouvent exister, sans aucune exception ni réserve.

Ce bail est fait aux conditions, suivantes que le preneur s'oblige d'exécuter :

1° De bien cultiver, labourer, fumer et ensemencer ces terres, sans pouvoir les dessoler ni dessaisonner, et de les rendre à la fin du bail en bon état et par soles ;

2° De payer en l'acquit du bailleur, et en sus du fermage ci-après stipulé, toutes les contributions auxquelles les pièces de terre peuvent et pourront être imposées ;

3° De ne pouvoir céder son droit au présent bail, ni sous-louer en tout ou en partie, sans le consentement exprès et par écrit du bailleur, à peine de résiliation, si bon semble à celui-ci, et de tous dommages-intérêts ;

4° De payer les frais auxquels ces présentes donneront ouverture.

Et en outre le présent bail est fait moyennant un loyer annuel de deux mille cinq cents francs, que M. Reynier s'oblige de payer à M. Petit et en son domicile, le 1er mai de chaque année, à commencer pour le premier paiement par le 1er mai 1848, et ainsi de suite d'année en année, jusqu'à l'expiration du présent bail.

Fait double à , le ,

5°. — BAIL D'UN CORPS DE FERME.

Entre les soussignés,

M. Charles-Henry de Saint-Luc, propriétaire, demeurant à

d'une part ;

Et M. Jérôme Paturot, cultivateur, demeurant à ,

d'autre part,

Il a été fait les conventions suivantes :

M. de Saint-Luc a, par ces présentes, donné à ferme pour quinze années et quinze récoltes consécutives qui commenceront le et finiront le , pour entrer en exploitation par les jachères de , et faire les premières semailles de , à M. Paturot qui accepte,

Les biens ci-après désignés, sis commune et terroir de , canton de , département

DÉSIGNATION.

1° Un corps de ferme appelé la ferme de la Ranchéria, composé de bâtiments en nature d'habitation, bâtiments ruraux et cour, avec un jardin de la contenance de neuf ares quatre-vingt-sept centiares, planté d'arbres fruitiers et fermé de murs aux aspects du nord, du levant et du couchant, et d'une haie vive à l'aspect du midi; clos de deux hectares trente-deux ares cinquante centiares, contenant deux cents pieds d'arbres et entouré de haies vives.

Le tout tenant d'un côté au chemin d'Angery à Villers, d'autre à M. de Corsin, et des autres points aux terres et prés ci-après désignés :

Terres.

1° Quatre hectares, etc.
2°
3°

Prés.

1° Deux hectares trente ares, etc.
2°
3°

Bois.

1° Un hectare, etc.
2°
3°

Ainsi que lesdits immeubles se poursuivent, étendent, contiennent et comportent, sans en rien excepter, réserver ni retenir.

Ce bail est fait aux charges, clauses et conditions suivantes, que le preneur s'oblige d'exécuter :

1° De prendre les immeubles affermés sans garantie des contenances qui leur ont été assignées, le plus ou le moins de mesure demeurant à leurs risques et périls ;

2° De tenir le corps de ferme garni de meubles et effets, grains, fourrages, chevaux, bestiaux, instruments aratoires et ustensiles de ferme suffisants pour répondre des fermages ;

3° D'entretenir les bâtiments et de les rendre à la fin du bail en bon état de toutes réparations locatives ;

4° De souffrir que de grosses réparations soient faites, et de ne pouvoir faire sous aucun prétexte des changements à la destination des bâtiments ;

5° De fumer au besoin les prés, de les entretenir à faux courante et en bonne nature de fauche ; de répandre exactement les taupinières et de pratiquer où il sera nécessaire des rigoles pour les irrigations ;

6° De diviser les pièces de terre affermées en un assolement triennal ; de cultiver, fumer et ensemencer lesdites terres dans les temps et saisons convenables, suivant l'ordre des soles qui seront immédiatement établies, et de rendre lesdites terres à la fin du bail, en bon état et par soles ;

7° D'écheniller et soigner les arbres plantés sur les héritages affermés, et de les cultiver au pied et entretenir en temps et saisons convenables ;

8° De curer, nettoyer et entretenir en bon état les fossés existants sur les biens présentement affermés ;

9° De laisser à la fin du bail, pour l'exploitation alors à s'ouvrir des biens présentement affermés, tous les fumiers provenant de l'exploitation desdits biens, et de consommer dans ladite ferme toutes les pailles et tous les fourrages qui seront récoltés sur la ferme. Dans le cas même où le preneur remiserait dans les bâtiments de la ferme, des pailles, foins et autres fourrages provenant soit de son propre bien, soit d'achats, il sera tenu de les consommer et d'employer les fumiers en provenant, sur les terres de la ferme, sans pouvoir en distraire la moindre quantité sous aucun prétexte ;

10° De laisser à la fin du bail une quantité de terre en prairies artificielles égale à celle qu'il a trouvée en prenant jouissance, quantité qui sera calculée et fixée amiablement entre le bailleur et le preneur dans le cours de la présente année ;

11° De payer en l'acquit des bailleurs, en sus et par augmentation du fermage, toutes les contributions auxquelles les biens présentement affermés sont et pourront être imposés, sous quelque dénomination que lesdites contributions soient établies, et ce, pendant toute la durée du bail, et de rapporter chaque année quittance du tout au bailleur. — Les parties déclarent que le montant annuel desdites contributions s'élève à la somme de trois cents francs ;

12° De ne pouvoir céder son droit au présent bail ni sous-louer en tout ou en partie, sans le consentement exprès et par écrit du bailleur. Cependant M. Paturot aura la faculté de céder son droit à M. Jules Stevenin, cultivateur demeurant avec lui, son neveu. Dans ce cas, il demeurera sa caution et sera obligé solidairement avec lui au paiement des fermages ;

13° De ne pouvoir louer ni acheter, ni faire valoir soit par lui-même, soit par son neveu qui vient d'être nommé, aucune terre dans un rayon de cinq kilomètres à partir du corps de ferme;

14° De s'opposer à toutes usurpations et à tous empiètements, et de les dénoncer au bailleur aussitôt qu'il en aura connaissance ;

15° De ne pouvoir répéter contre le bailleur aucune indemnité quelconque, ni aucune diminution soit sur le fermage, soit sur les charges du présent bail, pour cause de grêle, sécheresse, gelée, stérilité, inondation et autres cas fortuits prévus et non prévus;

16° En un mot, d'en jouir en bon père de famille.

FERMAGE.

Le présent bail est fait moyennant la somme de quatre mille francs de fermage annuel, que M. Paturot s'oblige de payer à M. de Saint-Luc, en son domicile à , savoir : moitié le vingt-cinq juin et l'autre moitié le vingt-cinq décembre de chaque année, à commencer par le vingt-cinq juin mil huit cent..... et pour ainsi continuer de terme en terme et d'année en année, jusqu'à la fin du bail.

Tous ces paiements ne pourront valablement s'effectuer qu'en bonnes espèces d'or ou d'argent ayant cours de monnaie en France, et non en billets, effets, papier-monnaie ou autres valeurs fictives dont le cours même forcé pourrait être introduit dans le royaume par toutes lois et ordonnances.

Fait double à , le

(Signatures).

BILLET A ORDRE.

ENREGISTREMENT.

Les billets à ordre et autres effets négociables (*à l'exception des lettres de change*), sont passibles du droit proportionnel de 50 cent. par 100 fr.

FORMULE.

Au quinze janvier prochain je m'oblige de payer à l'ordre de M. Jules Barrois, propriétaire, demeurant à , la somme de cinq cents francs, valeur reçue en espèces d'argent au cours actuel.

Fait à , le

(Signature). (1)

(1) Quand le corps du billet n'est pas écrit par le souscripteur, celui-ci, avant de signer, écrit en toutes lettres : *Bon pour la somme de.*

BORNAGE.

ENREGISTREMENT.

Le procès-verbal de bornage est soumis au droit fixe de 2 fr.

FORMULE.

Les soussignés,

M. Jean Mélin, propriétaire, demeurant à

d'une part;

Et M. Joseph Manichon, aussi propriétaire demeurant à

d'autre part,

Pour arriver au bornage qui fait l'objet des présentes ont préliminairement exposé qu'ils sont propriétaires; savoir :

M. Mélin, de 1 hectare 25 ares de terrain en nature de pré, sis en lieudit , terroir de ,

Et M. Manichon, de 95 ares 70 centiares de terrain aussi en nature de pré, sis mêmes lieudit et terroir ;

Que ces deux terrains sont limités l'un par l'autre de l'est à l'ouest, de manière que la propriété de M. Mélin tient du nord à celle de M. Manichon, et que l'héritage de M. Manichon tient du midi à M. Mélin.

Mais qu'entre lesdites deux propriétés il n'existe aucune ligne séparative et qu'il convient de procéder à une délimitation qui formera entre *lesdits deux terrains, une limite certaine* et immuable.

En conséquence, lesdits sieurs Mélin et Manichon, pour arriver à cette fin, ont planté entre leurs héritages et contradictoirement, quatre bornes en pierre au pied desquelles ils ont placé du charbon et de la brique pilé.

Ces bornes sont plantées de telle manière qu'elles forment une seule ligne droite allant de l'est à l'ouest, laquelle ligne étant prolongée de part et d'autre, aboutirait au montant de la croix du clocher de , à l'est, et passerait à l'ouest dans un mur de clôture appartenant à M. , à 27 décimètres de l'extrémité nord de ce mur à prendre en allant au midi.

Telles sont les conventions des parties rédigées en double à , le

(Signatures).

BREVET D'APPRENTISSAGE.

ENREGISTREMENT.

Les brevets d'apprentissage sont passibles du droit fixe de 1 fr.

Quand ils contiennent des stipulations de sommes ou valeurs mobilières, ils sont assujettis au droit d'enregistrement de 50 c. par 100 fr.

FORMULE.

Entre les soussignés,

M. Julien Sauvage, charpentier demeurant à , patenté pour la présente année à , le , sous le n° , classe *d'une part;*

Et M. Auguste Bonnaire, officier en retraite, demeurant à *d'autre part,*

Il a été convenu ce qui suit :

Le sieur Sauvage consent à prendre en apprentissage pour quatre années entières et consécutives, qui commenceront le mars prochain, et finiront à pareil jour de l'année mil huit cent , le sieur Émile Bonnaire, âgé de dix-huit ans révolus, demeurant , aussi présent et acceptant, fils mineur dudit sieur Bonnaire et de dame Jeanne Niclot, son épouse;

S'engageant ledit sieur Sauvage à lui enseigner pendant lesdites quatre années, son métier de charpentier, la théorie et la pratique dudit art, et généralement tout ce qui le concerne.

Il s'engage en outre à le nourrir et le loger pendant ledit temps d'apprentissage.

De son côté, ledit sieur Bonnaire fils, assisté de son père, s'engage à travailler au profit du sieur Sauvage ; de lui obéir en tout ce qu'il lui commandera de licite et honnête ; d'éviter de lui causer aucun dommage ; enfin de ne point s'absenter ni aller travailler ou demeurer ailleurs pendant lesdites quatre années.

Il est expressément convenu que dans le cas où le sieur Bonnaire fils viendrait à quitter l'atelier, ledit sieur son père serait tenu de le chercher, et, après l'avoir trouvé, de le ramener chez le sieur Sauvage, pour y continuer son temps d'apprentissage.

(Mettre ici les autres conventions.)

Ce traité est fait moyennant la somme de huit cents francs, que le sieur Bonnaire père s'oblige de payer au sieur Sauvage en quatre paiements qui s'effectueront, savoir : le premier dans un an à partir dudit jour 1er mars 18..., et les trois autres à pareil jour des trois années suivantes, sans intérêt jusqu'à ces diverses échéances ; mais avec intérêt à raison de cinq pour cent à partir desdites époques pour les paiements qui n'auront pas été effectués.

Fait double à , le

Signatures.

CHASSE (PERMISSION DE).

ENREGISTREMENT.

La simple permission du droit de chasse n'est passible que du droit fixe de 2 fr.

FORMULE.

Je soussigné, Jean-Louis Camus, propriétaire demeurant à , donne, par ces présentes, à M. Annibal de Coconnas, employé aux ponts et chaussées, demeurant à , la permission gratuite de chasse sur tous les biens qui lui appartiennent situés sur le territoire de ; mais seulement pour chasser en temps non prohibé et à tir, soit au chien d'arrêt, soit au chien courant, et sans pouvoir jamais faire traquer au bois ni rabattre en plaine.

Cette permission étant personnelle à M. Coconnas, il ne pourra faire partager le droit de chasse à lui présentement accordé à qui que ce soit.

Fait double à , le

(Signature.)

DEVIS ET MARCHÉ.

ENREGISTREMENT.

Les devis d'ouvrages et entreprises sont passibles du droit fixe d'un franc.

Les marchés pour constructions ou réparations sont passibles du droit de 1 pour 100.

FORMULE.

Entre les soussignés,

1° M. Jean Fourné, maître maçon, demeurant à , patenté pour la présente année à , le , mil huit cent...., sous le n° *d'une part;*

2° Et M. Remy Jarlot, négociant demeurant à

d'autre part,

Il a été convenu et arrêté ce qui suit :

M. Fourné s'oblige, par ces présentes, envers M. Jarlot qui accepte, à exécuter au profit de ce dernier, les constructions ci-après, sur un terrain appartenant audit M. Jarlot, situé à , rue de , et à fournir tous les matériaux nécessaires auxdites constructions.

Ces constructions consisteront :

1° En deux espaces de bâtiment, etc.

2° etc.

Les murs desquelles constructions seront faits, savoir : le mur de face en pierres de taille des carrières de...., etc. ; et tous les autres en bons moëllons et mortier de terre et chaux, etc.

La couverture desdits bâtiments sera faite en ardoises.

(Expliquer clairement les conventions des parties.)

Toutes lesquelles constructions ledit sieur Fourné s'oblige d'exécuter conformément aux règles de l'art, d'ici au 1er août prochain, époque à laquelle les clés devront être remises audit sieur Jarlot, sous peine d'amende de la part dudit sieur Fourné; laquelle est dès maintenant fixée à 15 francs par chaque jour de retard pour le cas où ce retard ne dépasserait pas de plus d'un mois ledit jour 1er août, et à peine de 500 francs pour le cas où le retard serait de plus de trente jours.

Le tout sans préjudice, à la responsabilité prévue par l'article 1792 du Code Civil.

Toutes lesdites constructions seront faites moyennant le prix de 8,460 francs.

Laquelle somme de huit mille quatre cent soixante francs, le sieur Jarlot promet et s'oblige à payer en cinq termes et paiements égaux, qui auront lieu savoir : le premier, ledit jour 1er août prochain, et les quatre autres de trois mois en trois mois, avec intérêts à raison de cinq pour cent par année, le tout à partir de ladite époque 1er août.

Fait double à , le , mil huit cent .

(Signatures).

ÉCHANGE.

ENREGISTREMENT.

Les échanges des biens immeubles sont assujettis au droit de 2 fr. 50 cent. pour 100, y compris le droit de transcription.

Le droit se liquide sur le capital formé de vingt fois le revenu annuel de l'une des parts, sans distraction des charges.

Le droit de soulte d'immeubles est de 5 et demi pour 100.

Les échanges d'immeubles *ruraux* ne sont passibles que du droit fixe de 1 fr. pour tous droits d'enregistrement et de transcription, quand l'un des immeubles échangés est *contigu* aux propriétés de celui des échangistes qui le reçoit.

Quant aux échanges de meubles, il sont soumis au droit proportionnel de 2 pour 100, exigible sur la valeur de l'une des parts échangées.

FORMULES.

1°. — ÉCHANGE D'IMMEUBLES SANS SOULTE.

Entre les soussignés,

1° M. Isidore Barbier, propriétaire, demeurant à

d'une part;

2° Et M. Onésime Beauvais, aussi propriétaire, demeurant à *d'autre part,*

Il a été convenu et arrêté ce qui suit :

M. Barbier a, par ces présentes, cédé et abandonné, à titre d'échange avec toutes garanties,

Au sieur Beauvais, qui accepte,

Une pièce de terre, de la contenance de un hectare dix ares soixante centiares, sise en lieudit la Côte-aux-Lièvres, terroir de , tenant du nord à , du midi à , de l'est à , et de l'ouest à

En contre échange, le sieur Beauvais, cède et abandonne, aussi à titre d'échange et sous les mêmes garanties,

Au sieur Barbier, qui accepte,

Une pièce de terre, de la contenance de un hectare cinquante centiares, sise en lieudit le Moulin-à-Vent, terroir de , bornée au nord par , à l'est par , à l'ouest par , et au midi par .

Ainsi que ces deux pièces de terre se poursuivent, contiennent et comportent sans en rien excepter, réserver ni retenir.

ORIGINE DE LA PROPRIÉTÉ.

La pièce de terre donnée en échange par M. Barbier, lui appartient, comme ayant été par lui acquise du sieur Louis Boudsocq, architecte, et de la dame Julie Montgon, son épouse, demeurant alors ensemble à , suivant un acte sous seing-privé, fait double à , le , enregistré (1) à , le , folio 77, recto, case 4, reçu signé :

La pièce de terre donnée en échange par M. Beauvais, lui

(1) Toutes les fois qu'on rappelle dans un acte un contrat sous seing-privé, on doit, sous peine de 5 fr. d'amende, rapporter textuellement la relation de son enregistrement.

provient de l'acquisition qu'il en a faite du sieur Joseph Semuy, tailleur d'habits, et de dame Catherine Mauglas, son épouse, demeurant ensemble à , suivant acte passé devant Mᵉ Cyprien, notaire à , le enregistré.

JOUISSANCE.

Les échangistes jouiront respectivement des biens reçus en échange, comme de chose leur appartenant en toute propriété, à compter de ce jour.

CHARGES ET CONDITIONS.

Cet échange est fait à la charge, par les parties, qui s'y obligent respectivement :

1° De supporter respectivement les servitudes passives, apparentes ou occultes, continues ou discontinues, dont lesdits biens peuvent être grevés, sauf par eux à s'en défendre à leurs risques et périls et à jouir de celles actives, s'il en existe ;

2° De payer les contributions de toute nature, mises ou à mettre sur lesdits biens reçus en échange.

DÉCLARATION.

Les immeubles présentement échangés étant d'égale valeur, il n'y a lieu à aucune soulte ni retour.

Fait double à , le

(Signatures).

2°. — ÉCHANGE D'IMMEUBLES AVEC SOULTE.

Entre les soussignés,

1° M. Gustave de Villers, propriétaire, demeurant à , et dame Marie Piot, son épouse, qu'il autorise,

d'une part;

2° Et M. Édouard Cuvelliers, aussi propriétaire, et dame Louise Lefranc, son épouse, qu'il autorise, demeurant ensemble à

d'autre part,

Il a été convenu et arrêté ce qui suit :

Les sieur et dame de Villers, délaissent avec toutes garanties solidaires, à titre d'échange,

aux sieur et dame Cuvelliers, qui acceptent.

DÉSIGNATION.

1° Une pièce de pré, de la contenance de etc.

2° Une pièce de bois, etc.

Et, en contre échange, les sieur et dame Cuvelliers, délaissent au même titre d'échange et sous les mêmes garantie et solidarité ;

aux sieur et dame de Villers, qui l'acceptent :

1° Un hectare vingt-cinq centiares de terre, etc.

2° etc.

Ainsi que lesdits biens se poursuivent, contiennent et comportent, sans aucune réserve.

ORIGINE DE LA PROPRIÉTÉ.

(Consulter pour la suite, le cadre de la formule qui précède, jusqu'au titre déclaration, *exclusivement.)*

On finira ainsi :

SOULTE.

Cet échange est fait moyennant une soulte, de la part des sieur et dame Cuvelliers, d'une somme de 525 francs, qu'ils promettent et s'obligent, sous la solidarité ci-devant exprimée, de payer aux sieur et dame de Villers, dans le délai de trois mois, à partir de ce jour, et, jusqu'au remboursement effectif de ladite somme, de leur en servir l'intérêt à raison de cinq pour cent l'an, qui courra à compter d'aujourd'hui.

Fait double à , le

(Signatures).

INSCRIPTION HYPOTHÉCAIRE.

1°. — INSCRIPTION EN VERTU D'UNE OBLIGATION, ET SUBROGATION DANS L'HYPOTHÈQUE DE LA FEMME DU DÉBITEUR.

Inscription est requise au bureau des hypothèques établi à ,

Au profit de M. Gustave Merlin, propriétaire, demeurant à

Pour lequel domicile est élu à ,

Contre M. Jacques Lefort, propriétaire, et dame Jeanne Baron, son épouse, demeurant ensemble à , obligés solidaires.

Pour sûreté et avoir paiement :

1° De la somme de 20,000 fr. exigible le , et productive d'intérêts, à raison de cinq pour cent par année, payables annuellement, à compter du , ci	20,000
2° De trois années d'intérêts, y compris celle courante, dont la loi conserve le rang.	MÉMOIRE.
3° Et des frais d'actes, de mise à exécution, s'il y a lieu, et autres.	MÉMOIRE.

Résultant d'une obligation passée devant M[e] , notaire à

Par hypothèque spéciale, sur :

1° Une maison etc.

2° etc.

(Après avoir copié la désignation des biens affectés on ajoute) :

Et en outre, M. le conservateur est requis de faire mention sur ses registres, de la subrogation consentie, suivant l'obligation sus-datée et énoncée, par la dame Lefort, au profit du sieur Merlin, jusqu'à concurrence du montant en principal et intérêts de sa créance, et par priorité et préférence à elle-même et à tous autres, dans l'effet entier de son hypothèque légale contre son mari.

Le requérant :
(Signature).

2°. — INSCRIPTION DE PRIVILÉGE AU PROFIT D'UN VENDEUR CONTRE SON ACQUÉREUR.

Bordereau de créance privilégiée à inscrire au bureau des hypothèques, établi à

Au profit de M. Joseph Bricoteaux, propriétaire, demeurant à

Pour lequel domicile est élu à

Contre M. Alexandre Garot, propriétaire, demeurant à ,

En vertu d'un acte passé devant Me , notaire à , le , suivant lequel le sieur Bricoteaux a vendu au sieur Garot :

1° Une maison etc.;

2° Un jardin etc.;

Pour sûreté et garantie :

1° De la somme de 6,000 fr., formant le prix d'acquisition desdites maison et jardin, ci-dessus désignés, exigible en six paiements égaux, dont le premier aura lieu le , le second le , etc., et productive d'intérêt à raison de cinq pour cent par année, payable avec chaque fraction du principal et courant à partir du ; ci 6,000 »

2° De trois années d'intérêts y compris celle courante. MÉMOIRE.

Par privilége sur les immeubles ci-dessus désignés.

Le requérant :
(Signature).

MITOYENNETÉ (CESSION DE).

ENREGISTREMENT.

La vente d'un droit de mitoyenneté est passible du droit de 5 et demi pour 100.

PREMIÈRE FORMULE.

Entre les soussignés,

1° M. Charles Ponté, propriétaire, demeurant à

d'une part ;

2° Et M. Joseph Baquis, aussi propriétaire, demeurant à

d'autre part,

Il a été fait les conventions suivantes :

M. Ponté, a, par ces présentes, vendu, cédé et abandonné avec toutes garanties, à M. Baquis, qui accepte,

La mitoyenneté du pignon au midi de la maison dudit sieur Ponté, située à , rue de ; ledit pignon ayant une longueur de 25 mètres à la base, sur une hauteur de 21 mètres du sol au faitage, et de 15 mètres 60 centimètres du sol à la gouttière, et séparant de l'est à l'ouest la propriété du sieur Ponté de celle du sieur Baquis.

Ce mur est construit en , dans une épaisseur de , avec des fondations de un mètre 25 centimètres.

Ainsi que ce mur se contient et comporte. Le sieur Baquis déclarant en avoir une parfaite connaissance, il n'en est pas fait ici une plus ample désignation.

Pour, par le sieur Baquis, faire, jouir et disposer de ce droit de mitoyenneté, comme de chose lui appartenant.

La présente vente est faite à la charge par le sieur Baquis qui s'y oblige, de se conformer, dans toutes constructions qu'il voudra faire, aux lois et aux règlements de police y relatifs.

Et en outre, cette vente est faite moyennant la somme de fr.; laquelle somme le sieur Baquis s'oblige de payer au sieur Ponté, dans le délai de trois mois avec intérêt à raison de cinq pour cent par année, le tout à compter de ce jour.

Fait double entre les parties à , le , mil huit

(Signatures).

2e FORMULE.

Les soussignés,

M. Auguste Biroteaux, propriétaire, demeurant à

d'une part;

Et M. Gustave Charpentier, aussi propriétaire, demeurant à

d'autre part;

Pour arriver à la cession de mitoyenneté qui fait l'objet des présentes, ont préliminairement exposé ce qui suit :

Le sieur Biroteaux est propriétaire d'un jardin sis à , en lieudit , clos de toutes parts de murs ayant 45 centimètres de largeur, tenant au nord et à l'est à un terrain appartenant au sieur Charpentier ;

Celui-ci, dans l'intention qu'il est de clore sa propriété, propose au sieur Biroteaux de lui vendre la mitoyenneté de la portion de son mur qui les sépare.

Consentant à cette proposition, le sieur Biroteaux vend, cède et abandonne avec toutes garanties audit sieur Charpentier, qui accepte :

1° La moitié, du côté de ce dernier, du sol sur lequel est assis ledit mur, ayant une longueur, à l'aspect du nord, de 25 mètres, et à l'aspect de l'est, de 27 mètres ;

2° Et la moitié, aussi du même côté, de ce mur, qui, à partir de ce jour sera mitoyen entre le sieur Biroteaux, d'une part, et le sieur charpentier, d'autre part.

Étant bien entendu que la mitoyenneté cédée au sieur charpentier, comprendra toute l'élévation dudit mur qui est de 2 mètres 60 centimètres à partir du sol.

Pour, par le sieur Charpentier, jouir et disposer de cette moitié de sol et de mur, à lui présentement vendue, comme de chose lui appartenant en toute propriété et jouissance à compter de ce jour, promettant toutefois de se conformer, dans toutes les constructions qu'il voudra faire aux lois et règlements de police y relatifs.

La présente vente est faite à forfait moyennant la somme de , que l'acquéreur a payée au vendeur qui le reconnaît, et lui en accorde bonne et valable quittance.

Fait double entre les parties à , le

(Signatures).

PARTAGE.

ENREGISTREMENT.

Les partages de biens meubles entre copropriétaires, à quelque titre que ce soit, sont passibles du droit fixe de 5 fr.

Quand il y a *soulte* au retour, ce qui en fait l'objet est assujetti au droit proportionnel de 5 fr. 50 par 100 fr.

FORMULES.

1°. — PARTAGE SANS SOULTE.

Les soussignés,

1° M. Jules Périnet, professeur de mathématiques au collége

royale Saint-Louis, à Paris, demeurant audit Paris, rue , n° , *d'une part;*

2° M. Auguste Grandin, contre-maître de filature, demeurant à , *d'autre part;*

3° Et M. Joseph Sarrazin, propriétaire demeurant à , *encore d'autre part;*

Pour arriver au partage qui fait l'objet des présentes, ont préliminairement exposé ce qui suit :

Suivant acte en forme d'adjudication dressé par M^e , notaire à , en présence de témoins, à la requête de M. Victor Talabot, propriétaire, et de dame Joséphine Chaufour, son épouse; demeurant ensemble à , lesdits sieurs Périnet, Grandin et Sarrazin se sont rendus conjointement adjudicataires, moyennant le prix total de 25,387 fr. 59 cent., qui a été depuis payé intégralement par eux, des immeubles ci-après, situés commune et territoire de , savoir :

DÉSIGNATION.

1° Deux hectares trente-sept ares quatre-vingts centiares de terre, sis lieudit , tenant du nord à , du midi à , etc.

2° Un hectare vingt ares, etc.

3° etc.

4° etc.

COMPOSITION DES LOTS.

Les soussignés désirant sortir de l'indivision ont, d'un commun accord, composé trois lots égaux de tous lesdits immeubles.

Premier lot.

Le premier lot comprend :

1° La pièce de terre désignée sous le n° , de la désignation ci-dessus, sise à , de la contenance de

2° etc.

Deuxième lot.

Le deuxième lot comprend,

1° etc.

2° etc.

Troisième lot.

Il comprend,

1° etc.

TIRAGE AU SORT.

Les lots, ainsi composés, ont été tirés au sort, par l'évènement duquel,

Le premier lot est échu à M. Sarrazin,

Le second lot à M. Périnet,

Et le troisième lot à M. Grandin.

En conséquence, lesdits copartageants se font tous abandonnements nécessaires, sous les garanties ordinaires en matière de partage, ce qu'ils acceptent respectivement.

Pour, par chacun d'eux, en jouir, faire et disposer comme de chose leur appartenant divisément et en toute propriété et jouissance, à compter de ce jour.

Fait triple à , le

(Signatures).

2°. — PARTAGE AVEC SOULTE.

Les soussignés,

1° M. Charles Albert, docteur en médecine, demeurant à , *d'une part;*

2° Et M. Emmanuel Jolibois, agent d'affaires, demeurant à , *d'autre part,*

Voulant procéder au partage des biens indivis entre eux, ont préliminairement exposé ce qui suit :

Suivant acte sous signatures privées, fait triple à , le , enregistré à , le , folio , verso , case ; reçu , signé , les soussignés ont acquis conjointement ensemble du sieur Henri de Marincourt, propriétaire demeurant à , les immeubles ci-après désignés, situés terroir de

DÉSIGNATION.

1° Une pièce de terre de la contenance de deux hectares soixante-quinze centiares, sise lieudit , tenant du nord à , du midi à , du levant à , du couchant à , estimée 2,900 fr.

2° Une autre pièce de terre de la contenance de , etc., estimée 1,400

3° Une pièce de pré de la contenance de , etc., estimée 1,500

4° Trois hectares vingt-sept ares quatre-vingt dix centiares de bois, sis en lieudit , tenant etc., estimée 4,700

Total de l'estimation 10,500 fr.

Ladite vente avait été consentie moyennant ladite somme de 10,500 fr., qui a été entièrement payée audit sieur, vendeur, ainsi que le constate un acte portant quittance dudit prix et des intérêts courus, reçu par Mᵉ et son collègue, notaires à , le ; enregistré.

Depuis leur acquisition, lesdits sieurs Albert et Jolibois sont demeurés propriétaires indivis desdits immeubles; mais aujourd'hui, désirant sortir de cette indivision, ils ont du tout composé deux lots, de la manière suivante :

COMPOSITION DES LOTS.

Premier lot.

Il comprend :

1° La pièce de terre de la contenance de deux hectares soixante-quinze centiares, sise lieudit , estimée 2,900 fr.

A reporter.... 2,900 fr.

Report....	2,900 fr.
2° La pièce de terre de la contenance de , etc., estimée	1,400
3° Et la pièce de pré de la contenance de , etc., estimée	1,500
Total.	5,800 fr.

Les immeubles à partager étant d'une valeur de 10,500 fr., chacun des copartageants doit avoir droit à 5,250 fr. 5,250 fr.

Or, comme la valeur du premier lot est de 5,800

Il fera soulte au second lot de 550 fr.

Deuxième lot.

Il comprend :

1° La pièce de bois de la contenance de trois hectares vingt-sept ares quatre-vingt dix centiares, désignée sous le numéro 4 ci-dessus, estimée	4,700 fr.
2° La somme de 550 fr., montant de la soulte à la charge du premier lot	550
Total égal à la moitié	5,250 fr.

TIRAGE AU SORT.

Les lots ainsi composés ont été tirés au sort, par l'évènement duquel le premier lot est échu à M. Jolibois, et le second à M. Albert.

En conséquence, lesdits copartageants se font tous abandonnements nécessaires à titre de partage, et sous les garanties ordinaires; ce qui est accepté par eux respectivement.

Pour, par chacun d'eux, en jouir, faire et disposer divisément comme de leur propre chose, en toute propriété et jouissance, à compter de ce jour.

PAIEMENT DE LA SOULTE.

Le sieur Jolibois s'oblige à payer ladite somme de 550 fr., montant de la soulte, à la charge de son lot, au sieur Albert, et en son dit domicile, dans le délai de trois mois, à compter de ce jour, avec intérêts à raison de 5 p. 0/0 par année, devant courir aussi à partir de ce jour.

Fait double à , le

(Signatures).

PROCURATION.

ENREGISTREMENT.

Les procurations ou pouvoirs pour agir sont assujettis au droit fixe de **2** fr., quand elles ne contiennent aucune stipulation ni clause donnant lieu au droit proportionnel.

La procuration par plusieurs cointéressés à une même chose n'est passible que d'un seul droit.

Au contraire, lorsque la procuration est donnée par plusieurs personnes dont les intérêts sont *divisés*, c'est-à-dire qu'il y a véritablement *plusieurs dispositions*, par exemple, si *Pierre* et *Paul* possèdent *divisément* plusieurs propriétés, et qu'ils chargent Louis de les vendre, il sera perçu deux droits de 2 fr.

Lorsqu'une seule personne nomme plusieurs mandataires par le même acte, il est dû autant de droits fixes qu'il y a de mandataires ayant pouvoir d'agir séparément.

FORMULES.

1°. — POUVOIRS A L'EFFET DE VENDRE.

Le soussigné, Charles-Auguste Dubois, propriétaire, demeurant à ,

Donne, par ces présentes, pouvoir à M. Joseph Bernard, agent d'affaires, demeurant à

(On laisse quelquefois le nom du mandataire en blanc).

De, pour moi et en mon nom, vendre à l'amiable et aux enchères, aux personnes, prix, charges, clauses et conditions qu'il jugera convenables,

Une propriété sise commune et terroir de , composée de :

1° etc.

2° etc.

M'obliger à toutes garanties et au rapport de toutes mains levées et radiations ;

Fixer l'époque de l'entrée en jouissance ; convenir du mode et de l'époque des paiements du prix ; toucher ledit prix, tant en principal qu'intérêts, et en donner quittance.

Aux effets ci-dessus, passer tous actes et généralement faire tout ce qui sera utile et nécessaire, promettant l'avoir pour agréable et le ratifier au besoin.

Fait à , le

(Signature).

2°. — POUVOIRS A L'EFFET D'ACQUÉRIR.

Je soussigné, César Birotteau, marchand parfumeur, demeurant à Paris, rue Vendôme, n° 7, donne, par ces présentes, pouvoir à M.

De, pour moi et en mon nom, acquérir de M. , pour le prix que le mandataire jugera convenable, et aux charges, clauses et conditions qui lui conviendront, une pièce de bois de la contenance de , etc.

M'obliger au paiement du prix et des intérêts, etc., à l'exécution de toutes les charges et conditions qui seront stipulées; former toutes demandes en main-levée et radiation; aux effets ci-dessus, passer tous actes, et généralement faire tout ce qui sera utile et nécessaire, promettant l'avouer et le ratifier au besoin.

Fait à , le

(Signature).

3° — POUVOIR A L'EFFET DE PASSER UN BAIL.

Je soussigné, Jean-Marie Farina, pharmacien, demeurant à

Donne, par ces présentes, pouvoir à M. Jules Démoiset, propriétaire, demeurant à ,

De, pour moi et en mon nom, passer bail à *loyer* (1) à M. , ou à telle autre personne que le mandataire jugera convenable, pour trois, six ou neuf années, à compter du , d'une maison, sise à , etc. et d'un jardin attenant à ladite maison, de la contenance de , etc.

Faire ce bail moyennant un loyer annuel de , et aux charges, clauses et conditions qui conviendront audit mandataire.

A ces effets pour passer et signer tous actes, élire domicile, et généralement faire tout ce qui sera utile et nécessaire, promettant l'avouer et le ratifier au besoin.

Fait à , le ,

(Signature)

(1) Ou à *ferme*, selon que les biens à louer consistent en bâtiments, maisons ou appartements, ou en biens ruraux.

QUITTANCE.

ENREGISTREMENT.

Toutes les quittances sont sujettes au timbre.

Néanmoins les quittances sous seings-privés, *entre particuliers* qui n'excèdent pas 100 francs, *quand il ne s'agit pas d'un à-compte ou d'une quittance finale sur une plus forte somme,* peuvent être faites sur papier non timbré.

Le droit à percevoir sur les quittances et autres actes portant libération de sommes et valeurs mobilières est de 50 centimes par 100 fr.

FORMULES.

1° — QUITTANCE DE SOMME DUE PAR OBLIGATION.

Je soussigné, Michel Barot, homme de lettres, demeurant à , reconnais par ces présentes, avoir reçu en bonnes espèces d'argent, ayant cours de monnaie,

De M. Jacques Lebeau, marchand de rouennerie, demeurant à ,

La somme de deux mille soixante-dix-neuf francs seize centimes, composée :

1° De deux mille francs, pour le remboursement d'une obligation de pareille somme devenue exigible, souscrite à mon profit par ledit sieur Lebeau, ainsi qu'il résulte d'un acte passé devant Me , notaire à , le

; enregistré à	2000 »
2° Et de soixante-dix-neuf francs seize centimes, pour le paiement des intérêts produits par ladite somme principale, depuis neuf mois quatorze jours, ci,	79 16
Somme égale	2079 16

De laquelle somme totale je donne bonne et valable quittance audit sieur Lebeau.

Fait à , le ,

(Signature).

2°. — QUITTANCE D'ARRÉRAGES DE RENTE.

Je soussigné, Jean-Louis Bourdon, propriétaire, demeurant à , reconnais avoir présentement reçu, en numéraire, de M. Isidore Binet, cultivateur, demeurant à ,

La somme de quatre cents francs, pour un semestre échu cejourd'hui, de la rente annuelle et viagère de huit cents francs, créée par ledit sieur Binet, à mon profit, suivant contrat passé devant Me , notaire à , le , enregistré

De laquelle somme je quitte et décharge ledit sieur Binet.

Fait à , le

(Signature).

3°.— QUITTANCE D'UN PRIX D'IMMEUBLE.

Je soussigné, Alphonse Bourquendot, commis-greffier du tribunal de première instance de , demeurant en ladite ville, reconnais avoir reçu de M. Charles de Bolbecq, propriétaire, demeurant à , en espèces ayant cours de monnaie, la somme de deux mille soixante-quatre francs vingt-cinq centimes, composée :

1° De celle de deux mille francs, montant du principal, moyennant lequel M. de Bolbecq a acquis de moi, une maison, sise à , etc., ainsi du reste qu'il résulte du contrat passé devant Me , notaire à , le , enregistré, ci, 2000 »

2° Et de celle de soixante-quatre francs vingt-cinq centimes, pour solde des intérêts, à raison de cinq pour cent, courus depuis le , jusqu'à ce jour, ci, 64 25

Somme égale 2064 25

De laquelle somme, je donne audit M. de Bolbecq, bonne et valable quittance, et le décharge de toutes choses généralement quelconques relatives à ladite vente.

Fait à , le

(Signature).

4°. — QUITTANCE DE LOYER.

Je soussigné, reconnais avoir reçu de M. Albert Pirot, officier en retraite, demeurant à , la somme de cent cinquante francs, montant du loyer annuel, moyennant lequel il loue une maison, à moi appartenant, sise à , etc.

De laquelle somme je lui donne bonne et valable quittance.

Fait à , le

(Signature).

RESILIATION DE BAIL.

ENREGISTREMENT.

La résiliation de bail est passible, comme le bail lui-même, du droit proportionnel de 20 cent. par 100 fr.

Ce droit se perçoit sur le prix cumulé des années qui restent à courir.

FORMULES.

1°. — RÉSILIATION DE BAIL SANS INDEMNITÉ.

Entre les soussignés,

M. Hyppolite Lucas, propriétaire, demeurant à

d'une part;

Et M. Polydore Pingot, cultivateur, demeurant à

d'autre part,

Il a été convenu ce qui suit :

Lesdits sieurs Lucas et Pingot sont convenus de résilier, comme de fait ils résilient purement et simplement par ces présentes, à partir du , le bail fait pour six ans à compter du , par le sieur Lucas au sieur Pingot, d'une pièce de pré sise à , etc. moyennant un fermage annuel de cent trente francs, ainsi qu'il résulte d'un acte reçu par Me , notaire à , le , enregistré.

En conséquence, ledit sieur Pingot s'oblige à rendre ladite pièce de pré ledit jour et à payer le fermage qui doit écheoir à cette époque.

Fait double entre les parties à , le

(Signatures).

2°. — RÉSILIATION DE BAIL AVEC INDEMNITÉ.

Entre les soussignés,

M. Ponce Davant, propriétaire, demeurant à
d'une part;

Et M. Eugène Ledru, cultivateur, demeurant à
d'autre part,

Il a été convenu et arrêté ce qui suit :

Lesdits sieurs Davant et Ledru sont convenus de résilier, comme de fait ils résilient par ces présentes, à partir du , le bail fait par M. Davant, pour neuf années consécutives, qui ont commencé à courir le , d'une ferme dite , située terroir de , moyennant un fermage annuel de trois mille francs, outre les charges et conditions, ainsi qu'il résulte d'un acte passé devant Me , notaire à , le , enregistré.

En conséquence, ledit sieur Ledru devra quitter ladite ferme et remettre les bâtiments en bon état de réparations locatives, ledit jour , et en même temps de payer les fermages qui pourront alors être dus.

La présente résiliation est consentie de la part de M. Ledru, moyennant une indemnité de douze cents francs, que M. Davant promet et s'oblige de payer audit M. Ledru, le , sans intérêt jusqu'à ce jour, mais avec intérêt à raison de cinq pour cent par année, à partir dudit jour, en cas de non paiement à cette époque.

(Mettre ici les autres conditions s'il y en a).

Fait double entre les parties à , le

(Signatures).

TESTAMENT.

FORMULE.

CECI EST MON TESTAMENT.

Je soussigné, Louis-Auguste Jourdain, propriétaire, demeurant à , ai fait, par le présent, mes dispositions testamentaires suivantes :

Je donne et lègue à Louis Jourdain, mon frère aîné, le quart de tous les biens meubles et immeubles qui m'appartiendront au jour de mon décès.

Je donne et lègue à demoiselle Marie Melin, ma nièce, la somme de quatre mille francs, à prendre sur les plus clairs deniers de ma succession ; de laquelle somme elle pourra jouir et disposer aussitôt après mon décès.

Je donne et lègue, etc.

J'institue pour exécuteur du présent testament, M. , que je prie de bien vouloir accepter cette peine ; et, pour faciliter cette exécution, je lui donne la saisine pendant l'an et jour ; et je le prie de bien vouloir accepter à titre de souvenir, les œuvres de Chateaubriand, de Buffon, etc., formant ensemble 80 volumes ; lesquels se trouvent dans ma bibliothèque.

Fait et écrit en entier de ma main à , le trois février mil huit cent quarante-sept.

(Signature).

TRANSPORT.

ENREGISTREMENT.

Les transports ou cessions de créances à terme, sont passibles du droit proportionnel de 1 fr. pour 100 fr., sur le capital qui en fait l'objet.

FORMULE.

Entre les soussignés,

M. Alexandre Lorel, propriétaire, demeurant à

d'une part;

Et M. Quentin Durward, négociant, demeurant à

, *d'autre part,*

Il a été convenu et arrêté ce qui suit :

Le sieur Lorel a, par ces présentes, cédé et transporté, sous toutes garanties, et avec promesse de payer si le débiteur ci-après nommé ne payait pas,

A M. Durward, qui accepte,

La somme de quinze cents francs, à lui due par le sieur Jacques Toury, propriétaire et cultivateur, demeurant à , en vertu *(énoncer le titre).*

Pour, par M. Durward, recevoir la somme présentement transportée, du sieur Toury ou de tous autres qu'il appartiendra, ensemble les intérêts dont elle est productive à compter du , et faire et disposer du tout comme bon lui semblera, et de chose lui appartenant en toute propriété, au moyen des présentes.

A l'effet de quoi le sieur Lorel le met et subroge dans tous ses droits généralement quelconques contre ledit sieur Toury, résultant à son profit du contrat ci-dessus énoncé.

Le présent transport est fait moyennant pareille somme de

quinze cents francs, que M. Lorel reconnaît avoir reçue en numéraire de M. Durward, auquel il en accorde bonne et valable quittance.

Fait double à , le

(Signatures).

VENTE.

ENREGISTREMENT.

Les ventes d'immeubles sont assujetties au droit proportionnel de 5 fr. et demi pour 100.

Les ventes de meubles ne sont passibles que du droit de 2 fr. pour 100.

Les ventes entre cohéritiers, qui font cesser l'indivision, ne sont assujetties qu'au droit de 4 fr. pour 100.

FORMULES.

1°. — VENTE D'UNE MAISON.

Entre les soussignés,

M. Jean-François Dupré, propriétaire, demeurant à

d'une part;

Et M. Jacques Durant, cultivateur, demeurant à

d'autre part,

Il a été convenu ce qui suit :

M. Dupré a, par ces présentes, vendu, avec promesse de faire jouir et garantir de tous troubles, hypothèques et autres empêchements quelconques, à M. Durant, ce acceptant,

Une maison construite en pierres, et couverte en ardoises, située à , lieudit , composée de deux espaces, dont l'un est en nature de cuisine et chambre, au rez-de-chaussée ; deux chambres à feu au premier étage, cave dessous; et l'autre, en nature d'écurie; greniers sur le tout. Cour derrière ; dans laquelle est un puits et des rangs à porcs, qui font également partie de ladite vente.

Cette maison tient du nord à   , du midi à   , du levant à   , et du couchant à   ,

Ainsi qu'elle se poursuit, contient et comporte de fond en comble, sans en rien excepter ni réserver.

Pour, M. Durand en faire, jouir et disposer, comme de sa propre chose, en toute propriété et jouissance, à compter d'aujourd'hui.

La présente vente est faite aux charges et conditions suivantes, que l'acquéreur s'oblige d'exécuter :

1° De prendre la maison présentement vendue dans l'état où elle se trouve, et sans aucune garantie de la part du vendeur, pour raison de vétusté, dégradation ou défectuosité de ladite maison ;

2° D'acquitter, à compter de ce jour, les contributions de toute nature, mises ou à mettre sur ladite maison ;

3° De supporter toutes les servitudes passives, apparentes ou occultes, continues ou discontinues, dont elle peut être grevée, sauf par lui à profiter de celles actives.

Et en outre, la présente vente est faite, moyennant la somme de deux mille francs, que M. Durand s'oblige de payer au vendeur, en quatre paiements égaux, dont le premier aura lieu le 1er janvier mil huit cent   , le second le 1er janvier mil huit cent   , le troisième le   , et le quatrième le   , avec intérêts à raison de cinq pour cent par année, payables annuellement, à compter de ce jour.

Fait double à   , le 1er janvier mil huit cent

2°. — VENTE D'UNE MAISON ET JARDIN PAR LE MARI ET LA FEMME.

Entre les soussignés,

M. Jean-François Dupré, propriétaire, et Madame Joséphine Colin, son épouse, qu'il autorise, à l'effet des présentes, demeurant ensemble à *d'une part;*

Et M. Jacques Durand, rentier, demeurant à *d'autre part,*

Il a été convenu ce qui suit :

M. et Madame Dupré ont, par ces présentes, vendu, avec promesse solidaire de faire jouir et garantir, de tous troubles, priviléges, hypothèques, et autres empêchements quelconques,

A M. Durand, qui accepte, acquéreur pour lui, ses héritiers et ayants-cause :

1° Une maison construite en pierres et couverte en ardoises, située à , rue , n° , consistant en deux espaces de bâtiment, en nature de corps de logis : elle se compose de quatre places au rez-de-chaussée, dont l'une servant de cuisine, et les trois autres de chambres; corridor séparant lesdits deux espaces, salon au premier étage, éclairé par deux fenêtres donnant sur la rue, et deux sur le jardin qui va être désigné; à côté, corridor séparant ledit salon de deux autres places servant de chambres à coucher; alcoves et cheminées dans lesdites deux places.

Grenier sur le tout, cave dessous.

2° Un jardin de la contenance d'environ vingt-cinq ares, tenant à l'aspect du midi à ladite maison;

Le tout, maison et jardin, tenant du nord à la rue , sur laquelle la maison fait face, aboutissant à la rivière de , tenant du levant à , et du couchant à ,

Ainsi que lesdits immeubles se contiennent et comportent de

fond en comble, avec toutes leurs aisances, circonstances et dépendances, sans en rien excepter, réserver, ni retenir.

Ils proviennent à M. et Madame Dupré, de l'acquisition qu'ils en ont faite du sieur Jean Péron, propriétaire, à , et de la dame Marie Mignon, son épouse, suivant acte reçu par Me Joselin, notaire à , le , enregistré;

Pour, par M. Durand, faire et disposer des maison et jardin à lui présentement vendus, comme de sa propre chose, en toute propriété, à compter de ce jour, et n'en entrer en jouissance que le vingt-cinq mars prochain.

La présente vente est faite à la charge par M. Durand, qui s'y oblige :

1° De payer les frais auxquels les présentes donneront ouverture;

2° De prendre les immeubles présentement vendus, tels qu'ils se comportent actuellement et sans aucune garantie de la part des vendeurs, soit de la mauvaise construction de la maison, soit de la mesure qui vient d'être assignée au jardin, le plus ou le moins de contenance, demeurant à ses risques et périls, avantage ou perte, la différence entre la mesure réelle et celle déclarée, excédât-elle un vingtième.

3° D'acquitter à compter de l'entrée en jouissance, les contributions de toute nature, dont lesdits biens peuvent être grevés.

4° D'en supporter les servitudes passives, sauf par lui à s'en défendre et à jouir de celles actives.

Et en outre, cette vente est faite moyennant le prix principal de quatre mille francs, que M. Durand a payé comptant aux vendeurs qui le reconnaissent et lui en accordent bonne et valable quittance.

Fait double, entre les parties à , le

3°. — VENTE A RÉMÉRÉ (1).

Entre les soussignés,

M. Jean-Louis Bussy, professeur d'escrime, demeurant à

d'une part ;

Et M. Jacques Monsoreau, garde-forestier, demeurant à

d'autre part,

Il a été convenu ce qui suit :

M. Bussy a, par ces présentes, vendu avec promesse de faire jouir et garantir contre tous troubles et empêchements quelconques;

A M. Monsoreau, qui accepte :

Une maison, sise à, etc.

Pour par l'acquéreur en jouir, faire et disposer comme de sa propre chose, en toute propriété, au moyen des présentes, à compter du , sauf le droit de réméré du vendeur, dont il sera ci-après parlé.

Cette vente est faite aux conditions suivantes, que l'acquéreur s'oblige d'exécuter ;

1° De prendre ladite maison, telle qu'elle se contient et comporte, et sans aucune garantie pour raison de mauvaise construction, dégradation, ou vétusté ;

2° D'acquitter les contributions de toute nature, qui peuvent grever ladite maison;

(1) La faculté de rachat ou de réméré est un pacte par lequel le vendeur se réserve de reprendre la chose vendue, moyennant la restitution du prix principal, et le remboursement des frais et loyaux coûts de la vente, les réparations nécessaires, et celles qui ont augmenté la valeur du fonds, jusqu'à concurrence de cette augmentation.

La faculté de rachat ne peut être stipulée pour un terme excédant cinq années. — Si elle a été stipulée pour un terme plus long, elle est réduite à ce terme.

Faute par le vendeur d'avoir exercé son action de réméré dans le délai prescrit, l'acquéreur demeure propriétaire incommutable.

3° D'en supporter les servitudes passives, sauf, par lui, à s'en défendre à ses risques, et à jouir de celles actives.

Et en outre, la présente vente est faite moyennant la somme de cinq mille francs, que l'acquéreur a payée comptant au vendeur qui le reconnaît, et lui en accorde bonne et valable quittance.

Le vendeur se réserve pendant cinq ans, à compter de ce jour, la faculté de réméré sur la maison présentement vendue. Il pourra donc rentrer dans la pleine propriété et jouissance de cet immeuble, mais à la charge de rembourser à l'acquéreur, non seulement le prix principal, mais encore les frais et loyaux coûts de cette vente, les réparations nécessaires, et celles qui ont augmenté la valeur de cette maison, jusqu'à concurrence de cette augmentation. Mais aussi, faute par le vendeur d'avoir exercé cette action de réméré, dans le terme prescrit, l'acquéreur demeurera propriétaire irrévocable.

Fait double entre les parties à , le .

4°. — VENTE DE MEUBLES.

Entre les soussignés,

M. Jérôme Gorenflot, tonnelier demeurant à ,

d'une part;

Et Mlle Joséphine Galinet, majeure, ouvrière en robes, demeurant à *d'autre part,*

Il a été convenu ce qui suit :

M. Gorenflot a, par ces présentes, vendu, et s'est obligé à garantir de tous troubles, saisies et révendications ;

A Mlle Galinet, qui accepte :

Les meubles ci-après désignés, savoir :

(Désigner tous les objets vendus).

Ainsi que lesdits objets, que l'acquéreur déclare parfaitement connaître, se comportent, et dans l'état où ils se trouvent actuellement ;

Cette vente est faite aux conditions suivantes, que Melle Galinet s'oblige d'exécuter :

1° De prendre les objets présentement vendus, tels qu'ils se comportent, et sans aucune garantie pour raison de vétusté, défectuosité ou vices quelconques desdits objets ;

2° De les enlever des lieux où ils sont dans le délai de dix jours.

Et en outre cette vente est faite moyennant la somme de mille francs, que Melle Galinet s'oblige de payer à M. Gorenflot, dans le délai d'une année, à compter de ce jour, et de lui servir jusqu'à parfaite libération, les intérêts à raison de cinq pour cent par année, aussi à compter de ce jour.

Fait double à , le

5°. — VENTE DE FONDS DE COMMERCE.

Entre les soussignés,

M. Philippe Houduin, marchand épicier, demeurant à

d'une part ;

Et M. Pierre Bourguignon, majeur, sans profession, demeurant à , *d'autre part,*

Il a été fait les conventions suivantes :

M. Houduin vend, par ces présentes et s'oblige à garantir de tous troubles, saisies et révendications,

A M. Bourguignon, qui accepte :

Le fonds de commerce d'épicerie qu'il exerce rue de , n° , ensemble l'achalandage y attaché, ainsi que les marchandises, meubles et ustensiles en faisant partie, et dont le détail suit :

(Détailler ici les marchandises, meubles et ustensiles vendus).

Ainsi que ce fonds d'épicerie se comporte.

Pour, par l'acquéreur, en faire et disposer comme de sa propre chose, en toute propriété et jouissance, à compter

CONDITIONS.

Cette vente est faite aux charges et conditions suivantes, que l'acquéreur s'oblige d'exécuter, savoir :

1° De payer en l'acquit du vendeur et de manière à ce que celui-ci ne soit nullement recherché, la patente qui lui a été délivrée pour l'année courante ;

2°

3°

Et en outre la présente vente est faite, moyennant la somme de quinze mille francs, que M. Bourguignon s'oblige de payer à M. Houduin, en quinze paiements égaux, dont le premier aura lieu d'aujourd'hui en un an, et les quatorze autres à pareil jour des quatorze années suivantes, avec intérêts à raison de cinq pour cent par année, payables annuellement avec chaque fraction du principal.

Il est expressément convenu comme condition essentielle des présentes, sans l'exécution de laquelle lesdites présentes n'auraient pas lieu, qu'avant dix ans, M. Houduin ne pourra établir dans la ville de   , aucun commerce d'épicerie, ni prendre part directement ou indirectement à aucun établissement de ce genre ; le tout à peine de tous dépens, dommages et intérêts, et de suppression de l'établissement formé.

Et par ces mêmes présentes, M. Houduin, a cédé pour tout le temps qui en reste à courir, à compter de ce jour, son droit au bail des lieux où est exploité le fonds d'épicerie présentement vendu.

Cette cession est faite à la charge, par M. Bourguignon qui s'y oblige, de se confermer à toutes les obligations qui ont été imposées au cédant par son bail, et dont ledit M. Bourguignon déclare avoir parfaite connaissance.

Fait double à   , le   ,

FIN DU FORMULAIRE.

TABLE

DES MATIÈRES.

FORMULAIRE.

FIN DE LA TABLE.

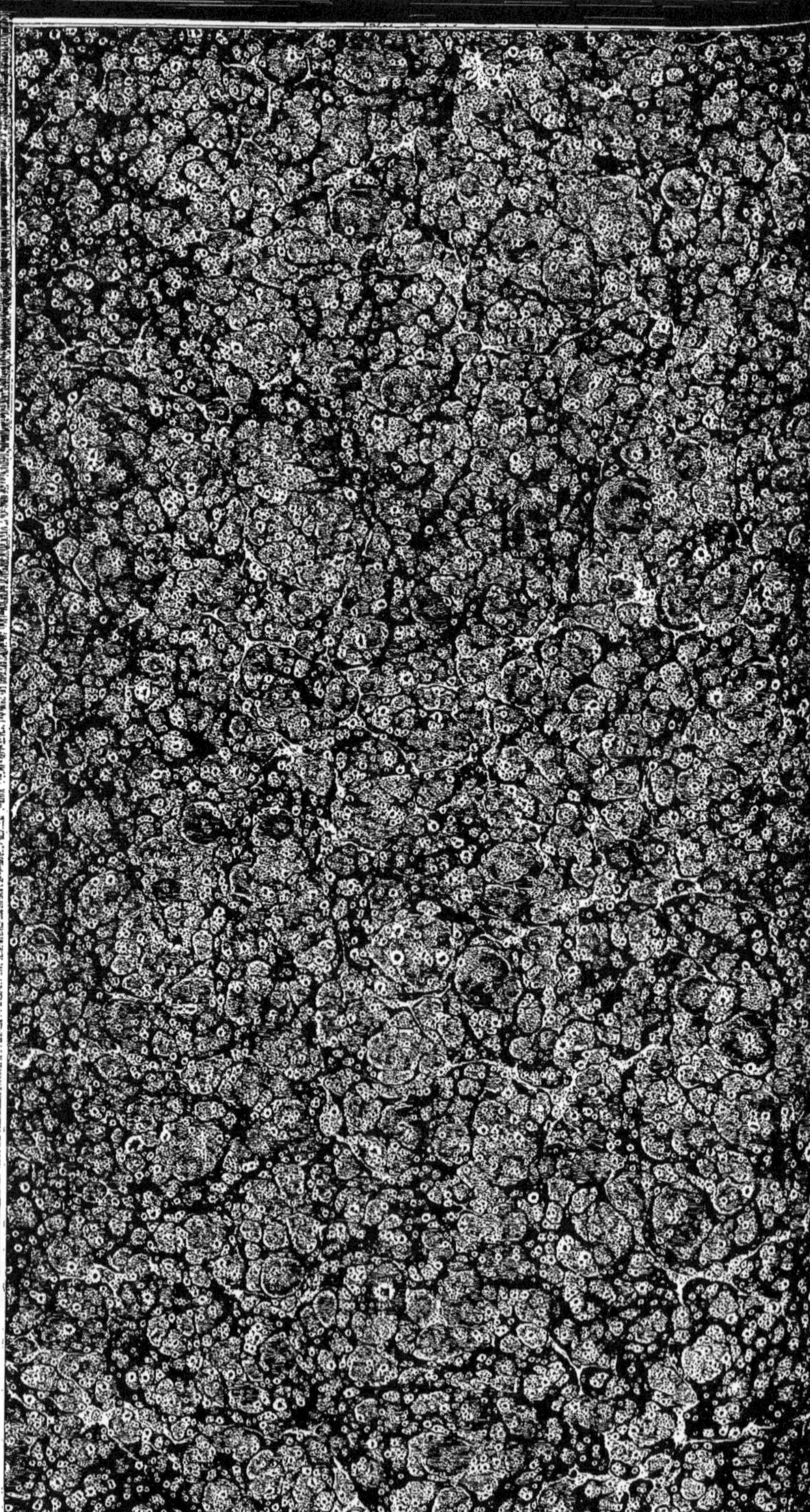